# IRSEER DIALOGE

Kultur und Wissenschaft interdisziplinär

Herausgegeben von
Markwart Herzog und Rainer Jehl,
Schwabenakademie Irsee

Band 7

Markwart Herzog (Hrsg.)

# Fußball als Kulturphänomen

## Kunst – Kult – Kommerz

Mit Beiträgen von
Ulrich von Berg, Thomas Bliesener
Verena Burk, Erik Eggers
Gunter Gebauer, Rainer Gömmel
Markwart Herzog, Reinhard Kopiez
Erik Lehmann, Mario Leis
Friedrich Lösel, Jürgen Müller
Rainer A. Müller, Michael Prosser
Christoph Randl, Karl Riha
Jürgen Weigand

Verlag W. Kohlhammer

Die Deutsche Bibliothek – CIP-Einheitssachtitel

Fußball als Kulturphänomen : Kunst – Kult – Kommerz / Hrsg. : Markwart Herzog –
Stuttgart : Kohlhammer, 2002
  (Irseer Dialoge ; Bd. 7)
  ISBN 3-17-017372-3

© 2002 W. Kohlhammer GmbH
Stuttgart
Verlagsort: Stuttgart
Umschlag: Data Images GmbH
Reproduktionsvorlage: Textwerkstatt Werner Veith München
Gesamtherstellung:
W. Kohlhammer Druckerei GmbH + Co. Stuttgart
Printed in Germany

# Inhalt

## Kulturhistorische Ursprünge – Ökonomische Perspektiven

6

Erik Lehmann / Jürgen Weigand

Rainer Gömmel

# Thematisierung in Künsten und Medien

Karl Riha

Mario Leis

Erik Eggers / Jürgen Müller

Christoph Randl

Ulrich von Berg

Verena Burk

*Dynamik und Ästhetik der beliebtesten TV-Programmsparte*
*Fußball als Fernsehereignis* ....................................................... 233

# Sinnfindung – Ritual – Religion

Thomas Bliesener / Friedrich Lösel

*Identitätsbildung, Gruppenstruktur und Gruppenerleben*
*bei Hooligans* ............................................................................ 253

Michael Prosser

Reinhard Kopiez

Gunter Gebauer

*Markwart Herzog*

# Von der ‚Fußlümmelei' zur ‚Kunst am Ball'
## Über die kulturgeschichtliche Karriere des Fußballsports

> „Ein bekannter österreichischer Trainer hat einmal, wohl scherzhaft[,] gesagt,
> er gehe nie in die Oper, weil er schon vorher genau weiß, wie ‚Tosca' ausgeht.
> Bei einem Fußballspiel wisse man das aber nie.
> Tatsächlich hat der legendäre Sepp Herberger auf die Frage, warum
> die Zuschauer zum Fußballspiel gehen, als Antwort die Kurzformel geprägt:
> ‚weil sie nicht wissen, wie's ausgeht.' "
>
> *RUDI MICHEL, Journalist, ehem. Radioreporter und Fernsehkommentator.*

> „Wenn die Leute in Kaiserslautern auf ein Amt gehen
> und nach ihrem Familienstand gefragt werden, sagen sie:
> Wir sind verheiratet, haben zwei Kinder und den FCK.
> Das ist der Wahnsinn."
>
> *OTTO REHAGEL, ehem. Abwehrspieler und Trainer des 1. FC Kaiserslautern.*

Im Jahr 1898 hat der Verlag W. Kohlhammer eine berühmte Kampfschrift
gegen den Fußballsport herausgegeben. Sie trägt den Titel: *Fusslümmelei.
Über Stauchballspiel und englische Krankheit.* Dieses immer wieder zitierte
Buch aus der Feder Karl Plancks läßt kein gutes Haar am Fußball. Dieser
Sport sei nichts anderes als eine gemeine „Schulung des Hundstritts": eine
formal-ästhetisch häßliche Betätigung, die den guten Geschmack verderbe,
und zudem eine widernatürlich-rohe Unsitte, die den Menschen geistig zum
äffischen Lümmel herabwürdige.[1] Wenn nun derselbe Verlag ein gutes Jahrhundert später einen Band über *Fußball als Kulturphänomen* in einer kulturwissenschaftlichen Reihe herausbringt, dann muß diese Sportart eine bemerkenswerte Karriere durchlaufen haben: von der Krankheit zum Kulturgut.

---

[1] Neu aufgelegt in der Reihe: Geschichte des Fußballs, Bd. 2, Münster 1982; Karl Planck
war Turner und Lehrer am Stuttgarter Eberhard-Ludwigs-Gymnasium. – Zur großen Bedeutung dieser Schrift auf dem Wege zur Etablierung einer vom Turnen unterschiedenen
Ästhetik des Fußballsports in Deutschland vgl. den Beitrag EGGERS / MÜLLER im vorliegenden Band, S. 159–161. – Aber diese pejorative Sichtweise hat große Tradition: So
hatte schon WILLIAM SHAKESPEARE ‚Fußballspieler' als gemeines Schimpfwort ausspre-
chen und ‚Fußball' als verabscheuenswert darstellen lassen; vgl. PAUL G. BREWSTER,
Games and Sports in Shakespeare, Helsinki 1959, 10, zu *King Lear* 1,4 („[...] you base
foot-ball player"); *Comedy of Errors* 1,2 („Am I so round with you, as you with me, That
like a football you do spurn me thus?"). Vgl. auch den Beitrag MÜLLER in diesem Band,
S. 47f.

## 1. Sport: ,Betätigung' und ,Kultur'

Die Beiträge dieses Bandes nähern sich dem Fußballsport als ,Kulturphäno-
men' in drei thematischen Anläufen: Sie skizzieren in einem ersten Block die
*Herkunft* des Fußballspiels aus den Ballspielen der Frühneuzeit – eingedenk
der gravierenden Unterschiede zwischen den traditionellen volkstümlichen
Spielen und dem modernen industriekulturellen Fußball –, verfolgen seine
Definition durch das Regelwerk, das in der zweiten Hälfte des 19. Jahr-
hunderts den Fußball vom Rugby abgrenzte, und skizzieren seine Etablierung
als populärkulturelles Phänomen in Deutschland. Ergänzend zu diesem
Rückblick loten wirtschaftswissenschaftliche Diagnosen das ökonomische
*Zukunftspotential* dieses Sports aus; ist doch das Wirtschaften nicht nur
Grundlage aller kulturellen Betätigung, sondern selbst eine kulturelle Äuße-
rung, wenn man ,Kultur' (lat. *cultura*) in Abgrenzung von der nicht durch den
Menschen hervorgebrachten Natur her versteht.

Ein weiterer Schwerpunkt ist dem Fußball der *Gegenwart* gewidmet, insofern er einerseits in vitaler Kommunikation mit der modernen Populär- und
Medienkultur steht, deren einflußreichste Erfindungen Kino und Fernsehen
sind; anderseits werden markante Bereiche der sogenannten Hochkultur aufgegriffen: traditionelle Künste wie Malerei und Graphik, Prosaliteratur und
Dichtung, Musik und Architektur, in denen der Fußball seine Spuren hinter-
lassen hat.

Ein dritter Themenbereich befaßt sich mit dem Sinnstiftungspotential dieser Sportart, mit ihrer Bedeutung für individuelle Identitätsbildung und die
Gestaltung des sozialen Lebens – dies auch in Reflexion auf die von den Kirchen und der Medienkultur hervorgebrachten Sinn-, Orientierungs- und Un-
terhaltungsangebote. In diesem Zusammenhang müssen die Schattenseiten,
muß die Unkultur des Fußballs behandelt werden: das Gruppenerleben und
die Sozialstrukturen in den aggressiven und delinquenten Subkulturen der
Hooligans, die von ihrem Selbstverständnis her großenteils Fußballbegeisterte
sind, die sich häufig schon von früher Kindheit an mit ihrem Verein identifi-
zieren.

Fußball hat sich – so könnte man die Beiträge in abstracto zusammenfassen – zu einem das Leben prägenden gesamtkulturellen Phänomen entwickelt,
das die verschiedensten Kultur- und Kunstsektoren bereichert und entsprechende Rückkopplungseffekte aufweist. Er ist ein Beispiel für ,Globalisie-
rung', und zwar schon in einer Zeit, in der dieses Wort noch nicht gängige
Münze war; ist er doch als „die einzige Klassen und Nationen übergreifende
Ideologie des Erdballs" bemerkenswert „nachhaltig zur Essenz unserer gesellschaftlichen Kommunikation geworden".[2] Mit dieser ,Ideologie' lassen

---

[2]    DIRK SCHÜMER, Falschspiel. Frische Sportphilosophen, in: Frankfurter Allgemeine Zei-
       tung, 3.9.1997; DERS., Gott ist rund. Die Kultur des Fußballs (1996), Frankfurt a.M.

sich alle lokalen, regionalen und nationalen Strukturen wie Spielerkaderbesetzungen oder Sponsoren multikulturell unterlaufen und internationalisieren;[3] darin kommt der *Fußball* mit dem *Pop* als kultureller Plattform der globalisierten Informationsgesellschaft überein, dem selbstgenügsame kulturelle Identitäten ebenso wenig entgegenzusetzen haben „wie einst die Indianer der Lokomotive".[4] – Eine große Ausnahme bilden allenfalls die USA mit ihren ausgeprägten Präferenzen für ganz andere Sportarten[5] und, wenn man Fantasywelten miteinbezieht, das Zauberer- und Hexenreich Harry Potters, wo Quiddich als die geistreichere Sportart sich gegen den Fußball der spießigen Muggelwelt der zum Übernatürlichen unfähigen normalen Menschen abgrenzt.

Aber während der Fußballsport auf den verschiedensten Ebenen als Kulturphänomen ernst genommen wird, besteht in der kulturwissenschaftlichen und sozialgeschichtlichen Forschung, jedenfalls in Deutschland, erheblicher Nachholbedarf. Doch ist auch hier ein Wandel zu verzeichnen: Hatten vor allem Christiane Eisenberg, Siegfried Gehrmann oder Erik Eggers mit sport-, sozial- und kulturhistorischen Untersuchungen über den deutschen Fußballsport schon wichtige Lücken geschlossen, so waren im Jahr 2000, in dem der DFB auf 100 Jahre Verbandsgeschichte zurückblicken konnte, bemerkenswerte Aufbrüche mit dem Anliegen eines Brückenschlags zwischen Sport *als vorübergehender Betätigung* einerseits, *als bleibender Kultur* anderseits – um eine Differenzierung von Andrei S. Markovits aufzugreifen[6] – zu verzeichnen. Große Beachtung fanden die kulturgeschichtliche Ausstellung *Der Ball ist rund* im Gasometer Oberhausen,[7] die Sektion *„Kinder der Bundesliga": Kultur- und sozialgeschichtliche Aspekte des Fußballs in Deutschland 1900 bis 1980* im Rahmen des 43. Deutschen Historikertags,[8] und die interdisziplinäre Tagung der Schwabenakademie Irsee über *Fußball in Kunst und Kultur*

---

1998, 8. – Über das „Spiel mit der ‚Welt‘-Kugel", eine auch sonst gerne und viel beschriebene Symbolik, vgl. den Beitrag RIHA, S. 128.

3   Vgl. den Beitrag LEHMANN / WEIGAND, S. 108.

4   BEAT WYSS, Die Welt als T-Shirt. Zur Ästhetik und Geschichte der Medien, Köln 1997, 122, vgl. 126f.

5   Vgl. ANDREI S. MARKOVITS, Kein Ball – nirgends. Warum es in den USA keinen Fußball gibt (IKUS-Lectures, Nr. 15, Jg. 3), Wien 1994, 8f. u.ö.; ferner: ANDREI S. MARKOVITS / STEVEN L. HELLERMAN, Offside. Soccer and American Exceptionalism, Princeton / Oxford 2001.

6   Vgl. dazu die Beiträge von MARKOVITS und HELLERMAN zit. in Anm. 5.

7   FRANZ-JOSEF BRÜGGEMEIER / ULRICH BORSDORF / JÜRG STEINER (Hrsg.), Der Ball ist rund. Katalog zur Fußballausstellung im Gasometer Oberhausen im CentrO. anlässlich des 100-jährigen Bestehens des Deutschen Fußball-Bundes 12. Mai bis 15. Oktober 2000, Essen 2000.

8   Vgl. die Zusammenfassung in: MAX KERNER (Hrsg.), Eine Welt – Eine Geschichte? 43. Deutscher Historikertag in Aachen 26. bis 29. September 2000. Berichtsband, München 2000, 282–289.

*der Moderne*, deren Ertrag im vorliegenden Band dokumentiert ist. Bisher „im günstigsten Fall von der Industrie der Hochkultur allenfalls belächelt", entwickelte sich in Deutschland „im Windschatten der gigantischen Medien-rezeption [...] erstmalig so etwas wie eine breitere intellektuelle Auseinander-setzung mit dem Fußball".[9]

Den Spagat zwischen Sport und Kultur hatte denn auch der DFB gewagt: „Fußball ist nicht nur die herrlichste Nebensache der Welt, sondern auch ein Stück Kultur in unserem Land" – so Egidius Braun bei der Feier des 100jährigen Jubiläums des DFB in Leipzig. Unter ‚Kultur' versteht Braun die Gestaltung des Lebens, insofern es über die unmittelbare Daseinsbewältigung im Arbeitsalltag hinausgeht.[10] Aber zu einem gesellschaftlich anerkannten Kulturphänomen hatte sich der Fußballsport erst in einer Jahrzehnte in An-spruch nehmenden Geschichte emanzipieren, den Makel des ‚Proletenhaften' abstreifen müssen. Denn wiewohl *football* ursprünglich eine Freizeitbetäti-gung gesellschaftlich aufstrebender Berufsgruppen Englands gewesen und von dort aus „seinen Weg um die Welt"[11] gegangen ist, hatte sich in der wei-teren Geschichte seine soziale Basis verbreitert, konnte er immer mehr aktive Mitglieder gewinnen und Zuschauer in seinen Bann ziehen, was vor allem an der stetigen Erweiterung der Zuschauerkapazitäten in den deutschen Stadion-bauten seit den 1920er Jahren abzulesen ist.[12] Dieser Popularitätsschub geht einher mit der Etablierung einer Vielfalt ‚populärer Kulturen', die nicht nur die Massen, sondern auch die ‚gehobenen' Schichten zu fesseln vermögen und zeitlich keineswegs mit der globalen ‚Amerikanisierung' nach dem Zweiten Weltkrieg einsetzt.[13]

Gerade als massenwirksames Phänomen war Fußball bis vor gar nicht lan-ger Zeit für das gehobene, humanistisch gebildete Bürgertum verpönt, das um seiner Identität willen und zur Wahrung von Besitzständen sich auch symbo-

---

[9]   Zu diesem Schub „wissenschaftlich-kritische[r] Analyse" im Jahr 2000 vgl. ERIK
      EGGERS, Trendwende in der Fußballgeschichte? Eine Rezeption des Fußballjahres 2000,
      in: SportZeit 1 (2001) Heft 1, 120–124, Zitat 120. – In diesem Zusammenhang müßte
      man auch die im Rahmen des *Studium generale* an Universitäten ausgerichteten Ring-
      vorlesungen berücksichtigen. So beispielsweise *Fußball – ein Alltagsphänomen aus der
      Sicht wissenschaftlicher Disziplinen*, 1998 ausgerichtet von Hermann Bausinger an der
      Universität Tübingen sowie *Die Zukunft des Fußballs*, 2001/2002 an der Ruhr-
      Universität Bochum.
[10]  Diesem schlichten Kulturbegriff hat BENJAMIN HENRICHS, Eine Wallfahrt zu Väterchen
      Fußball, in: Süddeutsche Zeitung, 31.1.2000, kritisch entgegengehalten: „Über die gedie-
      gene Erkenntnis, daß es sich bei der Musik wie beim Fußball um ‚Phänomene der Kul-
      tur' handelt, kommt der Redner im Augenblick leider nicht hinaus."
[11]  Vgl. CHRISTIANE EISENBERG (Hrsg.), Fußball, soccer, calcio. Ein englischer Sport auf
      seinem Weg um die Welt, München 1997.
[12]  Vgl. dazu die Beiträge RANDL und PROSSER in diesem Band, S. 182–184 und 272–275.
[13]  Vgl. dazu KASPAR MAASE / WOLFGANG KASCHUBA (Hrsg.), Schund und Schönheit.
      Populäre Kultur um 1900, Köln / Weimar / Wien 2001.

lisch und im Freizeitverhalten von den unteren Gesellschaftsschichten abgrenzte: „Fußball war fast gleichbedeutend mit Kartenspiel oder verbotener
Liebe",[14] so wie im England des 18. und 19. Jahrhunderts das Adjektiv *popular* lexikographisch „mit dem Mob, der Prostitution oder Epidemien in
Verbindung gebracht"[15] wurde. Doch von dieser Berührungsscheu waren
nicht nur konservative Kreise infiziert; auch die bundesdeutsche politische
Linke hatte sich, unter dem Eindruck der Kulturkritik der *Frankfurter Schule*,
lange Zeit dem Sport wie dem Pop als vermeintlicher kulturindustrieller Manipulation und ideologischer Verblendung der Massen spröde verweigert:
„Die Linke gibt sich unter dem Ruf nach ‚mehr Sinnlichkeit' sportasketisch",
hatte Horst Bredekamp noch 1982 beklagt.[16] Ganz anders schätzte jedoch
schon Bertolt Brecht vor allem die rohen Seiten des Sports und empfand tiefe
Abneigung gegen die Bestrebungen bürgerlicher Schichten, ihn kultur- und
gesellschaftsfähig zu machen bzw. bildungspädagogisch, hygienisch oder gar
(para)militärisch-ertüchtigend zu vereinnahmen.[17] Haben doch Kunst und
Sport eine markante Eigenschaft gemeinsam: den Freiraum des Zweckfrei-
Spielerischen.[18]

Während der DFB früher glücklich war, in dem Tübinger Rhetorikprofes-
sor Walter Jens wenigstens einen deutschen Gelehrten von Format zu finden,
der entgegen weit verbreitetem akademischem Dünkel öffentlich über diesen
Sport reflektierte und publizierte, interessieren sich heute Künstler und
Schriftsteller, Feuilletonautoren und Geisteswissenschaftler, Kulturschaffende
und Forscher der verschiedensten Fachrichtungen für die Thematik.

## 2. Kultur: Der Sieg des ‚Pop'

Gemeinsam mit allen anderen populärkulturellen Phänomenen und Ereignissen zeichnet sich auch der Fußballsport dadurch aus, daß er ohne theoreti-

---

[14] TIBOR DÉRY, zit. und erörtert im Beitrag LEIS in diesem Band, S. 139.
[15] BERNDT OSTENDORF, Warum ist die amerikanische populäre Kultur so populär?, in:
Merkur. Deutsche Zeitschrift für europäisches Denken, Nr. 604 (1999) 700–715, hier 700f.
[16] So HORST BREDEKAMP, Fußball als letztes Gesamtkunstwerk, in: Sport konkret
[= Konkret Sonderheft Sport] 1982, 42–46, hier 44. Vgl. bspw. THEODOR W. ADORNO,
Veblens Angriff auf die Kultur, in: DERS., Gesammelte Schriften, Bd. 10/1, Frankfurt
a.M. 1977, 72–96, hier 79f.; DERS. / MAX HORKHEIMER, Dialektik der Aufklärung,
Frankfurt a.M. 1971, 108–150 („Kulturindustrie"), bes. 129, 148.
[17] Über Brecht und Sport vgl. GÜNTER WITT, Das merkwürdige Verhältnis des Bertolt
Brecht zum Sport, in: Leipziger Sportwissenschaftliche Beiträge 38 (1997) 144–168;
BERTOLT BRECHT, Der Kinnhaken und andere Box- und Sportgeschichten, hrsg. von
Günter Berg, Frankfurt a.M. 1995.
[18] So ist es auch kein Zufall, daß ERIK SATIE, der begnadete Spötter der akademischen Musik der *bourgeoisie*, ein kleines multimediales ‚Album' mit Klavierfragmenten, eigenen
surrealen Prosatexten und Illustrationen von Charles Martin über *Sports et divertisse-
ments* (1914) herausgegeben hat.

schen Unter- oder Überbau rezipiert werden kann. In der Kulturtheorie spricht man heute von einem Sieg der Massenkultur (*mass culture*) oder populären Kultur (*popular culture*) über die Hochkultur (*high culture* im Gegensatz zu *low culture*)[19] und feiert die Tautologien des Pop – zu denen auch die „kryptischen Schelmereien" Sepp Herbergers gerechnet werden können[20] – gegenüber den verkopften Theorien der höheren Bildung. Spätestens seit dem Industriezeitalter wurden Kultur und Kunst in den Strudel eines tiefgreifenden Wandels gerissen. Dies gilt vor allem vor dem Hintergrund des deutschen Kulturbegriffs, der sich in seiner ethischen und humanistisch-pädagogischen Akzentuierung stark auf die Verfeinerung des Charakters und als anspruchsvolles Bildungskonzept auf die Künste und Wissenschaften im engeren Sinne konzentriert hat. Dieser Kulturbegriff wurde durch die zunehmende Beachtung der Alltags- und Populärkultur entscheidend in Frage gestellt, wenigstens erfuhr er eine beträchtliche Erweiterung.

Aber weil die populärkulturellen Manifestationsformen insgesamt keinen „genau definierten Sonderkanon mit spezifischem Grundcharakter" umfassen, der sich ohne weiteres isolieren ließe, gibt es komplexe Wechselwirkungen zwischen moderner Kunst und Populärkultur, die eine „Entwicklung bestimmter Methoden und Strategien aus dem ‚low'-Bereich in den ‚high'-Bereich befördert und wieder zurück".[21]

> Dieser Austausch zwischen ‚high' und ‚low' ließe sich in der Geschichte des Fußballs in vielen Kontexten nachweisen, so etwa schon in den 1920er Jahren bei den Spielern von Hakoah Wien oder Hakoah New York, die sich in Österreich und den USA in der Künstler- und Intellektuellenszene und auf dem Markt der populären Kulturen nicht nur als Fußballer, sondern auch als Literaten, Pianisten, Tänzer, Tanzlehrer, Artisten, Kabarettisten und Poeten gewinnbringend angeboten und die Nachfrage der Kultur-, Freizeit- und Unterhaltungsindustrie befriedigt haben.[22]

---

[19]  Vgl. KIRK VARNEDOE / ADAM GOPNIK, High & Low. Moderne Kunst und Trivialkultur, München 1990; WYSS, Die Welt als T-Shirt (Anm. 4), bes. 121–128; BORIS GROYS, Der Verrat der Theorie. Die Massenkultur hat gesiegt – und doch kann sie die Hochkultur niemals ersetzen, in: Süddeutsche Zeitung, 15./16.5.1999; CHRISTOPH BAUSENWEIN, Geheimnis Fußball. Auf den Spuren eines Phänomens, Göttingen 1995, 15.

[20]  SCHÜMER, Gott ist rund (Anm. 2), 244. – Martin Heideggers „verwickeltes Diktum ‚Das Ereignis ereignet. Damit sagen wir vom Selben her auf das Selbe zu das Selbe' kann mit der in sich geschlossenen Evidenz und Gedankentiefe von Herbergers ‚Der Ball ist rund' nicht mithalten." (Ebd., 245) – Vgl. BORIS GROYS, Die Zukunft gehört der Tautologie, in: Kursbuch 122, Berlin 1995, 11–20.

[21]  VARNEDOE / GOPNIK, High & Low (Anm. 19), 11, 13f.

[22]  Vgl. MARKWART HERZOG, „Vereins-Zeitung des Fußballvereins Kaiserslautern e.V." Eine Quelle zur Geschichte des 1. FC Kaiserslautern und der Barbarossastadt in der Zeit der Weimarer Republik (1927–1931), in: Kaiserslauterer Jahrbuch für Pfälzische Geschichte und Volkskunde 1 (2001) 391–462, hier 451–454 (Lit. zu Hakoah).

Kultureller Synkretismus innerhalb der Populärkulturen selbst liegt zum Beispiel dann vor, wenn Spieler oder Funktionäre Verbindungen zur populären Musik herstellen und die sich ergebenden Synergie-Effekte nutzen. Das ist der Fall in den gegensätzlichen Beispielen des Fußball- und Popstars David Beckham oder des serbischen Politikers und Fußballclubbesitzers Željko Ražnjatovič.[23] In beiden Fällen bilden die Ehefrauen einen wichtigen Link zur jeweiligen populären Musikkultur.[24]

Indes: ,Entscheidend ist auffem Platz', lautete ein weit verbreitetes Sprichwort von ,Adi' Preisler. In der Tat ist das alles organisierende und inspirierende Zentrum jeder Fußballkultur das Spiel selbst. Sie hat ihren Kern in der Spannung und Dramatik des Kampfes zweier Mannschaften; von ihm geht eine Faszination aus, die der Zuschauer von Spiel zu Spiel erlebt. Von der erinnerten letzten Begegnung zur erhofften nächsten stiftet der verbandlich organisierte Vereinsfußball eine eigene zeitliche Ordnung. Wie es neben dem bürgerlichen Kalenderjahr beispielsweise auch das Kirchenjahr mit eigenem bedeutungsvollem Anfang und Ende gibt, so entspricht dem im Sport die Saison bzw. Spielzeit, die ihren spezifischen, in Spieltage strukturierten Rhythmus hat und in besonderen Kalendarien dokumentiert wird. Ähnlich den religiösen Feiertagen sind es hier die Spieltage – im Stadion, Radio oder Fernsehen erlebt –, die der gewöhnlichen Arbeits- und Schulwoche eine eigene Zeitstruktur und besondere Weihe geben. Außergewöhnliche Höhepunkte sind die letzten Spieltage einer Saison oder Finalspiele in Pokalwettbewerben oder internationale Turniere, während die spielfreien Monate zwischen den ,Spieljahren' ebenso wie die Winterpausen von den Fußballbegeisterten als Sinnvakuum empfunden werden.

Über das beim Spiel Erlebte wird an den Arbeitsplätzen und Schulen, in den Wirtshäusern und Familien berichtet und gestritten. So liefert es unendlich viel Erzählstoff, wirkt bedeutungsvoll in den Alltag der Menschen hinein,

---

[23] Diese *Verbindung von Popkultur und Fußball*, gekoppelt mit den völkisch aufgeladenen mystischen Visionen der *serbisch-orthodoxen Religiosität*, hat das Belgrader Killerregime der 1990er Jahre für seine Ziele instrumentalisiert: Der mittlerweile ermordete (Kriegs-)Verbrecher Željko Ražnjatovič hat für Belgrads Politik der ,ethnischen Säuberungen' aus seinem Fußballklub Obilić Belgrad ebenso propagandistisches und ökonomisches Kapital geschlagen wie aus der Beziehung zu seiner knallblonden, Schlager und Folklore singenden Frau Ceca; vgl. DARIO VENUTTI, Von Metz aufs Amselfeld. Wie in Serbien der Fußball ethnischen Nationalismus evoziert, in: Neue Zürcher Zeitung, 7.4.1999.

[24] Der erste Fußballstar, der von den Medien als Popikone hofiert wurde und sich obendrein über seinen Sexappeal definierte, war George Best (vgl. den Beitrag VON BERG, S. 230). Diesen *Idealtyp des fußballspielenden Popstars* repräsentiert heute David Beckham, dessen Ehe mit der Sängerin Victoria Adams, alias Posh Spice, von den Spice Girls die Massen fasziniert. – In diesem Kontext müßten auch Stars wie der Musiker und Schlagerproduzent, Fußballspieler (u.a. FK Pirmasens und PSV Eindhoven) und ehem. Vereinspräsident (Tennis Borussia Berlin) Jack White erwähnt werden, die Brücken zwischen verschiedenen Bereichen der Popkultur geschlagen haben.

bleibt sinnstiftend haften im Bewußtsein der Fans, wird zum Inhalt einer die Generationen übergreifenden Erinnerung, ist dann nicht mehr nur ein Bestandteil individuellen Angedenkens, sondern setzt sich bedeutungsvoll im ‚kollektiven Gedächtnis' (z.B. der Vereine) fest[25] – oder sogar im ‚kulturellen Gedächtnis' ganzer Nationen.[26]

Aber der Fußball ist auch deshalb ‚kulturträchtig', weil er mit anderen Kulturgütern konkurriert. Zwei Beispiele, a) ein *landschafts- und bauarchitektonisches* und b) ein *kultur- und entwicklungspolitisches* Streitfeld, seien dafür exemplarisch erwähnt.

a) In Salzburg betreibt die Landesregierung seit 1999 den Neubau eines Stadions für 31.000 Zuschauer unmittelbar vor Schloß Klesheim, mitten in jene Achse des landschaftsgeschützten Parks hineingestellt, die das Schloß des Barockbaumeisters Johann Bernhard Fischer von Erlach mit der Müllner Barockkirche zu Unserer Lieben Frau Himmelfahrt in einer für die Barockzeit typischen Konzeption zur Einheit eines raumgreifenden Bauensembles verbindet – eine Einheit, die durch den Stadionbau zerstört würde. Barockes Weltkulturerbe und das Großstadion von Austria Wüstenrot streiten um Vorrechte. Gottfried Knapp vergleicht diese „Wahnsinnstat" mit der Vorstellung: „der bayerische Staat baut gegen den Widerstand aller lokalen Behörden ein Fussballstadion direkt neben die zentrale Gartenachse von Schloss Schleißheim."[27]

b) Im August 1999 mußte sich das bundesdeutsche Außenministerium dem Vorwurf stellen, Steuergelder in Millionenhöhe für die Bezahlung deutscher Fußballtrainer im Ausland zu vergeuden. Exportiert doch das Bundesaußenministerium unter der Rubrik „auswärtige Kulturpolitik" nicht nur Dichtung und Denken, sondern unter anderem auch Fußballtrainer: eines von vielen Feldern der Sportförderung in der Dritten Welt, unterstützt von der Gesell-

---

[25]  Zur *ars memoriae* in der Fußballfankultur vgl. ULRICH BORSDORF / HEINRICH THEODOR GRÜTTER, Spielweisen der Erinnerung. Fußball und Gedächtnis, in: BRÜGGEMEIER / BORSDORF / STEINER, Der Ball ist rund (Anm. 7), 48–52.

[26]  Österreichs Nationalstolz erfuhr einen erheblichen Auftrieb durch das 3:2 über Deutschland bei der Weltmeisterschaft 1978 (vgl. MICHAEL WASSERMAIR / LUKAS WIESELBERG [Hrsg.], 20 Jahre Córdoba. 3:2 Österreich – Deutschland, Wien 1998); für die Kommunisten in der ehemaligen DDR ist der 1:0-Sieg durch das Tor von Jürgen Sparwasser im ‚Systemvergleich' mit dem ‚Klassenfeind' BRD unvergessen (vgl. ELKE WITTICH [Hrsg.], Wo waren Sie, als das Sparwasser-Tor fiel?, Hamburg 1998); der Politologe ARTHUR HEINRICH sieht die wahre Geburtsstunde der Bundesrepublik Deutschland im Wankdorf Stadion zu Bern am 4. Juli 1954, fünf Jahre nach der offiziellen Gründung der BRD, datiert, in der verschüttetes Selbstwertgefühl wieder freigelegt wurde (Tooor! Toor! Tor! 40 Jahre 3:2, Hamburg 1994). In diesen Fußballtriumphen haben sich markante Abschnitte der Zeitgeschichte symbolträchtig verdichtet: die erfolgreiche Außenpolitik Bruno Kreiskys, die Ratifizierung der von Erich Honecker mit Willy Brandt ausgehandelten Ost-Verträge, der ökonomische Wiederaufstieg der BRD.

[27]  Vgl. GOTTFRIED KNAPP, Ein Anschlag von oben. Wie das Weltkulturerbe verschleudert wird, in: Süddeutsche Zeitung, 7.10.1999.

schaft für Technische Zusammenarbeit (GTZ) und dem Nationalen Olympischen Komitee (NOK). Dieser Kulturtransfer entfaltet eine nachhaltigere Wirkung als Lesungen in Goethe-Instituten, ließ das Auswärtige Amt verlauten, und die GTZ erklärte lapidar: „Beckenbauer kennt jeder, Goethe nicht".[28]

Derartige Konflikte auf der Ebene der harten dinglichen Realitäten bilden aber nur die eine Seite im Verhältnis des Fußballsports zu anderen Kultursektoren. Dieses Verhältnis ist ebenso durch wechselseitige Bereicherung gekennzeichnet. Dies zeigt sich schon anhand der mannigfaltigen metaphorischen Übertragungen spezieller Begrifflichkeiten aus einem Bereich in einen andern, beispielsweise von Musik, Theater oder Religion in den Sport hinein sowie vom Sport in Theologie, Politik und Alltag. Die Veralltäglichung von Sondersprachen und deren Rezeption durch andere Sprachkulturen liefern deutliche Hinweise auf die Popularität der Lebensbereiche, aus denen die übertragen verwendeten Wortprägungen stammen.

## 3. Metaphorischer Transfer: Künste – Sport – Theologie

Angesichts seiner Breitenwirkung ist es auch nur selbstverständlich, daß Fußball „der Wettbewerbsgesellschaft ihre griffigsten Metaphern und Parabeln"[29] liefert. Er bestimmt als normgebendes Maß unser Weltbild, wenn etwa das Statistische Bundesamt den Flächenverbrauch in der Bundesrepublik Deutschland nicht nur in Hektar angibt, sondern zur Veranschaulichung auch in Fußballfelder umrechnet.[30] Durch metaphorische Übertragung hat vor allem die Terminologie der Fußballregeln von der Umgangssprache Besitz ergriffen. Dies war schon in den 1930er Jahren dem Philologen, Romanisten und Publizisten Victor Klemperer, einem Vetter des großen Dirigenten Otto Klemperer, aufgefallen, der in sprachkritischen Analysen dargelegt hat, daß nicht nur Fußball, sondern auch viele andere Sportarten so sehr zu Massenphänomenen geworden waren, daß sie mit ihren Sondersprachen in alle Le-

---

[28] HUBERT WETZEL, Fußball statt Goethe. Außenministerium versteht Entsendung von Trainern als Kulturbeitrag, in: Süddeutsche Zeitung, 24.8.1999.

[29] ULRICH VON BERG, in diesem Band, S. 200. Über Fußballsport als Symbol des Gerechtigkeitsideals der modernen Leistungsgesellschaft vgl. den Beitrag PROSSER, S. 292. Deshalb orientieren sich die Fans vorwiegend an der Leistung der Spieler und nur am Rande an deren Nationalität, vgl. FRANK KALTER, Ethnische Kundenpräferenzen im professionellen Sport? Der Fall der Fußballbundesliga, in: Zeitschrift für Soziologie 28 (1999) 219–234.

[30] Vgl. JOHANNA SCHMIDT-GROHE, Fußball – Maß aller Dinge? Der Kulturkommentar – Bayerischer Rundfunk, 30.1.2000: „In ihrer Werbeschrift für die Bebauung des Bahngeländes zwischen dem Münchner Hauptbahnhof und dem Pasinger Bahnhof betont die ‚Eisenbahn-Immobilien-Management-GmbH': Diese Fläche entspräche 210 Fußballplätzen. Auch die Größe des Grundstücks für das Berliner Holocaust-Denkmal wird bei Stadtführungen nach Fußballfeldern angegeben."

bensbereiche hineinwirken, den Alltag mit ihren populären Bildern und volkstümlich gewordenen Metaphern durchdringen konnten.[31]

Heute ist diese Metaphorik gängige Münze. So sah Andreas Platthaus beim SPD-Parteitag in Berlin im Dezember 1999 „gute Zeiten für den Spielführer, schlechte für die linken Außenstürmer" angebrochen, der Parteitag ziehe „sich ins Mittelfeld zurück".[32] Auch der Konflikt um die Schwangerenberatung zwischen Bischof Karl Lehmann und dem Vatikan wurde in der Metaphorik der Fußballfachsprache dargestellt: Bischof Dyba steht als „Rechtsaußen unter Deutschlands Hirten" Karl Lehmann gegenüber; dieser „wäre nicht der Politiker, der er ist, wenn er nicht versuchte, auch ohne jede Chance zu punkten" – wie die Mannschaften, die es verstehen, aus keiner Chance zwei Tore zu machen und das Spiel zu gewinnen. Zwischenzeitlich hatte der Vorsitzende der Deutschen Bischofskonferenz „die drohende vernichtende Niederlage zu einem hart erkämpften Unentschieden gedreht".[33] – Aber in der Nachspielzeit war Lehmann trotz seiner taktischen Meisterleistung noch unterlegen.

In jedem Fall setzt die umgangssprachlich weit verbreitete Fußballmetaphorik eine allgemeine Kenntnis der Fußballregeln voraus. Umgekehrt gibt es Anleihen aus anderen Fachsprachen, die in den Sport eindringen. So beschworen Christoph Bausenwein, Christoph Biermann und Ulrich Fuchs die Beziehun-

---

[31]  Diese ‚Logik der Sportsprache' hat es dem Nationalsozialismus erlaubt, aus dem terminologischen Arsenal des Radsports, Fußballs und Boxens zu schöpfen, es u.a. ideologisch für die Popularisierung des Krieges zu mißbrauchen; vgl. dazu JÜRGEN COURTH, Victor Klemperer als Zeitzeuge des Sports, in: Stadion. Internationale Zeitschrift für Geschichte des Sports 23 (1997) 112–136, bes. 126f., zu Klemperers Analysen der Reden Josef Goebbels'. – Über metaphorische Transfers zwischen Sport und Gesellschaftsverhältnissen, z.B. Sportwelten als Metaphernquelle für Männlichkeitskonzeptionen oder die Gleichsetzung von Sport und Krieg, in der Prosaliteratur im ersten Drittel des 20. Jahrhunderts vgl. NANDA FISCHER, Sport als Literatur. Traumhelden, Sportgirls und Geschlechterspiele, München 1999.

[32]  ANDREAS PLATTHAUS, Hier saniert der Chef noch selbst. Gute Zeiten für den Spielführer, schlechte für die linken Außenstürmer. Der SPD-Parteitag zieht sich ins Mittelfeld zurück, in: Frankfurter Allgemeine Zeitung, 10.12.1999: „Die Gleichsetzung von Politik und Sport hat in Deutschland einiges für sich, doch wer das Team SPD in Berlin beobachtete, der mochte zweifeln, ob Offensive allein genügt. Natürlich gab es die obligaten linken Flügelläufe, gefolgt von steilen Flanken, doch die Tore müssen dann ja erst noch geschossen werden. Und in der Mitte, wo die Flanken landen, stehen Vollstrecker, die den Abschluß scheuen, weil der Mannschaftskapitän unentwegt vor Eigentoren warnt. Besser also gar kein Torschuß. Das Mittelfeld hat Schröder stark gemacht, denn der Ball muß einfach möglichst lange in den eigenen Reihen bleiben, dann wird auf den heimischen Spielfeldern von Schleswig-Holstein bis Nordrhein-Westfalen im nächsten Jahr schon nichts passieren. Verlängerung ist in der Politik ein Sieg. Und vielleicht wird der große Stratege der gegnerischen Mannschaft ja doch noch des Feldes verwiesen."

[33]  MATTHIAS DROBINSKI, Die Kraft und die Beharrlichkeit, in: Süddeutsche Zeitung, 24.6.1999.

gen zwischen Fußball und Musik bzw. Tanz[34] – und der opernbegeisterte Otto Rehagel bediente sich der Sprachformeln aus dem Musikbereich für die Beschreibung seines Traineramtes.[35] Das Eindringen militärischer Sprachbilder in die Rhetorik der Fußballbegeisterten hat hier ebenso seinen Ort[36] wie die metaphorischen Entsprechungen zwischen Fußball und Theaterschauspiel.[37] Diese Zusammenhänge bedürfen noch einer umfassenden empirischen Erhebung – ein sicher lohnenswertes Desiderat linguistischer Forschung.

Auch die Sprache der Religion läßt sich auf den Fußballsport anwenden. Spätestens seit der Radioübertragung des ‚Wunders von Bern' am 4. Juli 1954 in der Kommentierung durch Herbert Zimmermann ist in Deutschland die Species ‚Fußballgott' geboren („Turek, du bist ein Teufelskerl! Turek, du bist ein Fußballgott!"), ein substantivisches Kompositum, das auf herausragende Spieler angewendet wird. Schon in den 1920er Jahren ließ sich der spanische Torhüter Ricardo Zamora ob seiner Unbezwingbarkeit als ‚el divino' feiern. Im Fußball gibt es die ‚Wunder' unerwarteter Spielresultate und sensationeller Spielverläufe, die ‚Heiligen' in Gestalt besonders begnadeter Spieler und den ‚heiligen Rasen',[38] Fans titulieren ihren Verein als ‚Religion',[39] Stars werden ‚angehimmelt' oder ‚verteufelt', spielentscheidende Tref-

---

[34] CHRISTOPH BIERMANN / ULRICH FUCHS, Der Ball ist rund, damit das Spiel die Richtung ändern kann. Wie moderner Fußball funktioniert, Köln 1999, 160–164: „All that Jazz". Vgl. dazu auch BAUSENWEIN, Geheimnis Fußball (Anm. 19), 350–360.

[35] OTTO REHAGEL, in: Frankfurter Allgemeine Zeitung, 21.12.1998: „Vor zwanzig Jahren hat der Trainer die Taktik vorgegeben und erklärt, und er hat vorgemacht, wie der Ball hochzuhalten ist. Das war die reine Fußball-Lehre. Die spielt doch heute für den Fußball-Lehrer nur noch eine, wenn auch nicht ganz unwichtige, Nebenrolle. So ein Profikader ist heute eine hochbezahlte Schauspielergruppe, in der sich manch einer sehr narzistisch gibt. Da mußt du als Trainer ein Virtuose sein, hellwach jeden Klang erkennen und sofort die richtige Taste anschlagen. Je schneller der Tanz um das goldene Kalb wird, desto schwieriger wird die Position des Trainers."

[36] Vgl. CHRISTIAN BROMBERGER, Le match de football. Ethnologie d'une passion partisaine à Marseille, Naples et Turin, Paris 1995, 263–310 („La rhétorique des supporteurs"); CHRISTIANE EISENBERG, Deutschland, in: DIES., Fußball, soccer, calcio (Anm. 11), 94–129, hier 101f.; vgl. auch die Beiträge EGGERS und LEIS im vorliegenden Band, S. 75f. und 148–152.

[37] Über die engen Zusammenhänge zwischen Fußball und Theater vgl. PETER THIERGEN, „Welch Schauspiel! Aber ach! ein Schaupiel nur!" Fußball und Theater, in: BERND SCHEFFER, Medienobservationen (Elektronische Zeitschrift des Instituts für Philologie der Ludwig-Maximilians-Universität München: www.medienobservationen.uni-muenchen.de/thiergen.html).

[38] Vgl. dazu auch KLAUS HANSEN, Gott ist rund und der Rasen heilig. Quasi-religiöse Aspekte der Fußballfaszination, in: Universitas 55 (2000) 249–265. – Über die Kategorie des Heiligen in der Analyse des Fußballsports, vor dem Hintergrund der Religionstheorie René Girards, vgl. LUC ROUTEAU, Le bouz-kashî, in: PAUL DUMOUCHEL (Hrsg.), Violence et vérité autour de René Girard, Paris 1985, 499–510; vgl. auch BROMBERGER, Le match de football (Anm. 36), 283, 327.

[39] Vgl. den Beitrag PROSSER, S. 278f. mit Abb. 1.

fer als ‚erlösende Tore' empfunden, brilliante Technik wird mit Absolutheits-epitheta ausgezeichnet, die man sonst den Göttern der Religionen zuschreibt.

Schon 1932 hatte die Kulturzeitschrift *Der Querschnitt. Magazin für Kunst, Literatur und Boxsport* des Verlegers und Galeristen Alfred Flechtheim den Fußball als „Weltreligion des 20. Jahrhunderts"[40] vorhergesagt und unter den *Sportmärchen* des Sozialdramatikers Ödön von Horváth steht eine *Legende vom Fußballplatz*, die mit Fußballhimmel, Fußballspielerengeln, seligen Fußballwettspielzuschauern und einem erzenglischen Schiedsrichter einer verzweifelten Sehnsucht nach dem Paradies sinnbildlich Ausdruck verleiht.[41]

Daß *Der tödliche Paß. Zeitschrift zur näheren Betrachtung des Fußballspiels* der „Volksreligion Fußball" unlängst ein eigenes Themenheft gewidmet hat[42] und nach dem Titelgewinn Frankreichs zu lesen war: „Seit dem Weltmeistertitel von 1998 ist das Spiel der elf Apostel den Franzosen mindestens so heilig wie die Kultur",[43] gehört ebenso in den Horizont dieser religiösen Metaphorisierungen des Sports.

Für den Eintrag religiöser Vorstellungen und Begriffe in die Fußballwelt ließen sich noch zahllose Beispiele anführen. So hat beispielsweise der Frankfurter Historiker Johannes Fried den Fußball als ‚Ersatzreligion', ‚Pseudoreligiosität' und ‚Theologie der Masse' gedeutet – solche Ineinssetzungen sind Legion. Aber stimmen sie auch? Wichtig ist Fried die Beobachtung, daß die Sprache des Fußballs häufig auf die Sprache der Religion zurückgreift, so daß Sprachkritik die wahre, und das heißt: die religiöse Natur des Fußballs ‚verraten' bzw. ‚entlarven' könne.[44] Aber läßt sich aufgrund der genannten Sprachtransfers das eine dem anderen so ohne weiteres subsumieren? Das ist schon alleine deshalb problematisch, weil die *sprachliche* Metaphorisierung *sachlich* verschiedene Bereiche voraussetzt; diese Differenz einzuebnen, würde der Natur des Metaphorischen zuwiderlaufen.

In diesem Kontext ist interessant, daß sich die christliche Religion genau umgekehrt zu dem hier Ausgeführten schon sehr früh der Sprache des Sports bedient hat, um ihr eigenes Thema zu artikulieren. Christliche Theologie und Kunst ha-

---

[40]  Vgl. dazu den Beitrag EGGERS in diesem Band, S. 67, sowie DERS., Fußball in der Weimarer Republik, Kassel 2001, 34, mit ausführlichen Zitaten.

[41]  Vgl. ÖDÖN VON HORVÁTH, Sportmärchen, in: Gesammelte Werke, hrsg. von Traugott Krischke / Dieter Hildebrandt, Bd. 5, Frankfurt a.M. ²1978, 25–55, Legende vom Fußballplatz: ebd. 30–33. – Vgl. auch Beitrag LEIS, S. 143, 145–148.

[42]  Vgl. Der tödliche Paß. Zeitschrift zur näheren Betrachtung des Fußballspiels 6 (2001) Heft 23, mit dem Titel: „Jesus lebt. Aber geht er auch ins Stadion? Wie die Kirchen mit der Volksreligion Fußball umgehen".

[43]  JÜRG ALTWEGG, Vier Minuten für ein Monopol, in: Frankfurter Allgemeine Zeitung, 11.12.2001.

[44]  JOHANNES FRIED, in: Frankfurter Allgemeine Zeitung, 19.6.1998. – Zu dieser überzeichnenden religiösen Metaphorik, wie sie auch in der Fußballberichterstattung anzutreffen ist, vgl. BROMBERGER, Le match de football (Anm. 36), 343–346 u.ö.

ben das Leiden Jesu und der Märtyrer als ‚sportliche' Angelegenheit stilisiert. So brachte der Völkerapostel Paulus „Begriffe aus dem sportlichen Leben [...] in Umlauf" und übertrug das athletische Wettbewerbs- und Leistungsprinzip auf das religiöse Bestreben, die Seligkeit zu erlangen: Die Kämpfer des Glaubens sollten sich in Enthaltsamkeit üben (1 Kor 9,25), um den Siegeskranz zu erringen. Ebenso wie Paulus sich bemühte, „die Gemeinde mitzureißen und zum Mitkämpfen zu gewinnen",[45] ging auch später eine „ganze Fülle sportlicher Fachausdrücke [...] unverändert über in den Sprachschatz der Martyrerliteratur"[46]: Clemens von Alexandrien entnimmt markante Sprachbilder aus der Welt des Stadions und der Rennbahnen; Tertullian nennt Gott einen Preisrichter, der den Christen den Siegeskranz verleiht.[47] Aber es widerspricht sowohl christlichem Selbstverständnis als auch den Befunden religionsgeschichtlicher Forschung, *Religion* solcher Begriffsübertragungen wegen als *Sport* zu deuten.

Dennoch ist die übertragene Rede von den ‚Heiligen' oder ‚Göttern' des Fußballs durchaus sinnvoll, weil es von der Leistung der Spieler abhängt, ob die Zuschauer bei erfolgreichem Wettkampf von der ‚Fußballverzückung'[48] gepackt, in einen Zustand der Erhebung[49] versetzt werden und enthusiastisch gestimmt nach Hause fahren. Insofern „sind die Spieler ‚Götter' – in Anführungszeichen", haben solche und andere „Metaphern mit ihrer Absolutheitsbotschaft"[50] durchaus ihre Berechtigung.

## 4. Religion: ‚Ersatzreligion' – ‚Religionsersatz'?

Aber nicht nur auf semantischer Ebene, sondern auch der Sache nach gibt es enge Beziehungen und Entsprechungen, Analogien und Parallelen zwischen Fußball und Religion: vor allem in den Verhaltensweisen und Einstellungen der Fans. Den christlichen Heiligen im Himmel entsprechen die Fußballstars auf dem Spielfeld, die Jagd nach Reliquien und deren Zurschaustellung findet sich in Religion (Kirche und Diözesanmuseum) und Sport (Stadion und Fußballvereinsmuseum) gleichermaßen. Vor allem sucht der Besucher eines Fußballspiels Augenblicke der Seligkeit und des Entsetzens, Momente der Ver-

---

[45] ALOIS KOCH, Die Leibesübungen im Urteil der antiken und frühchristlichen Anthropologie, Schorndorf 1965, 70 und 71, vgl. dazu insges. 69–75. – Die Kunst des ersten Jahrtausends hat den Gekreuzigten und den sein Kreuz tragenden Christus als kraftstrotzenden Athleten dargestellt, der das einer Trophäe gleichende Marterholz als Zeichen des Triumphes über Sünde, Tod und Teufel athletisch schultert und den Lorbeer der Ewigkeit gleich einem Kampfpreis im sportlichen Vergleich erringt.

[46] KOCH, Leibesübungen (Anm. 45), 73.

[47] TERTULLIAN, Ad Martyros, cap. 3, zit. bei KOCH, Leibesübungen (Anm. 45), 74.

[48] Nicht von ungefähr stammt ‚Fußballverzückung' aus der Religionswissenschaft; vgl. GEORG SCHMID, Interessant und heilig. Auf dem Weg zu einer integralen Religionswissenschaft, Zürich 1971, 106–109.

[49] Vgl. dazu den Beitrag GEBAUER in diesem Band, S. 312.

[50] PROSSER im vorliegenden Band, S. 280.

zückung und des Weltuntergangs; er genießt den Rausch und den Taumel des
Gemeinschaftserlebens. Solche außeralltäglichen ekstatischen Erfahrungen
werden heute in vielen säkularen Populärkulturen gepflegt: Technodance,
Headbanging, die ‚kleinen Fluchten' der Drogen Haschisch und Ecstasy. Hier
ist ein riesiger Markt für die industrielle Erlebnis- und Eventkultur entstanden, der auch die Angebote des Sports umfaßt. In die Fankultur des Sports
dringen verschiedene Techniken zur Erzeugung nichtreligiöser Transzenden-
zerfahrung ein[51] wie beispielsweise gemeinsames Jubeln und Singen, Alko-
holisierung oder der ‚Kick' gemeinschaftlich vollzogener Gewalt unter ‚Hooligans'[52]. Die ‚flow-Erlebnisse' des Leistungssports ‚als Betätigung'[53] und der
Besuch von Fußballveranstaltungen bieten immer auch etwas von dem, das
sich sprachlich nicht artikulieren läßt, und damit an jenes, inhaltlich natürlich
ganz anders bestimmte Unsagbare erinnert, von dem die religiösen Mystiker
stammeln.

Schon Anfang der 1950er Jahre hatte der niederländische Psychologe Frederik J. J. Buytendijk diagnostiziert, daß Fußballbegeisterung zum Lebensin-
halt werden kann,[54] gerade so, wie 50 Jahre später Salman Rushdie in den
*Confessions of a soccer fan* seine ‚frühkindliche Infektion'[55] durch die Liebe
zu den Tottenham Hotspurs beschreibt, mit der ihn sein Vater angesteckt
hatte.[56] Diese Leidenschaft kann so weit gehen, daß sie gesellschaftliche und

---

[51]  Vgl. dazu auch den Beitrag KOPIEZ in diesem Band, S. 294–302.

[52]  Vgl. zu dieser Motivation den Beitrag BLIESENER / LÖSEL, S. 262f.

[53]  Vgl. MIHALY CSIKSZENTMIHALYI / SUSAN A. JACKSON, Flow im Sport. Der Schlüssel
zur optimalen Erfahrung und Steigerung, München 2000.

[54]  Vgl. FREDERIK J. J. BUYTENDIJK, Das Fußballspiel. Eine psychologische Studie (Weltbild und Erziehung, Bd. 2), Würzburg [1953], 9: „Die Art des Interesses für die elf oder
x-mal elf Fußballspieler ist überall tief, ernsthaft, dauerhaft, alles *durchdringend* und alles *verdrängend* und erfüllend. Es übertrifft das Interesse für Kunst und Wissenschaft –
übrigens nur zu begreiflich! –, ist aber auch allgemeiner und intensiver als das Interesse
für die Lebensmittelpreise, den Weltfrieden oder den Tod von Neffen oder Nichten – von
Naturkatastrophen und Parlamentswahlen nicht zu reden." – Vgl. auch BROMBERGER, Le
match de football (Anm. 36), 23–102 („Histoires de matchs, histoires de villes, histoires
de vies").

[55]  Den Stellenwert des Fußballs in der Kinder- und Jugendliteratur behandelt STEFAN
ERHARDT, Warum hat Lena nur Fußball im Kopf? Fußball in Kinder- und Jugendbüchern
– Eine Synopse literarischer Entwicklungen, in: Der tödliche Paß. Zeitschrift zur näheren
Betrachtung des Fußballspiels, Hefte 11 (Dezember 1997), 12 (März 1998), 13 (Juni
1998), 15 (Februar 1999) und 16 (Juni 1999); gekürzte Fassung in: Bulletin Jugend &
Literatur 29 (5/1998) 15–21.

[56]  Vgl. SALMAN RUSHDIE, The People's Game. The education of a soccer fan, in: The New
Yorker, Mai 31 (1999) 56–65. – Daß enthusiastische Fans versuchen, *pränatale Ver-
einsmitgliedschaften* für ihre Kinder zu erwirken, zeigt ein Vorfall beim 1. FC Kaiserslautern: Ein werdender Vater hatte im Spieljahr 2000/2001 unter Vorlage eines Ultra-
schallbildes den Mitgliedsantrag gestellt; Mitgliederwart Walter Herbrand ließ den
Vorgang jedoch ruhen bis zum Erhalt der Geburtsanzeige: Babys können durchaus Ver-

private Bindungen gefährdet oder zerstört wie in der Hooliganszene – oder wie es die Schalke-Kino-Saga *Fußball ist unser Leben* von Tomy Wigand[57] auf amüsante und zugleich tragische Weise demonstriert.

Auf der anderen Seite erfüllt der Fußballsport auch ‚ungefährlichere‘ oder sogar gesellschaftlich erwünschte Funktionen. Schon durch die temporale Ordnung des Lebens, die ein geregelter Spielbetrieb stiftet, und die Identifikation mit dem Verein und seinen Stars leistet Fußball einen grundlegenden Beitrag zur Befriedigung des Sinn- und Orientierungsbedürfnisses und zur Ritualisierung des Alltags. Die Vereinsanhänger werden in Fanclubs integriert, bekommen dort einen Platz in einer Gemeinschaft, die sie trägt: ‚You'll never walk alone!‘[58] Hier werden auch Ehen angebahnt, geschlossen und in Stadionzeitungen und Fanzines[59] symbolträchtig zur Schau gestellt. Wenn sich frisch vermählte Brautleute den Fanschal umlegen, um ihre Zusammengehörigkeit zu demonstrieren und vom eigenen Fanclub im Ornat der Spieltagsrequisiten umgeben sind,[60] dann erinnert dieser doppelte identifikatorische Ritus (Zusammengehörigkeit des Paars – Gemeinschaft der Eheleute mit der Fangemeinde) an kirchliche Symbolsprache. Früher wurde bei der Hochzeitsliturgie ein Mantel (*velum* oder *velamen*) über die Brautleute gebreitet und ihnen umgelegt (*velatio*), der die Gemeinschaft der Brautleute untereinander, ihre Zugehörigkeit zur Kirche und deren Schutz und Segen symbolisierte.[61] Das textile Ritual erfüllt jeweils dieselbe Sozialfunktion, nur eben in den verschiedenen institutionellen Kontexten der Kirche und des Fußballvereins.

In diesem Kraftfeld der Orientierungsstiftung und der Besetzung des Lebens mit Symbolen und Zeremonien ist das Bekenntnis zur *Mannschaft* oder zum *Verein* wichtiger als die Identifikation mit kurzfristig engagierten *Stars*.[62]

---

einsmitglieder werden, müssen dazu jedoch das Licht der Welt erblickt haben. Vgl. PROSSER, S. 287f.

[57] Vgl. dazu auch den Beitrag VON BERG, S. 224f. mit Abb. 5.

[58] Vgl. dazu den Beitrag KOPIEZ, S. 296.

[59] Diese populären Printmedien sind in der Fankultur der Fußballvereine ebenso verbreitet wie in der HipHop- und Punk-Bewegung – *fanzine* (von ‚fan magazine‘): nichtkommerzielle Eigenproduktion von Fans für Fans. Vgl. dazu RICHARD HAYNES, The Football Imagination. The rise of football fanzine culture, Aldershot 1995; HEINRICH EPPE (Red.), Fußball-Fanzine im Archiv der Arbeiterjugendbewegung, Oer-Erkenschwick 1995, [2]1997; JENS NEUMANN (Hrsg.), Fanzines, 2 Bde, Mainz 1997 und 1999.

[60] Vgl. PROSSER, S. 287 mit Abb. 4; BROMBERGER, Le match de football (Anm. 36), 346.

[61] Vgl. dazu KORBINIAN RITZER, Formen, Riten und religiöses Brauchtum der Eheschließung in den christlichen Kirchen des ersten Jahrtausends, Münster [2]1981, 160–168, 177–179, 234–237 u.ö.

[62] Die Popularität des (Fernseh-)Fußballs ist in Deutschland im Gegensatz zu anderen Sportarten sehr viel robuster, weil weit stärker an die Kontinuität von Vereinen als an besondere Identifikationspersonen geknüpft. Anders als bei Formel-1 kann beim Fußball auch die Mannschaft der Star sein. „Der Abstieg des Tennis als TV-Sportart“ ist auch auf „den Verlust der deutschen Tennis-Stars“ zurückzuführen (BURK in diesem Band,

Anders als in den Zeiten Fritz Walters oder Uwe Seelers sind die Einzelspieler nur noch selten echte Konstanten im schnell lebigen Profifußball. Echte Traditionsvereine definieren sich auch über andere Codes wie die Symbolik ihrer Maskottchen, die einen dauerhaften Wiedererkennungswert garantieren und einen intensiven Sympathiefaktor darstellen. Wenn die Maskottchen als Plüschtiere in Umlauf gebracht werden, dann geht der Fußball eine Symbiose mit der Spielzeugkultur ein, die sich schon im Kindesalter identifikationsstiftend auswirkt (Abb. 1): Zebra (MSV Duisburg), Geißbock (1. FC Köln), Löwe (TSV 1860 München), Roter Teufel (1. FC Kaiserslautern).

*Abb. 1: Drei ‚Rote Teufel': Junge in Teufelskostüm, Mädchen mit rotem Plüsch-Teufel, Martin Wagner: ehem. Spieler des 1. FC Kaiserslautern.*

Das Sammeln der Fanartikel, das die Vereine durch Merchandising und Licensing betriebswirtschaftlich nutzen,[63] findet eine Steigerung in Auktionen, die vor allem (un)signierte Fußbälle, Shirts und Trikots, Pokale, Medaillen, Stadionprogramme und andere ‚objets trouvés' oder ‚Reliquien' unter den Hammer bringen. *Sotheby's* hat sich auf die Verbindung von Sport und Kunst, *Christie's* mehr auf Sportmemorabilien spezialisiert. Die Sammelkultur ist je nach den favorisierten

---

S. 248). Dies schließt jedoch nicht aus, daß insbesondere junge Fans in ihrer Suche nach Vorbildern durch Starspieler emotional stark gebunden werden und Trikots mit dem Namen eines Spielers ihres Vereins tragen (vgl. GÖMMEL in diesem Band, S. 117.): Entscheidend ist, daß der jeweilige Spieler bei *ihrem* Verein unter Vertrag steht.

[63]  Zur Fanartikelvermarktung vgl. den Beitrag GÖMMEL.

Sportarten, Veranstaltungstypen und Sporttraditionen der einzelnen Länder differenziert. In Deutschland erzielt der Volkssport Fußball die vergleichsweise besten Umsätze: „ein Randgebiet mit enormem Potential."[64]

Aber rechtfertigt die Tatsache, daß kultisches und ritualisiertes Verhalten sowohl in Kirchengemeinden als auch in Fußballfangemeinschaften oder unter den Anhängern der Stars in Musik und Film anzutreffen ist, daß man Kirchen, Sport und Unterhaltung sub voce ‚Religion‘ verhandelt? – eine Frage, deren Beantwortung in jedem Fall wesentlich davon abhängt, wie man den Religionsbegriff bestimmt. Bekanntlich ist das ein wissenschaftstheoretisch schwieriges Terrain: Wenn man wie der Tübinger Religionssoziologe Günter Kehrer einen *substanziellen Religionsbegriff* vertritt, ‚Religion‘ eng mit dem Glauben an übermenschliche Prozesse oder Wesenheiten verbindet und im Gegenzug die „geradezu uferlose Ausweitung des Religionsbegriffs bei Soziologen und Ethnologen"[65] ablehnt, dann ist Fußball keine Religion; wenn man sich jedoch mit Gunter Gebauer im Anschluß an Émile Durkheim[66] für einen *funktionalen Religionsbegriff* entscheidet und ‚Religion‘ auf die Konstruktion idealer Bilder der Gesellschaft bezieht, die diese von sich selbst produziert, weil sie ihrer zur Legitimation und Integration der sozialen Ordnung bedarf, dann ist das ein Verlangen, das der Fußball in der Tat vorbildhaft befriedigt – und dann wäre auch er Religion. Dieser letzte Ansatz steht aber in der Gefahr, den Religionsbegriff inflationär zu gebrauchen, weil unter ihn so ziemlich *alles* subsumiert werden könnte, und er infolgedessen dahin tendiert, *nichts* zu besagen; er würde seine Kommunikations- und Dialogfähigkeit einbüßen.

---

[64] ERIK EGGERS, Der Ball ist rund, und nach dem Spiel ist er teuer, in: Frankfurter Allgemeine Zeitung (Kunstmarkt), 8.9.2001; vgl. MARTINA FUNCK, Fußball unterm Hammer, in: Kunstzeitung, Nr. 42, Februar 2000, 17; RONALD RENG, Schweiß wird zu Geld. Fußball-Auktion bei Sotheby's, in: Süddeutsche Zeitung, 10.12.1999. – Stadionzeitungen, verschwitzte Trikots, Wimpel, Vereinsschals, Pokale sind zu einer echten Geldanlage geworden: Die Londoner Sonntagszeitung *The Observer* empfahl im Mai 1999, man solle das verschwitzte Trikot eines Fußballstars ergattern, von der Waschmaschine fernhalten und abwarten. Der Wert würde sich von alleine vermehren.

[65] Vgl. dazu GÜNTER KEHRER in der Diskussion zum Thema „Außerreligiöser Personenkult in ‚religionistischer‘ Terminologie", in: WALTER KERBER (Hrsg.), Personenkult und Heiligenverehrung, München 193–201; zu seinem *„substantiellen Religionsbegriff"* vgl. ebd. 148–150, sowie DERS., Definition der Religion, in: HUBERT CANCIK / BURKHARD GLADIGOW / KARL-HEINZ KOHL (Hrsg.), Handbuch religionswissenschaftlicher Grundbegriffe, Bd. 4, Stuttgart / Berlin / Köln 1998, 418–425.

[66] Vgl. den Beitrag GEBAUER, bes. S. 312f.; ebenfalls unter Bezugnahme auf Durkheim: BERTHOLD HAPPEL, Der Ball als All. Mythos und Entzauberung des Fußballspiels, Münster 1996, bes. 61f.; vgl. ferner im Anschluß an Roger Caillois: PETER BECKER / GUNTER A. PILZ, Die Welt der Fans. Aspekte einer Jugendkultur, München 1988, 71–75 („Der Umzug der Götter ins Stadion"); mit Verweisen auf Durkheim und Caillois vgl. BAUSENWEIN, Geheimnis Fußball (Anm. 19), 133–143, bes. 133f., 547 Anm. 154–161 (Lit.), vgl. ebd. 159–244. – Im Trend dieser Richtung liegt auch der Beitrag KOPIEZ im vorliegenden Band.

In diesem Sinne hat Christian Bromberger, Professor der Ethnologie an der Université de Provence, Marseille, dafür plädiert, *religiöse* und *säkulare* Riten[67] zu unterscheiden, und die zeremoniellen Observanzen und kultischen Momente im Verhalten von Spielern und Fans dem säkularen Bereich zuzuordnen. In diesen Diskussionen geht es also nicht um eine Frage der *Wahrheit*, sondern lediglich der heuristischen *Zweckmäßigkeit* von Begriffsdefinitionen. Nun ist für Bromberger der Transzendenzbezug ein wesentliches Unterscheidungsmerkmal, das religiöse Riten von säkularen unterscheidet: „la croyance en la présence agissante d'êtres ou de forces surnaturels, une représentation de la transcendance et du salut".[68] Im Anschluß an Kehrer und Bromberger ist es also erkenntnistheoretisch gesehen sinnvoll und geboten, Fußball und Religion zu differenzieren. Eben weil es Personenkult, Reliquienverehrung etc. auch in außerreligiösen Bereichen ohne Bezugnahmen auf übermenschliche Prozesse und Kräfte gibt, wie etwa in den Massenveranstaltungen des Sports oder in den Events der Unterhaltungs- und Medienindustrie, sind diese Kultursektoren vom spezifisch Religiösen zu unterscheiden.

Es dürfte wohl kaum einen Kenner der ‚Ethnologie des Fußballs' geben, der mit so viel Detailkenntnis die ganze Fülle der Parallelen, die zwischen Fußball und Religion bestehen, so umfassend analysiert hat wie Bromberger.[69] Bromberger konzediert, daß in beiden Bereichen umfassende Gemeinschaftsformen erzeugt werden: *communions des consciences* (Durkheim). Dennoch will er die spezifische Eigenart der Fußballrituale von denen der Religion unterschieden wissen, um nicht der hermeneutischen Nacht eines ‚Panritualismus' oder einer ‚Ritualomanie' zu verfallen, in der bekanntlich alle Katzen grau sind.[70] Wichtig ist Bromberger, daß die Fans häufig eine humoristische oder ludische Distanz zu der von ihnen erzeugten Semantik ritualisierter Vollzüge und Glaubensinhalte einnehmen.[71] Diese dürften nicht wie ein „trompe-l'œil liturgique" für bare Münze genommen werden.[72] Obendrein werden die Sportidole nicht um Schutz und Heilung, Hilfe oder Heil angegangen oder gar angebetet – es sei denn in einem offenkundig parodistischen Sinn, wie das an Otto Rehagel gerichtete *Otto-Unser* oder das zum Ruhme Diego Maradonas komponierte *Pater Noster* und das *Te Diegum* zeigen.[73] Im Gegenteil werden, wie Brombergers Analysen der Fanspra-

---

67  In diesem Sinne müßte auch die von BAUSENWEIN, Geheimnis Fußball (Anm. 19), 159–244, bes. 173–199, vorgeschlagene These über den Fußball als religiöses Fest kritisch überprüft werden. Zu den „limites de l'analogie entre matchs de football et fêtes religieuses" vgl. BROMBERGER, Le match de football (Anm. 36), 322.
68  BROMBERGER, Le match de football (Anm. 36), 316, vgl. ebd. 330f.
69  Vgl. BROMBERGER, Le match de football (Anm. 36), bes. 319–346 („Les dimensions rituelles du match de football").
70  Vgl. BROMBERGER, Le match de football (Anm. 36), 313, 317 mit Anm. 11.
71  Vgl. BROMBERGER, Le match de football (Anm. 36), 331, 335–337, 339 u.ö.
72  BROMBERGER, Le match de football (Anm. 36), 339.
73  Zum *Otto-Unser* vgl. ULLA HOLTHOFF, 1. FC Kaiserslautern, München 1998, 7; zum Kult um Maradona vgl. BROMBERGER, Le match de football (Anm. 36), 141f., 339, 342: Dieses Schwanken zwischen Ernst und Parodie unterscheide auch die „croyances [...]

chensemantik zeigen, gerade umgekehrt Gott und die Heiligen angerufen, damit diese den Sportlern beistehen. Im Unterschied zur Eigenständigkeit und Konstanz der Symbolik und des Zeremoniells religiöser Systeme erreicht der Fußball mit seinen expressiven Ausdrucksformen allenfalls schillerndes Stückwerk („un chatoyant patchwork"), das sich anderen Quellen (Magie, Religion, Theater etc.) verdankt, ohne sich des Sinns dieser Ausdruckshandlungen und Zeremonien bewußt zu sein („un rituel sans ‚exégèse‘"); deshalb kann hier allenfalls in einem sehr uneigentlichen Sinne von einer „religiosité mineure" oder einer „religiosité footballistique" die Rede sein.[74] In diesem Zusammenhang fehlt auch, anders als bei den ‚säkularen Religionen‘ des politischen Messianismus, jeder existenzielle Zukunftsbezug: Die Fans gestalten ihr Leben eben nicht in der Hoffnung auf einen ‚übernatürlichen‘ Beistand ihrer Stars.[75] In Anbetracht des häufigen Arbeitgeberwechsels der Spitzenspieler ist Fußball sogar als symptomatischer Ausdruck jener fehlenden Sicherheit und Verläßlichkeit zu interpretieren, die viele Bereiche des modernen Lebens charakterisieren.[76] Im Gegensatz dazu leisten Religionen eine Orientierung über den (‚Spiel‘-)Tag hinaus, beantworten Fragen nach Herkunft und Zukunft des Daseins und tragen die Gestaltung des Lebensvollzugs als eines Sinnganzen.[77] Das heuristische Interesse an den augenfälligen Parallelen zwischen Fußball und Religion gilt im Sinne Brombergers also gerade den Unterschieden zwischen beiden Bereichen, die bei der Analyse zu Tage treten.

Diese Problemskizze verkompliziert sich noch erheblich, wenn man die Möglichkeiten einer Integration des Fußballs – als Betätigung und als Starkult – ins religiöse Leben selbst berücksichtigt. Hierfür gibt es in der Tat instruktive Beispiele, die im Grenzbereich zwischen Fußball, Religion, Medien- und Populärkultur angesiedelt sind wie beispielsweise *L'Eglise de la Providence*, der die Ethnologin Nathalie Luca eine ausführliche Untersuchung gewidmet hat.[78]

Die südkoreanische Religionsgemeinschaft wurde 1980 von Jông Myông-Sôk (JMS – ‚Jesus Morning Star‘), einem Schüler des Gründers der *Unification*

---

‚semi-propositionelles‘" des Fußballs von der „religion embryonnaire" (ebd. 339f.), die sich gelegentlich im Anschluß an den unerwartet frühen Tod von Stars des Show-Business entwickelt.

[74] Zitate in: BROMBERGER, Le match de football (Anm. 36), 339, 348, 343, 347.

[75] Vgl. BROMBERGER, Le match de football (Anm. 36), 348f.

[76] Vgl. dazu auch CHRISTIANE EISENBERG, Einführung, in: DIES., Fußball, soccer, calcio (Anm. 11), 7–20, hier 20, im Anschluß an SCHÜMER, Gott ist rund (Anm. 2), 117, 119.

[77] Vgl. BROMBERGER, Le match de football (Anm. 36), 322, 343, 348f. u.ö. – Allerdings wird dieses Manko durch die Möglichkeit einer Identifikation mit dem *Verein* aufgewogen (s.o. S. 25f.). Aber trotz der bestehenden Affinitäten zu Religionen fehlt es nicht nur dem Fußball, sondern auch den populären Kulturen insgesamt an Organisation und Institutionalisierung, so daß sie auf dem ‚Sinngebungsmarkt‘ auch keinen Platz unter den ‚Ersatzreligionen‘ beanspruchen können; vgl. WOLFGANG KLEPPER, Populäre Kultur, in: Metzler Lexikon Religion, Bd. 3, Stuttgart / Weimar 2000, 43–48.

[78] Vgl. NATHALIE LUCA, Le salut par le foot. Une ethnologie chez un messie coréen, Genf 1997, bes. 23–30 („Le football en guise de culte"), 130–134, 138 u.ö.

*Church*, Moon Sun Myung,[79] in Seoul gegründet und umfaßte Mitte der 1990er
Jahre ca. 30.000 Anhänger aus dem studentischen Milieu. Die Entwicklung dieser Kirche verlief parallel mit Regierungsinitiativen zur Förderung von Sport und
Tourismus in Südkorea während der 1980er Jahre.[80] In dieser fernöstlichen
‚Campus-Religion‘ bildet der Fußball als *Betätigung* ein konstitutives Element
bei den sonntäglichen Versammlungen, die der Mission und Initiation, der Ge-
meinschaftsbildung und Katechese dienen. Die Sonntagsliturgie ist in verschiedene Abschnitte gegliedert. Zunächst spielen die aus den Universitäten stammen-
den Mannschaften abwechselnd über fünf Stunden lang mit ihrem Messias, der
abwechselnd in allen Mannschaften aufgestellt wird. Jông Myông-Sôk ist immer
der Kapitän der Mannschaft, in der er gerade spielt, und trägt immer die Trikot-
nummer Peles, die Zehn. Er gönnt sich keine Ruhepause; seine Mannschaft verliert nie. Durch die Ballberührungen kommen die Spieler mit JMS in Kontakt.
Der Ball überträgt die Energien des Meisters, damit sie von den Jüngern absor-
biert werden; der Ball ist ein Medium, das die heilenden, beschützenden und für
die Examen Kraft und Segen bringenden Kräfte auf die Mitspieler weiterleitet.
Der Messias JMS versteht sich als Repräsentant einer langen Reihe spiritueller
Ahnen, die auf Moses, Elia und Jesus zurückgeht, und aus deren Tradition er seine Kräfte bezieht. Das Spiel wird immer wieder unterbrochen, damit JMS die
Spielweise seiner Jünger kommentieren, kritisieren und verbessern kann: Fußball
als „rituel dominical" dient der Persönlichkeitsbildung im Sinne seiner Kirche.
Obendrein ist das Spiel „rituel métaphorique" bzw. „expression métaphorique",[81]
weil es zugleich auf den Kampf zwischen Gott und Satan bezogen ist. An diese
Praxis des Fußballspielens schließen sich protestantisch geprägte Liturgien an:
u.a. Verkündigung, Choräle, Theaterstücke, die der Bibelauslegung dienen. Neben dem Fußball nutzt *L'Eglise de la Providence* zugleich populäre koreanische
Musik sowie die modernen Medien der internationalen Popkultur und ist gleichsam eine industriekulturelle Religion ‚zweiter Hand‘.

Nathalie Luca betont in ihrer Untersuchung den Unterschied des Spiels in
*L'Eglise de la Providence* vom gewöhnlichen Fußball als reinem Wettkampf-
spiel; denn beim herkömmlichen Fußball ergibt sich der Bezug zum Heiligen
nicht aus dem Spiel selbst. Dagegen stellt der Fußball des JMS eine magische, sakrale und rituelle Form des Gemeindelebens dar, die, wie Luca mit
Recht hervorhebt, dem protestantischen Selbstverständnis zutiefst widerspricht. Die Spiele erfüllen eine ähnliche, Gemeinschaft konstituierende
Funktion wie die Eucharistie, die in *L'Eglise de la Providence* nicht gefeiert
wird. Sie stellen den Sieg des Reiches Gottes dar und verschaffen den an die
Messianität JMS' glaubenden Jüngern segenbringende Kräfte.[82] Durch den

---

[79]  Vgl. auch NATHALIE LUCA, La conquête de la modernité par les nouveaux mouvements
      chrétiens coréens, in: Social Compass. Revue Internationale de Sociologie de la Religion
      47 (2000) 525–539; DIES., Pentecôtismes en Corée, in: Archives de Sciences sociales des
      Religions 44 (1999) Nr. 105, 99–123.
[80]  Vgl. LUCA, Le salut par le foot (Anm. 78), 30–34.
[81]  LUCA, Le salut par le foot (Anm. 78), 130f.
[82]  Vgl. LUCA, Le salut par le foot (Anm. 78), 132–134.

Fußball ist diese ‚Sportkirche‘ mit ihrem Bezug zu einer Tradition spiritueller Ahnen zugleich der modernen Welt zugewandt; er vermittelt zwischen der Gemeinde und der sie umgebenden Gesellschaft und symbolisiert einen internationalen Anspruch:

> „le sport devient à son tour le trait d'union entre l'intérieur et l'extérieur, la communauté et la société. Son symbole, le football, est par excellence le sport qui ne s'enferme pas, le sport sans frontières qui donnera peut-être à JMS des ailes pour parcourir le monde et des terrains pour s'y installer."[83]

*Abb. 2: Fußball- und Popstar David Beckham als goldene Plastik (ca. 30 cm Höhe) zu Füßen einer Buddha-Statue, Bildhauer: Jumnong Yantaphant (2000).*

Auch David Beckham, das Teenageridol von Manchester United, ist in diesem religionswissenschaftlichen Kontext insofern interessant, als er einer DPA-Meldung zufolge in einem Schrein des Pariwas-Tempels in Bangkok als 30 cm hohe goldene Statue verehrt wird: postiert am Fuße eines Buddha-Abbildes, in Gemeinschaft anderer buddhistischer Heiliger und niederer Gottheiten (Abb. 2). Diese Amalgamierung von Fußball als Starkult und traditioneller Religion hatte das thailändische Ministerium für religiöse Angelegenheiten beschäftigt und ließ den Tempelvorsteher Chan Theerapunyo angesichts der Forderungen, die Statue wieder zu entfernen, zur Rechtfertigung

---

[83]   LUCA, Le salut par le foot (Anm. 78), 138.

sagen: „Fußball ist eine Religion mit Millionen von Anhängern geworden. Um mit der Zeit zu gehen, müssen wir uns öffnen."[84]

In diesen Beispielen aus dem fernöstlichen Kulturbereich[85] wird Fußball nicht in soziologischer oder ethnologischer Fremdwahrnehmung unter der Rubrik ‚Religion' verhandelt; vielmehr bildet die Betätigung bzw. der Starkult dieses Sports ein Element in der Praxis religiöser Gemeinschaften. Anders als bei den Ritualisierungen der *säkularen* Fankultur der europäischen Fußballstadien ist hier ein spezifischer Kontext gegeben, in dem der Fußball eine echte *religiöse* Funktion erfüllt und in *L'Eglise de la Providence* zugleich seinen reinen Wettkampfcharakter verliert, wie Nathalie Luca zu Recht betont. Der Zusammenhang ist also ein anderer als in den genannten Diskussionen über die Interpretation säkularer Rituale in ‚religionistischer' Terminologie (s.o. Anm. 65).

## 5. Ästhetik: ‚Realpräsenz' – ‚Epiphanie' – ‚Gesamtkunstwerk'

In einem schon etwas ergrauten Aufsatz hat der Kunsthistoriker Horst Bredekamp in Anlehnung an terminologische Weichenstellungen Joseph Beuys' *Fußball als letztes Gesamtkunstwerk* bezeichnet und dafür zwei Gründe angeführt. Zum einen ist Fußball „Theater der Welt", das vor allem in den Spieleridolen, ihrer Spielweise und Lebensauffassung die jeweilige Zeitgeschichte wie in einem Spiegel zeigt;[86] zum andern werden durch atemberaubende Schnelligkeit, Athletik des Körpereinsatzes und hinreißende Dramatik, durch

---

[84] Augsburger Allgemeine, 17.5.2000 (Überschrift: „Du bist ein Fußballgott!"); Süddeutsche Zeitung, 17.5.2000. – Die Frage, ob ein Zusammenhang zwischen der Beckham-Statue und den rechts daneben ikonisch angesiedelten Toten in der rauchenden Flammenhölle im Inneren eines Berges besteht, müßte von der Religionswissenschaft beantwortet werden: Erfüllt Beckham eine ähnliche Funktion wie Maria als Patronin der Armen Seelen im Fegefeuer?

[85] In diesem Kontext darf Khyentse Norbu, ein hochrangiges geistiges Oberhaupt des tibetischen Buddhismus, nicht vergessen werden, der in seiner autobiographischen Kinokomödie *Phörba* (dt. Titel: *Spiel der Götter*), Bhutan / Australien 1999, den Kulturzusammenprall der fernöstlichen Klostertradition mit den Versuchungen der Moderne am Eindringen des modernen (Fernsehzuschauer-)Fußballs in ein buddhistisches Kloster behandelt hat.

[86] BREDEKAMP, Fußball als letztes Gesamtkunstwerk (Anm. 16), 44: „In keinem anderen Bereich laufen auf so kleinem Raum mit so einfachen Mitteln so elementare und zugleich hochdifferenzierte Prozesse ab; Fußball ist das Theater der Welt. Sein Spielfeld ist als Mikrokosmos so vollkommen die Verdoppelung der Außenwelt, daß Tausende von ihm leben, Millionen mit ihm ihre Stimmungen, wenn nicht ihre Existenz verbinden, selbst wenn sie nicht berufsmäßig mit ihm verbunden sind." – Exemplarisch durchdekliniert wird das an einem signifikanten Beispiel von ERICH SCHNEIDER, „Vorbild im Sport und Leben" – „Figur der Zeitgeschichte". Zum Presseecho auf den 75. Geburtstag Fritz Walters, in: Jahrbuch zur Geschichte von Stadt und Landkreis Kaiserslautern 32/33 (1994/95) 439–461. – S.o. Anm. 26.

die ästhetische Schönheit der Ballartistik und die Geometrie der Raumbeherrschung „Kunst und Leben vereint". Fußball wird „als letztes Gesamtkunstwerk" konstituiert, insofern er „‚soziale Plastik' in ekstatischer Variante"[87] ist – angesiedelt zwischen darstellenden (‚Theater') und bildenden Künsten (‚Plastik'). Wegen der dem Spiel innewohnenden ästhetischen Ausdruckskraft hatte auch Norbert Elias den Fußball als „kollektives Kunstwerk" bezeichnet;[88] nach Christoph Bausenwein schafft er Räume für „Kunstwerke des Augenblicks".[89]

An die Einsicht, daß es eine Kunst ist, (gut) Fußball zu spielen, hat das Deutsche Sport- und Olympiamuseum Köln im Frühjahr 2000 mit einer Ausstellung über *KunstFußball & FußballKunst* angeknüpft.[90] Die Kuratoren wollten mit dialektischen und kombinatorischen Verbindungen und spielerisch koketten Verkehrungen nicht nur bildende Kunst und Fußball, sondern auch Kunstgegenstände und Kultobjekte durch Wort und Bild ins Gespräch bringen. Kunst und Kult, Künstler und Fußballer sollten als ‚geheime Geschwister' ausgewiesen werden. Wenn sich, beginnend mit der Ausstellung *Fußball in der Kunst* (Pfalzgalerie Kaiserslautern)[91] bis hin zu *Sport in der zeitgenössischen Kunst* (Kunsthalle Nürnberg)[92] deutsche Museen um die Rezeption des Fußballs bemühen, dann zeigt dies exemplarisch, daß die gesellschaftliche Neubewertung des Fußballs parallel mit einem Wandel im Kunst- und Kulturbegriff, über den das Bürgertum im Zuge der Industrialisierung die Definitionshoheit allmählich verloren hat, verlaufen ist. Die Bedingungen des Industriezeitalters mit rapidem Bevölkerungswachstum, steigender Mobilität und Arbeitsmigration, technischen Umwälzungen und die Erde umspannenden Verkehrsnetzen haben im 20. Jahrhundert insgesamt zu einer Aufwertung der Pop-art geführt.

Die moderne Großstadt mit Kaufhäusern, Litfaßsäulen, Schaufensterauslagen, Neonlichtwerbung und Plakaten auf Reklamewänden lieferte Kulisse und Nährboden für eine unvorhersehbar komplexe Kreativität in den Künsten und Medien: Boulevardpresse, Massenillustrierte und Groschenroman, Karikatur und Comic, Kino und Zirkus. Neue Möglichkeiten der Massenvervielfältigung (Rotationsdruck- und Setzmaschinen, Rollfilm, Kinematograph etc.) sind Kinder der urbanen Kultur mit ihren subkulturellen und unverhohlen kommerziellen Darstel-

---

[87] BREDEKAMP, Fußball als letztes Gesamtkunstwerk (Anm. 16), 46.
[88] NORBERT ELIAS, Der Fußballsport im Prozeß der Zivilisation, in: ROLF LINDNER (Hrsg.), Der Satz ‚Der Ball ist rund' hat eine gewisse philosophische Tiefe. Sport – Kultur – Zivilisation, Berlin 1983, 12–21, hier 13f.
[89] BAUSENWEIN, Geheimnis Fußball (Anm. 19), 60–66.
[90] ANNE ROSSENBACH / KLAUS FLEMMING (Hrsg.), KunstFußball & FußballKunst. Eine Ausstellung zur schönsten Nebensache der Welt, Koblenz 2000.
[91] GISELA FIEDLER-BENDER / HEINZ HÖFCHEN / WOLFGANG STOLTE (Red.), Fußball in der Kunst, Kaiserslautern: Ausstellungskatalog Pfalzgalerie 1989
[92] ELLEN SEIFERMANN / ANDREA MADESTA / PETRA WEIGLE (Hrsg.), Sport in der zeitgenössischen Kunst, Nürnberg: Ausstellungskatalog Kunsthalle 2001.

lungsformen und mit ihren für Konsumentenmassen geschaffenen Bilderwelten.[93] Zu dieser Großstadtkulisse gehören auch die ‚billigen‘ Spektakel und ‚banalen‘ Vergnügungen der Varietés und des Zuschauersports, die den ‚trivialen‘ Phantasien der populären Unterhaltungsmedien entsprechen.[94] Als ‚lebende Litfaßsäulen‘ sind Fußballstars in der Werbung ebenso begehrt wie Sänger und Schauspieler, Tänzer und Models.

Der Antagonismus zwischen den von den höheren Gesellschaftsschichten an Akademien gepflegten Künsten einerseits und der Ästhetik der Massenmedien anderseits wurde früher beispielsweise auch mit dem Begriffsgegensatz ‚E-Musik‘ versus ‚U-Musik‘ festgemacht, erhabene ‚Kunst‘ gegen irrelevanten ‚Kitsch‘ ausgespielt. Ein markanter Unterschied besteht darin, daß bürgerliche Kunstformen höhere Bildung voraussetzen, sich darin gleichermaßen von Pop und Sport unterscheiden.[95] Theater und Malerei beispielsweise sind Träger einer Bedeutung, die sich häufig nur Rezipienten mit anspruchsvollen Vorkenntnissen erschließt.[96]

Auf eben diese gelehrte Art und Weise der Suche nach Bedeutung und der Entschlüsselung von Sinn hat man gelegentlich versucht, Mannschaftssportarten allegorisch zu interpretieren: Der Baseball der USA sei Ausdruck der

---

[93] Bekanntlich hat WALTER BENJAMIN in seinem berühmten Aufsatz von 1935/36 über *Das Kunstwerk im Zeitalter seiner technischen Reproduzierbarkeit* (Frankfurt a.M. 2000) für den Triumph der technischen Reproduktion über die künstlerische Produktion die Formel vom „Verlust der Aura" des Kunstwerks geprägt.

[94] Vgl. KASPAR MAASE, Grenzenloses Vergnügen. Der Aufstieg der Massenkultur 1850–1970, Frankfurt a.M. 1997, ³2001, zum Fußball bes. 49–52, 84–86, 135–138; KONRAD DUSSEL, Die Entstehung der Massenkultur im Deutschen Kaiserreich, in: Universitas 51 (1996) 669–684, bes. 681–683 über (Fußball-)Sport als exemplarische „Massenattraktion".

[95] Vgl. BEAT WYSS, Das Gespenst des Humanismus. Vom Olymp herab an die Börse – über die Zukunft der Pop-Kultur, in: Süddeutsche Zeitung, 24.2.2000: „Die vielleicht wichtigste gesellschaftliche Eigenschaft von Kunst und Sport ist die Aufstiegschance aus dem Nichts. Kunst im Pop-Zeitalter braucht kreativen Instinkt, aber keine akademische Bildung. Pop ist das Glücksrad der Unterschichten und nährt in unserem nun schon über 200 Jahre alten Kapitalismus den jung gebliebenen Traum, daß man es vielleicht vom Anstreicher zum Millionär bringt" – ein Biographietypus, der von Otto Rehagel in Reinform vorgelebt wurde.

[96] Vgl. WYSS, Die Welt als T-Shirt (Anm. 4), 123. – Deshalb befaßt man sich an höheren Schulen, Akademien und Universitäten mit kulturellen Phänomenen, indem man sie auf ihre ‚Botschaft‘ hin untersucht: Gedichte und Bilder, Musik- und Theaterstücke werden nach einem Tiefensinn abgefragt, der sich dem Konsumenten in Allegorie, Symbolik und Dramaturgie mehr oder weniger verschlüsselt darbietet; den Schlüssel des Verstehens bietet gründliche Vorbildung: Wir deuten den *Wallenstein* Friedrich Schillers vor dem Hintergrund der Moralphilosophie Immanuel Kants, Johann W. Goethes *Faust* mit der *Phänomenologie des Geistes* von Georg Wilhelm Friedrich Hegel; um Gedichte oder Malerei zu verstehen, braucht es Kommentare oder erläuternde Ausstellungskataloge. Sogar die Bildsprache des Barock ist trotz ihrer Sinnlichkeit zugleich derart intellektuellgelehrt, daß sie ohne interpretatorisches Rüstzeug unverständlich bleibt.

Nostalgie für das vorindustriell-ländliche Amerika; Fußball bilde den Da-
seinskampf des Proletariats nach, sei als Wiederbelebung kolonialistischen
Menschenhandels oder als Repräsentation des Söldnerwesens unter den Bedingungen grenzenloser kapitalistischer Verkehrsformen zu verstehen, gegen
die sich keine lokale Bodenständigkeit, regionale oder nationale Selbstge-
nügsamkeit behaupten könne. Aber wird dieser klassische hermeneutische
Interpretationsansatz den Phänomenen gerecht? Ist die Frage, ob der Fußballsport etwas symbolisiere, überhaupt sinnvoll?

Hans Ulrich Gumbrecht, Professor für Literaturwissenschaft an der Stanford University, hat darauf mit einem klaren Nein geantwortet und gezeigt,
daß der hermeneutischen Methodik der traditionellen Geisteswissenschaften
wesentliche Phänomene des Kulturlebens verborgen bleiben:[97] Mannschaftssportarten wie Baseball und Fußball eignet nämlich ein andersartiger ästhetischer Rang als jenen Kulturprodukten, deren höhere *Bedeutung* qua *Interpretation* erschlossen werden muß. Gumbrecht entwickelt seine Ästhetik des
Mannschaftssports als ‚Ästhetik der Präsenz‘ am Beispiel des American
Football, unterstellt ihre Geltung aber auch für den Fußball: In Mannschaftssportarten gehe es nicht um die Konstruktion von Bedeutung, sondern um die
*Produktion von Präsenz.* – Was heißt das?

Schlüsselbegriffe in Gumbrechts Ästhetik sind Substanz und Form, Epiphanie und Ereignis: Der Zuschauer wird bei Mannschaftssportveranstaltungen Zeuge einzigartiger *Epiphanie*, die aus verschiedensten Konstellationen
von *Substanz* (die Körper der Spieler) einerseits und *Form* (Körperbewegungen, Spielzüge) andererseits resultiert. Epiphanie ist das Erscheinen einer sub-
stanziell-physisch hervorgebrachten Form. Dieses Erscheinen nennt Gumbrecht ein *Ereignis*; es ist ein unableitbar und unwiederholbar Einmaliges, an
dem die Momente Werden, Geschehen und Vergehen unterschieden werden
können. Die Spieler stellen keine ‚Charaktere‘ dar, wie sie das Theater kennt,
sondern erfüllen Funktionen wie Verteidigung und Angriff, und das im Rahmen von Regeln, zeitlichen Vorgaben und räumlichen Rahmenbedingungen.
Die Spiele wollen nicht als Exempel oder Zeichen *für etwas anderes* stehen
und gelesen werden, vielmehr gehören sie einer „world of floating images“[98]
an. Auf andere Weise als der Theaterbesucher reagiert der Sportzuschauer im
Stadion auf die Epiphanie von Ereignissen: durch emotionale Zustände gesteigerter Spannung, Faszination und Begeisterung; dies gilt auch für den
Fernsehzuschauer, der außerdem mit den spezifischen Mitteln dieses Mediums ‚gefesselt‘ wird.[99]

---

[97] HANS ULRICH GUMBRECHT, Epiphany of Form: On the Beauty of Team Sports, in: New
   Literary History 30 (1999) 351–372; vgl. dazu auch ECKHART BALZ, Über die Faszination des Fußballspiels, in: Sportunterricht 49 (2000) 372–376.
[98] GUMBRECHT, Epiphany of Form (Anm. 97), 351.
[99] Durch den schnellen Wechsel von Bildausschnitten, Perspektiven und Bildinhalten werden beim Fernsehfußballzuschauer immer neue Reize geweckt, die seine Erregung, Neu-

Technische Errungenschaften wie die Zeitlupenwiederholung bei Fernsehüber-
tragungen wirken zurück auf die Wahrnehmung des Spiels.[100] Überhaupt ist der
beliebteste Zuschauersport Fußball aufs Engste mit den populären Medien Radio
und Fernsehen verbündet, die den modernen Kunstbegriff revolutioniert haben.
Neue *ästhetische* Qualitäten mediengerechter Inszenierung haben die sinnliche
Erfahrung der Fußballveranstaltung für Spieler wie Zuschauer immer weiter verfeinert und auch verändert: in *visueller* Hinsicht zum Beispiel durch die Einführung von Flutlichtspielen in den 1950er Jahren[101] und in *akustischer* Hinsicht seit
den 1990er Jahren durch die hermetisch geschlossenen Fußballarenen; „Hysterie-
schüsseln" nennt sie Architekt Volkwin Marg – die Jubel- und Anfeuerungsrufe
der Zuschauer können zum berauschenden Orkan anschwellen und ein einzigarti-
ges und atemberaubendes, akustisch vermitteltes Raumerleben ermöglichen.[102]

Die zufälligen Ereignisse auf dem Rasen (*event*) erzeugen einzigartige Formen unmittelbarer Präsenz (*presence*). Aber auch die Zeit vor Beginn des
Spiels, wenn sich das gähnend leere Stadion langsam mit Zuschauern füllt,
gehört zum Erlebnis der Fußballveranstaltung hinzu, weshalb viele Fans
schon Stunden vor Spielbeginn da sind und den Anpfiff in der Gemeinschaft
Gleichgesinnter erwarten.[103] Sogar dieser sich in jedem Spiel wiederholende
Moment der Spieleröffnung bzw. des ‚Anstoßes' wird von den Zuschauern
mit größter Anspannung erwartet.

---

gier und Spannung wach halten; vgl. dazu den Beitrag BURK, S. 246, mit Bezug auf
FRITZ HATTIG.

[100] Vgl. TEDDY SHERINGHAM, einen Fan zitierend, wiedergegeben in: RONALD RENG, „Verdammte Hölle, United hat noch eins geschossen!", in: Süddeutsche Zeitung, 1./2.1.2000,
über die visuelle Verarbeitung der beiden am 26.5.1999 in der Nachspielzeit von Manchester United – Bayern München dicht aufeinanderfolgenden Tore: „Ja, du glaubst gar
nicht, wie viele Leute vor den Fernseher[n] gar nicht kapierten, dass wir noch ein zweites
Tor geschossen hatten. [...] Aye, Teddy, wir sprangen noch auf und nieder aus Freude
über das erste Tor und plötzlich war der Ball schon wieder drin. Einer von uns brüllte:
‚Ist das die Wiederholung vom ersten?' Keiner wußte, was los war, bis ein anderer
schrie: ‚Verdammte Hölle, das ist ein anderes Tor als das erste – United hat noch eins geschossen!'"

[101] Vgl. den Artikel *Rauschgift nach dem Abendessen*, in: Die Rheinpfalz, 25.5.1957: Seit
den 1950er Jahren „zieht der Zauber des Flutlichts die Zuschauer in seinen Bann, so
wirkt er auf die Spieler vielfach wie ein Rauschgift. Aus schwitzenden Ballarbeitern
werden im Strahl der Kilowatts wahre Rastellis, die das helle Leder aus der Luft zaubern
und verschwinden lassen können. Das Licht verschluckt alle Eckigkeiten und gibt dem
Spiel eine optische Eleganz."

[102] Am 1.9.2001 wurde Giuseppe Verdis *Aida* in der ausverkauften Fußballarena *AufSchalke*
vor 50.000 Zuhörern aufgeführt – dazu Rudi Assauer, Manager des FC Schalke 04: Verdi
sei der „Meister aus der Champions League der Komponisten".

[103] GUMBRECHT, Epiphany of Form (Anm. 97), 363f., 367f. Vgl. dazu auch MICHAEL
PROSSER, Stadt und Stadion. Aspekte der Entwicklung des Zuschauerfestes „Fußball-
veranstaltung" in Deutschland, in: OLAF BOCKHORN / GUNTER DIMT / EDITH HÖRANDER
(Hrsg.), Urbane Welten. Referate der Österreichischen Volkskundetagung 1998 in Linz,
Wien 1999, 435–449.

Diesen ästhetischen Wert der Mannschaftssportveranstaltungen unterscheidet Gumbrecht von dem anderer Sportarten wie Dressurreiten, Kunstturnen, Eiskunstlaufen oder Skispringen, wo Kampfrichter darüber entscheiden, ob es den Sportlern gelingt, ein vorgegebenes Repertoire an Körperbewegungen ,formvollendet' zu erfüllen. Die Formen, denen sich der Turner (Substanz) physisch anpassen muß, ähneln den Anforderungen, die einem Opernsänger oder Artisten gestellt sind: Sie sind dem Zuschauer bekannt und die spezifische Art der Spannung dieser Darbietungen besteht darin, ob und inwieweit die Aufführenden die Formen erfüllen. Bei Mannschaftssportarten indes sind Spielzüge (Formen) nicht in der selben Weise festgelegt wie bei Turnen oder Leichtathletik und deshalb von sehr viel komplexerer Natur; sie sind deswegen schön, weil sie zum ersten Mal gespielt werden und dies unter erschwerten Bedingungen, da die gegnerische Mannschaft das Zustandekommen dieser Spielzüge zu verhindern sucht. Wenn der Paß gespielt ist, dann ist er Ereignis geworden und (entsprechend Hegels Logik des ,Jetzt' und des ,Hier') zugleich vergangen, wird nie wieder auf die selbe Art und Weise erscheinen (Epiphanie). Angesichts einer gelungenen Form des Spiels entlädt sich die Anspannung des Publikums in physischen Reaktionen der Freude, des Jubels oder Begeisterungssturms.[104]

Präsenz wird Ereignis in Raum und Zeit: Im *Stadion*, aus dem Alltagsleben ausgesondert, mit dem Spielfeld in der Mitte, das die Aufmerksamkeit der Zuschauer auf sich konzentriert, und in den beiden *Halbzeiten* von jeweils 45 Minuten ereignet sich unvorhersehbar Neues. Dagegen ist der Ausgang eines Theaterstücks von Anfang an bekannt; was auf der Bühne gespielt wird, liegt teilweise schon seit Jahrhunderten als Text vor.[105] Die ,Stücke' des Fußballs indes werden erst im Vollzug der Präsentation ,geschrieben' bzw. ,präsent'.[106] Die Spieler ,interpretieren' es nicht, sondern sie ,diktieren' es; dabei

---

[104] Vgl. auch HANS ULRICH GUMBRECHT, Lob der Schönheit des Sports, in: Frankfurter Allgemeine Zeitung, 11.7.2001.

[105] Vgl. BROMBERGER, Le match de football (Anm. 36), 266f.: „Contrairement à ce qui se passe au cinéma ou au théâtre où les jeux sont faits avant la représentation [...], l'histoire du match, elle, se construit devant le public et les résultats accréditent et ancrent fortement dans la conscience du partisan que leur rôle n'est pas celui de spectateurs passifs mais d'acteurs d'un destin commun."

[106] Nebenbei gesagt: Die Ereignung von Neuem im Fußball interpretiert Gumbrecht mit einer *Philosophie von Emergenzprozessen*. ,Emergenz' meint die Entstehung neuer Qualitäten im Kontext eines Systems, die sich aus dessen Einzelelementen nicht vollständig erklären oder ableiten lassen: Durch das regelgeleitete Zusammen- und Gegeneinanderwirken der Mannschaften wird das Spiel selbst als ein Phänomen höherer Ordnung hervorgebracht. Ablauf, Spielzüge, Torfolgen, Sieg oder Niederlage etc. können nicht aus den Spielregeln, der Mannschaftsaufstellung, der Stärke der aufeinandertreffenden Kader oder den Platzverhältnissen vorherbestimmt werden. Deshalb ist Fußballtoto so erfolgreich, weil man mit den Spieltips in aller Regel gründlich daneben liegt. Vgl. den Überblick zur Geschichte des bayerischen Lotteriewesens in: Etwas Neues: der Fußball-Toto, in: Der Staatsbürger. Beilage der Bayerischen Staatszeitung, Nr. 5, Mai 2000, 4–8; ROLF-PETER LEONHARDT, Der Deutsche Totto-Lotto-Block, Universität Trier: Arbeitspapiere Nr. 21, ²1994.

werden sie von den Zuschauern akustisch unterstützt – anders als beim Theaterstück, „wo es vollkommen sinnlos wäre, beispielsweise Hamlet anzufeuern", um den Ausgang des Stücks mitzubestimmen.[107]

> Gumbrecht beruft sich in seiner Ästhetik auf Parallelen aus der europäischen
> Geistesgeschichte. So vergleicht er seine ‚nichthermeneutische' Lesart der „be-
> auty of team sports" mit der Theologie der Eucharistie und bringt die Differenz
> zwischen reformierter und römisch-katholischer Auffassung in Anschlag. Schon
> die Begriffe ‚Präsenz', ‚Realpräsenz' oder ‚Epiphanie' verraten geistige Anleihen
> aus mittelalterlicher Philosophie und Theologie. Bekanntlich verwahrt sich die
> katholische Sakramentenlehre entschieden gegen die reformierte Lesart, derzu-
> folge Brot und Wein Leib und Blut Christi *bedeuten* oder nur an Christus *erin-*
> *nern*. Vielmehr *sind* Brot und Wein nach katholischem Verständnis substanziell
> Leib und Blut Christi, wenn auch unter den ‚Formen' (Akzidenzien) von Brot
> und Wein. – Realpräsenz im Stadion und Realpräsenz auf dem Altar: beide Wei-
> sen der Präsenz wollen nicht hermeneutisch in einem bedeutungsvollen Verwei-
> sungszusammenhang auf anderes hin verstanden werden. Ein gewagter Ver-
> gleich, mit dem Gumbrecht einen ‚Verbündeten' benennt, der mit einer
> strukturell ähnlichen Problemlage konfrontiert ist.

Gumbrecht spricht auch von einem „growing desire for presence of Being".[108]
Diese Sehnsucht nach nonreflexiver Präsenz sei im besonderen bei Geistes-
und Kulturwissenschaftlern anzutreffen, die in einer prinzipiell unendlichen
Folge von Diskursen einem Gedicht oder Bild jeweils ein klein wenig mehr
an Sinn und Bedeutung abringen. Ganze Gelehrtenlaufbahnen wurden auf
solche hermeneutischen Anstrengungen verwendet. Dagegen steht, wie schon
Bredekamp feststellte, die befreiende Ästhetik des Mannschaftssports: die
Brillanz purer Aktion, der offene Ausgang, berauschend schöne Spielzüge,
schnelle Ballstafetten, unberechenbarer Kombinationsfluß, traumhaft sichere,
raumgreifende Pässe, das Zufällige, das der Hermeneutik der Reflexion sich
verschließende Kontingente.

> Zur ‚Substanz' des Fußballsports müßte man neben den von Gumbrecht genann-
> ten Körpern der Spieler allerdings auch das Spielgerät rechnen, hier vor allem die
> „Willkür des Spielballs", von der Gunter Gebauer in seiner *Poetik des Fussballs*
> geschrieben hat, daß sie die Kontingenz des Fußballspiels entscheidend mitkon-
> stituiere.[109]

---

[107] BAUSENWEIN, Geheimnis Fußball (Anm. 19), 337f.

[108] GUMBRECHT, Epiphany of Form (Anm. 97), 360, im Anschluß an JEAN-LUC NANCY,
The Birth to Presence, Stanford 1993, 5.

[109] GUNTER GEBAUER, Poetik des Fussballs I: Die Welt aus dem Fuss; II: Der Protest gegen
die gelehrte Kultur; III: Die Ambivalenz des Balls; IV: Der Ball und das Geheimnis; V:
Der Anführer, VI: Die Macht des Publikums, in: Neue Zürcher Zeitung, 6./7.10.2001,
27./28.10.2001, 10./11.11.2001, 1./2.12.2001, 15./16.12.2001, 12./13.1.2002. – „Beim
gelungenen Zuspiel passen die Bewegungen bis auf den Millimeter und die Hundertstel-
sekunde ineinander: Es ist Sichtbarmachung des *kairós* in unendlich vielen Variationen.

Der Spannungsbogen eines Spiels wird also durch dessen Eigendramaturgie vorgegeben, mit ungewissem Ausgang oftmals bis zur letzten Sekunde – oder über diese hinaus bis in die Nachspielzeit hinein. So wenig sich das ‚Drehbuch‘ eines Spiels antizipieren läßt, so gravierend sind die Schwierigkeiten einer künstlerischen Umsetzung des Fußballs, die über bloße Dokumentation hinausgeht. Dieses Dilemma zeigen die Beiträge dieses Bandes hinreichend deutlich.

So ist das Kunstprodukt eines fürs Kino produzierten, frei erfundenen Spiels ebenso problematisch wie die nachträgliche Inszenierung einer historisch bedeutenden Begegnung, weil die cineastische Aufbereitung die nötige Authentizität kaum aufzubieten vermag. ‚Live‘ bei der ‚Epiphanie‘ dabei zu sein: im Stadion, bei der Fernsehübertragung oder Hörfunkkonferenzschaltung, ist entscheidend. Deshalb werden TV-Fußballübertragungen, anders als fiktive Filme oder Theaterstücke, in aller Regel nicht wiederholt. Die von Gumbrecht analysierte ästhetische Erfahrung der Epiphanie, die sich aufbaut aus gesteigerter Spannung angesichts einer nicht antizipierbaren Folge diskontinuierlicher Ereignisse sowie aus einer „konzentrierten Intensität“ (Pablo Morales), die Sportler und Zuschauer aktuell miteinander verbindet, läßt sich nicht nachstellen.

Ähnliches gilt für das Verhältnis zwischen Fußball einerseits, Theater, Fotografie, Malerei und Literatur anderseits: Obwohl der Fußball gerne in der Terminologie der ‚theatralischen Begriffswelt‘ rezipiert und interpretiert wird, hat das Reglement für ‚Schauspielerei‘ wie den ‚sterbenden Schwan‘ oder die ‚Schwalbe‘ empfindliche Strafen vorgesehen. Die Spieler erfüllen Funktionen, sie spielen eben keine vorgegebenen Rollen, stellen keine ‚Charaktere‘ dar. Auch die stehenden Bilder der Fotographie werden den Bewegungsabläufen des Fußballsports nicht gerecht, wie die in diesem Band diskutierten ikonographischen Spezifika dieses Mediums zeigen. Erst das Wechselspiel von Totalen und Nahaufnahmen ergibt ein adäquateres Bild.[110] Die Beispiele der bildenden Kunst, die sich mit dem Fußballsport auseinandersetzen, sind ebenfalls selten, aber immerhin zahlreich genug, um mit dem vorhandenen Material Ausstellungen zu bestreiten. Doch den großen Fußballmaler gibt es ebenso wenig wie in der literarischen Rezeption den großen Fußballromanautor. Gilt doch Sport unter Verlegern als ‚Feind des Papiers‘, Sportbücher als ‚Kassengift‘.

Daß der Fußballsport seinen Meister unter Malern, Filmregisseuren und Romanciers vermutlich nie finden wird, hängt grundsätzlich damit zusam-

---

Die Vielfalt, der Wechsel, die Unberechenbarkeit sind der Reichtum des Fussballspiels; die Spieler müssen diesem gewachsen sein. Sie müssen den Zufall lieben, sonst hassen sie den Ball.“ (GEBAUER, ebd., Teil I) – Vgl. auch BAUSENWEIN, Geheimnis Fußball (Anm. 19), 30–44.

[110] Vgl. dazu den Beitrag EGGERS / MÜLLER in diesem Band, S. 176.

men, daß er seine Sinnbilder selbst erschafft, „die weitaus populärer sind als
Werke der bildenden Kunst".[111] Somit verbleibt als *das* Medium des Fußballs
– neben anderen, allerdings sekundären Dokumentationsformen des Realen
(Fotos, Bildbände, Videos etc.) – das Fernsehen: die Liveübertragung, in der
die Spielkunst auf dem Platz mit allen Mitteln moderner Kameratechnik für
ein Millionenpublikum in Perfektion wiedergegeben wird.[112] Dem Spiel läßt
sich also gerade „deshalb so schwer Kunst abringen, weil es selbst Kunst ist,
Epos, Drama, Performance [...], weil die Erzählungen über ihn immer schon
da sind, mündlich oder im Sportteil der Zeitung tradiert."[113] Weil „Fußball
selbst eine ästhetische Erscheinung höchsten Grades ist", wird es keiner
Kunstgattung gelingen, ihre Themen glaubwürdig aus dieser Quelle zu schöpfen; insofern er „selbst eine Kunst ist, muß er nicht ‚künstlich' überhöht werden. Fußball hat eine ‚eigene' Schönheit, und wer diese Schönheit ermessen
will, darf sich nicht am Maßstab der klassischen Kunstgattungen orientieren."[114] Oder mit einer der krassen, von Beat Wyss auf *Pop* gemünzten The-
sen gesagt: Der *Fußball* „braucht keine Kunst, da er Kunst ersetzt."[115]

---

[111] JÜRGEN MÜLLER, Fußball – Fünf Fragmente über eine naive und sentimentalische Kunst,
in: BRÜGGEMEIER / BORSDORF / STEINER, Der Ball ist rund (Anm. 7), 39–47, hier 43. –
„Nicht der Fotograf ist der Urheber des Sinnbildes, sondern das Fußballereignis selbst
verleiht der jeweiligen Darstellung ihre Aura. Man denke nur an die Ankunft der 1954er
Weltmeisterschaftsmannschaft in München: Sepp Herberger und seine Spieler sitzen auf
dem Rücksitz offener Cabriolets und winken den begeisterten Menschen zu – ein Bild
unbeschreiblichen Jubels. Oder Uwe Seeler, der nach der strittigen Niederlage in Wembley müde vom Platz wankt und vor sich auf den Boden blickt. Keine Darstellung könnte
die Niedergeschlagenheit des Verlierers besser zum Ausdruck bringen, selbst wenn er
wirklich nur auf seinen offenen Schuh geschaut haben sollte." (MÜLLER, ebd., 43).

[112] Im Vergleich mit fiktionalen Filmangeboten wird den für TV-Fußballsendungen verantwortlichen Regisseuren allerdings sehr viel weniger Kreativität abgefordert; vgl. den
Beitrag BURK, S. 239, mit Bezug auf WOLFGANG HOFFMANN-RIEM.

[113] CHRISTOF SIEMES, Sieg ohne Tor. Warum versagt die Kunst vor dem Fußball?, in: Die
Zeit, 8.6.2000; vgl. SCHÜMER, Gott ist rund (Anm. 2), 234: „Seine Literatur muß sich der
Fußball selber schreiben." Vgl. auch LEIS im vorliegenden Band, S. 139–141. – Über die
‚Erzählkunst' der Sportberichterstattung am Analysebeispiel des 186. Münchner Lokal-
derbys FC Bayern München – TSV 1860 München vgl. MATÍAS MARTÍNEZ, Nach dem
Spiel ist vor dem Spiel. Erzähltheoretische Bemerkungen zur Fußballberichterstattung,
in: Jahrbuch für finnisch-deutsche Literaturbeziehungen Nr. 31 (1999) 20–29, sowie in:
M. MARTÍNEZ (Hrsg.), Warum Fußball? Kulturwissenschaftliches Beschreiben eines
Sports, Bielefeld 2002 (im Druck).

[114] BAUSENWEIN, Geheimnis Fußball (Anm. 19), 338. – Vgl. ebd. 338–350, zu einer *Krite-
riologie der Schönheit des Fußballsports*, die in vielen Details mit der von GUMBRECHT,
Epiphany of Form (Anm. 97), formulierten *Ästhetik der Präsenz* übereinkommt.

[115] WYSS, Die Welt als T-Shirt (Anm. 4), 124. – „Pop ist die kreative Bestätigung von allem,
was unter den Bedingungen der industriellen Produktion der Fall ist. Mit der Einheit von
Pop und Leben verschwindet die Kunst; eine avantgardistische Utopie aus modernen Ta-
gen ergibt sich durch die Hingabe an die Schönheit des Alltags von selbst. Pop braucht
keine Kunst, da er Kunst ersetzt."

Klaus Hofmann, der Biograph Helmut Kohls, hat über Fritz Walter geschrieben, daß dessen spielerische Kompetenz „eine Ahnung davon vermittelte, was Fußball wirklich sein könnte: mobile Kunst! [...] Seine Empfind-
samkeit war die des Künstlers, die sensible Suche nach Ordnung im (Fuß-
ball-)Spiel des scheinbar Zufälligen, Chaotischen.“[116] Dem Speyerer Im-
pressionisten Hans Purrmann wird der Satz nachgesagt: „Was Fritz Walter als
Fußballer bietet, ist Kunst“.[117] Aussagen dieser Art über das Können begnadeter Spieler („Künstler am Ball“[118]) ließen sich beliebig vermehren. – Daß
der *Kunst der Ballartisten* auch eine spezifische *ästhetische Erfahrung* seitens
der Zuschauer entspricht, hat Gumbrecht in seinen Überlegungen zur Schönheit des Mannschaftssports in ihrem Gegensatz zu den traditionellen Kunstformen des Bürgertums und im Unterschied zur Ästhetik anderer Sportarten
wie etwa des Kunstturnens oder der Leichtathletik dargelegt.

Beim Versuch einer Antwort auf die Frage, ob und inwiefern Fußball
Kunst sei, sollte man sich jedoch nicht alleine auf „den kleinsten gemeinsamen Nenner“ beschränken, der Kunst als „ästhetische Kategorie“ mit „der
athletisch-artistischen des wirklichen Rasenspiels“ verbindet: „nämlich Können und Fertigkeit“.[119] Natürlich bildet das Rasenspiel den Kern der Fußballveranstaltung; aber schon die aktive Beteiligung des sprichwörtlichen
‚zwölften Manns‘, der Zuschauer also, macht deutlich, daß die Idee des Ge-
samtkunstwerks herangezogen werden muß. In keinem Fall kann man den
reduzierten Kunstbegriff des Bildungsbürgertums, der sich seit Beginn des
19. Jahrhunderts konstituierte,[120] zu Grunde legen. Wenn man jedoch einen
‚erweiterten Kunstbegriff‘ im Sinne Joseph Beuys‘ in Anschlag bringt, der
auch Aktionen und Demonstrationen, Installationen und Performances miteinbezieht und die Dinge der Alltagskultur umgreift, deren Ästhetik von
Künstlern wie Andy Warhol und Marcel Duchamp entdeckt[121] und auf der

---

[116] KLAUS HOFMANN, Liselotte von der Pfalz : Fritz Walter – 1:0. Die Ergebnisse unserer
Umfrage nach dem „populärsten Pfälzer“, in: Die Rheinpfalz, 6.11.1971 (Beilage „Feier-
owend“), 14–17, hier 15.

[117] Vgl. HEINRICH BREYER, in: Die Rheinpfalz, 7.1.1989.

[118] BAUSENWEIN, Geheimnis Fußball (Anm. 19), 370–379.

[119] KLAUS FLEMMING, Einführung, in: ROSSENBACH / FLEMMING, KunstFußball & FußballKunst (Anm. 90), 7–9, hier 9.

[120] Vgl. WOLFGANG ULLRICH, Kunst, in: Metzler Lexikon Kultur der Gegenwart, Stuttgart /
Weimar 2000, 283f., hier 283: „Aus einem breiten Spektrum an Künsten, zu denen im
Barock z.B. noch Feuerwerke oder Wasserspiele gehörten, wurde die Kunst und damit
ein Begriff mit normativ-exklusiver Macht, der im Wesentlichen auf die Bereiche Literatur, Musik und Bildende Kunst beschränkt war und Volks-Kunst oder Kunst-Handwerk
als zu gefällig oder zu populär ausschloss. Häufig ist mit ‚Kunst‘ jedoch auch nur Bildende Kunst gemeint, die weitgehend als *pars pro toto* für den Kunst-Begriff im Ganzen
fungiert.“

[121] Vgl. Kunstforum International, Bd. 100, April / Mai 1989: Themenheft „Kunst und Philosophie“.

Ausstellung *Der Ball ist rund* im Oberhausener Gasometer anhand der ‚objets trouvés' des Fußball in extenso vorgeführt wurde,[122] dann ließe sich die Frage durchaus diskutieren, ob Fußball, über die Betätigung hinaus, eine Kunst von besonderer Art und Komplexität sei.

Vor dem Hintergrund von Gumbrechts ‚Ästhetik der Präsenz' müßte man den Fußball in einem ersten Schritt den darstellenden Künsten zuordnen. Fußball hat jedenfalls, wie andere Mannschaftssportarten auch, eine eigentümliche Dramatik und Ästhetik hervorgebracht, hat markante Spielstile und Stilformen generiert, die wie jede künstlerische Äußerung von den gegebenen sozialen und historischen Rahmenbedingungen abhängig ist.[123] Die Kunstform Fußball ist aber nicht zu beschränken auf die ‚Betätigung' des Ballspiels alleine, sondern als ‚Kultur' (Andrei S. Markovits), als ‚Theater der Welt' bzw. ‚Gesamtkunstwerk' (Horst Bredekamp) oder als ‚Festinszenierung' (Michael Prosser) erfährt die Darbietung auf dem Platz vielfältige poetische und musikalische Begleitung durch Sprechchöre, rhythmisches Klatschen und Schlachtgesänge der Fans sowie anspruchsvolle choreographische Inszenierungen, die ambitionierte Fangruppen mit den Zuschauermassen eigens einstudieren. – „Die Spieler *spielen* Fußball. Die Fans *sind* Fußball."[124] – Die Fußballveranstaltung wird begangen in den besonderen Kostümen der Spieler (Trikots) und der Fans (Kutten) und findet statt in teils bedeutenden baukünstlerischen Arenen. In jedem Fall realisiert sich in der ‚Fußballfestveranstaltung' das Zusammenspiel der Ausdrucksformen ganz verschiedener Künste. Auch die ausgefeilten optischen Reize der Werbung[125] und die Ästhetik der Medien machen deutlich,[126] daß die an der Veranstaltung beteiligten Akteure nicht auf das Stadion und die Spieler auf dem Platz beschränkt werden können.

Wenn man die Fußballveranstaltung als Fest auffaßt, das durch das Zusammenwirken verschiedener Künste als multimediales Gesamtkunstwerk konstituiert ist, dann drängt sich ein Vergleich mit Richard Wagners Kunsttheorie auf. – ‚Festspiel' hat Wagner seine Leitvorstellung eines die Einzelkünste zu einem ‚Drama' integrierenden Gesamtkunstwerk genannt. Vor diesem Hintergrund könnte man auch von ‚Fußballfestspielen' sprechen: Sie

---

[122] Zur Ästhetik des dort ausgebreiteten „Pantheon des Tinnefs" und zur „Würde der Fußballgegenstände" (Jürgen Müller) vgl. CHRISTOF SIEMES, Overaths Adiletten, in: Die Zeit, 18.5.2000; JÖRG STRATMANN, Overaths Badeschlappen für das Volk. „Seriöse kulturhistorische Ausstellung", in: Frankfurter Allgemeine Zeitung, 12.5.2000; PATRICK BAHNERS, Ideen zappeln nicht in den Maschen, in: ebd., 14.6.2000.

[123] BIERMANN / FUCHS, Der Ball ist rund (Anm. 34), bes. 32–41, 64–73. Zur Skizze einer „Stilgeschichte" des Fußballs vgl. auch BAUSENWEIN, Geheimnis Fußball (Anm. 19), 403–416 („Spielkultur und Lebensstil").

[124] SCHÜMER, Gott ist rund (Anm. 2), 182, im Anschluß an Nick Hornby.

[125] Vgl. WYSS, Die Welt als T-Shirt (Anm. 4), 110–120, zur Ästhetik der Werbung, die „das Gemeinschaftsgefühl einer Teilhabe am Schönen" (ebd. 114) stiftet.

[126] Vgl. in diesem Sinne auch BAUSENWEIN, Geheimnis Fußball (Anm. 19), 336f.

haben ihr Zentrum in dem Geschehen auf dem Platz und umfassen die Gesamtheit der Ereignisse im Stadion, die mit den Möglichkeiten der technischen Moderne, ihren populärkulturellen und multimedialen Errungenschaften ausgetragen und rezipiert werden und somit in der Tat als populärkulturelles Gesamtkunstwerk mit einer eigenen komplexen Ästhetik betrachtet werden können.

Gewidmet sei dieses Buch meinem verstorbenen Vater, der uns Kindern Coca Cola und Comics, Fußball und Beatles verboten hat, weil sich das für die Abkömmlinge einer Professorenfamilie nicht gehöre. Statt dessen waren der Drill des Turnens und die Langeweile nicht kindgerechten Ausstellungs- und Konzertbesuchs angesagt. Comics mußten wir heimlich unter der Bettdecke lesen, Fußballshorts unter der bürgerlichen Kleidung verbergen – um außer Haus jederzeit die Hosen herunterlassen und knällern zu können.

Diese Auseinandersetzungen um ,Trivialkünste', ,Kitsch' und ,billige Vergnügungen', die keine geistige Erhebung zum Wahren und Schönen verheißen, wurden und werden immer wieder durch Generationenkonflikte markiert. Wenn aber schließlich die Söhne an Beethoven und Bach, Dürer und Klee dann doch Gefallen finden und die Väter sich mitfreuen, wenn der Verein des ,Sprößlings' Meister geworden oder in Dürrezeiten doch nicht abgestiegen ist, dann geraten die Spannungen angesichts der Wahlmöglichkeiten in der Kulturenvielfalt einer offenen Gesellschaft zu einer wechselseitigen Bereicherung, die ohne den temporären Konflikt offensichtlich nicht erzielt werden kann.

# Kulturhistorische Ursprünge – Ökonomische Perspektiven

Rainer A. Müller

# Fußballspiel in der Frühen Neuzeit
## Soziokulturelle Voraussetzungen und sportliche Spezifika

### 1. Begriffsgeschichtliche Sondierungen

Befragt nach dem Stichwort ‚Fußball' respektive ‚Fußball-Spiel', geben die großen Volks- und Konversationslexika des 18. bis 20. Jahrhunderts zunächst wortkarg, späterhin bereitwillig und in ihren Erklärungen weit über die engen sportwissenschaftlichen Grenzen hinaus ins soziologische, psychologische, ja auch literarische Nachbarland vorstoßend, Auskunft über Eigenschaften und Merkmale einer an Attraktivität und Popularität seit der Frühen Neuzeit meist zu-, selten abnehmenden Sportart. Johann Heinrich Zedler thematisiert in seinem *Großen Universallexicon Aller Wissenschaften und Künste* Mitte des 18. Jahrhunderts den Begriff ‚Fußball' nicht eigens, äußert sich aber ausführlich zu vielerlei Arten von *ludi*, die er unterteilt in: ‚Kunstspiele' (*ludi artis*), „dabey eine gewisse Geschicklichkeit des Leibes, oder des Verstandes erfordert werde", in ‚Glücks-Spiele' (*ludi fortunae*), „bei denen es auf den Ausschlag des Glückes ankomme", und ‚vermischte Spiele' (*ludi mixti*), „wenn Geschicklichkeit und Glück beysammen seyn müsten".[1] Man wird dem Fußballspiel nicht der Ehre zu viel erweisen, wenn man es den *ludos artis* zuschlägt; denn Zedler rechnet zu diesen Spielen „das Schach-Spiel, mit der Pique, Lantzen brechen, Ball schlagen, Lauffen, Fechten, Ringen ec."[2]

Ungleich näher unserem heutigen Fußballverständnis zeigt sich das Grimm'sche *Deutsche Wörterbuch* in seinem vierten Band, erschienen in Leipzig 1878, das unter dem Stichwort ‚Fuszball' folgende Erklärung bereithält: „eine aufgeblasene, mit leder überzogene ochsenblase, die man bald mit dem fusze, bald mit dem arm in die luft schlägt, engl. Football".[3] An die begriffliche Eingrenzung schließt sich nach bewährter Lexikonmanier ein historischer Rekurs, der dem Lemma im literarischen Kontext nachspürt und fündig wird unter anderem bei den von Christoph Martin Wieland übertragenen und übersetzten Horazbriefen, wo es unter anderem heißt: „damit, wenn Bacchus dir zu mächtig würde, du nicht der trunken jugend, der der muthwill noch besser ziemt, zum spott und fuszball werdest." (2,144, epist. 2,2,216) Auch die Baudin'sche Übersetzung der Shakespeare-Komödie *Irrungen und*

---

[1]  JOHANN HEINRICH ZEDLER, Grosses vollständiges Universallexicon Aller Wissenschaften und Künste, Bd. 37, Leipzig / Halle 1743, 1624.

[2]  ZEDLER, ebd., Bd. 17, 1023.

[3]  JACOB und WILHELM GRIMM, Deutsches Wörterbuch, Bd. 4, Leipzig 1878, 1013.

*Wirrungen* liefert ein anschauliches Beispiel metaphorischen Umgangs mit
dem Fußball. Dort heißt es (1,2):

> *bin ich so rund mit euch, als ihr mit mir,*
> *dasz ihr mich wie nen fuszball schlagt und stoszt?*
> *Hin und zurück schlägt mich ein jeder,*
> *soll das noch lange währen, so näht mich erst in Leder.*

Für den Fußballspieler selbst, jene Person also, die, in der Grimm'schen Definition, „einen fuszball schlägt oder treibt", sind die Verweise spärlich und
eher unfreundlich. Man muß sich begnügen mit Tiecks Lear-Übertragung, wo
es heißt „you base foot-ball player" – „Du niederträchtiger Fuszballspieler".

Die einschlägigen Artikel in den Lexika des 20. Jahrhunderts tragen dem
Fußball als Massensport Rechnung. Der *Große Herder* des Jahres 1931 nennt
das Fußballspiel „das populärste und zum allgemeinsten Volkssport gewor-
dene Ballspiel".[4] Es fördere Ausdauer, Schnelligkeit, Gewandtheit und Kraft
und erziehe als Mannschaftskampf zu Kameradschaftlichkeit, Unterordnung,
zu Mut und Entschlußkraft. So gerne man dies 1931 auch in Deutschland hö-
ren wollte, so bestand doch auch damals für die Zeitgenossen nicht der ge-
ringste Zweifel, daß England das Fußballspiel zu einem modernen Massen-
spiel entwickelt und damit populär gemacht hatte.

Der viel zitierten Deutungsofferte, wonach die Wurzeln dieses Ballspiels
in der Antike lägen, die Legionen Cäsars es in Britannien eingeführt und es
von dort seinen Siegeszug mehr oder weniger über den ganzen Erdball ange-
treten hätte, widerspricht das *Lexikon des Mittelalters* (1980–1998) nur zum
Teil, wenngleich es seine Aussagen zu den Ballspielarten der europäischen
Kultur nicht expressis verbis auf das Fußballspiel abstellt, sondern, sehr viel
weiter ausholend, bemerkt:

> „Nur wenige antike Ballspiele haben sich ins Mittelalter hinübergerettet, nicht die
> bekannten *trigon, harpastum*, eher das ‚Spiel mit dem Luftball' (*follis*), lange
> Zeit italienischer Nationalsport (*Pallone*), und gewisse Wurfballspiele (ähnlich
> dem heutigen *Boccia, Boule*), sicher *Polo*, Lieblingsspiel am kaiserlichen Hof zu
> Byzanz."[5]

Sehr sicher ist sich der Verfasser des Artikels ‚Ballspiele' der Tatsache, daß
die ‚Stockball-Spiele', die als Vorformen von Hockey und Kricket, Jeu de
Pomme, Tennis und Crocket, Mail etc. vor allem in England und Frankreich
beheimatet waren, keltischen Ursprungs sind, während das deutsch-slawische
‚Schlagball-Spiel' bereits gemeiner Kulturbesitz vor der Völkerwanderung
gewesen sein soll. Was die Genese des Fußballspiels anbelangt, so läßt ein
Satz aufhorchen, der lautet: „Vielleicht keltischen Ursprungs sind die oft ritu-

---

[4]   Der Große Herder, Bd. 4, Freiburg i.Br. 1931, 1548.
[5]   SIEGFRIED MENDNER, Art. Ballspiele, in: Lexikon des Mittelalters, Bd. 1, München /
      Zürich 1980, 1388f.; vgl. DERS., Das Ballspiel im Leben der Völker, Münster 1956.

ellen, von Ort zu Ort divergierenden ‚Fußballschlachten' (frz. *soule*, ital. *calcio*)."

Man wird sich also mit einer Keltentheorie anzufreunden haben, wenn man nach den Wurzeln des Fußballspieles fragt. Siedlungsraum des antiken Keltentums und frühe Hochburgen des Fußballspieles in Westeuropa, in Italien, Frankreich und England, fallen zusammen, wohingegen in germanisch-deutschen Ländern Ballspiele allgemein und insonderheit das Fußballspiel erst mit Zeitverzug Anklang fanden. Dem widerspricht nicht, daß der Name des Spielgerätes lat. *pila* auch im romanischen Sprachgebiet späterhin durchweg durch das gemeingermanische Wort ‚Ball' ersetzt wurde.[6] Generell freilich schweigen die historischen Quellen des Mittelalters, wenn man sie nach ‚Fußball' im ‚Heiligen Römischen Reich Deutscher Nation' befragt: Hier weiß man – etwa Walther von der Vogelweide – nur von ‚Ball-Spielen' allgemein.[7]

Norbert Elias hat wiederholt darauf hingewiesen, daß sich „Strukturen des Ballspiels und Strukturen der Gesellschaft" in gewissem Grade entsprechen oder auch widersprechen, zumindest aber in Wechselwirkung zueinander stehen. Elias führt hier einen Gedanken der Anthropologie fort, in deren Theorien eine Abhängigkeit zwischen bestimmten Spielarten und Spielzügen und den Mechanismen der alltäglichen Lebensbewältigung in archaischen Gesellschaften konstruiert wird, etwa dergestalt, daß das Fußballspiel als symbolische Jagd interpretiert wird, wobei gejagtes Tier und gejagter Ball im anthropogenen Sinn austauschbar werden.[8]

---

[6] MENDNER, Art. Ballspiele (wie Anm. 5), 1388.

[7] KONRAD KOCH, Die Geschichte des Fußball im Altertum und in der Neuzeit, Berlin ²1895 (repr. Münster 1983), 15: Verweis auf Walther von der Vogelweide, weitere Minnesänger und Gailer von Kaisersberg. Letzterer berichtet davon, daß Knaben eine aufgeblasene Schweinsblase mit einigen Erbsen versehen hätten, um ein entsprechendes „Gerümpel" zu erreichen. Das Gedicht Neidharts von Reuenthal *Der Ball* läßt gleichermaßen Knaben und Mädchen Ball spielen.

[8] Vgl. etwa in Auswahl: HENNING EICHBERG, Strukturen des Ballspiels und Strukturen der Gesellschaft. Zur Kritik linearer Fortschrittshypothesen, in: DERS., Die Veränderung des Sports ist gesellschaftlich, Münster 1990; WILHELM HOPF (Hrsg.), Die historische Verhaltensforschung in der Diskussion, Münster 1986, 35–41; auch ERIC DUNNING, The „Civilizing Process" and the Development of Modern Football. A Reply to Henning Eichberg, in: ebd., 42–49; NORBERT ELIAS / ERIC DUNNING, Sport im Zivilisationsprozeß. Studien zur Figurationssoziologie (hrsg. von WILHELM HOPF), Münster 1981; DIES., Quest for Excitement. Sport and Leisure in the Civilizing Process, Oxford 1986; DIES., Folk Football in Medieval and Early Modern Britain, in: DIES., Quest for Excitement. Sport and leisure in the civilizing process (Oxford etc. 1986), Oxford etc. 1993, 175–190; HARTMUT ESSER, Der Doppelpass als soziales System, in: Zeitschrift für Soziologie 20 (1991) 153–166; EIKE EMRICH, Leibesübungen und moderner Sport im okzidentalen Rationalisierungsprozeß. Ansätze zu einer Entwicklungstheorie des modernen Sports, Diss. Saarbrücken 1988; DERS., Fußball und Gesellschaft – sozialgeschichtliche und soziologische Aspekte eines Wechselwirkungsverhältnisses, in: Sozial- und Zeitgeschichte des

Der utilitaristische Gesichtspunkt, der hier mitschwingt, fehlt gänzlich bei all jenen Deutungen, die (Fuß-)Ballspiele auf agonale und rituelle Kultspiele zurückführen, wie sie Griechen und Römer kannten, wie sie aber auch in altchinesischen, japanischen und altamerikanischen Fußball-Spielarten nachweisbar sind.

Eine ästhetische Konnotation, wie sie modernen Spieltheorien inhärent ist, würde sich durchaus auch mit jenen Erklärungsmodellen vereinbaren lassen, die behaupten, das europäische Mittelalter habe das Fußballspiel ein zweites Mal erfunden,[9] und deren moderne Variante sei Ableger der französischen Ritterturniere.[10] Schützenhilfe leistet in diesem Fall kein geringerer als der große Mediaevist und Kunsthistoriker Jan Huizinga († 1945), der in seinem Klassiker *Herbst des Mittelalters* (1923) behauptet, in einem „Fußballwettkampf von heute [stecke] viel mehr von den Gefühlswelten eines mittelalterlichen Turniers [...], als den Mannschaften und Zuschauern bewußt ist".[11]

## 2. Fußball im Mittelalter: vom Delikt zum Breitensport

Der Winkelzüge allen Theoretisierens und Spekulierens enthoben ist man in der Tat erst seit dem 12. Jahrhundert, einer Zeit, in der sich im nördlichen Frankreich, der Normandie und der Bretagne, und in England eine Art ‚Ur-Fußball' in Form eines Raff-Ball-Spieles nachweisen läßt.[12] Aus keinem an-

---

Sports 6 (1992) 53–66; WILHELM HOPF (Hrsg.), Fußball – Soziologie und Sozialgeschichte einer populären Sportart, Bensheim 1979.

9    Nach THEO STEMMLER, Kleine Geschichte des Fußballspiels, Frankfurt a.M. 1998, 27. Vgl. insbesondere auch KOCH, Geschichte des Fußball (wie Anm. 7), 13ff.; ERIC DUNNING, Die Entstehung des Fußballsports, in: HOPF, Fußball (Anm. 8), 42–53.

10   HEINER GILLMEISTER, The Origin of European Ball Games. A Re-Evaluation and Linguistic Analysis, in: Stadion 7 (1981) 19–51; DERS., Die mittelalterlichen Ballspiele: Eine Chronologie ihrer Entwicklung, in: Stadion 10 (1984) 77–94. Jener vertritt die Ansicht, daß das Fußballspiel wie folgt entstand: „Im mittelalterlichen Fußballspiel wurde [...] vermutlich der in seinen Panzer gezwängte Ritter, der sich durch den Engpaß eines Burgtores hindurchprügeln musste, durch ein Bündel Heu ersetzt, das man in eine Lederhülle gestopft hatte: den Ball; und dieser trat nun unter Knüffen und Tritten durch das Tor hindurch den nämlichen Leidensweg an wie vor ihm der Herr Ritter. Die den Ball voran- oder zurücktreibenden Mannschaften brauchten sich freilich nicht zu beklagen: auch für sie fielen Hiebe und Tritte in reichem Maße ab." Zitat nach HEINER GILLMEISTER, Kulturgeschichte des Tennis, München 1990, 17.

11   JAN HUIZINGA, Herbst des Mittelalters (1923), Stuttgart 1975, 103. Der Mediaevist definierte eine spezifische Kultur-Theorie des Spiels: JAN HUIZINGA, Homo Ludens – Vom Ursprung der Kultur im Spiel (1938), Hamburg 1991.

12   Allgemeinere Literatur zur Geschichte des Fußball: DIETRICH SCHULZE-MARMELING, Fußball – Zur Geschichte eines globalen Sports, Göttingen 2000; MANFRED ROPPELT, Soziale Aspekte von Ballspielen in der Frühen Neuzeit – dargestellt an ausgewählten Beispielen, Magisterarbeit Katholische Universität Eichstätt, 1999 (Diss. in Vorbereitung); CHRISTOPH BAUSENWEIN, Geheimnis Fußball – Auf den Spuren eines Phänomens,

deren europäischen Land gibt es bis dato weiter zurückreichende Quellen-
zeugnisse, so daß mit Fug und Recht davon auszugehen ist, daß Fußball in
der heute üblichen Spielweise in England und Frankreich entstand, in Ländern also, in denen sich auch Reste vormaliger Spielformen noch bis in die
Moderne erhalten haben. Quellenintensität und Chronologie deuten weiters
daraufhin, daß im Wettstreit beider Nationen vermutlich Frankreich die eigentliche Urheberschaft gebührt[13] – wie im übrigen auch, was das Tennisspiel
betrifft –, während England das Verdienst zusteht, beide Ballsportarten spieltechnisch weiterentwickelt zu haben.[14]

Im Prinzip waren frühe Fußballspiele ‚Ballkämpfe' auf ‚Kampffeldern',
Plätzen, Märkten oder gar Kirchhöfen. Die ersten Nennungen dieser zunächst
weder sprachlich noch spieltechnisch klar fixierten Sportart finden sich im
12. Jahrhundert: 1137 berichtet eine lateinische Chronik, ein französischer
Jugendlicher sei beim *soule* ums Leben gekommen.[15] Dem modernen Rugby
nicht unähnlich, war das französische Soule-Spiel ganz zweifellos eine der
frühen Formen des Fußballspiels, wobei je eine Partei sich in den Besitz des
Balles zu bringen suchte. Im *Roman de Renart* schließlich wird das Soule-
Spiel erstmals in französischer Diktion erwähnt.[16]

In England sprach 1147 der Chronist William Fitzstephen in seiner Beschreibung der Stadt London[17] vom *ludus pilae celeber* – dem berühmten
Ballspiel[18] –, dem sich die Londoner Bevölkerung am Faschingsdienstag zur
Belustigung hinzugeben pflege. Und die Ritter von König Artus' Tafelrunde
„drive balls yond the fields", berichtet uns die um 1200 verfaßte mittelengli-
sche Verschronik *Layamon's Brut*. Ob dieses Balltreiben bereits Fußballspielen bedeutete, läßt sich schwerlich mit Sicherheit behaupten, kann natürlich aber auch nicht ausgeschlossen werden.

---

Göttingen 1995; KARL-HEINZ HUBA (Hrsg.), Fußball-Weltgeschichte, München 1986;
MORRIS MARPLES, A History of Football, London 1954; FRANCIS PEABODY MAGOUN,
History of Football from the Beginnings to 1871, Bochum 1938; KOCH, Geschichte des
Fußball (Anm. 7).

[13] Vgl. STEMMLER, Kleine Geschichte (Anm. 9), 29. Dazu siehe auch MICHEL MCCONA-
HEY, Sports and Recreations in Later Medieval France and England, Diss. Univ. South-
ern California 1974.

[14] BAUSENWEIN, Geheimnis Fußball (Anm. 12), 96. Es findet sich in der Literatur des
16. wie des 19. Jahrhunderts auch die These, der englische Football sei von „italienischen
Ritterspielen" entlehnt worden (ebd. 96), oder aber gar die Ansicht, römische Legionäre
hätten das antike *harpastum* bereits nach Britannien gebracht.

[15] Nach STEMMLER, Kleine Geschichte (Anm. 9), 30.

[16] LOUIS GOUGAUD, La soule en Bretagne et les jeux similaires du Cornwall et du Pays de
Galles, in: Annales de Bretagne 27 (1912) 571–604, 572 Anm. 4; vgl. GILLMEISTER,
Tennis (Anm. 10), 17.

[17] Descriptio Nobilissimae Civitatis Londinae; vgl. dazu MAGOUN, History of Football
(Anm. 12), 5.

[18] Nach·STEMMLER, Kleine Geschichte (Anm. 9), 31. Kritisch dazu BAUSENWEIN, Geheimnis Fußball (Anm. 12), 97.

Konkret in der heute üblichen Begrifflichkeit wird Fußball in England erst im frühen 14. Jahrhundert. 1314 empörte sich der Bürgermeister von London über Tumulte, die öffentliches Fußballspielen hervorrufe („tumults arising from great footballs in the public"),[19] und drohte bei Zuwiderhandlung Gefängnisstrafen an. Nur wenige Jahrzehnte später, 1349, verfügte König Edward III. (1327–1377), daß königliche Beamte sich des Fußballspielens zu enthalten haben, da es ein nutzloses Spiel sei und die Bürger vom Erlernen und Üben des kriegswichtigen Bogenschießens abhalte.[20] Im Juni 1365 – England befand sich im späterhin sogenannten 100jährigen Krieg mit Frankreich (1337–1453) – sah Edward III. sich ein weiteres Mal veranlaßt, gegen Spiele, die allein dem Vergnügen dienten, vorzugehen. An die Sheriffs von London schrieb er: „Alle gesunden Männer dieser Stadt sollen an den Feiertagen, wenn sie Zeit für Spiele haben, mit Bogen und Pfeilen [...] hantieren. Ihnen ist es bei Gefängnisstrafe verboten, Steinstoßen, Handball, Fußball und andere nutzlose Spiele zu betreiben".[21] Und in einem Erlaß zur Wehrfähigkeit des Volkes verfügte Richard II. (1377–1399) 1388: „Jeder Bauer und Handwerker soll im Besitz von Bogen und Pfeilen sein und mit diesen an Sonn- und Feiertagen üben. Dagegen sollen sie völlig auf Hand- und Fußballspiel sowie andere unnütze Spiele verzichten."[22] (Fußball-)Spielverbote im England des 14. und 15. Jahrhunderts, auch in Schottland[23] sowie in Frankreich, sind Legion. Allerdings traten kommunale Verfügungen, die der Vermeidung von Aufruhr, Ruhestörung und Gewalt dienten, zunehmend hinter jenen Edikten zurück, die aus staats- und wehrpolitischen Erwägungen erlassen wurden.[24] 1474, nach erneutem Krieg mit Frankreich, beschäftigte sich gar das englische Parlament mit dem Fußballspiel. Daß dieses sich so außerordentlicher Popularität erfreute, wurde mit den hohen Kosten für Langbogen begründet. Folgerichtig erachtete das Parlament es als seine Pflicht, deren Kaufpreis per Gesetz zu reduzieren und auf niedrigem Niveau festzuschreiben.[25]

---

[19] Zitiert nach MAGOUN, History of Football (Anm. 12), 5; vgl. BAUSENWEIN, Geheimnis Fußball (Anm. 12), 97.

[20] KOCH, Geschichte des Fußball (Anm. 7), 13. Edward II. hatte bereits 1315 ein Verbot des lärmverursachenden Spielens mit großen Bällen ausgesprochen. In den Jahren 1280 und 1321 kam es zu tödlichen Unfällen beim Fußballspielen (vgl. STEMMLER, Kleine Geschichte [Anm. 9], 32f.). Im Jahr 1364 verbot eine Synode zu Ely den englischen Klerikern die Teilnahme.

[21] Zit. nach STEMMLER, Kleine Geschichte (Anm. 9), 36.

[22] Zit. nach STEMMLER, Kleine Geschichte (Anm. 9), 36.

[23] Ein schottisches Edikt Jakobs II. verbietet 1457 neben dem schottischen Nationalsport Golf auch ausdrücklich das Fußballspiel.

[24] Ausnahme etwa König Jakob IV. von Schottland (1488–1513), der sich über sein eigenes Anti-Fußball-Gesetz von 1491 hinwegsetzte und vom Hof Fußbälle kaufen ließ.

[25] Nach STEMMLER, Kleine Geschichte (Anm. 9), 37.

Fußball im Mittelalter war offensichtlich ein beliebtes Freizeitvergnügen der Unterschichten – es wurde vor allem von Bauern, Knechten und Handwerkern gespielt. Daß Gleichgesinnte sich auch zu organisieren wußten, bezeugt der Eintrag „Fraternity of the Footballplayers" in den Rechnungsbüchern der Londoner Bierbrauerzunft 1421 und 1423, wo sich neben den Saalmieten für diverse Zünfte und Bruderschaften besagte Fußballspieler finden und den Schluß zulassen, daß sich ‚Clubmitglieder' offensichtlich ein oder mehrmals im Jahr zum gemeinsamen Umtrunk einfanden.[26] Sofern vom Fußball in den beliebten Ritter- und Troja-Romanen des späteren Mittelalters gesprochen wird, ist davon eher im Sinne eines Vergleichs die Rede, etwa in der Weise, daß bei einem Gefecht Köpfe wie Fußbälle rollen („Heads reeled about overall – As men play at the football").[27] In Chaucer's berühmtem Versroman *Knight's Tale* aus dem späten 14. Jahrhundert heißt es über einen Ritter, der während eines Turniers vom Pferd fiel, „he rolls under food as does a ball".[28]

Das Absinken bestimmter Ausdrücke und Redeweisen in die Alltagssprache spricht für den Bekanntheitsgrad und die Beliebtheit einer Sportart beim Volk. Wenn der Chaucer-Nachfolger Thomas Hoccleve († ca. 1425)[29] in der Parodie einer Liebesdichtung mit dem Titel *Commendacion de ma dame* den Körper einer Frau mit einem Fußball vergleicht („her comely body shaped as a football"),[30] und zwar ganz offensichtlich mit einer ovalen Form des Fußballs, wie er bei einer lederumhüllten Tierblase entstand, war das zwar wenig schmeichelhaft, aber jedermann sofort verständlich. Im übrigen wurde auch im Jenseits Fußball gespielt. Nicht im Himmel, sondern in der Hölle. Im *Mystère de la passion*,[31] einem Passionsspiel des Arnoul Gréban, verfaßt um die Mitte des 15. Jahrhunderts, spielen Luzifer und Berich, ein Unterteufel, mit der Seele des Christusverräters Judas Soule. Doch nicht nur Fußball als moralisierendes Paradigma mit einem ‚Seelen-Luft-Ball' durch die Höllenmann-

---

[26] Nach STEMMLER, Kleine Geschichte (Anm. 9), 39.

[27] Zit. aus dem *Troy Book* nach STEMMLER, Kleine Geschichte (Anm. 9), 40.

[28] Vgl. GEOFFREY CHAUCER, The Knight's Tale, hrsg. von ANTHONY C. SPEARING, Cambridge 1966, 138.

[29] Vgl. Lexikon des Mittelalters, Bd. 5, München / Zürich 1991, 56f.

[30] Zit. nach STEMMLER, Kleine Geschichte (Anm. 9), 41. Edition: MICHEL C. SEYMOUR, Selections from Hoccleve, Oxford 1981.

[31] Vgl. Lexikon des Mittelalters, Bd. 4, München / Zürich 1989, 1662f. Hrsg. von GASTON PARIS-GASTON RAYNAUD (1878), Textstelle 289:

*LUCIFER: Tenez, mes petis dragonneaulx,*
*mes jeuenes disciples d'escolle,*
*jouez en ung jeu a la solle*
*au lieu de grouppir au fumier.*

*BERICH: Ca, je veil souller le premier,*
*C'est droit qu'il me soit presenté.*

schaft kennt die mittelalterliche Literatur, sondern auch die Ritter von König
Artus' Tafelrunde „drive balls yond the fields".[32]

Als Ausfluß seiner Volkstümlichkeit mag zu werten sein, daß auch die an-
tisemitische Grundstimmung des späten 15. Jahrhunderts das Fußballspiel in
ihr Beziehungs- und Assoziationsgeflecht mit einbezog. Die Ballade *Sir Hugh
of Lincoln* variiert einen Stoff, nach dessen Urtext ein Christenjunge von Juden ermordet wurde, als er bei seinem Gang durch das Ghetto eine Marien-
hymne sang. In der volksnahen Umdichtung des späten 15. Jahrhunderts
schießt ein Christenknabe einen Ball durch das Fenster eines jüdischen Hauses und wird von der ihn umwerbenden jungen jüdischen Frau, der Tochter
des Hauses, die den Ball nicht herausgibt, ermordet.

*Four and twenty bonny boys*
*Were playing at the ba(ll),*
*And by it came him sweet Sir Hugh,*
*And he played oer them a(ll).*

*He kickd the ba(ll) with his right foot,*
*And catchd it with his knee,*
*And through- and thro the Jew's window*
*He gard the bonny ba(ll) flee.*

*He's doen him to the Jew's castell,*
*And walkd it round about;*
*And there saw the Jew's daughter,*
*At the window looking out.*

*„Throw down the ba(ll), ye Jew's daughter,*
*Throw dawn the ba(ll) to me!"*
*„Never a bit", says the Jew's daughter,*
*„Till up to me come ye".[33]*

---

[32] Vgl. dazu Lexikon des Mittelalters, Bd. 5, München / Zürich 1991, 1772f.; auch
STEMMLER, Kleine Geschichte (Anm. 9), 39; Edition: FREDERIC MADDEN, Layamon's
Brut, or Chronicle of Britain I–III (1847), Nachdruck Osnabrück 1967.

[33] Vgl. die Varianten des Poems bei FRANCIS JAMES CHILD (Hrsg.), The English and Scottish Popular Ballads, Bd. 3, New York 1957, 233–254, 243f.

*„How will I come up ? How can I come up?*
*How can I come to thee?*
*For as ye did to my father,*
*The same ye'll do to me."*

*She's gane till her father's garden,*
*And pu'd an apple red and green;*
*'T was a' to wyle him sweet Sir Hugh,*
*And to entice him in.*

*She's led him through ae dark door,*
*And sae has she thro nine;*
*She's laid himon a dressing-table, And stickit him like a swine.*

So gut wie alle Quellen, die uns vom mittelalterlichen Fußball Zeugnis geben, lassen keinen Zweifel daran, daß die Sportart, wenn überhaupt, nur über ein höchst rudimentäres Regelwerk verfügte und von den Spielern nicht zimperlich ausgeübt wurde. Eine englische Chronik berichtet Ende des 15. Jahrhunderts:

> „Das Spiel, zu dem sie sich versammelt hatten, um sich zu vergnügen, wird von einigen ‚Fußballspiel' genannt. Bei diesem ländlichen Spiel bewegen junge Männer einen großen Ball – nicht, indem sie ihn in die Luft werfen, sondern indem sie ihn über den Boden treiben und rollen; nicht mit den Händen sondern mit den Füßen [...] Die Grenzen des Spielfeldes waren markiert."[34]

Die schwere Verletzung eines Mitspielers, den ein Gegenspieler in den Leib getreten und schwer mißhandelt hatte, wurde dem Bericht der Chronik zufolge schließlich Anlaß der legendären Wunderheilungen des frommen englischen Königs Heinrich VI. († 1471), der dem Traktierten im Traum erschien und unverzüglich gesunden ließ. Von Fairness im heutigen Sinne konnte beim mittelalterlichen Fußball somit keine Rede sein. Die große Anzahl von Verboten ist zweifellos im Sinne einer Disziplinierung der Bevölkerung zu lesen, war in zahlreichen Fällen aber auch notwendige Reaktion auf Tumulte, Revolten und Händel, die den sozialen Frieden empfindlich störten und in deren Verlauf es zu Verletzungen, ja Tötungen kam.

Ein zügelloses Austoben mit geradezu anarchischen Exzessen mußte um so störender und unangebrachter wirken, wenn äußere Bedrohung oder gar Kriege die Geschlossenheit der Bevölkerung im gemeinsamen Verteidigungs- respektive Angriffswillen erforderlich machten und von der Wehrtüchtigkeit und Unversehrtheit der Männer Wohl und Weh des Gemeinwesens abhingen.

Aus den zahlreichen Verboten und Geboten, die das Fußballspiel im Mittelalter evozierten, läßt sich jedoch gleichermaßen die große Faszination herauslesen, die das an Popularität offenbar stetig zunehmende Spiel gewann. Wenn bereits im späten 13. Jahrhundert Adam de la Halle († ca. 1289)[35] in *Le jeu de Robin et de Marion*[36] die Fußballeidenschaft der männlichen Bevölke-

---

*And first came out the thick, thick blood,*
*And syne came out the thin,*
*And syne came out the bonny heart's blood;*
*There was nae mair within.*
[....]

[34] Zit. nach STEMMLER, Kleine Geschichte (Anm. 9), 34.
[35] Vgl. Lexikon des Mittelalters, Bd. 1, München / Zürich 1980, 108f.
[36] Hrsg. von Ernest Langlois (1924).
 *Marion: Mon petit Robin, nous n'en aurons pas, car il prend très haut à ses chevrons.*
 *Contentons-nous de ce que nous avons, c'est suffisant pour la matinée.*
 *Robin: Dieu! que j'ai le ventre fatigué par la partie de cholette de l'autre jour.*
 Zit. nach ADAM LE BOSSU, Le Jeu De Robin Et Marion, traduit par Annette Brasseur-Péry, Paris 1984, 19.

rung ironisiert, kann von einer ‚Spielart für wenige' oder einer weitgehend
unbekannten Spielform nicht mehr die Rede sein. Fußball hatte im Verlauf
des 14. und 15. Jahrhunderts offenbar die Züge eines Breitensports angenommen.

## 3. Humanismus und Renaissance

Dessen ungeachtet war das europäische Mittelalter, verglichen mit der Antike, eine in sportlicher Hinsicht wenig auffallende Epoche.[37] Das christliche
Welt- und Menschenbild zeigte sich mehr an der Seele als am Körper interessiert, mehr an einer Ertüchtigung des Geistes als an der des Fleisches ausgerichtet, mehr auf Askese als auf Sinnenfreude angelegt. Die Kehrtwende vollzog sich zu Beginn der Frühen Neuzeit mit Humanismus und Renaissance[38]
und ließ, in der starken Rückblende auf die Antike, Diesseitigkeit und Inner-
weltlichkeit neu aufleben. Alles Irdische, Menschliche und Körperliche fei-
erte nicht nur in der Kunst, sondern auch im Alltag Urstände.[39] Skepsis und
Desinteresse christlich-asketischer Weltsicht wandelte sich in eine neue positive Sicht der ‚Körperlichkeit'. Spiel und Sport waren – so gesehen – Mittel
zum Zweck auf der einen Seite, auf der anderen aber auch Quelle der Le
bensfreude, des Vergnügens, Ergötzens und des Genusses, zu dem sich zu
bekennen, nicht mehr für verwerflich, sondern regelrecht für geboten erachtet
wurde.[40]
    Der Sporthistoriker Carl Diem († 1962) behauptete in einer seiner Veröf-
fentlichungen 1960: „Der [moderne] Sport ist ein Enkel der Renaissance, ein
Kind der Französischen Revolution".[41] Indizien für eine im Vergleich zum
Mittelalter wesentlich positivere Sichtweise und größere soziale Akzeptanz

---

[37]   Spieltypen (Schach, Würfel, Tanz, Karten, Schießen etc.) wurden allerdings im Mittelal-
       ter zur Paraphrasierung bzw. Allegorisierung der Sozialordnung genutzt. Vgl. BURK-
       HARD MALICH, Die spätmittelalterlichen deutschen Spielallegorien als sozialgeschichtli-
       che Quelle, Diss. masch. Halle / Wittenberg 1970.
[38]   Zur Einschätzung des Sports durch die Reformatoren vgl. FRANZ BEGOV, Die Stellung
       der Reformation und des Reformationsschulwesens zu Leib und Leibesübungen, Diss.
       Wien 1965. Ferner CARL ROSSOW, Italienische und deutsche Humanisten und ihre Stel-
       lung zu den Leibesübungen, Leipzig 1903; FRITZ R. WENDT, Die Idee der Leibeserzie-
       hung in der italienischen Renaissance, Diss. Leipzig 1940.
[39]   Vgl. etwa JOHANN GEORG BENDER, Kurzer Unterricht deß lobwürdigen, von vielen ho-
       hen Stands-Personen beliebten Exercitii des Ballen-Spiels, Nürnberg 1680; GEORG
       GUMPELZHAIMER, Gymnasma de exercittis academicorum, Straßburg 1621.
[40]   Siehe ARND KRÜGER / JOHN MCCLELLAND (Hrsg.), Die Anfänge des modernen Sports
       in der Renaissance, London 1984; FRANZ BEGOV, Sportgeschichte der Frühen Neuzeit,
       in: HORST UEBERHORST (Hrsg.), Geschichte der Leibesübungen, Bd. 3/1, München etc.
       1980, 145–164.
[41]   CARL DIEM, Weltgeschichte des Sports und der Leibeserziehung, Stuttgart 1960, 582; vgl.
       auch ARND KRÜGER / JOHN MCCLELLAND, Anfänge des modernen Sports (Anm. 40).

aller Arten von Sport, des Fußballspieles nicht zuletzt, sind die seit dem
16. Jahrhundert auffallend zunehmenden bildlichen Darstellungen. Dafür tragen zweifellos die neuen medialen Verbreitungsmöglichkeiten, wie sie Buch-
druck, Holz- und Kupferstich eröffneten, Verantwortung, nicht zu sprechen
von einer Säkularisierung der Kunst insgesamt, die mit ihren nunmehr höfi-
schen Auftraggebern und ihren weltlichen Sujets ihres nahezu ausschließlich
sakralen Bezugrahmens verlustig ging.

Während sich in der mittelalterlichen Bildkunst Abbildungen fußballspie-
lender Knaben an einer Hand abzählen lassen, nimmt einschlägiges Bildmate-
rial in der Frühen Neuzeit auffallend zu (vgl. Abb. 1–6). Ab dem 16. Jahrhundert lassen sich auch die Besonderheiten nationaler Fußballspielarten
deutlicher erkennen, da Regelbeschreibungen und detailgetreue bildliche Darstellungen vielfach parallel laufen.[42]

Abb. 1: Fußballillustration aus dem Jahr 1612.

---

[42] F. K. MATHY, Die Ballspiele. Eine Kulturgeschichte in Bildern, Dortmund 1983.

*Abb. 2: Regulierter Calcio in Florenz (1689), Stich von Alessandro Cecchini.*

*Abb. 3: Calcio im 16. Jahrhundert (ca. 1595), Kupferstich von Petro Bertelli.*

*Abb. 4: Fußball im Gefängnis von St. Lazare (1793), Gemälde von Hubert Robert.*

*Abb. 5: Englischer Fußball (ca. 1775), Radierung.*

*Abb. 6: Les Joueurs de football (1908), Gemälde von Henri Rousseau.*

Wir werfen im folgenden einen kurzen Blick auf das französische *soule*, den italienischen *calcio* und den englischen *football*, die zusammen im 19. Jahrhundert zum europäischen *Fußball*, wie wir ihn heute verstehen, mutierten.

## 3.1. Soule

‚Soule'[43] leitet sich ab vom lateinischen *cheolla* bzw. *soula*. Es konnte mit der Hand (*soule à la main*), mit einem Schläger (*soule à la crosse*) oder mit dem Fuß (*soule au pied*) gespielt werden. Im Prinzip den Regeln des Rugby folgend, standen sich beim *soule* zwei Mannschaften oder Parteiungen gegenüber, die sich in den Besitz des Balles zu bringen suchten. Soule galt als aggressives, offenbar ziemlich brutales Raufspiel und avancierte in dieser Form zum großen, meist zügellosen Gaudium der Unterschichten. Im Gegensatz zum kultivierten, sublimen Ritual adeliger Turniere wurde Soule schnell, impulsiv und gewaltbetont gespielt; Verletzungen waren an der Tagesordnung, Totschlag keine Seltenheit. Einschlägige Textquellen des Spätmittelalters und der Frühen Neuzeit beziehen sich deshalb auch im Regelfalle auf Delikte oder Verstöße; sie umfassen vielfach ‚Gnadenbriefe', finden sich aber nur selten in Reiseberichten oder erbaulichem Schrifttum. Obwohl der französische König wiederholt als Veranstalter derartiger Freizeitvergnügungen erkennbar wird, bedeutete Soule für die französische Obrigkeit in erster Linie Störung der öffentlichen Ordnung.

## 3.2. Calcio

Anders als Soule wurde die italienische Variante des Fußballspieles, der *calcio*,[44] nahezu ausschließlich vom Adel gespielt. 1470 in Florenz in einem Gedicht[45] erstmals erwähnt, scheint er sich in den norditalienischen Städten rasch ausgebreitet und großer Beliebtheit erfreut zu haben.[46] Antonio Scaino schrieb 1555 in seinem Werk *Trattato del giuoco della palla*:

> „Wenn nun Fußball auch nicht mit so viel besonderer Kunst geregelt ist, wie sie in anderen Ballspielen sich findet, so ist das Spiel nichtsdestoweniger verbreitet. Es verursacht den Zuschauern hauptsächlich viel Vergnügen, da in ihm mehr als in irgend einem anderen sich gleichsam das Bild einer wirklichen Schlacht darstellt mit ihrem häufigen Glückswechsel, und die Spieler bald hier bald dort heftig übereinander fallen und sich drüber und drunter wälzen."[47]

---

[43] Lit. bei JEAN JULES JUSSERAND, Les sports et jeux d'exercice dans l'ancienne France (1901), repr. Genf / Paris 1986; JEAN-MICHEL MEHL, Les jeux au royaume de France du XIII<sup>e</sup> au début du XVI<sup>e</sup> siècle, Paris 1990.

[44] Lit. bei ALFREDO LENSI, Il Giuoco del Calcio Fiorentino, Florenz 1931; LUCIANO ARTUSI, Early Florence and the historic ame of Calcio, Florenz 1972; ANTONIO GHIRELLI, Storia del calcio in Italia, Turin 1990.

[45] GIOVANNI FRESCOBALDI, E Giucator del Prato sono chiamati, nel fare al calcio ben disciplinati (vgl. BREDEKAMP, Florentiner Fußball [Anm. 46], 131).

[46] Vgl. grundsätzlich das Standardwerk von HORST BREDEKAMP, Florentiner Fußball, Die Renaissance der Spiele. Calcio als Feste der Medici, Frankfurt a.M. 1993.

[47] Zit. nach KOCH, Geschichte des Fußball (Anm. 7), 18.

Der Calcio wurde also offenbar mit großem Temperament, dabei durchaus
kultiviert, vor allem keineswegs ohne Reglement gespielt. Antonio Scaino
beschrieb im nämlichen Werk auch die Grundregeln des Spieles:

> „[...] jeder Spieler ist verpflichtet, zu diesem Spiel ohne Ausrüstung irgendeiner
> Art einzutreten, da es ihm erlaubt ist, den Ball zu stoßen mit jedem beliebigen
> Teil seines Körpers oder auch mit mehreren Teilen gleichzeitig [...] und mit den
> Füßen kann er ihn stoßen; wenn er rollend auf der Erde herankommt; er darf ihn
> mit zwei oder drei Berührungen treiben, ihn anfassen, in der Hand halten und ihn
> weiter tragen – und das ist eine ruhmvolle Tat – bis hinter das Mal des Feindes.
> Es ist nur verboten, den Ball, den man ergriffen hat, zu werfen.“[48]

Der Calcio entwickelte sich im Florenz der Rennaissance zum sogenannten
*calcio in livrea*, zu einem friedlichen Wettkampf zweier farbig gekleideter
Adelsparteien, bei welchem der Ball von einem der 27 Mitspieler einer Gruppe hinter die Grundlinie der anderen (Stadtteil-)Partei befördert werden mußte
– durch Faustschlag, Tragen oder auch durch Fußstoß. Regeln und Spielpra-
xis des Florentiner Calcio sind bestens überliefert im Werk von Giovanni Maria Bardi aus dem Jahre 1580 mit dem Titel *Discorsio sopra il giuoco del calcio Fiorentino*. Die dort gegebene Beschreibung läßt ahnen, daß der Calcio
eher ein kulturelles Fest, ein aristokratisches Event war, bei der das Zeremo-
nielle – so die Eröffnungsmostra – im Zentrum stand, weniger ein sportliches
Ereignis im Freizeitangebot für Jedermann, eine Volksbelustigung ohne Ansehen der Person. 1739 fand das letzte ‚Calcio-Event‘ in Florenz statt.[49]

## 3.3. Football

Um genau diese schichten- und klassenübergreifende Variante des Fußballspieles handelte es sich hingegen beim englischen *football*.[50] Dieser wurde
nicht nur von den städtischen und ländlichen Unterschichten, sondern auch
von den Akademikern der Colleges, Juristen und Kleriker eingeschlossen,
und in verstärktem Maße von den Besuchern der Grammar-Schools gespielt,
weniger freilich vom Adel, der neben der althergebrachten Jagd Sportarten
wie Kricket, Golf und Tennis meist den Vorzug gab. Schon 1519 berichtete
William Horman, Rektor von Eton, in dem von ihm publizierten Schulbuch
*Vulgaria*, daß Schüler im Schulsport mit einem luftgefüllten Ball („a ball full

---

[48]  Zit. nach KOCH, Geschichte des Fußball (Anm. 7), 17.
[49]  BREDEKAMP, Florentiner Fußball (Anm. 46), 34.
[50]  Lit. bei SCHULZE-MARMELING, Fußball (Anm. 12), 11ff.; STEMMLER, Kleine Geschichte
     (Anm. 9), 46ff; ROBERT W. MALCOLMSON, Popular Recreations in English Society
     1700–1850, Cambridge 1973; MARIA KLOEREN, Sport und Rekord. Kultursoziologische
     Untersuchungen zum England des 16. bis 18. Jahrhunderts, Leipzig 1935, repr. Münster
     1985; HERBERT SCHÖFFLER, England das Land des Sportes. Eine kultursoziologische
     Erklärung, Leipzig 1935; P. M. YOUNG, A History of British Football, London 1968;
     MARPLES, History of Football (Anm. 12).

of wynde") spielten. An der Universität Oxford finden wir in den Statuten des St. John's College 1555 das Spiel *Pila pedalis*, und die Annalen der Universität Cambridge erwähnen 1579, daß die Studenten sich vergnügten, indem sie Fußball spielten („to play at football").[51] „Die Welt ist wie ein Fußball." – „For so he may translate the world in to a football". Der diesen Satz als metaphorische Umschreibung für die Ruhelosigkeit der Welt ersann, ist kein Geringerer als der große Theologe und Politiker Thomas Morus (in seinem 1532 publizierten Werk *The Confutation of Tyndale's Answer*) und zeigt, daß sich mit Fußball im England des frühen 16. Jahrhunderts durchaus Analogien zur Gesellschaft stiften ließen.[52] Obwohl die akademischen Instanzen der robusten, noch von keinem modernen Fairness-Ideal in Zaum gehaltenen Sportart ablehnend gegenüberstanden, ließ dieses sich im 16. Jahrhundert längst nicht mehr unterbinden, bestenfalls eindämmen und in zivilisiertere Bahnen lenken.

## 4. Aristokratisches, bourgeoises und plebejisches Freizeitvergnügen

Eine jahrhundertelange weitgehende Regelfreiheit respektive Regelbeliebigkeit scheinen die Attraktivität des englischen Fußballs bestimmt zu haben. Die im Mittelalter praktizierten Formen des Spiels lassen sich noch bis weit in die Frühe Neuzeit hinein nachweisen: Demnach waren weder die Maße des Spielfeldes noch die Zahl der am Spiel beteiligten Kombattanten streng normiert. Sicher war beim englischen Fußball lediglich, daß zwei Parteien mit nahezu allen Mitteln um einen Ball kämpften und versuchten, diesen über die Grundlinie des Gegners zu befördern.

Verbote und Gerichtsakten, durchaus aber auch literarische Quellen dokumentieren die soziale Schranken überschreitende Omnipräsenz des Fußballs in der englischen Gesellschaft zwischen dem 16. und 18. Jahrhundert. Der Franzose Henri Misson de Valbourg hielt in seiner Beschreibung einer Reise nach England 1698 die lapidare Nachricht für mitteilenswert:

> „Im Winter ist das Fußballspiel eine nützliche und charmante Übung. Der Ball ist aus Leder, groß wie ein Kopf und mit Luft gefüllt. Er wird mit dem Fuß durch die Straßen getrieben – von demjenigen, der ihn erreichen kann: Weitere Kenntnisse bedarf es hierbei nicht."[53]

Der Ire Matthew Concannon berichtete in einem Epos aus dem Jahre 1720 – *A match of football* – von einfachen Spielregeln, zählte je sechs Spieler pro Mannschaft und erwähnte Tore aus Zweigen und einen mit Heu gefüllten Le-

---

[51] Nach BAUSENWEIN, Geheimnis Fußball (Anm. 12), 91; Belegstellen bei MAGOUN, History of Football (Anm. 12), 20, 73 und 75.

[52] THOMAS MORE, The Confutation of Tyndale's Answer (1532), zit. nach MAGOUN, History of Football (Anm. 12), 22.

[53] Zit. nach STEMMLER, Kleine Geschichte (Anm. 9), 85.

derball.[54] Um 1735 erschien in einer Londoner Zeitschrift ein anonymes
Poem mit dem Titel *Football*, das dieses Spiel der Straße in literarische Hö-
hen zu führen suchte und ihm erzieherischen Wert zusprach.[55]

Es war in England schließlich nicht mehr das kriegswichtige militärische
Bogenschießen, das die Begründung für zahlreiche Verbote lieferte, sondern
eher die rigide Moral der Puritaner und Presbyterianer, die eine nachhaltige
Störung der Sonn- und Feiertagsruhe sowie einen Niedergang sittlicher und
ethischer Werte durch rücksichtslose Spieler und johlende Zuschauer be-
fürchtete, dann aber auch das sich in Renaissance und Barock herausbildende
Cortegiano- bzw. Gentleman-Ideal, das aus höfischer und bourgeoiser Sicht
Fußball als nicht standesgemäßes Freizeitvergnügen ablehnte. 1583 publizierte der Puritaner Philipp Stubbes, ehemals Student in Oxford und Cambridge, ein Pamphlet mit dem Titel *Anatomie englischer Mißstände*, in dem er
Football als „teuflischen Zeitvertreib" charakterisierte und diesen in seiner
verderblichen Wirkung der unzüchtigen Lektüre gleichstellte. Aus dem ohne
Rücksicht auf den Spielgegner beruhenden Regelwerk erwüchsen nicht Tu-
genden, sondern Untugenden wie Neid, Haß, Bosheit und Totschlag, so der
Prediger:

> „Das Fußballspiel ist eher eine blutige, mörderische Beschäftigung als ein Spiel
> oder Zeitvertreib. Wartet nicht jeder darauf, seinen Gegner zu Fall zu bringen –
> auch auf steinigen Boden? Und wer dies am besten kann, ist der Angesehenste.
> Mal wird das Genick gebrochen, mal der Rücken oder Beine oder Arme. Aus den
> Nasen schießt das Blut, oder die Augen quellen hervor [...]".[56]

Von der Warte des standesbewußten Adeligen argumentierte Thomas Elyot,
als er in seinem *Buch über den Herrscher*,[57] ähnlich wie Castiglione in seinem berühmten *Cortegiano*,[58] Spiele und Leibesübungen einteilte in solche,
die dem Adel nützten und geziemten, und solche, die das Gegenteil bewirk-
ten. Reiten, Schwimmen, Tanzen, Tennis und Bogenschießen zählten demnach zu den gesellschaftlich wertvollen und angemessenen, menschlich und
körperlich bildenden und erziehenden Sportarten, Kegeln und Fußball hingegen zu den sozial nutzlosen, ja schädlichen:

> „Im Fußball steckt nichts als scheußliche Wildheit und äußerste Gewalt. Verlet-
> zungen sind die Folge, und die wiederum erzeugen Bitterkeit und Bosheit bei den
> Verletzten. Daher soll man über Fußballspiel in alle Ewigkeit schweigen."[59]

---

[54] STEMMLER, Kleine Geschichte (Anm. 9), 82.

[55] Vgl. STEMMLER, Kleine Geschichte (Anm. 9), 82f.

[56] Nach STEMMLER, Kleine Geschichte (Anm. 9), 68.

[57] The Book named Governor. Gewidmet König Heinrich VIII.

[58] BALDESAR CASTIGLIONE, Das Buch vom Hofmann (Il libro del Cortegiano), München
1986; vgl. dazu PETER BURKE, Die Geschicke des ‚Hofmann' – Zur Wirkung eines Re-
naissance-Breviers über angemessenes Verhalten, Berlin 1996.

[59] Zit. nach STEMMLER, Kleine Geschichte (Anm. 9), 72.

Mitte des 18. Jahrhunderts bricht die Erfolgsgeschichte des englischen Fußballs plötzlich ab. Man kann darüber spekulieren, ob der auffallende Rückgang der Quellen auf eine derart austarierte Spielkultur zurückzuführen ist, die jede Art von aktenmäßiger Erfassung überflüssig machte, oder ob Football als Volkssport ausgedient hatte und nicht mehr zur Zivilisationsmode zählte. Für letzteres spricht manches. Andere Freizeitaktivitäten der Akademiker und Kollegiaten, vor allem der Pferdesport mit seinen Wettmöglichkeiten, ließen den plebejischen Fußball in den Hintergrund treten. Selbst die ländlichen und städtischen Unterschichten gingen auf Distanz zum Football und wurden diesem durch kulturelle, soziale und administrative Vorgaben entfremdet. Während vormals die Obrigkeiten das Spiel vielfach als Aggressionsventil und Gewaltkatalysator angesehen und nur bei größeren Tumulten eingegriffen hatten, waren es nun die Arbeiter selbst, die – so der Sportsoziologe Eric Dunning – den Fußball zu eliminieren trachteten, um Arbeitsprozeß und Freizeitvergnügen nicht in ein ungesundes Konkurrenzverhältnis gelangen zu lassen. Hinzu kam, daß dörfliche Fußballfelder, ehedem Allgemeingut, privatisiert wurden. Der städtische Straßenfußball geriet unter die Kontrolle der Kommunen und wurde schließlich weitgehend untersagt.

Daß Football in England die Umbrüche der Industriegesellschaft überlebte, war den Grammar-Schools zu danken, die ihn nach wie vor pflegten, jedenfalls so lange, bis zentrale Institutionen sich seiner in der zweiten Hälfte des 19. Jahrhunderts erneut annahmen und schließlich zu der Blüte führten, die uns allen bekannt ist.

Der Fußballsport der Frühmoderne erreichte bei weitem nicht die Popularität, die ihm in der modernen Industrie- und Freizeitgesellschaft des 20. Jahrhunderts zuteil wurde.[60] Dies hatte vielerlei Gründe, zu denen vor allem die rigideren Formen der Sozialdisziplinierung, ein ungleich strengeres Arbeitsethos, längere Arbeitszeiten und entsprechend begrenztere Freizeitkontingente zählten. Die geringere Verstädterung ließ Anonymität und Isolation bei Jugendlichen noch nirgendwo derart anwachsen, daß Sport und eben auch Fußball als Kompensation gegen sozialen Wildwuchs und psychische Vereinsamung wirklich wichtig geworden wären. Auch mangelte es an homogenen Gruppen Unterprivilegierter, die, wie in späterer Zeit, Fußball zu ihrem Sport machten und mit ihm den Ausbruch aus räumlicher und mentaler Enge suchten. Zwar lag das Faszinosum Fußball in der Frühen Neuzeit klar in seiner Form als ritualisierter Kampfsportart begründet, diente aber eher dem Abbau persönlicher als gesellschaftlich mitverursachter Aggressivität. Und dennoch:

---

[60] Vgl. dazu grundsätzlich CHRISTIANE EISENBERG, „English Sports" und deutsche Bürger. Eine Gesellschaftsgeschichte 1800–1939, Paderborn 1999. – Über Genese und Etablierung des Fußballsports als *Massenphänomen* in Deutschland vgl. ferner den Beitrag EGGERS im vorliegenden Band.

Die Sportsoziologie lehrt uns, daß viele Aspekte und Probleme des modernen Fußballspieles sowohl spieltechnisch als auch in ihrer gesellschaftlichen Wirkung bereits in der Frühmoderne in nuce vorhanden waren.

*Erik Eggers*

# Die Anfänge des Fußballsports in Deutschland
## Zur Genese eines Massenphänomens

Wenn die Kulturzeitschrift *Der Querschnitt* im Jahre 1932 – in der ihr eigenen zuspitzenden, ironischen Art – den Sport als „Weltreligion des 20. Jahrhunderts" deutete, dann zeugt dies von dem enormen Stellenwert, den dieses Element der Alltagskultur bereits zur Zeit der Weimarer Republik besaß. Wie Film und Jazz vermochte es gerade der Sport, große Teile der Bevölkerung zu begeistern, und so geriet er zu einem Massenphänomen. Neben Boxen, Leichtathletik und Automobilrennsport hatte sich vor allem der Fußball zu einem Volkssport entwickelt, der die Menschen in ihrer Freizeit zu begeistern vermochte.

Tatsächlich wies das englische Ballspiel bereits in den 1920er Jahren all jene Begleiterscheinungen auf, die heute noch den Fußball charakterisieren. Hunderttausende von Zuschauern pilgerten schon in die Arenen, die damals noch Kampfbahnen hießen, und neben einer – selbst an heutigen Maßstäben gemessen – überaus diversifizierten Sportpresse schickten sich auch Hörfunk wie Kino an, den Fußball zu verarbeiten. Die Medien als Katalysatoren der modernen Freizeitgesellschaft gaben auch dem Fußball ohne Zweifel enorme Impulse. Sie waren für die erste Phase der Kommerzialisierung verantwortlich, die sich in einer schleichenden und noch verdeckten Professionalisierung der Spieler und ebenso in einem bemerkenswerten Kult um die Stars wie den Nürnberger Torhüter Heiner Stuhlfauth oder den Berliner Stürmer Hanne Sobek äußerte. Gleichzeitig rationalisierte sich der nationale wie internationale Spielbetrieb; so kam etwa den zuvor unbeachteten Länderspielen in den 1920er Jahren eine immer höhere Bedeutung zu, auch wenn erst 1926 mit Otto Nerz der erste Reichstrainer ernannt werden sollte.

Zuschauer, Medien, Starkult, Professionalisierung: Die meisten – zugegeben sehr wandlungsfähigen – Elemente des heutigen Fußballs sind also bereits in der Weimarer Zeit vorzufinden. Daher soll der hier beabsichtigte Blick auf die frühe Geschichte des deutschen Fußballs und seine gesellschaftliche Etablierung mit dieser Ära einen Abschluß finden. Entstanden ist der moderne Fußball, so wie wir ihn heute kennen, indes in England.

## 1. Die Entstehung des modernen Fußballs in England

Mit den rustikalen, frühneuzeitlichen Formen des englischen Football hatten die ersten Regeln der *Football Association* (FA), deren Konstituierung in der

Londoner Freemason's Tavern im Jahre 1863 für den Beginn des Fußballs
moderner Prägung steht, nicht mehr viel gemein. Die neue Kodifizierung war
zurückgegangen auf Entwicklungen in den so genannten Public Schools,
Schulinternaten also, in denen die Söhne des Adels und des aufstrebenden
Bürgertums erzogen wurden. Ab etwa 1830 wurden dort „vernünftige Varianten" von Ballspielen formuliert, „zum einen mit der Absicht, die Jungen zu
disziplinieren, zum anderen, um die Beziehungen zwischen Lehrern und
Schülern zu verbessern; darüber hinaus sollten Loyalität und Selbstaufopfe-
rung des einzelnen gegenüber der Institution als moralische Werte vermittelt
werden."[1] Als die verschiedenen Bildungsinstitutionen begannen, einen Spielbetrieb untereinander aufzubauen, entstand der Wunsch nach Vereinheitlichung der Regeln. Die erste, noch sehr rudimentäre Fassung der FA aus dem
Jahre 1863 stellte einen Kompromiß zwischen sehr unterschiedlichen
Spielauffassungen dar und schloß zunächst noch das Rugby-Spiel ein.[2] Den
‚Urvätern aller Fußballfunktionäre', die sich damals aus adeligen und bürgerlichen Schichten rekrutierten, gelang es in der Folgezeit verhältnismäßig
schnell, die im Grundsatz heute noch bestehenden Strukturen des Fußballs
auszugestalten: 1871 stifteten sie den FA-Pokal, der bis heute nach ganz ähnlichen Regeln ausgespielt wird, ein Ligasystem wurde etabliert, und 1872
initiierten diese Pioniere das erste Länderspiel, das gegen eine schottische
Auswahl torlos endete.

Es verging nur ein weiteres Jahrzehnt, da hatte sich Fußball auch in weniger elitären Schichten verbreitet. Grundlage dafür war nicht nur der von den
englischen Gewerkschaften erkämpfte *freie Samstagnachmittag*, der den Ar-
beitern diese Form der Freizeitgestaltung erst ermöglichte, sondern auch der
rasch voranschreitende *Ausbau des Eisenbahnsystems*, der unteren Schichten
erst einen regelmäßigen Vergleich mit Clubs aus anderen Regionen gestattete.
Bereits ab Mitte der 1880er Jahre kristallisierten sich aufgrund eines größeren
Zuschauerzuspruches kommerzielle Strukturen heraus, die in die 1888 gegründete Profiliga mündeten. Eine Folge davon war, daß der entscheidende
Antrieb des englischen Fußballs, der Adel, sich mehrheitlich abwandte und
mittels einer neuen Sportethik ab- und ausgrenzte.[3] Bis dahin hatten sich je-

---

[1]   TONY MASON, Großbritannien, in: CHRISTIANE EISENBERG (Hrsg.), Fußball, soccer,
      calcio. Ein englischer Sport auf seinem Weg um die Welt, München 1997, 24f. Grund-
      sätzlich zur Entwicklung auch CHRISTIANE EISENBERG, English sports und deutsche
      Bürger. Eine Gesellschaftsgeschichte 1800–1939, Paderborn 1999, 36–77. – Über die
      Geschichte des Fußballspiels in der Frühen Neuzeit bis an die Schwelle der Moderne vgl.
      auch den Beitrag MÜLLER im vorliegenden Band.
[2]   Vgl. ERIC DUNNING, Die Entstehung des Fußballsports, in: WILHELM HOPF, Fußball.
      Soziologie und Sozialgeschichte einer populären Sportart, Münster [3]1998, 42–53.
[3]   Eng damit verbunden ist die Ausformulierung des Amateurideals und des Fair Play, mit
      dem sich der Adel und großbürgerliche Schichten abgrenzten. Vgl. ERIC DUNNING /
      KENNETH G. SHEARD, Die Entstehung des Amateurideals – dargestellt am Beispiel Rug-

doch die ersten Liga- und Pokalsysteme, Regelkommissionen (International
Board) und nationale Verbände (nach England dann Schottland, Wales und
Irland) herausgebildet. Diese festen Strukturen waren der notwendige institu-
tionelle Rahmen des britischen Fußballs und verantwortlich für die lange Zeit
weltweit dominierende (und im Fall des International Board heute noch maßgebliche) Rolle Großbritanniens, des ‚Mutterlands des Fußballs'.

## 2. Der Transfer des Sports nach Deutschland

Drei Gruppen von *sportsmen* sind dafür verantwortlich, daß auch in
Deutschland bald Fußball gespielt wurde. Zum einen vertrieben sich zunächst
aristokratische Touristen ab Mitte des 19. Jahrhunderts in Kurorten wie Bad
Homburg oder Baden-Baden ihre Zeit unter anderem mit dieser Sportart, zum
anderen besaßen englische Kaufleute, die zumeist allein über den Kontinent
reisten, aus gesellschaftlichen Gründen ein Interesse an sportlichem Vergnügen. Schließlich versuchten auch in Deutschland wohnende Techniker, Inge-
nieure und Studenten, über diese Form der Freizeitkultur, Anschluß zu finden.

Obwohl im Deutschen Kaiserreich in den 1880er Jahren erste Vereine[4] und
Verbände[5] entstanden, die die Ausübung von englischen *sports* (so die zeitgenössische deutsche Bezeichnung) bezweckten, konnte sich diese in
Deutschland völlig neue Form der Körperkultur nur langsam etablieren. Denn
deutsche Leibesertüchtigung und -erziehung war zu dieser Zeit dominiert
vom Deutschen Turnen, das schon vor der Reichsgründung 1870/71 in Schule
und Militär fest verankert worden war. Dieses spezifisch deutsche System der
Leibesübungen war 1811 von Friedrich Ludwig Jahn als Reaktion auf die
französische Fremdherrschaft geschaffen worden, um die deutsche Jugend in
paramilitärischen Organisationsformen körperlich auf kriegerische Auseinandersetzungen vorzubereiten.[6] Nach zwischenzeitlichen, politisch bedingten
Krisen im Gefolge des Wiener Kongresses und der Deutschen Revolution

---

byfußball, in: HOPF, Fußball (Anm. 2), 82–92. Vgl. auch MASON, Großbritannien (Anm.
1), 26–30.

[4] Der erste registrierte Sportverein war der *Deutsche Fußballverein zu Hannover von 1878*,
in dem bis heute Rugby gespielt wird.

[5] Als erster deutscher Sportverband gründete sich 1883 der *Deutsche Ruderverband*
(DRV) im Kölner Gürzenich, drei Jahre später konstituierte sich der *Deutsche Schwimm-
verband* (DSV).

[6] Daß das Lützowsche Freikorps von Jahn und zahlreichen weiteren Turnern aufgefüllt
wurde, ist insofern kein Zufall. Vgl. HANNES NEUMANN, Leibesübungen im Dienste nationaler Bestrebungen: Jahn und die deutsche Turnbewegung. Teil 1: Von den Anfängen
bis zur Reichsgründung, in: HORST UEBERHORST (Hrsg.), Geschichte der Leibesübungen, Bd. 3/1, Berlin / München / Frankfurt a.M. 1980, 257–277, hier 259.

1848/49[7] beherrschte das Turnen seit etwa 1860 als Träger deutscher Leibeserziehung in Schule und Militär die Institutionen. Mit der Reichsgründung
betonten die führenden Vertreter der *Deutschen Turnerschaft* (DT) die
staatstragende Rolle ihrer Dachorganisation und beeinflußten das kulturelle
Leben des Kaiserreiches etwa durch die Ausschmückung von Sedan-Festen.
Turner verstanden sich als *die* Hüter wilhelminischer Kultur und als Instrument zur Durchsetzung national-politischer und militärischer Ziele. Entsprechend sah die turnerische Betätigung aus: Militärischer Drill, starke Betonung
auf Disziplin, sich immer wiederholende, symmetrische und starre Übungen,
die anläßlich der Turnfeste von Tausenden Turnern gleichzeitig exerziert
wurden, charakterisieren dieses Bewegungskonzept.[8]

In diese Phase turnerischer Dominanz hinein gründeten sich im Kaiserreich erste Sportvereine englischen Musters. Im Gegensatz zu den Turnern
verbanden weder Sportler noch Funktionäre mit der Ausübung ihrer Leibesübungen politische Absichten, sondern waren pädagogisch motiviert und zur
Freizeit hin orientiert. Sport war gekennzeichnet durch Merkmale wie Spe-
zialisierung, Rationalisierung und Bürokratisierung. Ein wesentlicher Unterschied zum deutschen System bestand darüber hinaus im Rekordstreben, in
der internationalen Ausrichtung sowie im sehr lebendigen Konkurrenz- und
Leistungsprinzip.[9] Englischer Sport förderte individuelle Eigenschaften, staf-
felte sich in verschiedene Leistungsklassen und verbuchte Rekorde – all dies
galt für das Deutsche Turnen nicht.

Die Gründung erster Sportvereine ab 1880 weckte jedoch noch kein Interesse in der deutschen Öffentlichkeit, handelte es sich doch zunächst um Ver-
einigungen, deren Mitglieder sich aus in Deutschland ansässigen englischen
Kaufleuten, Ingenieuren und Studenten zusammensetzten. Blieben die Briten
zunächst noch unter sich, sorgte schließlich die Integration deutscher Studenten und Lehrer für weitere Verbreitung. Seit den 1890er Jahren fanden die
äußerst fremd wirkenden Sportarten beim gehobenen Bildungsbürgertum und
bei Angestellten zunehmend Anklang. Das Phänomen, daß englische Sportarten von deutschen Sportlern und Funktionären oft in eine neue inhaltliche
und sprachliche Form gegossen wurden, der in der Folge eine „geradezu ag-

---

[7]  Zum starken Einfluß der Turner auf die entstehende Nationalbewegung Anfang des
     19. Jahrhunderts vgl. DIETER DÜDING, Organisierter gesellschaftlicher Nationalismus in
     Deutschland (1808–1847). Bedeutung und Funktion der Turner- und Sängervereine für
     die deutsche Nationalbewegung (Studien zur Geschichte des 19. Jahrhunderts), Mün-
     chen / Wien 1983; HANNES NEUMANN, Die deutsche Turnbewegung in der Revolution
     1848/49 und in der amerikanischen Emigration (Beiträge zur Lehre und Forschung der
     Leibesübungen, Bd. 32), Schorndorf 1968.
[8]  Vgl. die Anleitung für Turnlehrer bei KARL PLANCK, Fusslümmelei. Über Stauchball-
     spiel und englische Krankheit, Stuttgart 1898, repr. Münster 1982, 56f.
[9]  Vgl. ALLEN GUTTMANN, From Ritual to record. The Nature of Modern Sports, New
     York 1978, 15–55.

gressive Modernität"[10] anhaftete, ist für die nun stark aufblühende Sportkultur deutschen Musters verantwortlich zu machen.[11] Dieser Vorgang wurde insbesondere gefördert durch die neue Schicht der Angestellten; denn ihnen bot das Podium des modernen Sports eine glänzende Möglichkeit, sich gesellschaftliche Anerkennung zu verschaffen oder gar den Lebenserwerb damit zu bestreiten.[12]

Mit der Popularisierung des Sports in Deutschland wuchs naturgemäß die Kritik der Turnfunktionäre, die ihre führende nationale Stellung gefährdet sahen. Dies äußerte sich etwa durch polemische Attacken in auflagenstarken Turnorganen wie der *Deutschen Turn-Zeitung* (DTZ). Ein besonders augenfälliges Beispiel derartiger Meinungsverschiedenheiten war die Frage nach der Beteiligung deutscher Sportler an den Olympischen Spielen 1896 in Athen. Für die Deutsche Turnerschaft, damals die weltweit mitgliederstärkste Organisation für Leibesübungen, kam eine Mitwirkung an diesem Sportfest schon deswegen nicht in Frage, weil es von einem Franzosen (Baron de Coubertin) initiiert worden war.[13] So fuhr nur eine ‚wilde‘, d.h. inoffiziell von Willibald Gebhardt zusammengestellte Turnriege nach Athen. Erst kurz vor dem Ersten Weltkrieg konnte eine oberflächliche Annäherung zwischen Sport und Turnen erreicht werden, als in Vorbereitung für die nach Berlin vergebenen Olympischen Spiele, die im Jahre 1916 stattfinden sollten, alle turnerischen und sportlichen Kräfte von staatlichen Instanzen gebündelt wurden.

Doch trotz aller Kritik wurde der Sport in Deutschland populärer. Neben dem Motiv, sich über ihn gesellschaftliche Anerkennung zu verschaffen, stehen weitere Faktoren für diesen steten Aufschwung des Sports bis zum Beginn des Ersten Weltkriegs.[14] Zunächst wurde die Entwicklung durch staats-

---

[10] EISENBERG, English sports (Anm. 1), 435.

[11] Vgl. den ebenfalls grundlegenden Aufsatz von HANS LANGENFELD, Die ersten beiden Jahrzehnte, in: MANFRED LÄMMER (Hrsg.), Deutschland in der Olympischen Bewegung. Eine Zwischenbilanz, Frankfurt a.M. 1999, 41–83.

[12] Gerade die ausgeprägte Aufsteigermentalität dieser ‚Selfmademen‘ ist nicht zu unterschätzen. Als Paradebeispiel eines solchen gesellschaftlichen Aufstiegs gilt die Biografie Carl Diems, der 1906 die Olympiamannschaft zu den sogenannten Zwischenspielen in Athen als Reporter begleitete und der bedeutendste deutsche Sportfunktionär werden sollte. Ein weiteres Beispiel ist Georg Demmler, Mitglied des Berliner Fußballvereins Germania 1888 und Betreuer der deutschen Olympia-Expedition 1896 in Athen, der später als Architekt in Berlin bei der Vergabe von Aufträgen von seiner Funktionärskarriere – er war Gründungsvorsitzender der *Deutschen Sportbehörde für Athletik* (DSBfA) – ebenfalls stark profitierte. Vgl. EISENBERG, English sports (Anm. 1), 220.

[13] Die gesamte von verbandspolitischem Machtkalkül und persönlichen Eitelkeiten beherrschte Kontroverse kann hier nicht behandelt werden. Näheres findet sich bei KARL LENNARTZ, Die Olympischen Spiele 1896 in Athen. Erläuterungen zum Neudruck des Offiziellen Berichtes, Kassel [o.J.].

[14] Die folgende Zusammenfassung basiert, wenn nicht durch andere Hinweise konkretisiert, auf der grundlegenden Arbeit von HENNING EICHBERG, Sport im 19. Jahrhundert. Genese

politische Initiativen wie die 1891 erfolgte Gründung des *Zentralausschusses zur Förderung von Volks- und Jugendspielen* (ZA) begünstigt. Einerseits fungierte diese Vorfeldorganisation der *Nationalliberalen Partei* und des *Alldeutschen Verbandes*[15] als Mittler zwischen Sport und Turnen, andererseits diente sie dazu, der aufstrebenden Sozialdemokratie den jugendlichen Nachwuchs abzuwerben. Als nächster Dachverband konstituierte sich 1904 der *Deutsche Reichsausschuß für Olympische Spiele* (DRAfOS), der in den Folgejahren wie selbstverständlich von hochrangigen Persönlichkeiten aus dem Umfeld des Kaisers angeführt wurde.[16] Weiterhin forcierten die Entstehung der Sportartikelindustrie und der Bau großer Stadien die deutsche Sportentwicklung;[17] hinzu kamen diverse Ausstellungsprojekte (so etwa die umfangreiche Sportabteilung innerhalb der Hygieneausstellung 1911 in Dresden), die gemeinsam mit der nun entstehenden Sportpresse Öffentlichkeit schufen.

Ein entscheidender Umstand für die Popularisierung des deutschen Sports lag indes in der staatlichen Förderung vor dem Ersten Weltkrieg. Als Reaktion auf den wachsenden politischen und kulturellen Einfluß der Arbeiterschaft, der nicht erst mit den Reichstagswahlen 1912 drohte, zog der Sport als neue ‚Sozialtechnologie' das Interesse der Behörden und der Hohenzollern auf sich.[18] Bereitwillig reagierten die Funktionäre deutscher Sportverbände, und einzelne Sportarten hielten daraufhin Einzug in Schul- und Militärausbildung. Auf diese Weise großzügig gefördert, baute der deutsche Sport seine Bewegung schnell aus. Wer in diesem sehr fruchtbaren Zusammenspiel zwischen Sport und Staat von wem instrumentalisiert wurde, ist bisher nur fragmentarisch aufgearbeitet worden. Vieles deutet darauf hin, daß die erzieherischen und politischen Interessen von staatlichen Instanzen und Sportfunktionären sich häufig deckten. Die Aufnahme vieler Jugendabteilungen der Sportverbände in den 1911 gegründeten *Jungdeutschlandbund* (JDB) mag diesbezüglich als Beispiel dienen.[19]

---

einer industriellen Verhaltensform, in: UEBERHORST, Geschichte der Leibesübungen (Anm. 6), 350–412, hier 389–393.

[15] Mindestens drei Mitglieder des ZA-Vorstandes sind nachweislich dieser politischen Richtung zuzuordnen. So vertrat von Schenckendorff die *Nationalliberale Partei* als Abgeordneter im Preußischen Landtag; Schmidt und Rolfs gehörten dem *Alldeutschen Verband* an. Vgl. EISENBERG, English sports (Anm. 1), 263–268.

[16] Vgl. EISENBERG, English sports (Anm. 1), 277–284.

[17] Das für die Olympischen Spiele 1916 im Jahre 1913 fertiggestellte Deutsche Stadion in Berlin stand in Konzeption und Ausführung, parallel zur Neudefinition der Sportauffassung in Deutschland, ebenso für eine neuartige Architektur. Vgl. FRANZ-JOSEF VERSPOHL, Stadionbauten von der Antike bis zur Gegenwart: Regie und Selbsterfahrung der Massen, Gießen 1976, 168–173.

[18] Vgl. EISENBERG, English sports (Anm. 1), 436.

[19] Im Jahr 1911 auf Initiative des *Preußischen Kriegsministeriums* gegründet, sollte dieser Zusammenschluß alle paramilitärischen Jugendverbände als Dachorganisation bündeln.

## 3. Fußball im Deutschen Kaiserreich

In der Sportart Fußball spiegelt sich die grundsätzliche Entwicklung des Sports im Kaiserreich exemplarisch wider. Wie im Fall der meisten anderen *sports* kann von einer ernsthaften Bewegung im Deutschen Reich erst ab 1890 die Rede sein, obwohl bereits für den Zeitraum kurz nach der Reichsgründung Fußballspiele vermerkt sind.[20] Bei Betrachtung der seinerzeit verwendeten Mützen und Trikots und der noch unästhetisch wirkenden Bewegungsabläufe fällt es gar nicht so schwer, die indignierten Äußerungen seitens der konformistisch, grau in grau gewandeten Turner nachzuvollziehen. Die ‚Kicker‘ jener Zeit galten als überaus exaltierte Paradiesvögel, vielleicht zu vergleichen mit den Inlineskatern, die Mitte der 1980er Jahre erstmals in Deutschland auftauchten. Angeregt durch englische Studenten, die ihre Mannschaften mit deutschen Kommilitonen auffüllten, erfolgten bald Clubgründungen.[21] Ähnlich wie in England war Fußball zunächst privilegierten Schichten vorbehalten. Während Studenten, Techniker und Lehrer als frühe Multiplikatoren wirkten, übte das Spiel ab den 1890er Jahren auch auf junge technische und kaufmännische Angestellte großen Reiz aus. Unter anderem begünstigt durch eine 1891 erfolgte Novellierung der Gewerbeordnung, die die Sonntagsarbeit in Kontoren generell untersagte, nutzten die Angestellten diese neuen Freiräume und versuchten, über den Fußball gesellschaftliches Renommee zu erlangen.[22] Fußball war demnach in jener Zeit kein Selbstzweck, sondern besaß vielmehr den Charakter eines vergnügten Gesellschaftsspiels.[23]

Dies sollte sich auch mit der am 28. Januar 1900 erfolgten Gründung des *Deutschen Fußball-Bundes* (DFB) nur allmählich ändern. Zuvor hatte es in Berlin mindestens drei Versuche gegeben, eine übergeordnete Verbandsstruktur zu installieren. Diese waren aber aufgrund mangelnden Interesses

---

[20] Als wichtigster Fußballpionier gilt der Braunschweiger Pädagoge Konrad Koch, der, durch Englandreisen angeregt, seit 1874 für die Verbreitung des Fußballs auch auf institutioneller Ebene sorgte, unter anderem durch seine Tätigkeit beim ZA.

[21] Besonders eifrig war Walter Bensemann, Nestor des deutschen Fußballsports, der an mindestens fünf Clubgründungen im süddeutschen Raum beteiligt war und ab 1920 den *Kicker* herausgab. Vgl. PETER SEIFERT, Walter Bensemann als Sportpublizist – Ein Beitrag zur Geschichte der Sportpublizistik in Deutschland, Diplomarbeit an der DSHS Köln, Köln 1973, sowie CHRISTIANE EISENBERG, Deutschland, in: DIES., Fußball, soccer, calcio (Anm. 1), 94–129, hier 96.

[22] Ausführlich zur sozialen Basis der frühen Fußballentwicklung im Hinblick auf die Sportentwicklung: CHRISTIANE EISENBERG, Fußball in Deutschland 1890–1914. Ein Gesellschaftsspiel für bürgerliche Mittelschichten, in: Geschichte und Gesellschaft 20 (1994) 189ff. Zu den soziologischen Faktoren bei den frühen Clubgründungen: ROLF BINZ, Borussia ist stärker. Zur Alltagsbedeutung des Fußballvereins, gestern und heute (Europäische Hochschulschriften, Reihe XIX, Bd. 29), Frankfurt a.M. etc. 1988, 290–294.

[23] Vgl. EISENBERG, English sports (Anm. 1), 189f.

und fehlender Publizität gescheitert oder schliefen wegen Streitigkeiten wieder ein.[24] Sowohl die 1900 abgehaltene Gründungsversammlung des DFB wie auch die ersten Jahre dieser neuen Institution verliefen nicht unkompliziert, da Vertreter bereits bestehender Regionalverbände offensichtlich Kompetenzverluste befürchteten.[25] Deshalb kann man diesbezüglich nur von einer schleichenden Institutionalisierung des deutschen Fußballs sprechen.[26] Selbst wenn gravierende organisatorische Probleme des Fußballs noch nicht zu lösen waren, so wurden diese doch wenigstens in Angriff genommen. Dies betraf etwa die Vereinheitlichung und – noch elementarer – die ‚Eindeutschung‘ der Regeln, die in jenen Jahren oft Anlaß von Zwistigkeiten gewesen waren.[27] Die organisierte Fußballbewegung erlebte nach 1900 jedenfalls einen spürbaren Aufwärtstrend.[28] Der DFB konnte dabei seinen Anspruch, die für das Deutsche Reich entscheidende Instanz in Sachen Fußball zu sein, allerdings nur sehr mühsam durchsetzen.

Sportpolitisch entsprach die Entwicklung des DFB und seiner regionalen Verbände im Grundsatz dem Trend des organisierten Sports bürgerlichen Zuschnitts. So sind bei der Wahl Prof. Ferdinand Hueppes vom *DFC Prag* zum ersten DFB-Präsidenten alldeutsche Interessen nicht ausgeschlossen, sondern sogar sehr wahrscheinlich.[29] Politischen und propagandistischen Einfluß ver-

---

[24]  Vgl. die Zusammenfassung dieser Entwicklung bei Jürgen Buschmann / Karl Lennartz, Erste Schußversuche. Athen 1896 bis London 1908 (Olympische Fußballturniere, Bd. 1), Kassel 1999, 47f.

[25]  Die chaotisch verlaufene Gründungsversammlung ist wissenschaftlich bislang nicht untersucht worden. Bei der Durchsicht zeitgenössischer Zeitungsberichte stellen sich viele Fragen, etwa die nach den politischen Absichten des Berliner Vertreters Fritz Boxhammer. Ein Nachdruck des Berichtes über die Versammlung findet sich in: Jahrbuch- und Presseausschuß des DFB (Hrsg.), 25 Jahre Deutscher Fußballbund, Düsseldorf [1925], 85–92.

[26]  Die Berliner und süddeutschen Vertreter gaben an, nicht zur Gründung „berechtigt" zu sein. Vier Jahre später blickte der DFB nicht ohne Ironie zurück: „Man befand sich im ersten Augenblick in der unangenehmen Lage, einen Bund ohne Mitglieder geschaffen zu haben." DFB-Jahrbuch (1904/05), 29.

[27]  So wurde die 1895 vorgenommene Übersetzung der bislang nur englisch gefaßten Grundregeln, die auf Initiative des ZA und des *Deutschen Sprachvereins* zustande gekommen waren, in erster Linie umgesetzt, um den Fußball vom Vorwurf der ‚Engländerei‘ freizusprechen.

[28]  Leider liegen für 1900 keine exakten Angaben vor. Bei der ersten Bestandsaufnahme 1904 sollen etwa 8.500 Mitglieder in 214 Vereinen organisiert gewesen sein. Bereits 1910 hatte sich die Zahl der Mitglieder fast verzehnfacht (82.326), 1914 stellte der DFB mit 189.294 Mitgliedern in 2.233 Vereinen eine relativ große Organisation dar. Angaben aus: DFB-Jahrbuch (1921/22), 15.

[29]  Ausführlich zur Wahl Hueppes: 25 Jahre Deutscher Fußballbund (Anm. 25), 87. Eine Hueppe gerecht werdende Monografie liegt leider ebenfalls nicht vor. Lediglich seine Rolle als Mediziner und Turnreformer ist bislang Gegenstand der Sportwissenschaft gewesen. Vgl. Eerke U. Hamer / Wildor Hollmann, Zwei Medizin-Professoren als Turnreformer: F. A. Schmidt und F. Hueppes [gemeint ist Hueppe]. Kreuzzug für Hygie-

sprach sich die DFB-Führung mit dem Beitritt in diverse Dachorganisationen. Während die 1905 fast lautlos erfolgte Aufnahme in den ZA noch unproblematisch gewesen war, wurde der vom DFB-Präsidenten Gottfried Hinze im Alleingang vorgenommene Beitritt in den Jungdeutschlandbund 1912 dagegen sehr kontrovers diskutiert. Daran zeigte sich, daß die Interessen von DFB und Regionalverbänden oft noch stark auseinander liefen. Die offenkundige Politisierung des Fußballs griff der Vorsitzende des *Verbandes Brandenburgischer Ballspielvereine* (VBB), Fritz Boxhammer, auf dem 19. Bundestag des DFB scharf an:

> „Die Stellung des VBB ist derart, daß er es sich nicht gefallen lassen kann, allein oder mit anderen Verbänden einer Gemeinschaft anzugehören, die irgendwie politische oder kirchliche Tendenzen befolgt. [...] Wenn wir eine Verbeugung auf politischem oder kirchlichem Gebiet machen würden, verlören wir viele Mitglieder."[30]

Erst die Einlassung von Generalmajor Jung, Beauftragter des JDB für diese Sitzung, politischer Unterricht sei bei der Ausübung von Sport nicht vorgesehen, beruhigte den für seinen Idealismus bekannten Funktionär.[31] Allein diese Angelegenheit machte deutlich, daß Teile des DFB nicht willens waren, Mitglieder durch politische Akzentuierungen zu verlieren. Insbesondere die Integration der allmählich aus der Arbeiterklasse zuströmenden Jugendlichen stand nämlich im Zentrum der propagandistischen Aktivitäten. Damit sollte die Erhöhung des Mitgliederbestandes gewährleistet werden.[32] Letztlich konnten der DFB und seine Verbände, anders als viele andere Sportorganisationen, die Integration dieser Schichten in Ansätzen verwirklichen. Jedenfalls hat sich der Arbeiterfußball vor 1914 nicht entfalten können.[33]

Auch beim deutschen Fußball wirkte sich die Militarisierung der wilhelminischen Gesellschaft deutlich aus. Neben der militärischen Anleihe bei den Positions- und Spielbeschreibungen (Verteidiger, Flanke, Sturm etc.), die im Wesentlichen bereits vor 1900 stattgefunden hatte, sorgte die schrittweise

---

ne und Körperpflege. Eine Dokumentation in Form ihrer Biographien und Bibliographien (Berichte und Materialien des Bundesinstituts für Sportwissenschaft, 3/92), Köln 1992.

[30] Rasensport (1912), Nr. 30, 506. Weiterhin sehr detailreich: GEORG P. BLASCHKE, Die Behörden und der Fußballsport, in: DFB-Jahrbuch (1912), 115.

[31] Zu Boxhammer ausführlich: BUSCHMANN / LENNARTZ, Schußversuche (Anm. 24), 37.

[32] Für diese Interpretation sprechen zahlreiche Aufsätze in den Periodika und anderen Organen des DFB. Vgl. unter vielen derartigen Artikeln GEORG P. BLASCHKE, Dem Volkssport entgegen!, in: DFB-Jahrbuch (1911), 182–193, hier 186, sowie ERICH STUTZKE, Die Stellung des Fußballsports zu den Erwerbsständen, in: DFB-Jahrbuch (1912), 143–151, bes. 150.

[33] Dies hing allerdings auch mit der vor dem Krieg bestehenden grundsätzlichen Ablehnung des Fußballs durch die Arbeiterturner zusammen. Zu den genauen Zahlen im Arbeiterfußball vgl. FRANK FILTER, Fußballsport in der Arbeiter-, Turn- und Sportbewegung, in: Sozial- und Zeitgeschichte des Sports (1988), Heft 1, 57. Demnach sollen lediglich 77 Vereine im *Arbeiter- und Turnerbund* (ATB) organisiert gewesen sein.

Aufnahme des Fußballspiels in die militärische Ausbildung zwangsläufig für weitere soldatische Konnotationen. Bereits 1903 von Teilen der Militärverwaltung eingeführt,[34] ab 1905 Bestandteil der Ausbildung in Offiziersvorbereitungsanstalten,[35] setzte sich Fußball schließlich in den Jahren nach 1908 endgültig im Militär durch.[36] Der DFB hatte daran seinen Anteil, wie seine Satzung von 1908 vermuten läßt:

> „Der Zweck des Bundes ist die Einwirkung auf die öffentliche Meinung, um das Verständnis für den Wert körperlicher Übungen besonders bei Schulbehörden und Militärkreisen zu wecken und zu heben.“[37]

Während das Militär schnell von der Notwendigkeit des Fußballspiels überzeugt werden konnte, verhielten sich Schulinstanzen allerdings sehr viel zurückhaltender.[38]

Zu konstatieren ist für den deutschen Fußball vor dem Ersten Weltkrieg also folgende Entwicklung: Als englischer Sport von englischen Kaufleuten und Studenten eingeführt, drückten ab den 1890er Jahren deutsche Angestellte dem Spiel ihren Stempel auf, weil sie sich damit unter anderem gesellschaftliche Anerkennung versprachen. Weiterhin förderlich war die Transformation in vorgeblich deutsche Inhalte, zu der die Transkription der englischen Regeln und Ausdrücke maßgeblich beitrug. Die damit einher gehende erste Popularisierung entwickelte sich nach der Konstituierung größerer Regionalverbände und des DFB, mit der eine Vereinheitlichung der Spielregeln sowie eine erste Reglementierung des Spielbetriebs bei Zuwiderhandlungen gegen die Satzung erfolgen konnte. Im Anschluß daran sorgte insbesondere die Aufnahme von Fußball in die Militärausbildung für weitere Verbreitung. Die damit verbundene soziale Militarisierung des Fußballs war nicht ungewöhnlich; denn sie betraf das gesamte deutsche Sportwesen und

---

[34]  Vgl. DFB-Jahrbuch (1904/05), 55.

[35]  Vgl. BUSCHMANN / LENNARTZ, Schußversuche (Anm. 24), 113.

[36]  Weitere Einzelheiten dazu erläutert EISENBERG, English sports (Anm. 1), 193.

[37]  DFB-Jahrbuch (1908), 39.

[38]  Die Hauptansprechpartner, die Abteilungen für Leibesübungen in den Kultusministerien der Länder, maßen dem Fußballspiel meistens keinen pädagogischen Wert zu. Großes Unverständnis zeigten insbesondere die süddeutschen Behörden. So hoben beispielsweise die bayrischen Unterrichtsverwaltungen das Verbot des Fußballsports an Schulen, das dort seit 1912 Bestand hatte, noch in der Weimarer Republik nicht wieder auf. Vgl. CARL KOPPEHEL, Geschichte des deutschen Fußballsports, Frankfurt a.M. 1954, 152, und den DFB-Jahresbericht (1931/32), 16, in dem aber schon von einer prinzipiellen Besserung die Rede war. Offensichtlich wirkte sich gerade für diesen Bereich der Umstand negativ aus, daß das Deutsche Turnen gesellschaftlich noch immer stark verankert war. Die entscheidenden Personen in den Ministerien waren häufig Turnpädagogen älteren Jahrgangs, die Fußball mit Ressentiments begegneten. Etwas resigniert analysierte der DFB: „Noch immer herrscht in der Lehrerschaft das Vorurteil, Fußball sei ‚roh‘ und ‚ausländisch‘.“ Vgl. DFB-Jahresbericht (1925/26), 42f. Hier hielten sich also die um die Jahrhundertwende gewachsenen Vorurteile beharrlich.

war ein gesamtwilhelminisches Phänomen.[39] Diese Anpassungsfähigkeit der Verbandsleitung an gesellschaftliche Trends war starke Antriebskraft für die Entwicklung vor dem Ersten Weltkrieg.[40] Trotz des erkennbaren Aufschwungs konnte aber von einem Massensport noch nicht die Rede sein. Dagegen sprachen nicht nur die geringen Zuschauerzahlen[41] bei den Endrunden der seit 1903 ausgetragenen Deutschen Meisterschaft, sondern auch die noch ungefestigten Organisationsstrukturen innerhalb des DFB.

## 4. Das Fronterlebnis: Fußball im Ersten Weltkrieg

Der Erste Weltkrieg bedeutete einen schweren Rückschlag für den internationalen und nationalen Sport. Aufgrund des damals nicht möglichen internationalen Sportverkehrs mußten die für das Jahr 1916 in Berlin geplanten Olympischen Spiele ausfallen, und der Dachverband DRAfOS erfuhr 1917 eine Umbenennung in *Deutscher Reichsausschuß für Leibesübungen* (DRA). Die Spitzenorganisation des deutschen Sports vermittelte so auch namentlich, daß die Förderung nationalen Sports im Vordergrund zu stehen habe.[42] Alle vorher so erfolgreichen Aktivitäten des deutschen Sports, insbesondere der Spiel- und Wettkampfbetrieb, waren zu diesem Zeitpunkt nahezu eingeschlafen. Erst ab 1916 startete der DRAfOS zwar sportpolitische Initiativen, als im *Kriegsministerium* ein Reichsgesetz zur vormilitärischen Ausbildung der Jugend vorbereitet wurde; dieses kam jedoch nie zustande.[43] Eine gezielte Förderung hatte der deutsche Sport nicht mehr zu erwarten, zu sehr war das gesamte gesellschaftliche Leben auf den Krieg ausgerichtet. Wenn Sport überhaupt ausgeübt wurde, dann reduziert auf die Funktion der Kampfvorbereitung, ohne daß sich die Sportfunktionäre gegen diese inhaltliche Umformierung verwahrten.[44]

Was generell für den Sport galt, besaß ebenfalls Gültigkeit für den Fußball. Nicht ohne Stolz vermeldete der geschäftsführende Vorstand Georg P. Blaschke im *Kriegsjahrbuch* des DFB, mindestens 85 Prozent der etwa 200.000 Mitglieder starken Fußballorganisation stünden an der Front.[45] Ganz

---

[39] Vgl. EISENBERG, English sports (Anm. 1), 283–291.

[40] Vgl. EISENBERG, Fußball 1890–1914 (Anm. 22), 203–207.

[41] Vgl. HARDY GRÜNE, Vom Kronprinzen bis zur Bundesliga. Enzyklopädie des deutschen Ligafußballs, Bd. 1, Kassel 1995, 16–59.

[42] Als Deutschland nach dem Ersten Weltkrieg von der Olympischen Bewegung isoliert war, kam es erstmals zur Durchführung eines solchen nationalen Sportfestes. Die als *Deutsche Kampfspiele* bezeichnete Veranstaltung fand nach Berlin 1922 noch in Köln (1926) und Breslau (1930) statt.

[43] Vgl. EISENBERG, English sports (Anm. 1), 316.

[44] Die Schriften des seit 1917 als Generalsekretär des DRA fungierenden Carl Diem sind diesbezüglich repräsentativ.

[45] Vgl. DFB-Kriegsjahrbuch (1914/15), 45.

dem Zeitgeist verhaftet, überboten sich die an diesem Jahrbuch beteiligten Autoren hinsichtlich der Kriegsbegeisterung und der ihrer Ansicht nach überaus fruchtbaren Verbindung von Sport und Krieg. Der Spielbetrieb in der Heimat indes nahm stets ab; denn nicht selten mußten in diesen Zeiten höchster Not Sportplätze in Kartoffeläcker umfunktioniert oder Holztribünen verbrannt werden.[46] Wenn seit Ende 1915 der Spielbetrieb zum Teil wieder aufgenommen wurde, so unterschied sich die Altersstruktur der Spieler und Zuschauer nun erheblich von der der Vorkriegszeit: Jugendliche und ältere Erwachsene füllten die wegen des Krieges zu Fusionen gezwungenen Mannschaften auf.[47]

An der Front erlebte das Fußballspiel in den beiden letzten Kriegsjahren jedoch eine Renaissance.[48] Gründe für die Zulassung von Frontwettspielen waren die Hebung der Truppenmoral sowie die psychische Stabilisierung der Kampfeinheiten.[49] Auch der ‚klassennivellierende Charakter' des Fußballs – Offiziere spielten Seite an Seite mit Mannschaftsdienstgraden – ist für die enorme Verbreitung an der Front verantwortlich zu machen. Nur vereinzelt wurde dagegen von der Truppenführung die Sorge geäußert, daß durch solche Spiele der militärische Ernst verlorengehe.[50] Legenden zufolge soll es an einigen Frontabschnitten sogar befristete Waffenstillstände oder zumindest dahingehende Angebote gegeben haben, um Fußballspiele zu ermöglichen. Exemplarisch für solche, meist aus zweiter Hand kolportierte Berichte ist der von Carl Diem:

> „Das Fußballspiel ist das Soldatenspiel aller Armeen der Welt. Ich erinnere mich einer Erzählung des Generalleutnants Fleck, des Kommandeurs eines Reservekorps, daß ihm die Engländer am 1. Weihnachtstage des Jahres 1914 bei Neuve Chapelle einen 48stündigen Waffenstillstand angeboten hatten, um in Ruhe – Fußball spielen zu können."[51]

Im Zeichen des Krieges setzte sich also die bereits vorher begonnene symbiotische Beziehung von Sport und Militär fort. Während eine solche in Vorkriegszeiten häufig nur ‚von oben', d.h. von den Funktionären, propagiert worden war, betraf diese Verbindung nun nahezu alle aktiven Fußballspieler, insbesondere diejenigen, die jahrelang an der Front aktiv waren. Nach

---

[46]  Vgl. GRÜNE, Vom Kronprinzen (Anm. 41), 63.
[47]  Ebd., 59–61. Ein typisches Beispiel einer solchen Zusammenführung ist der *KSV Holstein Kiel*, der 1917 aus dem *1. Kieler Fußballverein v. 1900* und dem *SV Holstein v. 1902* fusionierte.
[48]  Nach KOPPEHEL, Geschichte (Anm. 38), 141, war dies bereits in den ersten Kriegsjahren der Fall. Für diese Behauptung fand sich in den gesichteten Materialien jedoch kein Beleg.
[49]  Vgl. EISENBERG, Deutschland (Anm. 21), 104.
[50]  Vgl. EISENBERG, English sports (Anm. 1), 320.
[51]  CARL DIEM, Leibesübungen im Heere, in: Jahrbuch für Volks- und Jugendspiele 28 (1919) 32.

Kriegsende war der Fußballsport, wie alle anderen gesellschaftlichen Bereiche, umfassend von Militarisierung und politischer Instrumentalisierung betroffen.[52] Seine große Verbreitung an der Front zeichnete gleichzeitig die
weitere Entwicklung vor: Fußball war auf dem Weg zum Massensport.

## 5. Der Durchbruch des Fußballs in der Weimarer Republik

Nach der im November 1918 paraphierten Kapitulation des Kaiserreiches
begann eine außerordentlich dynamische Aufwärtsentwicklung im deutschen
Fußball. Allein die Mitgliederzahl des DFB erhöhte sich nach dem Krieg von
etwa 190.000 (Stand: 1914) auf 750.000 (1921).[53] Auf welchen Faktoren fußt
diese Dynamik? Welche Kraft steckte gerade im Fußball, um in diesem Zeitraum die anderen Sportarten und das Turnen in punkto Zuschauerinteresse
oder Aktivenzahl zu übertreffen? Monokausale Erklärungen auf diese Fragen
sind sicher unmöglich. Der Fußball bezog indes große Vorteile daraus, sich
auf ganz verschiedenen Gebieten nutzbar zu machen. Vielleicht war es diese,
in den nachfolgenden Kapiteln zu behandelnde *Kompatibilität*, die dem Fußball in der Weimarer Republik dazu verhalf, sich als Volkssport durchzusetzen und zu etablieren.

### 5.1. Das Militär als Wegbereiter des Fußballs

Während die DFB-Funktionäre ihren Mitgliedern noch Dank für den Fronteinsatz aussprachen, reagierte das *Preußische Kriegsministerium* bereits Ende
1918 auf das „politische Pulverfaß" der zurückströmenden Soldaten. „Der
Krieg und seine Begleiterscheinungen", so die Formulierung der Heeresver-
waltung, gebe Anlaß, „der Pflege der Körperübungen mehr Aufmerksamkeit
zuzuwenden als bisher",[54] und sie knüpfte daher Kontakte zu hohen Sportfunktionären. Nach einigen informellen Treffen Ende 1918, alle mit Beteiligung und ausdrücklicher Billigung durch die regierenden Räte,[55] wurde eine
Vermittlungsstelle zwischen Sport und *Kriegsministerium* geschaffen, die den
planmäßigen Ausbau der Leibesübungen organisieren sollte. Für den Fuß-

---

[52] Vgl. EISENBERG, English sports (Anm. 1), 321f.

[53] Die Mitgliederzahlen erhöhten sich in der Folge stetig, so daß Anfang der 1930er Jahre
die Millionengrenze überschritten wurde. Es handelte sich dabei allerdings ausschließlich
um die DFB-Mitglieder, die anderen Fußballer in den Organisationen des Arbeitersports
und der konfessionellen Sportverbände sind dabei nicht berücksichtigt. Die Zahlen bei
CHRISTIANE EISENBERG, Massensport in der Weimarer Republik. Ein statistischer Überblick, in: Archiv für Sozialgeschichte 33 (1993) 137–177.

[54] DFB-Jahresbericht (1918/19), 20. Auch die Zeitschrift *Fußball und Leichtathletik*
schreibt den Militärs die Initiative zu. Vgl. Fußball und Leichtathletik (1919), 4.

[55] So sagte der Deutschen Turn-Zeitung zufolge der Vollzugsrat für die erste Sitzung „jede
Unterstützung" zu. Deutsche Turn-Zeitung (1918), 470.

ballbetrieb, der in diesem Zusammenhang besondere Beachtung erfuhr, wurde vorgesehen:

> „1. In allen Garnisonen, in denen Truppenformationen liegen, wird empfohlen, sofort mit Fußballspielen zu beginnen. 2. Die Organisation liegt bei den gebildeten Spiel-, Sport- und Turnausschüssen. Die Mitarbeit erfahrener Zivilpersonen ist erwünscht. 3. Kompagnie-, Bataillons- und Regimentsmeisterschaften sind zu bilden. 4. Wettkämpfe um die beste Mannschaft in Kompagnie, Bataillon und Regiment festzustellen sind anzusetzen. 5. Das Spielen mit Vereinsmannschaften ist anzubahnen. 6. Die Korpsmeisterschaft im Fußball ist vorzubereiten. 7. Die Ergebnisse sind der Vermittlungsstelle für Leibesübungen im Heer (Kriegsministerium) mitzuteilen, die jede weitere Auskunft erteilt."[56]

Das *Kriegsministerium* initiierte daraufhin ein Treffen mit Sportartikelindustrie und -handel, um der katastrophalen Situation „auf dem Gebiete der Sport- und Spielgeräte" entgegenzusteuern und versprach, die Besorgung der dazu benötigten Rohstoffe zu ermöglichen.[57] DFB-Geschäftsführer Georg P. Blaschke konstatierte deshalb sichtlich zufrieden:

> „Der Sportbetrieb in Heer und Marine war auch in der verflossenen Zeit sehr rege. Die staatliche Umwälzung hat nach den neuesten Verfügungen der zuständigen Stellen hier eine weitere starke Förderung der Leibesübungen, unter anderem auch des Fußballspieles, gebracht."[58]

Warum sorgte sich das Militär in jener hektischen Phase so sehr um den Fußball? Der Verbindungsmann zwischen Sport und Militär, Johannes Runge,[59] der organisatorisch für die Umsetzung der Pläne des *Kriegsministeriums* verantwortlich zeichnete, beantwortete diese Frage zehn Jahre später:

> „Als die Heere in die Heimat zurückkehrten und der Umsturz eintrat, da war der Sport ein gutes Ventil zum Austoben und Austollen der Massen. Bei den sich nun zahlreich bildenden Freikorps spielte der Sport in und außer Dienst eine große Rolle, und er hat dazu beigetragen, diese schlimmste Zeit zu überstehen."[60]

Der Fußball habe so eine Mittlerrolle zwischen Volk und Reichswehr eingenommen. Diese recht unverblümte Aussage wird unterstrichen durch zahlrei-

---

[56]   DFB-Jahresbericht (1918/19), 20f.
[57]   DFB-Jahresbericht (1918/19), 5.
[58]   DFB-Jahresbericht (1918/19), 4.
[59]   Der Braunschweiger operierte bereits während des Krieges als Mittler zwischen Sport und Militär. 1912 war er zum zweiten Vorsitzenden des NFV gewählt worden, zum Zeitpunkt der geschilderten Verhandlungen bekleidete er den Posten des DSBfA-Präsidenten. Nach der Umstrukturierung des deutschen Militärs nannte sich diese Stelle ‚Referat für Leibesübungen‘. Ausschließlich zu seiner Sportlerkarriere: KURT HOFFMEISTER, Wir erinnern ..., in: Jahrbuch des Niedersächsischen Instituts für Sportgeschichte Hoya e.V., (1998) 196–198.
[60]   JOHANNES RUNGE, Die Leibesübungen in der Reichswehr, in: CARL DIEM u.a. (Hrsg.), Stadion. Das Buch vom Sport und Turnen, Gymnastik und Spiel, Berlin 1928, 432–437, hier 435.

che zeitgenössische Zeitungsmeldungen, die allerdings den Grund der Sport-
aktivitäten nur andeuteten. So berichtete die *Deutsche Turn-Zeitung*, das offizielle Organ der DT, über den Verlauf der Sitzungen von Militärs und Sport-
verbänden, an der lediglich Vertreter des Arbeitersports und des Turnens
nicht teilgenommen hatten:

> „Der Vorsitzende der DSBfA, J. Runge, unterbreitete der Versammlung den von
> ihm ausgearbeiteten Plan, der zunächst dahin geht, die Soldaten bis zu ihrer Ent-
> lassung nicht mit militärischem Dienst, sondern mit Sport, Spiel und Turnen zu
> beschäftigen. Bei den heute maßgebenden Stellen hat diese Absicht, die sowohl
> im Interesse unserer Soldaten wie im Hinblick auf den großen Vorteil für die
> ganze Sportbewegung nur freudig begrüßt werden kann, Anklang gefunden."[61]

Dies sollte zunächst über die Ausschreibung von Militärfußballmeisterschaf-
ten, Schwimm- und Turnfesten geschehen. Ausgehend vom Krisenzentrum
Berlin, so der Vorsatz der Sitzungsteilnehmer, sollten diese Aktivitäten auf
größere Städte, dann auf das ganze Reich ausgedehnt werden. Die von Runge
und seinen Mitstreitern geplanten Aktionen machen deutlich, daß „die Grenze
zwischen Militär- und Zivilsport Ende 1918 bis zur Unkenntlichkeit verwischt" war.[62] Das Fußballspiel diente dem Militär als Instrument zur Bändi-
gung sonst möglicherweise revoltierender Soldaten, und die Reichswehr be-
dankte sich mit entsprechender Förderung.

Die in jener Zeit gelangweilten Soldaten nahmen das Fußballangebot bereitwillig an.[63] Nahezu alle Freikorps nahmen an Meisterschaftsrunden teil
oder trugen Freundschaftsspiele mit Teams ‚normaler' Vereine aus. Ein oft
zitiertes Beispiel ist die Begegnung zwischen dem Team des *Freikorps Hak-
ketau* und des *FC Schalke 04*, auf das die Gelsenkirchener in früheren Fest-
schriften gern hinwiesen. Auch die berüchtigte *Marinebrigade Erhardt*, der
im Kapp-Putsch 1920 zentrale Bedeutung zukam, beteiligte sich rege am
Spielverkehr.[64] 1919 bekräftigte das badische Militär den Wert des Fußballspiels,[65] und am 4. Januar 1920 reihte ein Erlaß des *Reichswehrministeriums*
diese Sportart in den Übungsplan ein.[66] Bei vielen DFB-Funktionären korre-
spondierte die Verknüpfung von Fußballsport und Kasernenalltag mit der oft
vertretenen Auffassung, daß die Leibesübungen nach dem Verlust des Krie-

---

[61] Deutsche Turn-Zeitung (1918), 470. Dem Verfasser dieser Zeilen war scheinbar die
    Funktion Runges im *Kriegsministerium* nicht bekannt.
[62] EISENBERG, English sports (Anm. 1), 323.
[63] Auch das Handballspiel nahm auf diesem Wege seinen Anfang. Vgl. HAJO BERNETT, Die
    Metamorphose des Handballspiels, in: Sozial- und Zeitgeschichte des Sports (1996), H.
    1, 7–26.
[64] Diese und weitere Beispiele sind zitiert bei JOACHIM WENDT, Grundzüge der Geschichte
    des Deutschen Fußballbundes und des bürgerlichen Fußballsportes im Zeitraum von
    1919 bis 1933, Diss. Univ. Halle-Wittenberg, Halle 1975, 55.
[65] Vgl. Fußball (1919), 153.
[66] Vgl. Fußball (1920), 43.

ges als wichtiges vormilitärisches Feld potentiell zu nutzen waren, um die Wehrkraft des deutschen Volkes wieder herzustellen.

## 5.2. Der deutsche Fußball als Steigbügel der Diplomatie

Das Militär war indes beileibe nicht die einzige Reichsstelle, die sich um den Fußball kümmerte. Denn auch die Außenpolitik hatte sich vergleichsweise früh um den Fußball bemüht, weil sie sich mit der Popularität der Spitzenspieler in der Lage sah, drohende internationale Boykotte gegen den Kriegsverlierer Deutschland über den Sport zu verhindern. Bereits 1919 hatten zuständige Diplomaten im ‚Referat K' der Reichsregierung über den Herausgeber der *Deutschen Sportzeitung* (DSZ) zahlreiche Auslandsreisen der besten deutschen Clubmannschaften unterstützt.[67] Da lag es nahe, auch das erste Länderspiel eines deutschen Nationalteams nach dem Ersten Weltkrieg zu finanzieren. Daß die Angelegenheit angesichts des drohenden Boykotts durch die FIFA mehr als sensibel war, wußte der Referatsleiter dieser Abteilung, Sievers, aus einem im Januar 1920 geführten Gespräch mit Felix Linnemann, dem damaligen zweiten Vorsitzenden des DFB.[68] Obwohl noch im Februar 1920 eine geplante Tournee des HSV nach Basel und Bern aufgrund französischer Boykottdrohungen ausgefallen war,[69] gelang es dem DFB drei Monate später, mit dem *Schweizer Fußball- und Athletikverband* (SFAV) ein Länderspiel zu vereinbaren.

Einem daraufhin aufgesetzten Schreiben Blaschkes an das ‚Referat K', in dem die sportpolitische Brisanz und Formalitäten dieser Begegnung geschildert und ein Zuschuß in Höhe von 5.000 bis 8.000 Reichsmark erbeten wurde, fügte Linnemann handschriftlich erläuternd hinzu:

> „Das Gesuch wird dringend befürwortet. Die Wichtigkeit des internationalen Sportverkehrs für die allgemeinen Beziehungen der Staaten ist bekannt. Besonders trifft dies auf die Schweiz zu, da diese in der Fifafrage besonders ausschlaggebend ist und sich auf einen streng neutralen Standpunkt gestellt hat trotz vielfacher Sympathien westschweizer Vereine für Frankreich. [...] Der D.F.B. will daher durch besondere Auswahl der Spieler und Repräsentanten das Spiel großzügig propagierend gestalten."[70]

Genehmigt wurden zunächst 7.000 Reichsmark. Als das Spiel kurzfristig zu scheitern drohte, weil der SFAV nicht, wie abgesprochen, die Kosten der deutschen Mannschaft innerhalb der Schweiz decken wollte, gab Sievers

---

[67] Erwähnt seien nur die Spiele von Altona 93 in Schweden (1919) sowie die Reisen des 1. FC Nürnberg und des VfB Leipzig in die Schweiz im gleichen Jahr.

[68] Die Vorgeschichte dieser Begegnung ist mehr als kurios, da das Referat vorher von der Existenz des DFB überhaupt nichts wußte. Ausführlicher bei ERIK EGGERS, Fußball in der Weimarer Republik, Kassel 2001, 102–114.

[69] Vgl. Schreiben des HSV an das ‚Referat K'. Bundesarchiv R 901/1165, Blatt 49.

[70] Bundesarchiv R 901/1712, Blatt 71.

wiederum 7.000 Reichsmark frei.[71] Eine interne Notiz Sievers' vom 3. Mai 1920 machte die politische Intention der ganzen Unternehmung deutlich:

> „Der Deutsche Fußball-Bund, die zentrale Organisation deutscher Fußballklubs, [...] beabsichtigt[,] zur Gegenwirkung Französisch-schweizerischer Wettkämpfe in der Schweiz ein Länderspiel Deutschland Schweiz zu veranstalten, das in Zürich stattfinden soll. In Rücksicht auf die ausserordentlichen Kosten dieser Unternehmung, der nur geringe Einnahmen gegenüberstehen[,] ist ein Zuschuss aus amtlichen Mitteln erforderlich, um den gebeten wird. Diese Beihülfe empfiehlt sich aus propagandistischen Gründen dringend."[72]

Alle Zahlungsanweisungen an den DFB waren seitens des Auslandsreferats mit der eindringlichen Bitte verbunden, die Zuschüsse stets „als vertraulich zu betrachten", wie Sievers dem DFB-Geschäftsführer Blaschke in einem Schreiben vom 7. Juni 1920 dringend ans Herz legte.[73] Der Diplomat wußte, warum er um äußerste Diskretion bat. Denn wären die Zahlungen ans Licht der Öffentlichkeit gelangt, dann hätte dieses am 27. Juni 1920 ausgetragene Spiel nie stattgefunden. Diesen Schluß jedenfalls lassen die innerschweizerischen Verwicklungen zu, die dem Spiel vorausgingen. Die mehrheitlich frankophone Westschweiz nämlich lehnte das Länderspiel kategorisch ab,[74] und einflußreiche französische Fußballfunktionäre drohten, die Schweiz im internationalen Spielverkehr zu boykottieren. Jene beriefen sich auf eine Vereinbarung vom Januar 1920, die der Schweiz im Rahmen der Ansetzung eines Länderspiels[75] „[...] jedes Zusammentreffen mit Deutschland im Länderspiel und jegliche dazu führende Abmachung vor der definitiven Regelung der internationalen Beziehung" verboten.[76]

Der westschweizerische Regionalverband boykottierte schließlich das Spiel. Während seine Spieler Martenet I und II und Kramer vom *FC Cantonal Neuenburg* absagten,[77] nahm Merkt von *Servette Genf* teil und wurde daraufhin vom Regionalverband der Westschweiz gesperrt.[78] Das erste Nachkriegsländerspiel wurde somit auch in der Schweiz zu einem Politikum. Diese Partie, die pikanterweise mit einem Konzert des Musikvereins *Harmonie Altstetten* eingeläutet wurde, war allen Teilnehmern noch lange gut in Erinnerung, da es angesichts der schwierigen außenpolitischen Lage nicht auf den

[71] Vgl. ebd., Blätter 73 und 76f.

[72] Ebd., Blatt 74.

[73] Ebd., Blatt 79.

[74] Vgl. GERD KRÄMER, Im Dress der elf Besten. Geschichte und Geschichten der Deutschen Fußball-Nationalelf, München 1961, 73, und DFB, 60 Jahre Deutscher Fußball-bund, Frankfurt 1960, 31.

[75] Das Spiel fand am 29. Februar 1920 in Genf statt. Die französische Auswahl gewann 2:0.

[76] Bundesarchiv R 901/1712, Blatt 94. Bei dem Dokument handelte es sich um einen Bericht der Schweizerischen Fußball- und Athletikzeitung vom 10. Juni 1920.

[77] Vgl. ebd., Blatt 129.

[78] Vgl. KRÄMER, Im Dress (Anm. 74), 73.

sportlichen Erfolg, sondern allein auf ein präsentables Auftreten ankam. Von der denkwürdigen Begegnung auf dem Züricher Utogrund, die mit 1:4 Toren verloren ging, berichteten die deutschen Aktiven um den Altonaer Stürmerstar Adolf Jäger, die sich lediglich zwei Fouls erlaubten,[79] noch Jahrzehnte später.

### 5.3. Die Treibriemen der Kommerzialisierung

Daß mit steigenden Mitglieder- und Zuschauerzahlen auch eine erste Phase der Ökonomisierung des Fußballs verbunden war, erscheint heute als logische Entwicklung. Wenn wie 1920, anläßlich des Endspiels um die DFB-Meisterschaft zwischen dem *1. FC Nürnberg* und der *SpVgg Fürth*, Schlachtenbummler per Sonderzug nach Frankfurt fuhren und damit das stark gewachsene Zuschauerinteresse dokumentierten, dann nahm es nicht Wunder, daß Firmen aus verschiedenen Bereichen diesen neuen Markt auf seinen wirtschaftlichen Nutzen hin überprüften.

Es entstand schnell ein Produktionsbereich, der das Bedürfnis der nach Stars ‚hungrigen' Bevölkerung mit der Herstellung von Briefmarken, Sammelbildern, Nadeln und Abzeichen, Plakaten und anderen Druckerzeugnissen mit Sportbezug befriedigte.[80] Andere Zweige, wie etwa Brauereien oder die Zigarettenindustrie, nutzten die neuen Volkshelden als Werbeträger, um ihre Marke von anderen abzusetzen.[81] Angesichts der verlockenden Summen, die manchmal durch die Gazetten geisterten,[82] wollten auch Sportverbände und -vereine von Geldgebern aus der freien Wirtschaft profitieren. Vor diesem Hintergrund sind Aussagen, daß sowohl die „Arbeitgeber wie die Arbeitnehmer ein lebhaftes Interesse daran haben" sollten, „die Sportvereine durch ihre erzieherische Tätigkeit hinein in der Wirtschaft die Arbeit erleichtern und die Menschen innerlich so einstellen, daß sie für die Zwecke der Wirtschaft brauchbar sind",[83] leicht nachzuvollziehen. Auch der DFB, der schon 1922 erkannt hatte, daß eine sich ausschließlich auf Mitgliederbeiträge gründende Finanzierung in Zukunft kaum noch ausreichen würde,[84] schuf 1925 eine

---

[79]  Vgl. ERIK EGGERS, Zwei Fouls als „dringende Beihülfe" gegen die deutsche Isolation, in: Frankfurter Allgemeine Zeitung, 27. Juni 2000.

[80]  Vgl. KOPPEHEL, Geschichte (Anm. 38), 169; Fußball (1921), 1399.

[81]  Ein bekannter Werbeträger wurde der beim *1. FC Nürnberg* unter Vertrag stehende Heiner Stuhlfauth, der beste Torhüter der 1920er Jahre. Vgl. die zahlreichen Annoncen im *Fußball* für die Marke *Kaffee Hag*.

[82]  So erhielt Gertrud Ederle, die als erste Frau und mit Weltrekord den Ärmelkanal durchschwommen hatte, danach Angebote als Schaustellerin, mit denen sie 100.000 US-Dollar in 20 Wochen hätte verdienen können. Vgl. Fußball (1927), Nr. 3, 9.

[83]  JOSEF KLEIN, Die soziale Bedeutung des Sports, in: Fußball und Leichtathletik (1925), Nr. 25 (Jubiläumsausgabe), 21.

[84]  Vgl. DFB-Jahrbuch (1921/22), 5.

„Werbezentrale, die in erster Linie das Gebiet der Presse, des Films, des Rundfunks und der Druckerzeugnisse erschloß."[85]

## 5.4. Printmedien

Der Einfluß der schreibenden Zunft auf den Fußball der Weimarer Zeit hat, so enorm er sich auf diesen Sport auch auswirkte, bislang kaum Beachtung gefunden. Es liegt hier lediglich eine Arbeit aus dem Jahre 1937 vor,[86] die einen Eindruck von der unglaublichen Zahl und Vielfalt damaliger Sportzeitungen vermittelt.[87] Man darf trotz der schlechten Literaturlage festhalten, daß die Entwicklung des Sportjournalismus parallel zur allgemein wachsenden Sportbegeisterung verlief. Bereits in der Jubiläumsschrift des DFB 1925 hatte ein Autor gar von einer „wahren Gründungsepidemie im Sportzeitschriftenwesen" gesprochen.[88] Im gleichen Jahr stellte der anerkannte Sportjournalist Willy Meisl fest, daß sich große Tageszeitungen gleichermaßen auf gut geführte Sportrubriken stützten, ja sogar „fast kein großes Blatt [...] ohne mehr oder minder umfangreiche Sportabteilung" auskomme.[89] Göpel präzisierte hier die Vorrangstellung des Fußballs und konstatierte, „daß die Fußballberichterstattung bei allen überwiegt."[90]

Die damalige Berichterstattung in den meisten Blättern ist aber keineswegs vergleichbar mit der heutigen Form der journalistischen Aufbereitung. Vom DFB stark kritisiert, versuchten neue Gazetten, mit stark übertreibenden Schlagzeilen höhere Auflagen zu erzielen. Dabei wurden sportliche ‚Eintagsfliegen' schnell zu Helden erkoren. Wenn etwa das Länderspiel 1930 in Berlin gegen England, in dem die deutsche Mannschaft mit einem fanatischen Publikum im Rücken gegen zehn Engländer ein glückliches 3:3-Unentschieden erreichte, als „Wendepunkt in der Sportgeschichte Europas von epochaler Bedeutung"[91] gefeiert wurde, dann wird der aufbauschende Stil einiger Sportjournalisten deutlich. Seriöser operierende Zeitschriften wie der 1920 gegründete *Kicker*, der von Eugen Seybold herausgegebene *Fußball* oder

---

[85] KOPPEHEL, Geschichte (Anm. 38), 169.

[86] ROLF HARALD GÖPEL, Die deutsche Sportfachpresse 1932–1934, Diss. Univ. Leipzig, Leipzig 1937.

[87] Im Jahr 1926 existierten etwa 500 Sportzeitungen. Vgl. Fußball (1927), Nr. 7, 9. Man darf annehmen, daß diese Zahl nicht aus der Luft gegriffen war, sondern annähernd den Tatsachen entsprach. Nach GÖPEL, Die deutsche Sportfachpresse (Anm. 86), 9, führte das *Sperling Zeitschriften- und Adressbuch* noch für 1935, als die Zeitungsvielfalt der Weimarer Republik nicht mehr vorhanden war, 290 Sportfachzeitschriften und -zeitungen auf.

[88] BERNHARD ERNST, Sportfachpresse, in: 25 Jahre Deutscher Fußballbund (Anm. 25), 273f., hier 274.

[89] WILLY MEISL, Sportwelt – Weltsportpresse, in: Deutsche Presse 15 (1925), Nr. 51/52, 21.

[90] GÖPEL, Sportfachpresse (Anm. 86), 50.

[91] Zit. nach WENDT, Grundzüge (Anm. 64), 161.

auch die Berliner *Fußball-Woche* machten diese Form der Berichterstattung gar verantwortlich für die häufiger werdenden Ausschreitungen im Rahmen großer Fußballspiele.[92]

Die Bedeutung der Printmedien für den Aufschwung des Fußballs ist demnach nicht hoch genug einzuschätzen. Das ging auch aus einer Umfrage des DRA über die Rezeption der Sportpresse hervor, die ergab, daß der Sport – und man darf davon ausgehen: in erster Linie der Fußballsport – bei der Mehrzahl der zwölf- bis 16jährigen die favorisierte Zeitungsrubrik darstellte.[93]

### 5.5. Ein neues Medium sorgt für Atmosphäre: Das Radio

Nachdem in den Jahren 1923/24 mit Beteiligung privater Kapitalgesellschaften zehn Rundfunkgesellschaften entstanden waren, dauerte es nicht lange, bis auch Fußballübertragungen stattfanden. Bisher ging die fußballhistorische Literatur davon aus, daß das Finale um die DFB-Meisterschaft 1927 zwischen dem *1. FC Nürnberg* und *Hertha BSC* im Berliner Grunewaldstadion die erste Rundfunkübertragung eines Fußballspiels in Deutschland gewesen sei.[94] Richtig ist aber vielmehr, daß bereits am 1. November 1925 eine Fußballübertragung stattfand.[95] Selbst die Übertragung eines großen Fußballereignis-

---

[92]  Kombiniert mit organisatorischen Fehlleistungen verursachte das konvulsivische Fußballfieber jener Zeit häufig schwere Auseinandersetzungen, die mit dem heutigen Hooliganismus durchaus zu vergleichen sind. So geschehen etwa bei der Wiederholung des DFB-Endspiels 1922 in Leipzig zwischen dem *HSV* und dem *1. FC Nürnberg*. Nach Augenzeugenberichten faßte der Platz „die Massen nicht, die abseits der Straßen über die Felder heranströmten, alle Absperrungen niederrissen und vielfach auch ohne Karten bis an den Spielfeldrand vordrangen. Die dahintersitzenden Inhaber von teuren Sitzplätzen konnten natürlich nichts sehen. Die Folge war eine explosive Erregung der Massen. Seltersflaschen flogen als Wurfgeschosse durch die Luft. Es gab Verletzte in Massen, und als das Spiel begann, war die Stimmung schon auf den Siedepunkt gestiegen." Zit. nach: Hamburger Fussball-Verband e.V. (Hrsg.), 100 Jahre Fußball in Hamburg, Hamburg 1994, 18. In der Öffentlichkeit stark diskutierte Ausschreitungen gab es neben zahlreichen Zwischenfällen bei DFB-Endrundenspielen in besonders starkem Ausmaß bei den Länderspielen gegen Holland (in Düsseldorf 1926 und in Amsterdam 1931), gegen England (1930 in Berlin) sowie gegen die Schweiz (1930 in Zürich).

[93]  Vgl. ERNST BAYER, Sport, Politik, Presse. Der Sport als Mittel des politischen Kampfes und der parteipolitischen Propaganda in der Zeit des Weimarer Systems 1919–1933, Diss. Univ. Heidelberg, Heidelberg 1936, 27–29.

[94]  Vgl. KOPPEHEL, Geschichte (Anm. 38), 172. Diese Aussage wird seinen Ursprung darin haben, daß Koppehel für das von ihm genannte Finale selbst als Reporter tätig war und dies aus seiner Erinnerung heraus niederschrieb. Vgl. RENATE SCHUMACHER, Radio als Medium und Faktor des aktuellen Geschehens, in: JOACHIM-FELIX LEONHARD (Hrsg.), Programmgeschichte des Hörfunks in der Weimarer Republik, München 1997, 457. Dort ist Koppehel gemeinsam mit seinem Kollegen Braun auf einem Podest abgebildet.

[95]  Es handelte sich um die Begegnung Preußen Münster – Arminia Bielefeld. Vgl. WILLIBALD DRESCHER, Der Sport im deutschen Rundfunk (Körperliche Erziehung und

ses erfolgte früher, nämlich im Rahmen des am 18. April 1926 ausgetragenen Länderspiels Deutschland – Holland in Düsseldorf. Dieser Versuch soll allerdings, schenkt man zeitgenössischen Pressemeldungen Glauben, von „atmosphärischen Störungen"[96] begleitet gewesen sein. Auch das DFB-Endspiel am 13. Juni 1926 in Frankfurt wurde von einigen Sendern übertragen, ein Kommentator der *Leibesübungen* schätzte hier die Zahl der Hörer auf immerhin 400.000.[97] Leider wurden für 1926, wie auch für die folgenden Jahre, die Fußball-Radio-Reportagen aus der Weimarer Epoche statistisch nicht als Ganzes erfaßt.[98] Nach den Meldungen zeitgenössischer Fußballzeitschriften und einer regionalen Studie darf jedoch davon ausgegangen werden, daß die Zahl der Reportagen erheblich zunahm.[99]

Die Beiträge über den Äther sind, selbst wenn es sich um einen „Vortrag über den Fußballsport" vom süddeutschen Fußballidol Max Breunig handelte, vom Publikum zwar gut aufgenommen worden,[100] sie riefen jedoch gleichzeitig Kritik hervor. So stellte ein Leser des *Fußball* im Frühjahr 1927 die berechtigte Frage: „Hat ferner die Fußballbewegung ein so großes Interesse daran, den neuen Typ des auf dem Sofa liegenden, seine Zigarre rauchenden Fußballinteressenten zu schaffen?"[101]

Der DFB, der zunächst an die Reichsrundfunkgesellschaft herangetreten war und anfänglich sogar Kostenbeteiligungen konzediert hatte, übernahm diese Argumentation, die an die Diskussion um leere Theater anknüpfte.[102]

---

Sport. Beiträge zur Sportwissenschaft, Heft 12), Würzburg 1942, 76. Ausführlich dazu: ANSGAR DILLER, Die erste Sportübertragung im deutschen Rundfunk, in: Publizistik 17 (1972) 315–325.

[96] Fußball (1926), 467.

[97] RICHARD HARBOTT, Um die höchste Würde im deutschen Fußball, in: Leibesübungen (1926), 348.

[98] Lückenhaft ist die Auflistung der Tondokumente bei HANS-JOACHIM TEICHLER / WOLFGANG MEYER-TICHELOVEN, Filme und Rundfunkreportagen als Dokumente der deutschen Sportgeschichte von 1907 bis 1945 (Schriftenreihe des Bundesinstituts für Sportwissenschaft, Bd. 39), Schorndorf 1981. Dort sind in Teil III (Verzeichnis der archivierten Tondokumente) lediglich vier Tonträger mit Fußballdokumenten, der erste datiert von 1930, angegeben.

[99] Vgl. DRESCHER, Sport im deutschen Rundfunk (Anm. 95), 72; demnach erhöhte sich die Zahl der Fußballübertragungen für den Bereich der Funkstunde Berlin (später Reichssender Berlin) ständig. Während von 1925 bis 1928 maximal drei Sendungen notiert sind, erhöhte sich die Zahl für 1931 und 1933 auf jeweils acht.

[100] Fußball (1927), Nr. 3, 11. Auch für diese Form der Propaganda liefert Drescher eine Statistik für Berlin. Vgl. DRESCHER, Sport im deutschen Rundfunk (Anm. 95), 49.

[101] Fußball (1927), Nr. 15, 16.

[102] Vgl. SCHUMACHER, Radio als Medium (Anm. 94), 464, sowie CARSTEN LENK, Zwischen öffentlicher Inszenierung und privater Angelegenheit. Radiohören und Öffentlichkeitsmodelle in der Weimarer Republik, in: THEODOR MÄUSLI (Hrsg.), Talk about Radio. Zur Sozialgeschichte des Radios, Zürich 1999, 189–205, hier 189. Lenk weist treffend darauf hin, daß jedes neue Medium nicht in erster Linie Konkurrenz bedeutet, sondern vielmehr komplementäre Nutzungsweisen nach sich zieht.

Der Verband reagierte für seine Verhältnisse schnell, indem er die Zahl der Reportagen dahingehend einschränkte, daß meist nur das Finale um die DFB-Meisterschaft sowie einige Spiele der Nationalmannschaft übertragen werden durften. Für die Saison 1928/29 hieß das konkret: Übertragung durch alle verfügbaren Sender nur vom Endspiel in Nürnberg sowie von drei weiteren Länderspielen. Außerdem gestattete der DFB zwei weitere regionale Reportagen.[103] Diese Maßnahmen trafen die Funktionäre in der Befürchtung, die Zuschauer könnten wegen des Rundfunkangebots ausbleiben. Zusätzlich, und diese Aussage ist aus heutiger Perspektive wegen ähnlicher Fragestellungen bemerkenswert, sprach der DFB auch von einem ideellen „Verlust, wenn Spieler und Zuschauer nicht die Gemeinsamkeit des Erlebens in wechselseitiger Auswirkung in sich spüren."[104]

Diese restriktive Praxis, die den Beginn des heute üblichen Pokers um Übertragungsrechte markierte, provozierte in nicht wenigen Fällen scharfe Vorwürfe zahlreicher Hörer, die sich von der Teilnahme an großen Fußballereignissen ausgeschlossen fühlten. Besonders der VBB erlaubte dem Berliner Sender nur wenige Spiele und sah sich etwa wegen des Verbots der Rundfunkreportage vom Spiel Österreich – Deutschland 1931 in Wien heftigen Attacken ausgesetzt.[105] Daß der „Kampf für oder gegen das Radio", um ein Zitat des *Fußball* aufzugreifen, keine rein deutsche Angelegenheit war, zeigt ein Blick auf die Diskussionen in anderen Fußballnationen. In England waren die Übertragungen für die Saison 1931/32 wegen des befürchteten Zuschauermangels sogar generell verboten, der österreichische Verband genehmigte sie nur ausnahmsweise und in Schweden diskutierten die Fachleute ebenfalls ein grundsätzliches Verbot.[106] Die meisten großen Ereignisse wurden jedoch reichsweit von den Sendern übertragen, wenn eine Reduzierung der Zuschauerzahl in deutschen Stadien nicht zu befürchten war. Dies galt etwa für den Fußballhit des Jahres 1932, als das österreichische ‚Wunderteam' um den sagenumwobenen Matthias Šindelár[107] der englischen Auswahl an der Stamford Bridge, dem Stadion des *FC Chelsea London*, nur mit 3:4 Toren unterlag.[108]

Obwohl keine exakten statistischen Materialien hinsichtlich der Fußballübertragungen vorliegen und zudem in Rechnung gestellt werden muß, daß

---

[103] Vgl. DFB-Jahresbericht (1928/29), 25f.

[104] DFB-Jahresbericht (1928/29), 25.

[105] Vgl. Fußball (1931), Nr. 39, 4; ein anderes Beispiel war das Länderspiel 1930 gegen Italien. Vgl. Fußball (1930), Nr. 9, 17.

[106] Vgl. Fußball (1931), Nr. 39, 4.

[107] Der Stürmerstar aus dem Wiener Vorort Favoriten wurde wegen seines zierlichen Körperbaus ‚der Papierene' genannt und gilt neben dem spanischen Torhüter Ricardo Zamora als einer der ersten internationalen Stars der Fußballgeschichte.

[108] Vgl. Fußball (1932), Nr. 50, 17.

eine fast flächendeckende Reichweite[109] im Hörfunk erst mit dem ‚Volksemp-fänger‘ erreicht war, so darf aufgrund der Presseberichte doch vermutet wer-den, daß vor allem die Liveübertragungen großer Fußballereignisse eine überaus wichtige Werbung für diesen Sport darstellten.

## 5.6. Der Fußballfilm als Medium der Lehre

Ähnlich wie beim Radio nahmen auch filmische Sportszenen im Vergleich zu der großen Wirkung der Printmedien einen nur geringen Raum ein.[110] Der erste große und erfolgreiche deutsche Fußballfilm, *Das große Spiel*, sollte gar erst 1941 unter der fachlichen Beratung Sepp Herbergers gedreht werden.[111] Bei den bewegten Bildern aus der Weimarer Zeit handelt es sich noch weit-gehend um Aufnahmen aus dem Genre der Dokumentation, die für Wochen-schauen gedreht wurden, oder um Lehrfilme, die in erster Linie die Fußball-Lehrerausbildung unterstützen sollten.

Die dokumentarischen Filme beschränkten sich in aller Regel auf Final-spiele um die Deutsche Meisterschaft oder auf Länderspielaufnahmen, wie die Durchsicht des Standardwerkes für sporthistorische Filme ergibt. Danach gibt es für die Zeit zwischen 1918 und 1933 insgesamt 49 Ausschnitte deut-scher Fußballgeschichte auf Zelluloid.[112] Recht aufschlußreich ist die Beur-teilung der Opel-Aufnahmen vom DFB-Endspiel am 13. Mai 1926 durch Jo-seph Michler. In einem ausführlichen Artikel beklagte der Journalist einer-seits die im Vergleich zu amerikanischen Streifen (Michler waren Filme über American Football bekannt) schlechte technische Qualität, andererseits be-mängelte er, daß der Film kaum zusammenhängende Spielabschnitte zeige.[113]

Gleichlautende Kritik, noch ergänzt durch wirtschaftliche Überlegungen, hatte der *Fußball* in Gestalt seines Kolumnisten Franz Richard bereits ein Jahr zuvor geübt:

> „Das Deutsche Stadion hat das alleinige Aufnahmerecht für alle Veranstaltungen an die Ufa vergeben. Ein bedenkliches Monopol. Einmal läßt sich mehr heraus-schlagen, wenn bei gewissen großen Festen besonders interessierte Filmfirmen ihre Angebote steigern. Außerdem besitzt die Ufa lange nicht das sporttechnische

---

[109] Nach Führer war das Radio in seiner Frühzeit ein fast ausschließlich großstädtisches Medium. So lebten 83,5 Prozent der Empfänger der Berliner Funkstunde in Berlin und Stettin. Vgl. KARL CHRISTIAN FÜHRER, Wirtschaftsgeschichte des Rundfunks (Veröf-fentlichungen des Deutschen Rundfunkarchivs, Bd. 6), Potsdam 1997, 64f.

[110] Einen schnellen Überblick über die Entwicklung in der deutschen Filmproduktion der Weimarer Zeit sowie eine Statistik aller Sportfilme liefert HANS-JOACHIM TEICHLER, Zum Sportfilm in Deutschland – Produzenten, Themen und Ziele, in: TEICHLER / MEYER-TICHELOVEN, Filme und Rundfunkreportagen (Anm. 98), 22–38.

[111] Vgl. dazu den Beitrag VON BERG in diesem Band, S. 205–208.

[112] Vgl. TEICHLER / MEYER-TICHELOVEN, Filme und Rundfunkreportagen (Anm. 98), Teil IV: Sportfilmographie. Verzeichnis der produzierten Spielfilme bis 1945.

[113] Vgl. JOSEPH MICHLER, Sport und Film, in: Fußball (1926), 735f.

Filmverständnis, um alles für den Sportsmann wesentliche aufzunehmen. Ein freier Wettbewerb wäre – solange nicht Apparate und Aufnahmetechnik vollendet sind – wichtiger für den Sportsmann. Gute Aufnahmen sind für seine Entwicklung wertvoller als der Erhalt des Stadions durch die Monopolbezahlung."[114]

Die offenkundigen technischen Mängel belegen, daß der Sportfilm, und insbesondere die szenische Aufarbeitung des Fußballs, noch in den Kinderschuhen steckte. Viel wertvoller im Hinblick auf die Verbreitung des Fußballs erschienen daher die Fußball-Lehrfilme, die auf Anregung des DFB zustande gekommen waren[115] und bereits 1920 auf den Markt kamen. Diese Aufnahmen, die mit dem „Mittel der Zeitlupe"[116] und unter fachlicher Beratung des Fußballdozenten der *Deutschen Hochschule für Leibesübungen*, Richard Girulatis, von der UFA produziert wurden, stellten eine wichtige Unterstützung bei der Fußballausbildung dar. Auch dem Vergleich mit anderen Sportarten hielten diese Werke stand.[117] Diese Art von Lehrfilmen, die auch in Kinos zur Vorführung kamen, bildeten in den 1920er und 1930er Jahren ein wesentliches Element der Fußballschule.

## 6. Fazit

Die verschiedenen staatlichen Fördermaßnahmen und die kommerzielle Aufbereitung des Fußballs während der Weimarer Zeit sind als wesentliche Initialzündung für die Popularisierung des deutschen Fußballs zu werten. Diesen Faktoren war es geschuldet, daß mehr und mehr Zuschauer in die Stadien gingen[118] und damit den zunehmend ökonomisch orientierten Spitzenvereinen und -spielern die notwendigen Einnahmen bescherten. Auch profitierten die Vereine von den neuen großen Stadien, die vor allem im Westen, der neuen Hochburg des deutschen Fußballs, errichtet wurden. Sie waren jedoch, wie der Fall des Müngersdorfer Stadions in Köln zeigt, nicht allein der Sportbegeisterung geschuldet, sondern ebenso eine Folge arbeits- und wirtschaftspolitischer Überlegungen von Kommunalpolitikern, die mit Hilfe von Reichsmitteln aus der so genannten Erwerbslosenfürsorge den kommunalen Etat entlasten und aufgrund eines immensen Personalbedarfs gleichzeitig das Problem der Arbeitslosigkeit entschärfen konnten.[119]

Solcherlei infrastrukturelle Maßnahmen wurden flankiert von zahlreichen steuerlichen Vergünstigungen, die der DFB mit den Reichsbehörden und

---

[114] Fußball (1925), 1442.
[115] Vgl. DFB-Jahresbericht (1919/20), 19.
[116] Ebd.
[117] Vgl. Fußball (1920), 1391.
[118] Zuschauerzahlen von 40.000 bis 60.000 waren nun keine Seltenheit mehr. Das DFB-Finale von 1923 zwischen dem HSV und Oberschöneweide sahen etwa 64.000 Besucher.
[119] Vgl. GABI LANGEN / THOMAS DERES, Das Müngersdorfer Stadion, Köln 1997.

Kommunen für seine Vereine aushandelte.[120] Neben der Engstirnigkeit der Funktionäre waren dies die entscheidenden Faktoren dafür, daß der DFB bis in die 1960er Jahre hinein das Amateurprinzip aufrecht erhielt und damit einem unaufrichtigen und unkontrollierbaren ,Scheinamateurismus' den Weg bereitete.[121] Trotz der zwangsläufigen Geburtswehen des Kommerzes, die sich mit den Zuschauermassen und der medialen Aufbereitung ergaben, fand der Fußball ungeachtet aller politischen Probleme wieder zu internationalen Kontakten, wie zahlreiche Freundschaftsspiele nicht nur zwischen Spitzenmannschaften bezeugen. Wenn die *SpVgg. Fürth* in Barcelona, Madrid oder Mailand spielte oder der *Hamburger SV* in Schweden antrat, dann ist dies durchaus mit heutigen Begegnungen der Champions League vergleichbar. Nur der angeordnete Amateurismus verhinderte eine Teilnahme der besten deutschen Mannschaften an dem seit Ende der 1920er Jahre ausgespielten Mitropa-Cup, der als Vorläufer des heutigen Europapokals gewertet wird.

Schon in den 1920er Jahren sind also exakt jene ,modernen' Eigenschaften des Fußballs nachweisbar, die ihn auch heute noch bestimmen, nämlich Kommerz, Medialität, Starkult und Internationalität. Zwar sind der Fußball und seine Strukturen seitdem einem enormen Wandel unterworfen. So haben sich die trainingswissenschaftlichen Möglichkeiten grundlegend geändert, und auch die Spielsysteme und Regeln wurden ständig modifiziert und ausdifferenziert. Dennoch ist mit der Weimarer Republik für den Fußball in Deutschland eine grundsätzliche Entwicklung abgeschlossen, die mit den zarten Anfängen der Spielnachmittage Konrad Kochs in Braunschweig begonnen hatte: Eine zunächst elitäre, belächelte, kaum beachtete und von den Turnern überaus heftig kritisierte Sportart hatte sich zum beliebtesten Volkssport emporgeschwungen. Wenn mit diesen Ausführungen auch Einiges geklärt ist – den Mythos Fußball vermögen sie nicht zu entzaubern. Denn es bleibt die Frage im Raum: Warum gerade Fußball? Warum lief gerade dieses englische Spiel dem Turnen, dem Boxen oder der Leichtathletik den Rang ab? Wenn diese Fragestellungen überhaupt abschließend geklärt werden können, dann wird dazu nicht nur ein Blick über die Grenzen Deutschlands notwendig sein, sondern sicherlich wird auch das Spiel selbst und seine Faszination auf die Menschen noch intensiver betrachtet werden müssen.

---

[120] Dies betraf etwa die Reichsvergnügungssteuer und die kommunale Lustbarkeitssteuer, der hinsichtlich der Amateurproblematik die größte Bedeutung zukam, sowie Schenkungs- und Grundsteuer.

[121] Die bekannteste Zuwiderhandlung war der Fall des FC Schalke 04 im Jahre 1930. Die gesamte Mannschaft wurde wegen verbotener Geldzuwendungen gesperrt. Die unzähligen anderen Fälle sind heute weitgehend vergessen, obwohl sie damals großes Aufsehen erregten. Dazu gehört z.B. die Sperre des Nationaltorwarts Willibald Kreß von Rot-Weiß Frankfurt aus dem Jahre 1932. Vgl. JÜRGEN BITTER, Deutschlands Fußball-Nationalspieler. Das Lexikon, Berlin 1997, 262f.

*Erik Lehmann / Jürgen Weigand*

# Sportlich Profis – wirtschaftlich Amateure?
## Fußballvereine als Wirtschaftsunternehmen

### 1. Einleitung: Fußballverein als Herzensangelegenheit und Wirtschaftsunternehmen

Die Deregulierungs- und Privatisierungsmaßnahmen in der Europäischen Union (EU) haben den Profifußball nachhaltig verändert. Die Zulassung und Ausbreitung privater Fernsehsender und die Durchsetzung der freien Wohn- und Arbeitsplatzwahl für EU-Bürger hatten dramatische Auswirkungen auf den Profifußball. Gerne hätten einflußreiche Fußballfunktionäre den Sport im allgemeinen und den Profifußball im besonderen zu einem ‚Ausnahmebereich‘ gemacht, einen Bereich, in dem EU-Gesetze über Freizügigkeit und Arbeitsverträge nicht oder nur eingeschränkt Geltung haben sollten. Diesem Begehren haben bislang weder die EU-Kommission noch die höchsten Gerichte nachgegeben. Die mit dem Bosman-Urteil eingeleitete Entwicklung scheint unumkehrbar. Der moderne Profifußballverein hat nur noch wenig gemein mit dem traditionellen Bild des Fußballvereins als einer nicht auf Gewinnerzielung ausgerichteten (‚nichterwerbswirtschaftlichen‘), sozial-integrativen Organisation. Der Profifußball ist *Leidenschaft und Herzensangelegenheit* von Millionen Menschen,[1] aber er ist vor allem auch Unterhaltung. Daher ist es wenig verwunderlich, daß der Profifußball von nüchternen und unternehmerisch denkenden Betrachtern heute als selbstverständlicher *Teil der Unterhaltungsindustrie* angesehen wird. Insbesondere infolge des enorm gestiegenen finanziellen Engagements der TV-Medien hat sich der Profifußball in Europa inzwischen zu einem der am stärksten expandierenden Teile der Unterhaltungsindustrie entwickelt.

Diese Entwicklung hat einen enormen Druck auf die Institutionen erzeugt, die für die Durchführung des Profifußballs zuständig sind. Die 18 Bundesligavereine erzielen zusammen inzwischen einen Jahresumsatz von weit über 1 Milliarde DM. Damit ist eine Größenordnung erreicht, die betriebswirtschaftlich fundiertes und orientiertes Management in allen Bereichen, von den Vereinen und bis hin zum übergeordneten Verband, erfordert. Die Vorstellungen aus Turnvater-Jahn-Zeiten wie Ehrenamtlichkeit, Gemeinnützigkeit und Funktionärstum haben hier nichts mehr zu suchen. Der traditionelle Verein (Idealverein) ist als Organisationsform von *Profi*-Fußball ungeeignet,

---

[1]  Vgl. dazu besonders den Beitrag PROSSER im vorliegenden Band, ferner den Beitrag LEIS.

weil er aufgrund von Intransparenz und fehlenden Verfügungs- und Eingriffs-
rechte Ressourcenverschwendung und Fehlverhalten begünstigt.[2]

Am 24. Oktober 1998 wurde den veränderten Rahmenbedingungen für den
deutschen Profifußball auch formal Rechnung getragen. An diesem Tag be-
schloß der Bundestag des Deutschen Fußballbundes (DFB), von nun an neben
der traditionellen Organisations- und Rechtsform des Vereins (Idealverein)
auch Kapitalgesellschaften für den Spielbetrieb der Fußballbundesliga zuzu-
lassen. Vereinen ist es seitdem möglich, die Lizenzspielerabteilung als Aktiengesellschaft, Gesellschaft mit beschränkter Haftung oder vergleichbare
Rechtsform vom Restverein rechtlich, finanziell und organisatorisch zu trennen.[3] Damit war der Weg vom Profifußballverein zum Wirtschaftsunternehmen formal freigegeben. Die Entscheidung des DFB-Bundestages war die
notwendige Voraussetzung dafür, daß deutschen Profifußballvereinen wie
ihre Vettern in Großbritannien oder andernorts in Europa das Tor zur Börse
geöffnet und damit eine neue Geldquelle greifbar wurde. Borussia Dortmund
hat bislang als einziger Verein einen solchen Börsengang gewagt. Allerdings
bescherte sie ihren Anlegern, vor allem Fans des Bundesligisten, bisher keinen Erfolg. Zu elf € kam die Aktie an den Markt und stieg seither nie über
den Emissionspreis. Gut neun Monate später notiert die Aktie mit ungefähr
acht € ein Viertel unter dem Ausgabepreis.

Bei der externen Finanzierung über den Kapitalmarkt steht das Fußballunternehmen in einer Konkurrenzbeziehung zu anderen, kapitalsuchenden Unternehmen. Um auch längerfristig Investoren anzuziehen, muß das Fußballunternehmen eine akzeptable erwartete Rendite und Stabilität in der Ge-
schäftsentwicklung aufweisen. Manchester United ist dafür ein musterhaftes
Beispiel; jedoch bleibt es bislang die Ausnahme. Der Regelfall für die bereits
börsennotierten Vereine in Europa sieht anders aus. So blieb die Kurs- und
Renditeentwicklung bei den britischen Clubs deutlich hinter den Erwartungen
zurück.[4]

Vor diesem Hintergrund beschäftigt sich dieser Beitrag ausgehend von einem ökonomischen Verständnis des Profifußballs, das in Abschnitt 2 entwik-
kelt wird, in Abschnitt 3 mit den rechtlichen und betriebswirtschaftlichen

---

[2]   Die Fälle in der Bundesliga, in denen Mitgliederversammlungen Selbstdarstellern, die
      später in erster Linie ihr Ego im Rampenlicht der Medien befriedigt haben, Tür und Tor
      geöffnet haben, sollten langsam der Vergangenheit angehören.

[3]   Vgl. hierzu P. HEERMANN, Die Ausgliederung von Vereinen auf Kapitalgesellschaften,
      in: Zeitschrift für Wirtschaftsrecht, 19. Jg., H. 30 (1998) 1249–1260; M. SIEBOLD / J.
      WICHERT, Die KgaA als Rechtsform für die Profiabteilung der Vereine der Fußball-
      Bundesligen, in: Sport und Recht 5 (1998) 138–142; V. STEINBECK, Die Aktiengesell-
      schaft im Profifußball, in: Sport und Recht 5 (1998) 226–230.

[4]   Vgl. E. LEHMANN / J. WEIGAND, Wieviel Phantasie braucht die Fußballaktie?, in: Zeit-
      schrift für Betriebswirtschaft, Ergänzungsheft 2/98 (1998) 101–120.

Grundlagen und Konsequenzen der Transformation von Vereinen in Wirtschaftsunternehmen. Abschnitt 4 zieht ein Fazit und liefert einen Ausblick.

## 2. Fußball und Ökonomie

### 2.1. Sport als Forschungsobjekt der Ökonomie

Während die ökonomische Analyse des Sports in den USA eine lange Tradition hat, beschäftigen sich Ökonomen in Deutschland und Europa erst seit kurzer Zeit intensiver damit.[5] Dieses ungleich verteilte Forschungsinteresse hat zwei wesentliche Ursachen.

In den USA ist der professionelle Mannschaftssport schon seit Jahrzehnten kommerzialisiert und nach wirtschaftlichen Gesichtspunkten organisiert. Mit Sport Geld, und zwar viel Geld zu verdienen, gehört ganz selbstverständlich zum American way of life, ist ‚business‘ und hat daher nichts Ehrenrühriges. In Deutschland prägte bis vor nicht allzu langer Zeit noch das hehre Konzept des ‚Idealvereins‘ den professionellen Mannschaftssport. Die genossenschaftlich-demokratische Struktur von Idealverein und übergeordnetem Verband, das Prinzip der Ehrenamtlichkeit sowie die auf Erhalt des Gemeinnützigkeitsstatus abzielende ‚Nichterwerbstätigkeit‘ weckten, ungerechtfertigterweise, nicht das Interesse für eine verstärkte ökonomische Analyse. Daß sich das Fußballgeschehen bis Ende der 1980er Jahre öffentlichkeitswirksam ausschließlich im öffentlich-rechtlichen Fernsehen – einem anderen ‚non-profit‘ Bereich – abspielte, tat ein Übriges.

Eine zweite Ursache für die deutlich größeren Forschungsanstrengungen in den USA besteht darin, daß die an empirischer Überprüfung ökonomischer Hypothesen interessierten Forscher hervorragendes, von der Sportpresse oder den Ligaorganisatoren über Jahrzehnte hinweg penibel aufgebautes Daten-

---

[5] S. ROTTENBERG, The Baseball Player's Labor Market, in: Journal of Political Economy 64 (1956) 242–258, und W. NEALE, The Peculiar Economics of Professional Sports, in: Quarterly Journal of Economics 78 (1964) 1–14, sind originäre und inzwischen klassische Beiträge zur ökonomischen Theorie des Mannschaftssports. – Für Deutschland sind M. GÄRTNER / W. W. POMMEREHNE, Der Fußballzuschauer – ein Homo Oeconomicus?, in: Jahrbücher für Sozialwissenschaft 29 (1978) 88–107; M.-P. BÜCH, Modell und Realität der Fußball-Bundesliga, in: Zeitschrift für Wirtschafts- und Sozialwissenschaften 99 (1979) 447–466, sowie K. HEINEMANN, Elemente einer Ökonomie des Sports, in: Jahrbuch für Sozialwissenschaften 38 (1987) 232–257, als ‚Pioniere‘ zu nennen. – Überblicke zur Ökonomie des Sports bieten u.a. K. HEINEMANN, Einführung in die Ökonomie des Sports. Ein Handbuch, Schorndorf 1995; M.-P. BÜCH / B. FRICK, Sportökonomie: Erkenntnisinteresse, Fragestellungen und praktische Relevanz, in: Betriebswirtschaftliche Forschung und Praxis, H. 2 (1999) 109–123, sowie B. FRICK / G. WAGNER, Sport als Forschungsgegenstand der Institutionenökonomik, in: Sportwissenschaft 28 (1998) 328–343.

material vorfanden.[6] Insbesondere ökonomische Theorien über Anreizsetzung und Entlohnung, aber auch wettbewerbspolitische (kartellrechtliche) Fragestellungen konnten mit dem vorhandenen Datenmaterial angegangen werden.[7] Vergleichbares ist in Deutschland erst im Entstehen.[8]

## 2.2. Ökonomische Theorie des Profifußballs

### 2.2.1. Fußball als Gemeinschaftsprodukt

Fußball setzt als typische Mannschaftssportart zunächst die Existenz einer Mannschaft und das zielgerichtete Zusammenwirken ihrer Mannschaftsmitglieder voraus. Das alleine genügt aber nicht, um Profifußball zu produzieren. Hierzu bedarf es eines Gegners, mit dem man sich messen kann. Das produzierte Gut ist dann ein Gemeinschaftsprodukt, nämlich die Austragung eines Wettkampfes, der aufgrund seines Unterhaltungswertes (Spannung, Ästhetik, Zeitvertreib etc.) Zuschauer anzieht. Die Produktion setzt also die Kooperation der beiden Mannschaften voraus.[9] Im Gegensatz zu Wirtschaftsunternehmen können Fußballvereine daher niemals alleinige Anbieter sein. Sie brauchen notwendigerweise Konkurrenten, auf die Wirtschaftsunternehmen nur allzu gern verzichten würden.

Dieser Angebotsverbund macht aber nicht die Attraktivität des Profifußballs und das große Zuschauerinteresse aus. Vielmehr ist es der Wettkampf mehrerer, in einer ‚Liga‘ organisierter Mannschaften. Der Wettbewerb um die ‚Meisterschaft‘ oder einen Pokal setzt gemeinschaftlich vereinbarte und getragene Rahmenbedingungen voraus. Ligawettbewerb macht die Mannschaften somit über ein Spiel hinaus wechselseitig voneinander abhängig. Der Zu-

---

[6]  W. J. BOYES (Hrsg.), The Economics of Sports Enterprises, in: Managerial and Decision Economics 15 (1994) 399–541, 399: „The sports industry is a statisticians' dream ...“.

[7]  G. SCULLY, The Business of Major League Baseball, Chicago 1989; DERS., The Market Structure of Sports, Chicago 1995; J. QUIRK / R. FORT, Pay Dirt. The Business of Professional Team Sports, Princeton 1992, sowie R. FORT / J. QUIRK, Cross-subsidization, Incentives, and Outcomes in Professional Team Sports Leagues, in: Journal of Economic Literature 33 (1995) 1265–1299, bieten gute Überblicke über Fokus und Stand der Forschung in den USA.

[8]  Vgl. E. LEHMANN / J. WEIGAND, Fußball als ökonomisches Phänomen, in: ifo-Studien – Zeitschrift für empirische Wirtschaftsforschung 43 (1997) 381–409; DIES., Determinanten der Entlohnung von Profifußballspielern, in: Betriebswirtschaftliche Forschung und Praxis, H. 2 (1999) 124–135; B. FRICK, Management Abilities, Player Salaries and Team Performance, in: European Journal of Sports Management 5 (1998) 6–22; DERS., Betriebliche Arbeitsmärkte im professionellen Sport: Institutionenökonomische Überlegungen und empirische Befunde, in: M.-P. BÜCH (Hrsg.), Märkte und Organisationen im Sport: Institutionenökonomische Ansätze, Schorndorf 2000, 43–76; B. FRICK / E. LEHMANN / J. WEIGAND, Kooperationserfordernisse und Wettbewerbsintensität im professionellen Fußball, in: J. ENGELHARD / E. SINZ (Hrsg.), Kooperation im Wettbewerb. Neue Formen und Gestaltungskonzepte im Zeichen von Globalisierung und Informationstechnologie, Wiesbaden 1999, 495–523.

[9]  Man muß sich z.B. über die Spielregeln und ihre Einhaltung verständigen.

schauer konsumiert nicht ausschließlich ein einziges oder ein einzelnes Spiel, sondern nimmt den Ligawettkampf als Ganzes wahr und zieht daraus Nutzen in Form von Unterhaltung, für die er beim Stadionbesuch bezahlt.

In der Tagesdiskussion wird häufig behauptet, Fußball sei ein ‚öffentliches' Gut oder sollte zu einem solchen gemacht werden. Im Verständnis der Ökonomen ist ein Gut ‚öffentlich', wenn es von den Nachfragern gleichzeitig konsumierbar ist (Nichtrivalität) und niemand vom Konsum ausgeschlossen werden kann oder soll (Nichtausschluß). Im Gegensatz dazu bieten Wirtschaftsunternehmen ‚private' Güter an, das heißt, es wird insbesondere das Ausschlußprinzip angewendet. Der Konsum ist nur nach Entrichtung eines ‚Kaufpreises' möglich. Beim Profifußball ist die Nichtrivalität – mit Ausnahme eines ausverkauften Stadions und Nichtübertragung eines Spiels im Fernsehen – gegeben. Die Zuschauer als ‚Nachfrager' werden aber sehr wohl vom Genuß des Gutes ausgeschlossen, indem Profifußball in einem Stadion gespielt wird, zu dem der Zugang über die Erhebung eines Eintrittspreises reguliert wird. Auch der Konsum mit Hilfe des Fernsehens wird über gezielte Preiserhebung (Pay-TV) oder Gebühren (öffentlich-rechtliche Fernsehsender) geregelt.[10]

## 2.2.2. Ausgeglichener Wettbewerb

Die am Ligawettbewerb beteiligten Mannschaften sollten ein großes Interesse an einem nicht zu stark divergierenden Spielstärkenniveau haben. Klaffen die Spielstärken über längere Zeit zu stark auseinander, weil z.B. wenige Mannschaften allen anderen klar überlegen sind und der Spielausgang vieler Spiele gut vorhersehbar ist, droht der Liga ein Verlust an Attraktivität und ein Rückgang der Nachfrage. Eine Profiliga muß somit eine Intensität an Wettbewerb erzeugen und aufrechterhalten, die Zuschauern ausreichend Spannung und gute Unterhaltung bietet und gleichzeitig die wirschaftliche Basis der Vereine sichert. Ein Unterschied besteht hierbei zwischen dem amerikanischen und dem deutschen / europäischen Ligasystem.[11] Im amerikanischen System gibt es keinen Auf- und Abstieg, das heißt, es gibt keine hierarchische (vertikale) Ligaorganisation. Die Anreize sind so konstruiert, daß Erfolg bestraft wird.

Ein Beispiel für diese Anreize ist das Draft-System der amerikanischen Basketballliga. Danach darf die schwächste Mannschaft der abgelaufenen Saison den als besten eingestuften Nachwuchsspieler (*rookie*) für die nächste

---

[10] Vgl. hierzu J. KRUSE, Sportveranstaltungen als Fernsehware, in: M. SCHELLHAASS (Hrsg.), Sportökonomie 3. Sportveranstaltungen zwischen Liga- und Medieninteressen, Schorndorf 2001, 15–39.

[11] Siehe ausführlicher T. HOEHN / S. SZYMANSKI, The Americanization of European Football, in: Economic Policy, April (1999) 203–233, sowie S. ROSEN / A. SANDERSON, Labour Markets in Professional Sports, in: Economic Journal 111 (2001) F47–F68. – Siehe auch E. FRANCK, Zur Organisation von Sportligen: Übersehene ökonomische Argumente jenseits von Marktmacht und Kollusion, in: Die Betriebswirtschaft 59 (1999) 531–547.

Saison wählen. Der Meister kommt als letztes an die Reihe. Auf diese Weise
soll für ein ‚sportliches Gleichgewicht‘ der Liga gesorgt werden. Allerdings
kann dieses System zu einer Verzerrung des Wettbewerbs führen, da für mit-
telmäßige Mannschaften mit nahendem Saisonende ein starker Anreiz zur
Niederlage besteht, um für die nächste Saison bessere Spieler verpflichten zu
können.

Der Profifußball in Europa ist hingegen hierarchisch organisiert, es steigen
Mannschaften am Ende der Saison in die zweite Liga ab oder von derselben
auf. Mit anderen Worten: Im europäischen System wird zur Aufrechterhal-
tung der sportlichen Balance Mißerfolg bestraft. Zu schwache Teams müssen
die Liga verlassen. Ergänzt wird dieser Mechanismus auf der Finanzierungs-
seite: In der deutschen Bundesliga wird statt eines ‚Humankapitalausgleichs‘
wie in den USA der ‚Finanzausgleich‘ praktiziert. Bis vor einiger Zeit wurden
die der ersten Bundesliga zustehenden Einnahmen aus TV-Übertragungs-
rechten gleichmäßig auf die Mannschaften aufgeteilt. Dadurch wurde der Fi-
nanzierungsspielraum kleinerer, finanzschwächerer Vereine zur Verpflichtung guter Spieler vergrößert. Auf Druck der führenden Vereine, die aufgrund
ihres Bekanntheitsgrades und ihrer Attraktivität einen höheren Anteil an den
zu verteilenden TV-Einnahmen forderten, ist die Verteilung der TV-
Einnahmen nun auch von der sportlichen Leistung abhängig. Besser plazierte
Vereine erhalten einen größeren Anteil. Der Wettbewerbsgrad und das Lei-
stungsniveau in der Liga haben sich durch diese ‚leistungsorientierte Entlohnung‘ nicht negativ verändert, eher scheint das Gegenteil der Fall zu sein.

Es ist ein klar negativer Trend zu erkennen, das heißt, die Etats der Bundesligaclubs haben sich im Zeitablauf angeglichen. Auch absolut gesehen, ist
die Ungleichverteilung überraschend gering. Die Entwicklungen der Rahmenbedingungen im deutschen Profifußball haben demnach nicht zu einem
Auseinanderklaffen der Finanzierungsmöglichkeiten (‚Krösus‘ versus ‚Ar-
menhaus der Liga‘) geführt – ganz im Gegenteil. Auch die oftmals erhobene
Behauptung von ‚übermäßiger‘ Investition und der Veranstaltung von Ratten-
rennen ist empirisch nicht belegt.[12] Vielmehr spricht einiges dafür, daß die
Profispieler trotz explodierender Gehälter und ‚Handgelder‘, wie ökonomisch
sinnvoll, nach ihrer Grenzproduktivität entlohnt werden.[13] Unter dieser Ent-

---

[12]   Vgl. FRICK / LEHMANN / WEIGAND, Kooperationserfordernisse (Anm. 8).
[13]   Vgl. LEHMANN / WEIGAND, Determinanten der Entlohnung (Anm. 8); E. LEHMANN,
       Verdienen Fußballspieler was sie verdienen?, in: M. SCHELLHAASS (Hrsg.), Sportöko-
       nomie 3. Sportveranstaltungen zwischen Liga- und Medieninteressen, Schorndorf 2000,
       97–121; E. LEHMANN / U. WACKER, Einkommensverteilung in Organisationen: Das Bei-
       spiel der Fußballbundesliga, in: U. BACKES-GELLNER / M. KRÄKEL / G. SCHAUENBURG /
       G. STEINER (Hrsg.), Neuere Flexibilisierungstendenzen in der betriebswirtschaftlichen
       Personalpolitik: Anreize, Arbeitszeiten und Qualifikation, Mehring 2000, 109–128. – Die
       Grenzproduktivität kann in unserem Zusammenhang vereinfacht als Beitrag eines zu-
       sätzlich gekauften Spielers zum Mannschaftserfolg interpretiert werden.

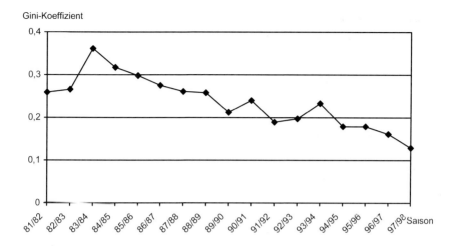

*Abb. 1: Entwicklung des Gini-Koeffizienten der Vereinsetats in der ersten Bundesliga seit 1980.*[14]

wicklung hat die sportliche Ausgeglichenheit (,Spannungsgrad') der Liga keineswegs gelitten.[15] Im Gegenteil, der empirisch gemessene Spannungsgrad in der deutschen Bundesliga war zwischen 1974 und 1997 höher als in anderen führenden Ligen in der EU. Zudem war der Spannungsgrad der EU-Fußballprofiligen insgesamt höher als der Spannungsgrad in den US-Profiligen.[16]

2.2.3. Sportlicher Erfolg und Gewinn als interdependente Zielgrößen
Ökonomen unterstellen bei der Analyse unternehmerischen Handelns die Zielsetzung der Gewinnmaximierung. Ob diese Verhaltenshypothese auch für das Management eines Profifußballclubs verwendet werden kann, ist unter den Sportökonomen umstritten. Für einige Fachvertreter ist die Zielsetzung der Gewinnmaximierung im Profiteamsport schlichtweg unsinnig, da die Entscheidungen der Vereinsführung auf sportlichen Erfolg abzielen und erst nebenrangig von ökonomischen Faktoren determiniert werden.[17] Maximiert

---

[14] Quelle: FRICK / LEHMANN / WEIGAND, Kooperationserfordernisse (Anm. 8). – Der Gini-Koeffizient ist ein statistisches Maß für die Gleich- oder Ungleichverteilung einer quantitativen Größe, wie z.B. der jährlichen Vereinsbudgets, zwischen verschiedenen Beobachtungseinheiten (hier: Vereinen). Je höher der Wert des Gini-Koeffizienten ist, um so größer ist die Ungleichverteilung der untersuchten Größe zwischen den Beobachtungseinheiten; vgl. dazu auch LEHMANN / WACKER, Einkommensverteilung in Organisationen (Anm. 13).

[15] Vgl. FRICK / LEHMANN / WEIGAND, Kooperationserfordernisse (Anm. 8).

[16] Vgl. ebd.

[17] Vgl. z.B. NEALE, Peculiar Economics (Anm. 5); G. DALY / W. MOORE, Externalities, Property Rights and the Allocation of Resources in Major League Baseball, in: Economic

wird vielmehr der sportliche Erfolg unter der Nebenbedingung eines gegebenen Budgets, das in dieser Betrachtungsweise ‚wie Manna vom Himmel‘ fällt. Eine solche Verhaltenshypothese mag für ‚gemeinnützige‘ Organisationen plausibel sein, nicht jedoch für Organisationen, deren Finanzierung aus Mitgliedsbeiträgen, Stadioneinnahmen und ‚Spenden‘ schon längst nicht mehr zu gewährleisten ist. Für ein längerfristiges Überleben in einer Profiliga ist es gerade im Lichte der jüngsten Entwicklung des Profifußballs unabdingbar, daß Proficlubs Gewinne zur Finanzierung ihrer Investitionen erwirtschaften.

Der moderne Proficlub mit wirtschaftlicher Zielsetzung maximiert demnach den Gewinn als Differenz zwischen den erwarteten Einnahmen und den Kosten.[18] Die Einnahmen setzen sich zusammen aus Mitgliedsbeiträgen, Tikketverkauf, Sponsoring, Merchandising (Lizenzen, Versandhandel, ‚Fanshops‘)[19], TV-Verwertungsrechten und möglicherweise Überschüssen aus Spielerverkäufen.[20] Die Kostenseite wird durch Gehälter und Vertragsabschlußzahlungen (‚Handgelder‘, Ablösezahlungen) dominiert.

Die Attraktivität der Mannschaft und der sportliche Erfolg sind maßgebliche Bestimmungsgrößen des Gewinnes. Dem Clubmanagement stellt sich die Aufgabe, diese beiden Determinanten mit selbst erwirtschafteten und extern aufgenommenen Finanzmitteln durch die Wahl eines geeigneten Trainers und die Zusammenstellung der Mannschaft positiv zu beeinflussen. Als Aktiengesellschaften organisierte Proficlubs können die Finanzausstattung zusätzlich über den Kapitalmarkt verbessern. Hierfür ist aber ein von potentiellen Investoren als ausreichend angesehenes Renditepotential erforderlich, das nur realisierbar sein wird, wenn das Clubmanagement betriebswirtschaftlich denkt und handelt. Empirisch zeigt sich für die deutsche Bundesliga ein enger

---

Inquiry, January (1981) 77–95, oder J. CAIRNS / N. JENNETT / P. SLOANE, The Economics of Professional Team Sports: A Survey of Theory and Evidence, in: Journal of Economic Studies 13 (1986) 3–80.

[18]  Siehe LEHMANN / WEIGAND, Fußball als ökonomisches Phänomen (Anm. 8), für eine ausführliche Diskussion der Gewinnzielsetzung. – D. G. FERGUSON / K. G. STEWART / J. C. H. JONES / A. LE DRESSAY, The Pricing of Sport Events: Do Teams Maximize Profit?, in: Journal of Industrial Economics 39 (1991) 297–310, haben für die nordamerikanische National Hockey League empirisch gezeigt, daß das Verhalten der Proficlubs mit der ökonomischen Hypothese der Gewinnmaximierung konsistent ist.

[19]  Vgl. dazu den Beitrag GÖMMEL im vorliegenden Band.

[20]  Siehe E. LEHMANN, Konsequenzen aus der Umwandlung von Vereinen in erwerbswirtschaftliche Organisationen und deren Auswirkung auf das Sponsoring, in: G. TROSIEN (Hrsg.), Sportökonomie 2, Huckepackfinanzierung des Sports: Sportsponsoring unter der Lupe, Schorndorf 2001, 79–103.

positiver Zusammenhang zwischen Managementqualitäten, Finanzierungspotential, Investition und sportlichem Erfolg.[21]

## 3. Vom Idealverein zum Fußballunternehmen

### 3.1. Rechtliche Grundlagen und Konsequenzen

Aus juristischer Sicht ist die Ausgliederung der Profifußballabteilung aus
dem Idealverein und die Umwandlung in eine Kapitalgesellschaft zur Vermeidung einer Rechtsformverfehlung und des deshalb möglichen Verlustes
der Rechtsfähigkeit angeraten.[22] Das Lizenzspielerstatut des DFB verhinderte
bis zu seiner einleitend angesprochenen Änderung im Oktober 1998 eine solche Ausgliederung oder Umwandlung. Das war möglich, weil Sportverbände
und -vereine privatautonome Regelungskompetenz besitzen, solange ihre Regeln nicht gegen die Prinzipien der Rechtsstaatlichkeit und der Rechtsgleich-
heit verstoßen.[23] Mit der Änderung des Lizenzspielerstatuts, der vor allem auf
Druck der großen Bundesligaclubs erfolgte, steht nun der Umwandlung von
Profifußballvereinen in Kapitalgesellschaften verbandsseitig nichts mehr im
Wege.[24]

Die Umwandlung in eine Kapitalgesellschaft bedeutet den Verlust der
Gemeinnützigkeit, mit der erhebliche steuerrechtliche Privilegien verbunden

---

[21]  Vgl. LEHMANN / WEIGAND, Fußball als ökonomisches Phänomen (Anm. 8); FRICK, Management Abilities (Anm. 8); FRICK / LEHMANN / WEIGAND, Kooperationserfordernisse
(Anm. 8).

[22]  Vgl. C. FUHRMANN, Idealverein oder Kapitalgesellschaft im bezahlten Fußball?, in:
Sport und Recht, H. 1/2 (1995) 12–17; HEERMANN, Ausgliederung von Vereinen (Anm.
3). – Die Frage, ob der Idealverein als nichtwirtschaftliche Organisation als Träger von
im Profifußball engagierten Mannschaften rechtlich zulässig ist, wurde bereits seit Anfang der 1970er Jahre kontrovers von Juristen diskutiert; vgl. STEINBECK, Aktiengesellschaft im Profifußball (Anm. 3).

[23]  Vgl. A. GALLI, Rechtsformgestaltung und Lizenzierungspraxis im Berufsfußball: Die
Situation in England, Italien und Spanien vor dem Hintergrund der Regelungen in
Deutschland, in: Sport und Recht H. 1, (1998) 18–24. – Der DFB ist der einzige Fach-
verband, der durch ein BGH-Urteil befugt ist, nach vereinsrechtlichen Regelungen ein für
alle Teilnehmer gültiges, eigenständiges Verbandsrecht zu setzen (vgl. GALLI, ebd., 19).
Der DFB kann somit autonom Vorschriften erlassen und den deutschen Profifußball organisieren und vermarkten.

[24]  Siehe zu den rechtsformalen Anforderungen einer Ausgliederung bzw. Umwandlung
HEERMANN, Ausgliederung von Vereinen (Anm. 3). Unter anderem ist vom Vereinsvor-
stand ein notariell beurkundeter Ausgliederungsplan vorzulegen, der die Satzung der zu
gründenden Kapitalgesellschaft zu enthalten hat. Das Grundkapital bei einer Aktiengesellschaft muß mindestens € 50.000 betragen. Die Vereinsmitglieder müssen dem Ausgliederungsplan im Rahmen einer Mitgliederversammlung mit einer Mehrheit von drei
Vierteln der erschienenen Mitglieder zustimmen, soweit die Vereinssatzung keine größere Mehrheit oder weitere Erfordernisse bestimmt.

sind.[25] Das Fußballunternehmen unterliegt dann wie Wirtschaftsunternehmen der vollen Steuerpflicht. Bei einer Ausgliederung der Profiabteilung verliert der tragende Verein seinen wirtschaftlichen Geschäftsbetrieb. Das gilt auch dann, wenn die Kapitalgesellschaft vom Verein abhängig ist (§17 AktG – Aktiengesetz) oder Teil eines vom Verein geführten faktischen Konzerns (§18 AktG) wird. Unter diesen Bedingungen übernimmt der Verein das mit der wirtschaftlichen Betätigung der Kapitalgesellschaft entstehende Risiko indirekt über die sog. Verlustausgleichspflicht (§302 AktG). Mit anderen Worten könnte der Verein für Verluste der ausgegliederten Profiabteilung haftbar gemacht werden. Nach dem gegenwärtigen Stand der Rechtsprechung führt das Halten einer Mehrheitsbeteiligung durch den Restverein – sei es an einer Fußball-AG, einer zwischengeschalteten Holding oder an einer Komplementär-GmbH (& Co. KG) – wohl nicht zur Annahme eines faktischen Unterordnungskonzerns, so daß das Vereinsvermögen nicht durch konzernrechtliche Haftungsansprüche gefährdet scheint.[26]

## 3.2. Wirtschaftliche Chancen und Risiken

Die Attraktivität der Ausgründung einer Kapitalgesellschaft liegt in den erwarteten größeren Finanzierungsmöglichkeiten durch den verbesserten Zugang zum freien Kapitalmarkt.[27] Der Finanzierungsumfang im Profifußball hat sich in den letzten Jahren drastisch erhöht. Mit dem Bosman-Urteil wurden die Markt- und Mobilitätsbarrieren auf dem Markt für Fußballspieler drastisch herabgesetzt. Die Konsequenz war ein explosionsartiger Anstieg der Spielergehälter, und zwar nicht nur für Spitzenspieler.[28] Der gestiegene Finanzierungsdruck erfordert neue und flexiblere Formen der Kapitalbeschaffung.[29] Mit dem Erfolg des Neuen Marktes und ein wenig geblendet vom Bei-

---

[25]  Vgl. ausführlicher FUHRMANN, Idealverein oder Kapitalgesellschaft (Anm. 22). – Zu den historischen Hintergründen vgl. den Beitrag EGGERS im vorliegenden Band, ferner DERS., Fußball in der Weimarer Republik, Kassel 2001, 126f., 160 u.ö.

[26]  Vgl. HEERMANN, Ausgliederung von Vereinen (Anm. 3). – Seit einer Grundsatzentscheidung des Bundesgerichtshofs 1997 bietet sich Vereinen die Möglichkeit, die Lizenzspielerabteilung auf eine Kommanditgesellschaft auf Aktien (KGaA) auszugliedern, bei welcher der Verein über eine eigens zu diesem Zweck gegründete (und von ihm beherrschte) GmbH oder GmbH & Co. KG als Komplementär fungiert. Bei dieser Rechtsform stellt eine in ihrer Haftung beschränkte Kapitalgesellschaft den persönlich haftenden Gesellschafter der KGaA. Vgl. hierzu HEERMANN, Ausgliederung von Vereinen (Anm. 3), 1256f.

[27]  Vgl. LEHMANN / WEIGAND, Phantasie (Anm. 4).

[28]  Vgl. LEHMANN / WEIGAND, Determinanten der Entlohnung (Anm. 8).

[29]  ‚Vor Bosman‘ erzielten die Vereine hohe Ablösesummen für Spitzenspieler und zahlten vergleichsweise niedrige Gehälter. ‚Nach Bosman‘ erhalten die Vereine für EU-Spieler nach Vertragsablauf keine Ablösesummen mehr und müssen weitaus höhere Spielergehälter sowie bei Vertragsabschluß oftmals saftige Handgelder an die Spieler zahlen. In Gegenreaktion auf das Bosman-Urteil sind die Vereine dazu übergegangen, mit Spitzen-

spiel Manchester United sahen manche Vereinsmanager Ende der 1990er Jahre die Zeit für einen Börsengang ihrer Clubs als unmittelbar bevorstehend an. Die Anforderungen für einen Börsengang werden vielfach unterschätzt, während man den erhofften Finanzierungseffekt überschätzt.[30]

Nur wenige der Bundesligavereine können die strengen Anforderungen für die attraktiven Börsensegmente wie den Neuen Markt erfüllen.[31] Es fehlt ihnen an Eigenkapital und besonders an ausreichend Vermögensgegenständen, die im Konkursfall von Gläubigern zu verwerten wären. Versagt der Verein sportlich und muß aus der Profiliga absteigen, so ist dies oft gleichbedeutend mit einem Konkurs. Der Markenname und die Bundesligazugehörigkeit allein sind nicht bilanzierbar. Die Spieler als Humankapital des Vereins stellen nach höchstrichterlicher Entscheidung „immaterielle Vermögensgegenstände" dar.[32] Die Spielererlaubnis eines Vertragsspielers ist ein abnutzbares Wirtschaftsgut, das mit der Dauer des Arbeitsvertrages als betriebsgewöhnliche Nutzungsdauer aktivierbar ist. Forderungen aus dem Transfer von Spielern sind seit dem Bosman-Urteil nur noch aktivierbar, wenn ein Spieler aus einem EU-Mitgliedstaat von einem anderen Verein aus einem bestehenden Vertrag herausgelöst wird.[33] Ein Fußballunternehmen muß daher vor einem Börsengang zunächst in ‚Vermögen' investieren, wie etwa ein eigenes Stadion oder Grundbesitz. Für Aktiengesellschaften gelten ferner strikte Rechnungslegungs- und Publizitätspflichten, wodurch der Zwang zu Wirtschaftlichkeit und Transparenz erhöht wird. Das erfordert eine vollkommen wirtschaftlich orientierte und handelnde Unternehmensorganisation und entsprechend ausgebildete Manager und Mitarbeiter.

Fußballaktien stellen aus Anlegersicht keine rentable Anlagealternative dar. Der Kapitalmarkt verlangt Rendite, zumindest längerfristig. Die Gewinnlage der Vereine impliziert eine Rendite, für die es bei sonst gleichem Risiko genügend bessere Alternativen gibt.[34] Hier besteht zudem für das Ma-

---

spielern oder prospektiven Nachwuchsspielern lange Vertragslaufzeiten zu vereinbaren. Aus diesen Verträgen können die Spieler dann von anderen Vereinen nur gegen entsprechende Ablöse herausgekauft werden. Um einen Star aus einem solchen Vertragsverhältnis herauszukaufen, sind heute weitaus höhere Summen erforderlich als vor Bosman. Der Portugiese Figo beispielsweise wechselte im Jahr 2000 für über € 60 Millionen vom CF Barcelona zum Erzrivalen Real Madrid.

[30] Vgl. E. LEHMANN, Borussia Dortmund vor dem Abseits an der Börse, in: Financial Times Deutschland, 23.10.2000, 31.

[31] Vgl. LEHMANN / WEIGAND, Phantasie (Anm. 4).

[32] Urteil des Bundesfinanzhofes vom 26. August 1992 (IR 24/91). Zu Spielern als Humankapital vgl. auch BÜCH / FRICK, Sportökonomie (Anm. 5).

[33] Vgl. B. FRICK / G. WAGNER, Bosmann und die Folgen, in: Wirtschaftswissenschaftliches Studium 25 (1996) 611–615.

[34] Die DG Bank hat für die Saison 1996/97 eine durchschnittliche Umsatzrendite der Bundesligavereine von mehr als mageren 3,7 Prozent berechnet. Allerdings kann sich Bayern München mit einer Umsatzrendite von 9,1 Prozent durchaus mit anderen Unternehmen

nagement ein Zielkonflikt zwischen Rendite und sportlichem Erfolg. Fußballfans sind in erster Linie am sportlichen Erfolg interessiert, während Anleger
vor allem ‚Kursphantasie' und Rendite erwarten.[35] Mit den Vereinsmitglie-
dern als potentiellen Aktionären allein lohnt sich der teure Börsengang kaum.
Es müssen zusätzlich externe Investoren gewonnen werden. Diese sehen sich
mit dem Problem konfrontiert, daß die Antizipierbarkeit erzielbarer Erträge
durch die Unsicherheit des sportlichen Erfolgs herabgesetzt ist. Außerdem
besteht die Gefahr, daß das durch den Börsengang attrahierte Kapital eher in
kurzfristiges Spielerpotential mit hohem Risiko investiert wird als in längerfristiges materielles Anlagevermögen mit geringerem Investitionsrisiko. Starke Schwankungen des immateriellen Anlagevermögens reduzieren die Akzeptanz auf dem Kapitalmarkt. Auch für potentielle Fremdkapitalgeber
besteht ein erhöhtes Risiko eines Forderungsausfalls, insbesondere wenn es
an dinglichen Sicherheiten fehlt. Neben dem oben bereits angesprochenen
Aufbau materiellen Vermögens muß das Fußballunternehmen über längerfri-
stige Werbeverträge und TV-Übertragungsrechte einen Grundstrom an Einnahmen vorweisen, um eine Stabilität der geschäftlichen Entwicklung zu erreichen und damit überhaupt ein anhaltendes Interesse von Investoren zu
erzeugen.

Stimmberechtigtes Eigenkapital verbrieft Mitsprache- und Entscheidungsrechte. Hiervor haben Vereinsfunktionäre sicherlich am meisten Angst. Die
Rechtsform der Kapitalgesellschaft ermöglicht es Investoren, über Mehr-
heitsbeteiligungen eigene Unternehmensziele und -strategien durchzusetzen.
Nach Einführung des KonTraG (Gesetz zur Kontrolle und Transparenz im
Unternehmensbereich) im Jahr 1998 in Verbindung mit einer Ergänzung des
§ 134 (2) 1 AktG ist es Vereinen nicht mehr möglich, sich durch Höchst-
stimmrechtsklauseln vor einer solchen Einflußnahme zu schützen.[36] Um eine
‚feindliche Übernahme' oder die Mitsprache externer Investoren zu verhindern, wird entweder nur ein geringer Teil des Aktienvolumens emittiert oder
stimmrechtslose Anteile ausgegeben. Auf diese Weise soll verhindert werden,
daß über den Kapitalmarkt Druck auf das Vereinsmanagement ausgeübt werden kann. Wären beispielsweise die Borussia-Aktien stimmberechtigt und
breit gestreut, könnten finanzstarke Investoren über den Kapitalmarkt so lange Aktien aufkaufen, bis sie genügend Stimmrechte haben, um die Aktionärs-
versammlung zu dominieren und die herrschende Vereinsführung einfach
hinauszuwählen. Dieser Möglichkeit hat das Management von Borussia

---

messen. Im Vergleich zu vielen Unternehmen des Neuen Marktes stellt dies sogar einen
überdurchschnittlichen Wert dar, da viele Unternehmen in diesem Marktsegment weit
entfernt von der Gewinnschwelle arbeiten.

[35]  Vgl. LEHMANN / WEIGAND, Phantasie (Anm. 4); LEHMANN, Borussia Dortmund vor dem
Abseits (Anm. 30).

[36]  Höchststimmrechte dürfen nur noch auf dem Neuen Markt oder im Freiverkehr bestimmt
werden, nicht aber im geregelten Markt und im amtlichen Handel.

Dortmund durch entsprechende Konstruktion der Eigentumsrechte, die beim Verein liegen, vorgebaut. Aus ökonomischer Sicht ist eine solche Abschottung des Managements kritisch zu sehen. Das Management hat wenig Anreiz, im Interesse der auf Rendite hoffenden Aktionäre zu handeln. Vielmehr wird es als ‚im Interesse der Vereinsmitglieder liegend‘ ausgegebene eigene Ziele verfolgen. Das Präsidium als Halter der residualen Entscheidungsrechte hat diskretionäre Entscheidungsspielräume zur individuellen Nutzenmaximierung (persönlichen Bedürfnisbefriedigung), ohne daraus resultierende Ertragseinbußen selbst tragen zu müssen. Weder der Vorstand noch die Mitglieder werden für Verluste und Wertminderungen persönlich in Anspruch genommen. Hier liegt die Wurzel für Ineffizienz, d.h. Ressourcenverschwendung. Aus diesen Gründen ist es völlig verfehlt, den Idealverein als Mehrheitsaktionär einer Fußballkapitalgesellschaft zu institutionalisieren. Eine solche pauschale Immunisierung des etablierten Managements vom Einfluß externer Anteilseigner ist äußerst gefährlich.[37] Diese gezielte Verhinderung externer Einflußnahme ist auch bei anderen potentiellen Börsenkandidaten zu erwarten. *Man möchte das Geld der Investoren, nicht jedoch deren Einfluß.* Allerdings wäre es für viele Vereine rational, mit dem Kapital auch die Kontrolle abzugeben, da es vielfach an geeigneten Personen fehlt, die einen Verein auch unter wirtschaftlichen Aspekten führen können.

Viele Bundesligavereine haben sich längst in finanzielle Abhängigkeiten begeben, die eine direkte Einflußnahme der Geldgeber auf Managemententscheidungen im Verein wahrscheinlich machen. Bereits ein großer Teil der Bundesligavereine steht unter dem Einfluß sog. Vermarktungsgesellschaften (Tab. 1).[38]

Solche Beziehungen und Strukturen machen Fußballclubs für außenstehende, potentielle Investoren undurchsichtig. Es bleibt unklar, wer an Entscheidungen wirklich beteiligt ist und wer eigentlich bei Fehlverhalten zur Rechenschaft zu ziehen ist. Das sind keine guten Ausgangsvoraussetzungen, um das Vertrauen von potentiellen Aktionären zu gewinnen und ihnen ihr Geld zu entlocken.

---

[37] Siehe zum Problem der Unternehmenskontrolle in breitgestreuten Aktiengesellschaften Überblick und Diskussion bei E. LEHMANN / J. WEIGAND, Does the Governed Corporation Perform Better? Governance Structures and Corporate Performance in Germany, in: European Finance Review 4 (2000) 157–195, sowie D. AUDRETSCH / J. WEIGAND, Corporate Governance, in: P. JOST (Hrsg.), Die Spieltheorie in der Betriebswirtschaftslehre, Stuttgart 2001. Zu Kontrollproblemen von Profifußballvereinen vgl. E. LEHMANN / J. WEIGAND, Mitsprache und Kontrolle im professionellen Fussball: Überlegungen zu einer Corporate Governance, in: Zeitschrift für Betriebswirtschaft (2002), im Erscheinen.

[38] Lediglich der FC Bayern München und der SC Freiburg nehmen ihre Interessen (noch) eigenständig war.

| Vermarktungsgesellschaft | Vereine |
|---|---|
| Ufa (Bertelsmann) | Hertha BSC Berlin, Borussia Dortmund, Hamburger SV, 1. FC Nürnberg |
| ISPR (Kirch-Gruppe) | Bayer Leverkusen, Werder Bremen, VfB Stuttgart, FC Schalke 04 |
| SportA (öffentlich-rechtlich) | 1. FC Kaiserslautern, Hansa Rostock, MSV Duisburg |
| Kinowelt AG[39] | Rot-Weiß Essen, Dynamo Dresden, Sachsen Leipzig, Union Berlin, Alemannia Aachen, Bor. M'Gladbach, Fortuna Düsseldorf, SSV Ulm u.a. |

*Tab. 1: Vermarktungsgesellschaften der Bundesligaclubs.*

Gegenwärtig bieten Fußballaktien lediglich Spekulanten einen Reiz, der in der Abhängigkeit des Aktienkurses von aktuellen und vergangenen Spielergebnissen besteht.[40] Der Anreiz für Anleger, die von kurzfristig starken Kursschwankungen profitieren möchten, reduziert sich allerdings, wenn das Marktvolumen zu gering ist. Die Reagibilität auf Entlassungen, Erkrankungen von Spielern etc. lassen den Erwerb eines Anteilsscheins einer Fußball-AG wohl nur als Alternative zu Sportwetten, kaum jedoch zu Aktien aus dem Wirtschaftsbereich erscheinen. Selbst die *Vorzeigeaktie Manchester United* hat inzwischen viel von ihrer Anziehungskraft verloren und muß zur Zeit als ‚Underperformer' angesehen werden. Geringe Renditen, keine außergewöhnlichen Spekulationsgewinne und keinerlei Mitsprache – damit sind Fußballaktien wenig attraktiv für externe Investoren.

### 3.3. Die Fußballkapitalgesellschaft und ihr Umfeld

Der Schritt vom traditionellen Verein zum Fußballunternehmen verlangt eine Einstellungsänderung des Vereinsmanagements und der Vereinsmitglieder: Der Transfer von sportlichem in wirtschaftlichen Erfolg und umgekehrt ist

---

[39] Die Kinowelt AG kauft die Vermarktungsrechte überschuldeter Mannschaften auf und bindet dafür die Vereine langfristig an sich. Somit ergibt sich ein Portfolio von Mannschaften der Regionalliga, dessen Wert sich beim Aufstieg eines ‚Assets' in die zweite Bundesliga erheblich erhöht. Allerdings vernachlässigte die Kinowelt AG die Kontrolle der Vereinsführungen, die das ‚geliehene' Geld nicht langfristig in den Strukturaufbau eines Vereins, sondern kurzfristig in Spieler investierten. So sind in der Saison 2001/02 die Mannschaften des SSV Ulm, des 1. FC Magdeburg, Sachsen Leipzig oder auch Fortuna Düsseldorf vom Konkurs bedroht.

[40] Vgl. LEHMANN / WEIGAND, Phantasie (Anm. 4).

ein Hürdenlauf, für den es eines professionellen Managements bedarf.[41] Unabhängig davon, ob die Anteile der Kapitalgesellschaft an der Börse plaziert werden oder im Eigentum weniger Besitzer verbleiben, braucht das Fußballunternehmen Führungskräfte, die vor allem den wirtschaftlichen Herausforderungen gewachsen sind. Dabei genügt es nicht, ehrenamtliche Stellen in hauptberufliche Stellen umzuwandeln. Der drohende Konkurs vieler Vereine, wie SSV Ulm, Fortuna Düsseldorf, Sachsen Leipzig und anderer, verdeutlicht das Problem: Das Management der Vereine ist nach wie vor nicht in der Lage, die langfristigen Interessen von Clubs zu verfolgen.

Als Vorteil der Kapitalgesellschaft erweist es sich hier, daß sie strengen Rechnungslegungs- und Publizitätsanforderungen unterliegt und Vorstand bzw. Geschäftsführung für Obliegenheitsverletzungen haftbar gemacht werden können. Dies fördert eine pflichtgemäße Aufgabenerfüllung, die sich eher an der Gewinnfunktion des Vereins orientiert und weniger an der individuellen Nutzenfunktion des jeweiligen Vorstands. Ein Aufsichtsgremium – bei der Aktiengesellschaft ein Aufsichtsrat – hat dabei Vorstand bzw. Geschäftsführung zu überwachen. Die Ligaorganisation als Dachorganisation der Profiliga wiederum muß sicherstellen, daß die Fußballunternehmen alle wirtschaftlichen und organisatorischen Voraussetzungen erfüllen.

Dem Kapitalmarkt bzw. den Eigentümern des Fußballunternehmens kommt ebenfalls eine wichtige Kontrollfunktion zu. Abb. 2 skizziert die Organisation einer Fußballkapitalgesellschaft. In vielen Erstligavereinen sind solche arbeitsteiligen Organisationsstrukturen bereits zu erkennen, wenngleich sich in den obersten Führungsetagen wenig Änderungen vollzogen haben. Das Sprichwort vom ‚alten Wein in neuen Schläuchen' scheint vielfach zuzutreffen.

| Liga-Organisation Wirtschaftlichkeitsprüfung | Kapitalmarkt / Eigentümer „Unternehmenskontrolle" |
|---|---|
| **Fußball-Kapitalgesellschaft** | |
| Aufsichtsrat Vorstand Geschäftsführer | |
| *Kaufmännischer Bereich* | *Sportlicher Bereich* |
| Marketing Finanzen und Controlling Teamorganisation | Profikader Nachwuchs Sichtung |

Abb. 2: Organisation einer Fußballkapitalgesellschaft.

---

[41] Vgl. LEHMANN / WEIGAND, Fußball als ökonomisches Phänomen (Anm. 8); LEHMANN / WEIGAND, Phantasie (Anm. 4).

Aber auch das Vereinsumfeld muß sich der Herausforderung stellen. Aus einem regional verankerten Verein wird zunehmend ein überregional und bei entsprechendem sportlichen Erfolg international agierendes Unternehmen, das immer weniger den regionalen Ansprüchen nachkommen kann. Die Folge sind ‚Crowding out'-Effekte, wie die Verdrängung regionaler / nationaler Spieler durch internationale Spieler oder die Verdrängung regionaler Sponsoren durch international agierende Unternehmen.[42] Dennoch bleibt die glaubhafte Positionierung eines Fußballunternehmens in seiner Region eine notwendige Aufgabe, denn der Fußball lebt vom Stadionbesuch der Zuschauer und die Zuschauerbasis wird auch weiterhin aus der Region kommen.

Die folgende Tabelle faßt abschließend anhand einiger Kriterien die in diesem Beitrag behandelten Aspekte von Idealverein, Kapitalgesellschaft und dem als Kapitalgesellschaft verfaßten ‚Fußballunternehmen' im Überblick zusammen.

| Kriterium | Verein | Kapitalgesellschaft | Fußballunternehmen |
|---|---|---|---|
| Zielsetzung | sportlicher Erfolg | wirtschaftlicher Erfolg | sportlicher und wirtschaftlicher Erfolg |
| Produkt | Gemeinschaftsgut auch Angebot privater Güter (Fanartikel etc.) | privates Gut | Gemeinschaftsgut, auch Angebot privater Güter (Fanartikel etc.) |
| Management | ehrenamtlich, selten Fachausbildung | hauptberuflich, adäquate Fachausbildung | hauptberuflich, adäquate Fachausbildung |
| Finanzierung | bedarfsorientiert, Liquiditätspostulat | gewinnorientiert, Renditepostulat | gewinnorientiert, Renditepostulat |
| Steuerlicher Status | gemeinnützig | voll steuerpflichtig | voll steuerpflichtig |
| Haftung | keine persönliche | persönlich, bis zur Höhe der Einlage | persönlich, bis zur Höhe der Einlage |
| Eigentums- und Verfügungsrechte | fehlen | Beteiligung an Kapital und Gewinn | Beteiligung an Kapital und Gewinn |

Tab. 2: Vergleich von Idealverein, Kapitalgesellschaft und Fußballunternehmen.

---

[42]  Vgl. LEHMANN / WEIGAND, Determinanten der Entlohnung (Anm. 8).

## 4. Fazit und Ausblick

Mit der Reformierung der europäischen Fußballwettbewerbe für Vereinsmannschaften, insbesondere der Einführung der Champions League, hat sich der Blick deutscher Vereine zunehmend auf das Erreichen dieser finanziell höchst lukrativen Wettbewerbe gerichtet. Um aber im Konzert der Großen erfolgreich mitspielen zu können, mußten traditionelle Denkmuster und Führungsformen der ‚Vereinsarbeit' über Bord geworfen werden. Zumindest Bayern München und Borussia Dortmund sind diesen Weg bislang konsequent und mit Erfolg gegangen. Der von diesen Vereinen und einigen Gleichgesinnten auf den DFB ausgeübte Druck war so groß, daß 1998 eine ‚heilige Kuh' des deutschen Fußballs zur Schlachtung freigegeben wurde: der Idealverein als Träger des Profifußballs, fest verankert in den Prinzipien der Ehrenamtlichkeit und Gemeinnützigkeit.

Die Möglichkeit der Umwandlung der Vereine in Kapitalgesellschaften stellt eine der Kommerzialisierung im professionellen Fußball konsequente Entwicklung dar. Mit ihr ist aus ökonomischer Sicht die Hoffnung verbunden, daß in möglichst vielen Vereinen ein an wirtschaftlichen Kriterien orientiertes, adäquat ausgebildetes Management die ehrenamtlichen, oft nur ihren Eigeninteressen folgenden Vereinspräsidien ablöst. Dabei darf der Blick nicht allein auf das Finanzierungspotential eines späteren Börsengangs gerichtet sein. Auch ohne Börsengang brauchen Profisclubs ein professionelles Management, das ganz besonders auf Gewinnerzielung ausgerichtet sein muß. Selbstbestimmung und Emanzipation vom DFB können genutzt werden, um ein wirtschaftlich solides Fußballunternehmen zu etablieren, das auch sportlichen Mißerfolg verkraften kann.

Kritisch ist die zunehmende Abhängigkeit der Vereine von Vermarktungsgesellschaften zu beurteilen. Die langfristige Abtretung der Vermarktungsrechte läßt auf eine kurzfristige Orientierung mancher Clubs und ein wenig vorausdenkendes Vereinsmanagement schließen. Auch wenn den Medienunternehmen und manchem Verantwortlichen in den Vereinen das Zuschauerinteresse als unbegrenzte Ressource erscheinen mag, so ist auch diese Ressource nur begrenzt verfügbar. Eine Übersättigung zieht geringere zukünftige Einnahmen nach sich.[43] Der Marktanteilsverlust des Senders SAT 1 bei der wöchentlichen Fußballshow *ran* dokumentiert einen solchen Verfall.

Kritisch ist auch zu sehen, daß der Schritt vom Idealverein zur Kapitalgesellschaft das Solidarprinzip des DFB in Frage stellt, das das Überleben finanzschwächerer Proficlubs und vor allem der dem DFB unterstellten Amateurvereine sichern soll. Die Bestrebungen der großen Vereine zur individuellen Vermarktung der Fußballspiele, die angesprochene ‚leistungsorientierte' Aufteilung der TV-Einnahmen sowie die ‚Verselbständigung' der

---

[43] Vgl. dazu auch den Beitrag BURK im vorliegenden Band.

Ligaorganisation sind Beispiele für eine Aushöhlung des Solidarprinzips. Der Ligawettbewerb im Profifußball lebt von der Spannung über Meisterschaft, Ab- und Aufstieg. Gerade für die aus unteren Ligen aufsteigenden Clubs muß die Ligaorganisation Mechanismen finden, daß diese Vereine an einer von finanzstarken Kapitalgesellschaften geprägten Liga teilnehmen können. Das bedeutet, daß wirtschaftliches Denken bereits von den höheren ‚Amateurklassen' an durchgesetzt werden muß. Vereine, die beispielsweise aus den Oberligen in Regionalligen aufsteigen wollen, müssen eingehender auf ihre *mittelfristige* Wirtschaftlichkeit, Finanzierungskraft und Managementqualitäten geprüft werden – nicht nur darauf, ob man den Etat für die kommende Saison auch tatsächlich zusammenbekommt. Ein solches Vorgehen würde dabei helfen, daß ein sportlicher Abstieg nicht auch im wirtschaftlichen Konkurs endet. Die SpVgg Unterhaching kann hier als Musterbeipiel dienen, wie man durch ein selbst auferlegtes, am wirtschaftlichen Überleben des Vereines orientiertes Handeln bis in die Bundesliga kommt und auch ohne große wirtschaftliche Nebengeräusche den Abstieg hinnehmen kann. Auch die SpVgg Greuther-Fürth, die sich mit einem wirtschaftlich versierten und in der Unternehmensführung erfahrenen Präsidium aus den Niederungen der Amateurligen bis in die zweite Bundesliga hochgearbeitet hat, zeigt, daß Profifußball durch Wirtschaftssachverstand nur gewinnen kann.

*Rainer Gömmel*

# Fanartikelvermarktung:
# ‚Merchandising' und ‚Licensing'
## Eine Einnahmequelle und ihre Zukunft

## 1. Gegenstand der Untersuchung

Wenn ein Fußballverein Fanartikel, d.h. Produkte mit Vereinsemblemen verkauft, dann wird das landläufig als ‚Merchandising' bezeichnet. Werden die
Fanartikel jedoch nicht vom Verein selbst, sondern von einem Dritten hergestellt und vertrieben, spricht der Kundige von ‚Licensing'. Etwas verwirrend
ist es deshalb, wenn ‚Merchandising' und ‚Licensing' häufig synonym ge-
braucht werden.[1] Es würde zu weit führen, alle Definitionen von ‚Merchandising', die in der Literatur geboten werden, näher zu erläutern. Weitgehende
Einigkeit herrscht darüber, daß es sich dabei um Maßnahmen der Verkaufs-
förderung handelt,[2] wobei es um Produkte, Markenartikel oder Imageträger
geht. Insofern kann ein Fußballverein seinen Namen, seine Popularität vermarkten – und dies mit Hilfe von mehr oder weniger nützlichen Gegenstän-
den aller Art, eben von Fanartikeln.

Dagegen ist Licensing die kommerzielle und damit gewinnorientierte Nutzung einer Popularität auf der Basis einer Lizenzvergabe, mit dem Ziel, Produkte, Firmen oder Marken emotional zu positionieren und dadurch den Absatz zu erhöhen.[3] Wieder im Falle eines Fußballvereins wird dessen Name
bzw. Logo lizensiert und auf ein herkömmliches Produkt (z.B. ein Bettuch)
übertragen. Der Verein als Lizenzgeber erhält vom Lizenznehmer im Gegenzug eine Garantiesumme oder eine Gebühr pro verkaufter Einheit (Stücklizenz), in der Regel einen bestimmten Prozentsatz vom Verkaufspreis. Praktiziert wird aber auch eine Mischform. Licensing stellt somit einen ganz
speziellen Fall des Merchandising dar.

Ein Verein hat also generell drei Möglichkeiten, seinen Namen bzw. sein
Image mit Hilfe von Merchandisingartikeln (Fanartikeln) zu vermarkten:

---

[1]  Vgl. F. A. EBER, Erfolgreiche Merchandisingstrategien, Wien 1991, 7.
[2]  So etwa J. KOINECKE, Marketing-Praxis, moderne Methoden + Techniken, Freiburg i.Br.
     1976, 130; H. W. DÖPPNER, Verkaufsförderung, eine Marketing-Funktion, Berlin 1977,
     41f.
[3]  Vgl. K. BÖLL, Merchandising und Licensing – Grundlagen, Beispiele, Management,
     München 1999, 5.

*Erstens*: Der Verein läßt Fanartikel für sich herstellen, verkauft sie in Eigenregie und trägt somit das wirtschaftliche Risiko allein. Der Verein betreibt Merchandising.

*Zweitens*: Der Verein vergibt für Fanartikel Lizenzen jeweils gegen eine Garantiesumme oder als Stücklizenz (oder beides), wobei sich der Lizenznehmer um Produktion und Vertrieb kümmert (Licensing).

*Drittens*: Der Verein entschließt sich für eine Komplettvermarktung aller seiner Fanartikel oder eines Teils davon (z.B. alle Textilien). Dabei erwirbt eine Agentur oder ein Rechtehändler gegen eine Gebühr die Vermarktungsrechte über einen bestimmten Zeitraum. Zusätzlich werden die Verkaufserlöse zwischen Verein und Vermarkter nach einem festgelegten Verhältnis aufgeteilt.

Merchandising und Licensing lassen sich also graphisch wie folgt darstellen:

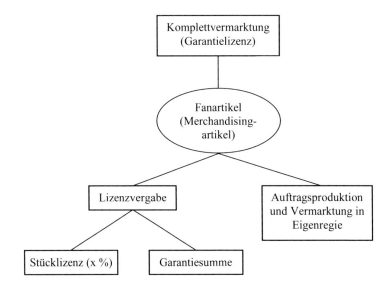

*Abb. 1: Arten des Merchandising.*

Natürlich sind zwischen Lizenzvergabe und Auftragsproduktion verschiedene Kombinationen möglich und in der Praxis auch häufig.

## 2. Die Bedeutung der Fanartikelvermarktung

### 2.1. Der Fanartikel

Die Entwicklung der Vielzahl von Fanartikeln muß an dieser Stelle sicher nicht näher erörtert werden.[4] Waren es in den Anfangsjahren der Fußballbundesliga vor allem Fahnen, Schals, Wimpel und eventuell noch Mützen, so bietet ein heutiger Erstligaverein durchschnittlich etwa 250 und ein Zweitligaverein etwa 75 Artikel an, wobei diese Zunahme vor allem in den vergangenen knapp zehn Jahren erfolgte. Umfaßte etwa der Fanartikelkatalog des FC Bayern München in der Saison 1995/96 immerhin schon 50 Seiten mit über 300 Artikeln, so sind es gegenwärtig über 100 Seiten und mehr als 1.000 Artikel.

Im allgemeinen umfaßt die grobe Sortimentsstruktur vier Bereiche: die klassischen Fanartikel (z.B. Schals und Fahnen), modische Artikel mit geringerem Fußballbezug (z.B. Bierkrüge, Rasierwasser, Lebensmittel), saisonale Artikel (z.B. Osterhasen, Christbaumkugeln) und allgemeine Artikel, die nur noch einen indirekten Zusammenhang mit dem Verein aufweisen und nicht oder kaum sportbezogen sind (z.B. teure Uhren, Reisen). Gerade an der Sortimentsstruktur wird der Bedeutungswandel der Fanartikel ersichtlich. Früher dienten Fahne und Schal fast ausschließlich der Identifizierung des Fans mit seinem Verein. Heute sind es aus der Sicht des Vereins vermutlich in erster Linie ,Merchandisingartikel', mit denen sich Einnahmen erzielen lassen. Eine Befragung von Erst- und Zweitligavereinen hat 1999 nur grobe Hinweise auf die konkreten Ziele ergeben, die ein Verein im allgemeinen mit Merchandising verfolgt. Als oberste Ziele werden Identifikationsschaffung und Fanbindung genannt, gefolgt vom rein ökonomischen Ziel der Verdienstmöglichkeit.[5]

### 2.2. Umsätze durch Merchandising und Licensing

Wie bereits angedeutet, wird im deutschen Berufsfußball eine gezielte Fanartikelvermarktung von allen Vereinen der ersten und zweiten Liga erst seit relativ kurzer Zeit betrieben. Neben den Spieleinnahmen wurde in den 1980er Jahren zunächst der Beitrag des Trikotsponsors immer bedeutender. Ebenfalls gestiegen sind seitdem die Einnahmen durch Ausrüster- und Fernsehverträge, letztere insbesondere seit dem Spieljahr 1992/93. Fanartikelvermarktung betreiben die Erstligisten im Durchschnitt seit 1993, die Zweitligisten seit 1994.[6]

---

[4]  Vgl. dazu auch PROSSER und LEHMANN / WEIGAND im vorliegenden Band.
[5]  Vgl. M. GRAF, Merchandising und Licensing, dargestellt am Beispiel des deutschen Profifußballs, Regensburg 1999, 45.
[6]  Vgl. ebd., 37.

Entsprechend niedrig waren vorher die Umsätze, die außerdem nur bescheiden zugenommen haben: zwischen 1985 und 1990 lediglich um etwa 20 Prozent. Bis 1996 erzielte die erste Bundesliga dann jährliche Wachstumsraten von über 60 Prozent, mit einem Spitzenwert von über 90 Prozent im Jahr 1995, während 1997 nur noch enttäuschende 10 Prozent und 1998 teilweise sogar rückläufige Umsätze im Merchandising brachte.[7]

Diese Umsatzentwicklung erfolgte innerhalb der Bundesliga jedoch vollkommen ungleichgewichtig, das heißt, einzelne Vereine erlebten einen wahren Boom im Fanartikelverkauf, andere wiederum erzielten auf bescheidenem Niveau nur geringe Zuwächse. Für den ersten Fall stehen natürlich vor allem Bayern München (FCB) und Borussia Dortmund (BVB).

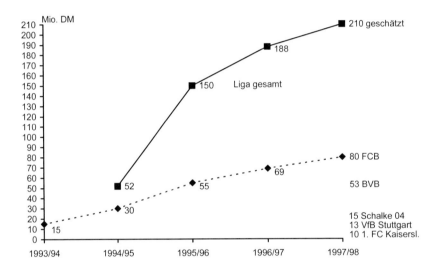

*Abb. 2: Merchandising-Umsätze der Ersten Bundesliga und ausgewählter Vereine.*[8]

Hinter dem 1. FC Kaiserslautern beginnt das ‚Mittelfeld‘ der Umsätze: Borussia Mönchengladbach (6,3), Werder Bremen (6,0), Bayer Leverkusen (5,0) und TSV 1860 München (4,8).[9] Unzufrieden dürfte der Hamburger SV mit 2,4 Millionen DM gewesen sein, und die Vereine Hertha BSC Berlin (0,8), VfL Bochum (0,7), Hansa Rostock (0,5), MSV Duisburg (0,5) und VfL Wolfsburg (0,2) müssen bis 1998 als Habenichtse bezeichnet werden.

Entsprechend unterschiedlich ist auch der Anteil des Merchandising-Umsatzes am Gesamtumsatz des jeweiligen Vereins ausgefallen. Von 1992/94

---

[7]   Vgl. GRAF, Merchandising und Licensing (Anm. 5), 39.
[8]   Quelle: GRAF, Merchandising und Licensing (Anm. 5), 40, 72, 74, 80.
[9]   Jeweils in Millionen DM.

bis 1997/98 steigerte Bayern München diesen Anteil von etwa 20 Prozent auf über 40 Prozent. Die Entwicklung bei Borussia Dortmund verlief ähnlich (1997/98: 37,2 Prozent). In beiden Vereinen stieg also das Merchandising im Vergleich zu den übrigen Geschäftsfeldern weit überdurchschnittlich. Dagegen blieben die ebenfalls umsatzstarken Vereine FC Schalke 04 mit rund 19 Prozent und der 1. FC Kaiserslautern mit 11 Prozent entweder unter ihren Möglichkeiten, oder diese Möglichkeiten waren bzw. sind nicht größer – eine Frage, die später zu klären sein wird. Innerhalb dieser Bandbreite von 11 Prozent und 19 Prozent liegt im übrigen der Anteil bei den umsatzschwächeren Vereinen der Ersten Liga (durchschnittlich 15 Prozent), während in der Zweiten Liga der Anteil im Durchschnitt nur 5 Prozent beträgt.[10]

### 2.3. Probleme und Grenzen der Fanartikelvermarktung

So bedeutend die Umsätze aus dem Fanartikelverkauf und ihre bisherige Entwicklung auch sein mögen: über den damit tatsächlich realisierten Gewinn läßt sich noch nichts sagen. Der Präsident des VfB Stuttgart stellte im vergangenen Jahr mit Recht fest, daß die Öffentlichkeit Umsatz mit Gewinn verwechsle. Der Manager von Hertha BSC Berlin klagte 1998, daß das Merchandising der am höchsten überschätzte Posten im Etat sei.[11] Schließlich wurde am Ende der Saison 1998/99 allgemein argumentiert, daß die Zahlen, die durch die Presse gingen, unrealistisch, die Euphorie zu groß gewesen sei. Lizenznehmer könnten ihre Verträge, die sie mit hohen Garantiesummen abgeschlossen haben, nicht mehr refinanzieren,[12] würden sich zurückziehen und somit die Posten, die bei Lizenzgebühren zwischen 10 Prozent und 15 Prozent einen entsprechenden Gewinn brachten, wegfallen.[13]

Gestützt werden diese Aussagen durch Berichte, wonach z.B. der 1. FC Kaiserslautern im Merchandisingbereich bis 1999 über mehrere Jahre hinweg sogar Verluste machte, obwohl sich der Umsatz seit 1996 verdreifachte.[14] Eintracht Frankfurt registrierte im Fanartikelverkauf einen Verlust von 200.000 DM, TSV 1860 München halbierte die Zahl seiner Lizenzverträge und Bayer 04 Leverkusen erzielte offensichtlich nur einen bescheidenen Gewinn.[15] Selbst Bayern-Manager Hoeneß konstatierte zumindest eine gewisse Stagnation, die es mit „neuen Strategien" zu überwinden gelte.[16]

---

[10]  Bezogen jeweils auf den Vereinsetat und das Spieljahr 1998/99; vgl. GRAF, Merchandising und Licensing (Anm. 5), 75.

[11]  Vgl. U. BREMER, Seid verschlungen Millionen, in: Die Berliner Morgenpost, 24.7.1998.

[12]  Vgl. http://rp-online.de/fussball/news/990303/umsatz.shtml, abgerufen am 23.6.1999.

[13]  Vgl. http://www.dsf.de/a2/1/headlines/42483/bginfo.html, abgerufen am 23.6.1999.

[14]  Vgl. 1. FC Kaiserslautern: Fanartikel-Umsatz seit 1996 verdreifacht, in: Kölner Express, 4.4.1999 (ohne Verfasser).

[15]  Vgl. http://www.spiegel.de/spiegel/0,1518,12127,00.html, abgerufen am 1. Juli 1999.

[16]  Vgl. U. HOENESS, zit. in: Bayern starten Werbekampagne für Fan-Artikel, in: Kölner Express, 21.1.1999 (ohne Verfasser).

Unabhängig von der Genauigkeit dieser Meldungen und Angaben steht fest: Die Fanartikelvermarktung und ihr kommerzielles Ergebnis sind eine problematische Angelegenheit, für die es auf den ersten Blick kein generelles Patentrezept gibt und die jedes einzelne Vereinsmanagement lösen muß. Das schließt natürlich nicht aus – ganz im Gegenteil! –, daß das Merchandising betriebswirtschaftlich durchgeführt werden muß, was in der Umgangssprache als ‚professionell‘ bezeichnet wird. Im Folgenden sollen nur einige wesentliche, insbesondere grundlegende Probleme skizziert werden, die für jeden Verein gelten.

Zunächst muß der Verein die *Ziele* seiner Fanartikelvermarktung formulieren. Wie an anderer Stelle bereits erwähnt, standen bei einer Befragung von 1999 bei mehreren Vereinen der ersten und zweiten Bundesliga die Identifikationsschaffung und die Fanbindung im Vordergrund. Die Verfolgung dieser Ziele muß zwar nicht im Widerspruch zum kurzfristigen Ziel der Einnahmen- und Gewinnsteigerung stehen, erfordert aber zumindest andere oder weiterreichende Strategien. Soll mit dem Merchandising ein Gewinn erwirtschaftet werden, dann muß zunächst das *Merchandising-Potenzial* ermittelt werden. Dieses leitet sich aus dem Verein als Marke einerseits und der Anhängerschaft des Vereins andererseits ab. Es bedarf keiner näheren Begründung, daß die Namen der Lizenzvereine (erste und zweite Bundesliga) und der Regionalligavereine von höchst unterschiedlicher Qualität sind, ausgedrückt in Bekanntheitsgrad und Sympathie. In Verbindung mit dem Ausmaß und der Stabilität des sportlichen Erfolges, aber auch mit Faktoren wie Tradition, leitet sich daraus für die Gegenwart und Zukunft ein bestimmtes Fan- und damit Käuferpotenzial ab, dessen Struktur näher ermittelt werden muß. Bekannt ist die UFA-Studie von 1998:[17] Inwieweit die dort genannten Fan-Zahlen stimmen, also z.B. der FC Schalke 04 mit 2,4, Hansa Rostock mit 2,2, 1. FC Kaiserslautern mit 2,0, Borussia Mönchengladbach mit 1,3, der Hamburger SV und Arminia Bielefeld mit jeweils 1,0 Millionen Fans richtig ausgewiesen sind, sei dahingestellt.

In einem nächsten Schritt müssen die mutmaßlichen *Erfolgsfaktoren* konkretisiert werden, die sich aus der Qualität des Vereinsnamens und der Quantität (und Kaufkraft) des Fanpotenzials ableiten. Dazu zählen insbesondere die Image-, Zielgruppen- und Fanartikelaffinität. Die Imageaffinität wird wesentlich vom Vereinsimage bestimmt, das wiederum anhand des Vereinsprofils dargestellt werden kann. Nach der erwähnten UFA-Studie gilt z.B. Bayern München zwar als arrogant, dafür aber auch als wirtschaftlich erfolgreich, leistungsstark und international bedeutsam, der FC Schalke 04 als volksnah und regional verwurzelt, ähnlich auch der 1. FC Kaiserslautern. Es ist deshalb

---

[17]   UFA Sports, UFA FußballStudie 98, Hamburg 1998, 158f. Inzwischen gibt es die Studie 2000.

verständlich, daß Bayern München in seinem Sortiment auch Golfbälle und teure Uhren führt.

Zielgruppenaffinität bedeutet vor allem die emotionale Bindung der Fans an ihren Verein, wobei deren Struktur, z.B. hinsichtlich Alter und Einkommen, wichtig ist. Junge Fans werden insbesondere durch Starspieler des Vereins emotional stark gebunden und zum Kauf eines Trikots animiert. So waren 1995 rasch 200.000 Käufer stolze Besitzer des Trikots von Bayern München mit der Nummer 18 (Jürgen Klinsmann) zum Stückpreis von DM 119,90.[18]

Bei der Artikelaffinität ist entscheidend, daß das Produkt und seine Verwendung zur Sportart und zum Verein paßt. Niedrige Produktaffinität bedeutet große Distanz zwischen Vereinsangebot und Markencharakter des Vereins.[19] Insofern verwundert es nicht, daß der Schal der mit Abstand beliebteste Fanartikel ist (74 Prozent), gefolgt vom Trikot und Aufkleber (je 35 Prozent), während Körperpflegemittel mit 1 Prozent den letzten Rang auf der Beliebtheitsskala einnahmen.[20]

Ein weiterer Problembereich ist sodann die konkrete *Durchführung* von Merchandisingmaßnahmen. Dazu zählen vorrangig das Kommunikationskonzept (z.B. Fanshop, Katalog), die an anderer Stelle erwähnte Produktion (z.B. Auftragsfertigung), die Logistik (z.B. Art des Versands) sowie der Vertrieb (z.B. Fanshop, Stadion, Einzelhandel).

Anhand dieser groben Skizzierung der Fanartikelvermarktung ist es nicht mehr überraschend, daß der eine Verein mit dem Geschäftsfeld Merchandising Gewinne, der andere Verluste macht und wieder ein anderer damit nichts mehr zu tun haben will. Für das Geschäftsjahr 1996/97 plante der Hamburger SV mit einem Merchandisingumsatz von 5 Millionen DM. Tatsächlich wurde dann nur halb so viel umgesetzt, und in der Bilanz mußte ein Defizit von 564.000 DM ausgewiesen werden.[21] Daraufhin verkaufte der Verein seine Vermarktungsrechte an die Sportagentur UFA. Inwieweit eine solche Maßnahme positiv oder negativ zu beurteilen ist, führt in ein anderes Feld der Vereinspolitik.

Aber auch der relativ erfolgreiche Branchenführer der Bundesliga hat die Gewinnmöglichkeit aus dem Merchandising bei weitem noch nicht ausgeschöpft. Bayern München erzielte 1997/98 bei einem Gesamtumsatz von 197 Millionen DM und einem Merchandisingumsatz von 80 Millionen DM (40,6 Prozent) mit insgesamt etwa 150 Beschäftigten einen Gewinn von knapp 16 Millionen DM. Demgegenüber wies Manchester United 1994/95[22]

---

[18] Vgl. Fanartikel, 1997, 32 (ohne Verfasser).
[19] Vgl. P. ROHLMANN, Sportmarketing und Merchandising, Rheine 1998, 62f.
[20] Vgl. UFA Sports, UFA FußballStudie 98, Hamburg 1998, 162.
[21] Vgl. P. ROHLMANN, Sportmarketing und Merchandising, Rheine 1998, 91.
[22] In dieser Saison wurden Meisterschaft und Ligapokal gewonnen.

bei einem Gesamtumsatz von etwa 160 Millionen DM und einem Merchandisingumsatz von 63 Millionen DM (39,4 Prozent) einen operativen Gewinn
von etwa 42 Millionen DM aus.[23] Im Geschäftsjahr 1997/98, also vor dem
Champions-League-Sieg, stieg der Umsatz auf 270 Millionen DM, der
Merchandisingumsatz auf 100 Millionen DM (37 Prozent) und der Gewinn
auf 83 Millionen DM. Der Grund für dieses Ergebnis liegt insbesondere im
Merchandisingbereich. Das Unternehmen Manchester United Holding AG hat
drei Tochterfirmen, darunter die Manchester United Merchandising GmbH
mit (1997) 165 Mitarbeitern. Demgegenüber beschäftigt Bayern München
insgesamt etwa 150 Personen, das heißt, die 1993 gegründete Sport-Werbe-
GmbH ist in keiner Weise mit der Tochterfirma von Manchester United zu
vergleichen, weder quantitativ noch qualitativ.

## 3. Die Zukunft der Fanartikelvermarktung

Im Hinblick auf die bisher insgesamt deutlich mangelhafte Fanartikelvermarktung in der ersten und zweiten Bundesliga, insbesondere was die Renta-
bilität betrifft, ist für eine Gewinnsteigerung noch eine Menge Spielraum.
Natürlich gibt es aus den bereits genannten Gründen logischerweise keine
Patentlösung, weil insbesondere die Vereinsnamen bzw. deren Marken teilweise weit auseinander liegen. Insofern können hier nur einige Tendenzen
exemplarisch aufgezeigt werden.

Die beiden Groß- und Traditionsvereine Bayern München und Borussia
Dortmund mit einem Merchandisinganteil am Umsatz von rund 40 Prozent
könnten allein durch eine Verbesserung des Managements (einschließlich der
Strukturen) in diesem Geschäftsfeld die Gewinnmarge deutlich steigern.
Wenn gelegentlich auch hier von Benchmarking die Rede ist, dann kann die
Orientierung nur an Manchester United erfolgen.

Für die nächste Gruppe von Vereinen, z.B. FC Schalke 04, VfB Stuttgart,
1. FC Kaiserslautern, TSV 1860 München, Bayer Leverkusen und Hertha
BSC Berlin, gilt grundsätzlich das Gleiche: Gefordert ist eine Verbesserung
des Managements, sofern natürlich Merchandising überhaupt noch selbst betrieben wird, das heißt, die Rechte noch nicht verkauft worden sind. In dieser
Gruppe steckt vermutlich das größte Wachstumspotenzial, das hauptsächlich
durch einen sportlichen Erfolg ausgelöst würde. Insofern sind Bayer Leverkusen durch die verpaßten Meisterschaften bedeutende Gewinnmöglichkeiten
im Merchandisingbereich verloren gegangen und hat umgekehrt der TSV
1860 München entsprechend hinzugewonnen. Eine auf die Fans besser ausge-

---

[23]  Vgl. T. KUPFER, Warum haben die englischen Fußballklubs soviel Geld? Wirtschaftliche
      Entwicklungen im englischen Fußball der 90er Jahre – Anregungen für deutsche Klubs.
      Unveröffentlichtes Manuskript (Studie für den DFB) 1997, 18, 28.

richtete Sortimentsstruktur verspricht ebenfalls Erfolg, desgleichen die ‚vernünftige' Herausstellung von Stars.

Am schwersten haben es Vereine wie VfL Wolfsburg, MSV Duisburg und VfL Bochum mit relativ wenigen Fans, noch dazu konzentriert auf die jeweilige Stadt. Hier geht es insbesondere darum, die Kosten im Merchandisingbereich zu senken, oder zu versuchen, die Rechte günstig zu verkaufen, oder auf das ganz große Glück zu hoffen, nämlich dreimal hintereinander Deutscher Meister zu werden.

Unabhängig von Erfolg und Bekanntheitsgrad eines Vereins ist die Bedeutung der Fanartikel parallel mit der Popularität des Fußballsports seit Jahrzehnten gewachsen. Fußball und Fanartikel bilden die zwei Seiten ein und derselben Medaille, ohne Rücksicht auf die Höhe des Umsatzes. Selbst unter klassige Amateurvereine versuchen, mit Hilfe von Fanartikeln ihre Anhänger an sich zu binden, auch wenn damit keinerlei materieller Gewinn verbunden ist. Der Fanartikel hat wie der Fußball selbst einen entsprechend hohen populärkulturellen Stellenwert gewonnen. Fußball ohne den identitätsstiftenden Fanartikel ist undenkbar geworden.

Thematisierung in Künsten und Medien

*Karl Riha*

# Fußball-Poesie
## Improvisiert vom Leder gezogen …

Fußballgedichte, Fußball im Gedicht – gibt es das überhaupt und, wenn ja, seit wann? Anders gefragt: Warum sperrt sich unsere literarische Vorstellung dagegen, daß ein solches Thema speziell von Lyrikern aufgegriffen wird? Und weshalb ist zwischen Traditionalisten und Modernisten bei einem solchen Vorbehalt, wie ich fürchte, gar kein so großer Unterschied?

### 1. Fußballgedichte als zeitgeschichtliche Dokumente in Abiturientenzeitschriften

Auf einige frühe Fußballgedichte bin ich vor einiger Zeit im Zusammenhang einiger zufällig aufgestöberter Abiturzeitungen gestoßen, Schülerelaborate, die nach der Jahrhundertwende, kurz vor dem Ersten Weltkrieg, erschienen sind. Unter dem Titel *Aus unserm Leben an der Penne* kam 1910 in Köln-Brühl eine solche Schrift heraus; sie hat sich trotz ihres billigen und schlechten Kopierdrucks erhalten und war mir 1984 eine Neuausgabe wert, weil Max Ernst die Zeichnungen lieferte (Abb. 1). Auf einen der Mitschüler, die allesamt karikaturistisch auf den Sockel gehoben werden, findet sich dort folgender Zweizeiler:

> *Im Hexameter sieht der Opa kommen den Fußball,*
> *Im Pentameter drauf tritt er ihn lächelnd hinweg.*[1]

Der mühsam eingetrichterte Metrik-Merkvers

> *Im Hexameter steigt des Springquells flüssige Säule,*
> *Im Pentameter drauf fällt sie melodisch herab.*

wird in die aktuelle – außerschulische – Sportleidenschaft gewendet, ein Akt der Entlastung vom Druck des Lateinischen, Griechischen und der Mathematik: Gerade die sonst von der Schule ausgesparte Lebenswirklichkeit der Schüler wird auf diese Weise in den Vers gebracht und ,literaturfähig'.

---

[1]   MAX ERNST, Aus unserm Leben an der Penne (Rihas Fundgrube im Machwerk Verlag, Bd. 2), hrsg. von Karl Riha, Siegen 1984, 16.

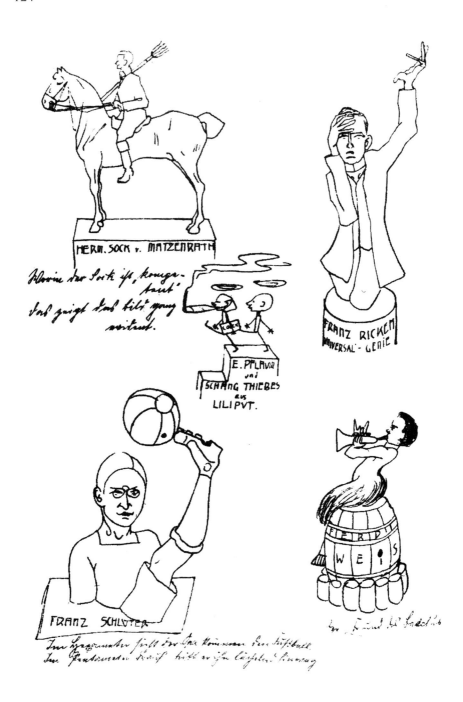

Abb. 1: Max Ernst, Illustration in der Abiturientenzeitschrift ,Aus unserm Leben an der Penne' (1910).

Ähnlich eine andere Veröffentlichung im selben Genre, die nur drei Jahre später in Hannover an eben jenem Gymnasium das Licht der Welt erblickte, das auch Kurt Schwitters besucht hat; hier kleidet sich die Mitschüler- und Fußballanspielung in die Form eines Abzählreimes und erreicht wie folgt ihr Ziel:

> *O mein Freund Pasie*
> *mit der roten Nasie!*
> *Fußball-Klubmann;*
> *Apotheker;*
> *Pillenhöker;*
> *tritt nur ab.*
> *Schuß!*
> *Bufft sie!*

Man sieht bzw. hört es: Verse, die sich nicht gerade ins Ohr schmeicheln, und auch mit den Fußballkünsten wird es noch nicht allzu weit her gewesen sein, obwohl sich mit der Anspielung auf „Fußball-Klubmann" schon der ‚verwaltete Fußballsport' zu Wort meldet. An die zeitgenössische Literatur – die Verse Rainer Maria Rilkes und Stefan Georges oder die des deutschen Frühexpressionismus – darf man bei derlei Produktionen gar nicht denken, und doch haben sie ihre bescheidene zeitgeschichtliche Signifikanz: Der Deutsche Fußballbund war exakt zur Jahrhundertwende gegründet worden, ein erster Schritt zur Reglementierung und vereinsmäßigen Organisation dieser Sportart, die als Rasenspiel für Knaben ihren Anfang genommen hatte. Wer, wenn nicht unsere Schüler, hätte darauf gedichtmäßig reagieren sollen?

Die nachfolgend etwas ausführlicher besprochenen Fußballgedichte stellen eine Auswahl dar. Sie sind allesamt nach dem Ersten und dem Zweiten Weltkrieg entstanden und schlagen den Bogen bis in die literarische Gegenwart. In ihnen spiegelt sich zum einen – das mag Stoff- und Motivforscher interessieren, die sich ja oft auf abseitige Fährtensuche machen – die Geschichte dieses ‚Massensports' und ‚Sports für die Massen' bis in das aktuelle Profi(un)wesen hinein; sie lassen aber auch erkennen, mit welch unterschiedlichen poetisch-stilistischen Mitteln die ‚schöne Literatur' auf die Herausforderung durch ein solches, meist als trivial angesehenes und doch mit der gesellschaftlich-politischen Wirklichkeit unseres Jahrhunderts fest verbundenen Sujets einzugehen vermag. Und hier ist ein generelleres Interesse an Gedichten und ihren spezifischen Möglichkeiten angesprochen, als es zunächst den Anschein hat. Die Frage, ‚was Platz hat in einem Gedicht', ist eben nicht nur materieller – materialhafter – Natur, sondern reicht tief in die Probleme der lyrischen Textstruktur und die der literarischen Kommunikation überhaupt hinein. Als Probe aufs Exempel ist, wie ich meine, ‚Fußball im Gedicht' kein schlechtes Thema.

## 2. Joachim Ringelnatz: ‚Fußball (nebst Abart und Ausartung)'

*Der Fußballwahn ist eine Krank-*
*Heit, aber selten, Gott sei Dank.*
*Ich kenne wen, der litt akut*
*An Fußballwahn und Fußballwut.*
*Sowie er einen Gegenstand*
*In Kugelform und ähnlich fand,*
*So trat er zu und stieß mit Kraft*
*Ihn in die bunte Nachbarschaft.*
*Ob es ein Schwalbennest, ein Tiegel,*
*Ein Käse, Globus oder Igel,*
*Ein Krug, ein Schmuckwerk am Altar,*
*Ein Kegelball, ein Kissen war,*
*Und wem der Gegenstand gehörte,*
*Das war etwas, was ihn nicht störte.*
*Bald trieb er eine Schweineblase,*
*Bald steife Hüte durch die Straße.*
*Dann wieder mit geübtem Schwung*
*Stieß er den Fuß in Pferdedung.*
*Mit Schwamm und Seife trieb er Sport.*
*Die Lampenkuppel brach sofort.*
*Das Nachtgeschirr flog zielbewußt*
*Der Tante Berta an die Brust.*
*Kein Abwehrmittel sollte nützen,*
*Nicht Stacheldraht in Stiefelspitzen,*
*Noch Puffer außen angebracht.*
*Er siegte immer, 0 zu 8.*
*Und übte weiter frisch, fromm, frei*
*Mit Totenkopf und Straußenei.*
*Erschreckt durch seine wilden Stöße,*
*Gab man ihm nie Kartoffelklöße.*
*Selbst vor dem Podex und den Brüsten*
*Der Frau ergriff ihn ein Gelüsten,*
*Was er jedoch als Mann von Stand*
*Aus Höflichkeit meist überwand.*
*Dagegen gab ein Schwartenmagen*
*Dem Fleischer Anlaß zum Verklagen.*
*Was beim Gemüsemarkt geschah,*
*Kommt einer Schlacht bei Leipzig nah.*
*Da schwirrten Äpfel, Apfelsinen*
*Durchs Publikum wie wilde Bienen.*
*Da sah man Blutorangen, Zwetschen*
*An blassen Wangen sich zerquetschen.*
*Das Eigelb überzog die Leiber,*
*Ein Fischkorb platzte zwischen Weiber.*

*Kartoffeln spritzten und Zitronen.*
*Man duckte sich vor den Melonen.*
*Dem Krautkopf folgten Kürbisschüsse.*
*Dann donnerten die Kokosnüsse.*
*Genug! Als alles dies getan,*
*Griff unser Held zum Größenwahn.*
*Schon schäkernd mit der U-Bootsmine*
*Besann er sich auf die Lawine.*
*Doch als pompöser Fußballstößer*
*Fand er die Erde noch viel größer.*
*Er rang mit mancherlei Problemen.*
*Zunächst: Wie soll man Anlauf nehmen?*
*Dann schiffte er von dem Balkon*
*Sich ein in einem Luftballon.*
*Und blieb von da an in der Luft.*
*Verschollen. Hat sich selbst verpufft. –*
*Ich warne euch, ihr Brüder Jahns,*
*Vor dem Gebrauch des Fußballwahns!*[2]

Diese Warnung – am Schluß des *Fußball*-Gedichts von Joachim Ringelnatz – hat, wie es sich für ein so frühes Dokument der ,Fußball'-Literatur gehört, ihren konkreten fußballhistorischen Hintergrund! Der Text ist 1919 entstanden, als sich Hans Bötticher – so der eigentliche Name – ins Pseudonym Ringelnatz und wieder dessen Pseudonym Kutteldaddeldu, den schwankenden Seemann, zu verwandeln begann, und war ursprünglich für die in München erscheinende, satirische Zeitschrift *Simplicissimus* gedacht: Die Redaktion aber lehnte ab, und so erschien das Poem – zusammen mit anderen ,Turngedichten' – 1920 bzw. 1923 im Buch, illustriert allerdings von Karl Arnold, einem der bekanntesten *Simplicissimus*-Karikaturisten. Tatsächlich wurde in diesen Jahren Fußball noch weitgehend im Rahmen entsprechender Vereine als turnsportlich neue, leicht anrüchige Disziplin betrieben, vor der man folglich aus gutem Grund warnen durfte. Doch so ist es ja gar nicht gemeint bei Ringelnatz! Er erfindet einen Helden, der sich in kein enges Rasenkarree sperren läßt, sondern psychopathisch rundum und generell auf alles reagiert, was sich ihm auch nur in fußballähnlicher Form offeriert. Er präsentiert sich damit als eine Art ,Wüterich', wie er in Doktor Heinrich Hoffmanns *Struwwelpeter* vorkommt – nur aus dem Kind in den Erwachsenen gewendet. Statt das Turninstrument, den Ball, zu beherrschen und diszipliniert für athletische Übungen einzusetzen, beherrscht das Instrument den Turner und unterwirft sich ihm radikal. Damit ist eine Verkehrung vorgenommen, die auf die parodistische Grundfigur des Textes insgesamt zurückverweist. Etwa in der Mitte seines Poems zitiert Ringelnatz den Wahlspruch des Turnvaters Jahn, der durch die Zeitläufe längst obsolet geworden ist:

---

[2]  JOACHIM RINGELNATZ, Gedichte, Bd. 1, Berlin 1984, 92ff.

*Und übe weiter, frisch, fromm, frei*

knickt ihn aber, indem er im Satz fortfährt und den geforderten Reim sich
einstellen läßt, wie folgt:

*Mit Totenkopf und Straußenei.*

Die slapstickhafte Unschuld des Fußballturners geht auf diese Weise verloren; der anscheinend harmlose Fall von Irrsinn wendet sich ins Makabre –
und gewinnt aktuelle Brisanz. So etwa, wenn die Völkerschlacht von Leipzig,
ein hehres Stück Nationalgeschichte, das eben erst zu erneuter Kriegspropa-
ganda herhalten mußte, ins Spiel gebracht wird oder unser Held – „Schon
schäkernd mit der U-Bootsmine", wie es heißt – an eine der neuen Waffen
erinnert, die gerade im Weltkrieg erprobt worden waren, in der Tat – schon
der Name sagt es – ein Spiel mit der ‚Welt'-Kugel. Durch diese aktuell-
politischen Weiterungen rechtfertigt sich der Untertitel: *Fußball – (nebst Ab-
art und Ausartung)*. Sie treten jedoch nicht so bestimmend in den Vordergrund, daß man wirklich von einer politischen Satire sprechen könnte; sie
werden lediglich punktuell in Anschlag gebracht und bilden keinen fixen
Deutungszusammenhang. Der Fall ist humoristisch gemeint! Darauf deutet –
in formaler Hinsicht – das komische Enjambement der beiden ersten Zeilen
hin:

*Der Fußballwahn ist eine Krank-*
*Heit, aber selten, Gott sei Dank.*

Es ist Wilhelm Busch nachempfunden, der in *Max und Moritz* eine ähnliche
Wortzerteilung vornahm, um gewaltsam zum Reim zu kommen:

*Jeder weiß, was so ein Mai-*
*Käfer für ein Vogel sei.*

Und komisch-humoristisch ist auch die Schlußpointe des ganzen Ringelnatz-
Gedichts, wenn der Dichter den fußballwütigen Helden stilecht seine Selbst-
auflösung oder – richtiger – Selbstverpuffung betreiben läßt. Opfer des eigenen Fußballstößer-Größenwahns, gelingt es ihm eben nicht, die Welt – als
größte Kugel – aus ihren Angeln zu heben. Einen möglichst großen Anlauf zu
nehmen, muß er schon ein Luftvehikel besteigen – und geht mit ihm, ein mo-
dernisiert-fortgeschriebener *Fliegender Robert*, auf Nimmerwiedersehen
verloren! Noch weint ihm keine Bundesliga eine Träne nach!

## 3. Kurt Feltz: ,Der Theodor im Fußballtor'

*Ob du darüber stehst,*
*ob du darunter stehst,*
*du hast den Fußball,*
*und du hast deinen Sportverein.*
*Damit der oben steht,*
*und nie mehr unten steht,*
*gehst du zum Fußball*
*und wirst mit all den andern schrein.*

*Du bist kein Übermensch,*
*du bist kein Untermensch,*
*du bist ein Sportsmann,*
*und du hast deinen Sportverein.*
*Ob der nun vorne liegt,*
*ob der nun hinten liegt,*
*du wirst als Sportsmann*
*bei jedem Spiel zugegen sein.*

*Der Theodor, der Theodor,*
*der steht bei uns im Fußballtor,*
*wie der Ball auch kommt,*
*wie der Schuß auch fällt,*
*der Theodor, der hält!*

*Die Männeraugen werden wach,*
*die Mädchenherzen werden schwach,*
*wie der Ball auch kommt,*
*wie der Schuß auch fällt,*
*der Theodor, der hält!*

*Und rollt der Angriff in unsern Strafraum,*
*dann kommt die Flanke und Schuß hinein!*
*Aber nein, aber nein, aber nein,*
*der Theodor, der Theodor*
*steht unbesiegt im Fußballtor,*
*wie der Ball auch kommt,*
*wie der Schuß auch fällt,*
*der Theodor, der hält, der hält,*
*ja unser Theodor, der hält, der hält!*[3]

Natürlich verliert ein Schlager, wenn man ihn lediglich als Gedicht rezitiert, eine wesentliche Dimension; der Text ist ja auf die Musik hin geschrieben, die Musik ist auf den Text hin komponiert. Aber es handelt sich doch um ein Gedicht! Der Name des Autors ist in unserem Fall: Kurt Feltz, Jahrgang 1910, nach 1945 einer der erfolgreichsten deutschen Schlagerdichter mit über

---

[3] KURT FELTZ, Der Theodor im Fußballtor, zitiert nach der Schallplatte.

zweitausend Titeln, darunter so erfolgreiche wie *Im Hafen von Adamo, Smo-ky, Das alte Haus von Rocky-Docky, Cindy, oh Cindy* oder *Kriminal-Tango*.
Die ‚Männerherzen' der Zeit hatte Kurt Feltz im Samba-Rhythmus mit

> *Ay, ay, ay Maria,*
> *Maria aus Bahia,*
> *jeder, der dich tanzen sieht,*
> *träumt nur noch von Maria*

zu packen versucht. Nun ging er – bei den Füßen bleibend – für die ‚Frauen-herzen' aufs Fußballfeld! Und sein Gedicht schlug als Schlager durch, nicht nur als Verkaufshit auf der Schallplatte, sondern auch in einem Film mit Theo – Theodor – Lingen. Entstehungsgeschichtlich befinden wir uns in den ersten Aufbaujahren der Bundesrepublik, für die der Gewinn der Fußballweltmei-sterschaft – unter Sepp Herberger – eine feste, weit über den Sport hinausrei-chende Markierung darstellt: Und hieß nicht – wenn schon nicht der Bundes-trainer, so doch der Präsident der jungen Republik Theo – Theodor – Heuß?! Diesen konnte man sich zwar in einem Fußballtor nur schwer vorstellen, aber er war doch als ehemaliger Journalist und ‚Schöngeist' auch keine ganz un-sportive Erscheinung. Mit der relativen Ungelenkigkeit Theo Lingens konnte er im Bewußtsein seiner Bundesbürger zweifellos konkurrieren.

Doch kommen wir zum Text! Verblüffend fürs Schlager-Genre, dem man in aller Regel nachsagt, daß es auf Traumwirklichkeit und Lebenslüge aus sei, bringen die beiden Einleitungsstrophen den reichlich unverstellten Reflex auf die nachkriegsdeutsche Sportideologie. Auf der Suche nach einem Instrument zur Loslösung aus der nationalsozialistischen Vergangenheit bot sich – als scheinbar politisch wertfrei – der Sport geradezu an. Mit seiner Hilfe war eine Rückkehr aufs ‚internationale Parkett' nicht nur denkbar, sondern wirklich realisierbar! Daß gerade dies doch wieder eine höchst politische Angelegen-heit war, übersah man dabei. Unser Text tut aber noch ein übriges. Er propa-giert den Ort des Fußballsports – für seine Anhänger – sozusagen jenseits der sozialen Gegensätze und Konflikte:

> *Ob du darüber stehst,*
> *ob du darunter stehst,*
> *du hast den Fußball*

heißt es, oder:

> *Du bist kein Übermensch,*
> *du bist kein Untermensch,*
> *du bist ein Sportsmann.*

Diese Auftaktformulierungen entfalten jedenfalls ein deutlich über den primä-ren Anlaß hinausgehendes Verweispotential. Ihrer Herkunft nach proletarisch, wird die fußballerische Sportart für ihre Mitläufer in eine Art gesellschaftli-che Mittellage gebracht, gleichermaßen attraktiv für die, die ‚von oben', wie

die, die ‚von unten' kommen. Und welche tiefere Bedeutung hat es nicht, daß
gerade ein Torwart zur Symbolfigur ernannt wird, der – wie immer der Ball
auch kommt, der Schuß auch fällt, der Angriff auch rollt – „unbesiegt" bleibt.
Da wäre denn, wie tief die Niederlage auf dem Kriegsfeld auch ausgefallen
sein mag, ein anderes Spielfeld entworfen, auf dem die Frage nach dem Ausgang nicht nur neu gestellt werden darf, sondern – dem glänzenden Ballfän-
ger Theo sei Dank! – dahingehend vorentschieden ist, daß fortan – und sei es
auf Kosten der Fußballdramaturgie, die derlei eher langweilig finden muß –
alle Spiele zumindest ‚zu Null', also ohne den Makel eines Gegentors, ausgehen werden. Halten wir gegen den Schlager fest: Der Goalkeeper der Weltmeisterschaft hieß Toni – nicht Theo – Turek, und das Endspiel gegen Ungarn endete am 4. Juli 1954 nicht mit 1:0, 2:0 oder 3:0, sondern mit 3:2 – und
schon dies war ein ‚reines Wunder'!

## 4. Günter Grass: ‚Nächtliches Stadion'

> *Langsam ging der Fußball am Himmel auf.*
> *Nun sah man, daß die Tribüne besetzt war.*
> *Einsam stand der Dichter im Tor,*
> *Doch der Schiedsrichter pfiff: Abseits.*[4]

Dieses Fußballgedicht von Günter Grass erschien 1956 im Gedichtband *Die
Vorzüge der Windhühner*, der ersten Buchpublikation des Autors überhaupt,
und – zeitlich fast exakt parallel – in der von Walter Höllerer herausgegebe-
nen Anthologie *Transit, Lyrikbuch der Jahrhundertmitte*: Dort habe ich es
zum ersten Mal gelesen, und von daher ist es mir vage in Erinnerung geblieben. Jetzt, wo ich es mir wieder vornehme, frage ich mich allerdings, ob es
sich überhaupt um ein ‚Fußballgedicht' handelt oder ob nicht ein zwar cha-
rakteristisches Fußballvokabular – ‚Stadion', ‚Fußball', ‚Tribüne', ‚Tor',
‚Schiedsrichter', ‚Abseits' – doch nur zu seiner metaphorischen Umsetzung
benutzt wird. Schon das „nächtliche Stadion" im Titel ist solch eine Transformation: Der Autor zielt ja auf kein Fußballnachtspiel, sondern es geht ihm
um die ‚Einschwärzung' der Realität im Sinne jener sinn-dunklen Lyrik, wie
sie sich aus der französischen Moderne ableitete, die gerade in der Mitte der
fünfziger Jahre erneut als ästhetischer Maßstab ins Spiel gebracht wurde:
„Moderne Lyrik nötigt die Sprache zu der paradoxen Aufgabe, einen Sinn
gleichzeitig auszusagen wie zu verbergen", schrieb Hugo Friedrich – ebenfalls 1956 –; „Dunkelheit ist zum durchgängigen ästhetischen Prinzip geworden"[5]. Das ‚runde Leder' mutiert bei Grass gleich mit der ersten Verszeile des
Gedichts zum Mondgestirn, das „langsam" am Himmel aufgeht, – noch kennt

---

[4]  GÜNTER GRASS, Gedichte und Kurzprosa, Göttingen 1997, 38.
[5]  HUGO FRIEDRICH, Die Struktur der modernen Lyrik, Reinbek 1956, 178.

man ja keine Flutlichtspiele mit den aufragenden Scheinwerfermasten, von
denen sich taghelle Strahlenbündel ausschicken lassen. Im Tor steht – „wie
der Ball auch kommt, / wie der Schuß auch fällt" – kein ‚Theodor', so der
populäre Schlager von Kurt Feltz, nach dem wiederum um 1956 ein Film mit
Theo Lingen gedreht wurde, auch kein Toni Turek, mit dem die deutsche Nationalmannschaft 1954 überraschend zu Weltmeisterschaftsehren gekommen
war, sondern – reichlich unfußballerisch – schlicht „der Dichter", ohne Name,
ohne näheres Attribut. Auch beim Schiedsrichter und dessen Pfiff ist man
schnell bei der übertragenden Sinnqualität: Die „Einsamkeit" des Dichters im
Tor und seine „Abseits"-Stellung, die der Referee konstatiert, wollen sich
zwar nach dem Fußballreglement nicht recht zusammenreimen, entsprechen
sich aber im Sinne jener leicht surrealistischen und absurdistischen Poetik,
der Grass in seinen literarischen Anfängen verpflichtet war. Noch 1961 über-
schrieb er seinen Aufsatz über das *Gelegenheitsgedicht* mit dem Untertitel:
*oder – es ist immer noch, frei nach Picasso, verboten, mit dem Piloten zu*
*sprechen.* Wo der Flugzeuglenker zum symbolischen Vertreter des Dichters
avancieren kann, darf es auch der Torsteher der Fußballmannschaft. So weit,
so gut!

Aber war es nicht, frage ich nun weiter, als dieses Gedicht zum ersten Mal
erschien, genau umgekehrt: Daß man gegen die Flut beliebig allegorisieren-
der, symbolisierender und metaphorisierender Lyrik bei Grass gerade eine
neue Konkretheit, einen Einbruch der Realität, eines neuen sprachlichen Materials glaubte konstatieren zu können. So sah es jedenfalls Peter Rühmkorf,
der 1962 – im Rückblick auf das Ersterscheinen der *Vorzüge der Windhühner*
– von „wegweisender Realistik" sprach und gegen die ‚konkrete Poesie', gegen die auch Grass selbst zu diesem Zeitpunkt heftig polemisierte, meinte:

> Hier „wurde das Puristenevangelium vom reinen Sein der Wörter als zuständiges
> Himmelreich, nach St. Nirgendwo verwiesen und dem Wort sein Recht einge-
> räumt, seine Lust gegönnt, Beziehungen einzugehen und Beziehungen zu doku-
> mentieren. Das heißt auch, daß die Dichtersprache ihr Vokabular nicht mehr aus
> der poetischen Requisitenkammer bezog, sondern daß sie ihre Wörter dem tägli-
> chen, dem Umgangs- und Gebrauchsfundus entnahm. Statt weiter [in neoklassizi-
> stischer Manier] auf die allseits beliebten Aschenkrüge und Säulenstümpfe zu-
> rückzugreifen, zog man es vor, von Dingen zu sprechen, zu denen man nicht nur
> ein platonisch-literarisches Verhältnis hatte: Dienstmädchen, Hammelfleisch,
> Kinnhaken, Küchenfenster, Gasometer, Stehplatz, Sicherheitsnadel, Hebamme,
> Malzbonbon, Nadelöhr, Kaffeewärmer, Sechzig-Watt-Birne".

Und eben auch – Fußball! Kurzgedichte wie unser Vierzeiler galten Grass
damals als „Urgelegenheitsgedicht", das sich aus tatsächlichen Erlebnissen
ablöst, um dann freilich einen komplizierten Verwandlungsprozeß zu durchlaufen, den er paradox – wie folgt – veranschaulicht:

„Wenn also ein Gedicht in der Luft liegt und ich ahne, diesmal will sie, nämlich die Muse, mich mit etwas Fünfstrophigem, Dreizeiligem heimsuchen, helfen mir weder der Verzicht auf Hülsenfrüchte noch unmäßiges Taxifahren, dann hilft nur eines: grüne Heringe kaufen, ausnehmen, braten, in Essig einlegen, Einladungen zu Leuten, die gerne über elektronische Musik reden, ablehnen, dafür Parties besuchen, auf denen Professoren Intrigen spinnen, aber konsequent ohne Kopfkissen schlafen [...]. Auch ich weiß von Gelegenheiten zu berichten, die keine waren; monatelang liegt kein Gedicht in der Luft, dann schweigt der Gelegenheitsdichter, ohne damit sagen zu wollen, er wohne nahe dem sogenannten Unsäglichen, dem Schweigen."

## 5. Ror Wolf: ‚Fußball-Sonett‘

*Der Meister wirbelt hungrig übers Feld*
*Und füttert seine Spitzen sehr geschickt.*
*Er tanzt durch alle Sperren, quirlt und zwickt.*
*Vom Flutlicht ist der Rasen jetzt erhellt.*

*Der Rammer zugedeckt und kaltgestellt.*
*Der Brecher auf der Linie, ganz geknickt.*
*Das Leder hängt im Netz, hineingenickt.*
*Im halben Lande stöhnt die Fußballwelt.*

*Der Trainer auf der Bank, man sieht ihn fluchen.*
*Sein Kopf sitzt locker und eventuell*
*Beißt man im Herbst schon in den Abstiegskuchen.*

*Der Rammer steht herum und ganz speziell*
*Den Brecher muß man mit der Lupe suchen.*
*Da muß sich vieles ändern und zwar schnell.*[6]

Petrarca schrieb seine *Sonette an Laura* und setzte damit ein Muster für tief empfundene und gleichwohl höchst artifizielle Liebeslyrik, das bis heute nach ihm benannt ist. Auch Shakespeare dichtete neben seinen Dramen zahlreiche Liebessonette – mit formaler Neuerung im Strophenbau, die ihrerseits Wirkung hatte –, und von Rainer Maria Rilke kennen wir die *Sonette an Orpheus*: eine klassische Gattung, in jeder Hinsicht! Wie konnte sie so auf den Fußball herunterkommen?

Ror Wolf nimmt Elemente der banalen Fußballsprache auf – die Umschreibungen für ‚Sturmlauf‘ und ‚Torschuß‘ basieren ja auf bildhaften Formulierungen, um die man bei der Schilderung einer fußballerischen Auseinandersetzung auf dem Rasen nicht herumzukommen scheint – und transponiert sie in die Kunstform des Sonetts. Dem Lauf des Textes ist zu entneh-

---

[6] RoR Wolf, Das nächste Spiel ist immer das schwerste, Königstein 1982, 278 (aus dem Zyklus *Rammer & Brecher, Sonette*).

men, daß der Meister der vergangenen Saison zu einem Flutlichtspiel ange-
treten ist: Er zeigt auch zunächst Biß und setzt sich dynamisch in Szene.
Doch dieser erste Eindruck täuscht! Die beiden entscheidenden Positionen
,Rammer' und ,Brecher' – versagen, und schon liegt man im Rückstand: „das
Leder hängt im Netz, hineingenickt". Alles übrige ergibt sich da von selbst:
Die Fußballwelt „im halben Lande" stöhnt auf, ist sie doch per Fernseher mit
von der Partie, der Kopf des Trainers beginnt zu wackeln, eben nicht nur rea-
liter auf der Trainerbank am Rande des Spielfelds, schier verzweifelt über so
viel Unvermögen – „Der Rammer steht herum und ganz speziell / Den Brecher muß man mit der Lupe suchen" –, sondern auch im übertragenen Sinn,
was den Job angeht. Metaphorisch gesagt: ,Schon sägt man an seinem Stuhl',
,man wird ihn sicher bald in die Wüste schicken'. So weit die Augen-
blicksaufnahme – und ihr trübes Resultat!

Mit Blick auf die dargestellte Situation und ihr Vokabular ist Wolf ein
,Fußballdichter', der sich sachkundig gemacht hat: Er literarisiert eine ausgesparte Schicht der Wirklichkeit. Indem er sie jedoch ins Sonett zieht, setzt er
sie auch auf Distanz, bricht sie, spiegelt sie ums Eck. Die dem Fußballjargon
abgelauschten Phrasen stehen isoliert und wollen keinen rechten Zusammenhang gewinnen: Sie schließen sich ja zu keiner glatt ablaufenden, emotionale
Spannungen ausbeutenden Reportage zusammen, sondern werden lediglich
zitiert – und montiert. Insofern überträgt sich die beobachtete Störung des
Spiels, wie sie im abrupten Wechsel vom ersten zum zweiten Quartett faßbar
wird, ins Formale und setzt sich hier als gesteigerte Irritation frei. Das ist ein
surrealistisch-subrealistischer Vorgang, der den Fußballwirklichkeitsaus-
schnitt seltsam destruiert und in eine fremdartig-neue Berichtform vergleichsweise à la Samuel Beckett bringt.

Das parodistische Glanzlicht, in dem der Rekurs auf die Sonettform als
solche mit dem ganz spezifischen Reflex auf einen bestimmten Autor der Geschichte des Sonetts und einen ganz bestimmten Text bzw. Textausschnitt
zusammenfließt, liegt in der allerletzten Zeile des Fußballsonetts von Ror
Wolf und der dort formulierten Forderung. Wer erinnert sich da nicht – per
Anklang – an Rainer Maria Rilkes Sonett *Archaischer Torso Apollos*, das der
*Neuen Gedichte Anderen Teil* eröffnet und zu den bedeutendsten, meistzi-
tierten Gedichten des Autors gehört?

> *Wir kannten nicht sein unerhörtes Haupt,*
> *darin die Augenäpfel reiften. Aber*
> *sein Torso glüht noch wie ein Kandelaber*
> *in dem sein Schauen, nur zurückgeschraubt,*
> *sich hält und glänzt* […].

So viel zum literarischen Vorbild der Trainerfigur. Entscheidend kommt es
auf die Schlußstrophe, auf die eigentliche Schlußformulierung an:

*[…] denn da ist keine Stelle,*
*die dich nicht sieht. Du mußt dein Leben ändern.*[7]

Die große poetische Geste, deren zwingende Gewalt Rilke als Betrachter des klassischen Apollo-Torsos auf den Leser lenkt und dort aktualisiert – „Du mußt dein Leben ändern" –, profaniert sich bei Ror Wolf, verliert an Intimität, banalisiert sich, gewinnt aber andererseits gerade auf diese Weise eine neue ironisch-lakonische Dimension: „Da muß sich vieles ändern und zwar schnell". Eben!

So einmalig, wie ich ihn eingangs hingestellt habe, ist der Vorsprung der ‚Trivialisierung' des Sonetts per Thema – bei korrespondierender formaler Innovation – allerdings gar nicht. Ich erinnere für den Expressionismus an Ludwig Rubiners *Kriminal-Sonette*, die sich den unterschiedlichsten Spielarten des Verbrechens widmen (darunter allerdings noch nicht die sogenannten ‚Affären' im neueren Berufsfußball), oder nenne – für die zeitgenössische Literatur – Gerhard Rühm, der sich in seinen *dokumentarischen sonetten* von 1969 die Zeitungsmeldungen zur ersten Mondlandung der beiden amerikanischen Astronauten Edwin Aldrin und Neil Armstrong vorgenommen hat, um sie ins Prokrustesbett der strengen Sonettform zu zwingen. Literarhistorisch und aktuell handelt es sich hier um einen interessanten Kontext zu den Fußballsonetten des Ror Wolf.

## 6. Uwe Herms: ‚Weh, unser guter Fußball ist tot'

*Wehhhhhhh:*
*Unser guter Fußball ist tot!*
*Uweh uweh uweh*

*Wo wäscht nun ein Bein das andere*
*Wo bleiben die Ausputzer*
*Wo bleibt unser Volk der Ausputzer*
*Wo steht nun das Telephon*
*Uweh uweh uweh*

*Nur da ist der Ball ganz Mensch*
*wo er spielt*

*Wehhhhhhh:*
*Wer geht unseren Füßen leuchtend voraus*
*Wer schneuzt aus Millionen den Feiertag*
*Wer gibt sich noch für Bomben her*

*Oh Uweuweuwe unser guter Fußball ist tot*
*Oh Fuß oh Wade oh Rasen oh Ball*

---

[7] RAINER MARIA RILKE, Gedichte 1895–1910, Frankfurt a.M. 1996, 513.

*Wer macht jetzt die Fahne hoch*
*Wer zieht nun das Dribbelwerk auf*
*Wer pfeift es ab*
*Wer baut noch Kerzen und tropft vom Kopf*
*Wo bleibt nun eine Gasse*
*Wo wird jetzt das Mutterleder gegerbt*
*Wo brütet das Ei?*

*Uweh uweh uweh*
*Uweh uweh uweh*
*Uweh uweh uweh*[8]

Das ist kein Gedicht ‚eigener Erfindung‘, sondern – schlicht – eine Nachahmung, ein Second-hand-Poem, eine Imitation. Anders als ein Plagiat kaschiert es diese Abhängigkeit jedoch gar nicht. Als Muster, das offen einbekannt wird, dient eines der berühmtesten Gedichte der Moderne, Hans Arps *Kaspar ist tot*, jene traurig-heiter-groteske Elegie, die zu den zentralen literarischen Dokumenten der Dada-Bewegung gehört, wie sie zum Ende des Ersten Weltkriegs durch Hugo Ball im Züricher *Cabaret Voltaire* begründet wurde. „weh unser guter kaspar ist tot“ oder „heiliger bimbam kaspar ist tot“, heißt es bei Arp – und weiter:

*warum bist du ein stern geworden oder eine kette aus wasser an einem heißen*
*wirbelwind oder ein euter aus schwarzem licht oder ein durchsichtiger ziegel an*
*der stöhnenden trommel des felsigen wesens.*

„wer verbirgt nun“, da sein Ableben feststeht, „die brennende fahne im wolkenzopf und schlägt täglich ein schwarzes schnippchen“, „wer dreht nun die kaffeemühle im urfaß“, „wer lockt nun das idyllische reh aus der versteinerten tüte“? Freilich wird seine Büste die Kamine „aller wahrhaft edlen menschen“ zieren: „doch das ist kein trost und schnupftabak für einen totenkopf“.[9]

Uwe Herms verhält sich dieser seiner Vorlage und ihren surrealistischen Verschlüsselungen gegenüber reichlich eindeutig: Er wählt aus, was ihm zum Fußballthema zu passen scheint, oder nimmt einfach Austauschungen vor. So ersetzt er den ominösen ‚kaspar‘ Arps durch das Wort ‚Fußball‘ und modifiziert den Klagelaut ‚weh‘ dahingehend, daß jeder daraus den Vornamen des zur Entstehungszeit des Textes – 1968/69 – wohl berühmtesten deutschen Fußballspielers, des Mittelstürmers der Nationalmannschaft – Uwe (Uweh) Seeler – heraushören konnte:

*Wehhhhhhh:*
*Unser guter Fußball ist tot!*
*Uweh uweh uweh.*

---

8   UWE HERMS, Patio-Fußballmagazin, hrsg. von Karl Riha, Frankfurt a.M. 1968/69, o.S.
9   HANS ARP, Gesammelte Gedichte, Bd. 1: Gedichte 1903–1939, Zürich 1963, 25.

Trotz der konstatierten Eindeutigkeit in formaler Hinsicht ist der Text – in bezug auf die Fußballrealität – nicht ohne Reiz, und besonders dann, wenn wieder einmal ein Fußballgroßereignis wie eine Europa- oder Weltmeisterschaft vor der Tür steht. Man stelle sich vor: Wie alle Menschen und mithin jeder Stürmer, jeder Torwart, jeder Libero, jeder Schiedsrichter und jeder Zuschauer wäre auch der Fußball selber, nachdem seine Zeit abgelaufen ist, sterblich. Wir schalten das Radio an, blättern die Zeitung auf – und erfahren es in der ersten Schlagzeile:

*Wehhhhhhh:*
*Unser guter Fußball ist tot!*

Unser Autor stellt – wie jeder echte Trauerredner – den Verlust vor Augen, der uns so plötzlich ereilt hat. Nun kann keine Hand mehr die andere waschen und dafür das Fußballerbein zum Vorwand nehmen:

*Wo wäscht nun ein Bein das andere [?]*

Nun und für immer wird es an ,Ausputzern' fehlen, wird niemand mehr den Schiedsrichter ,ans Telephon' rufen. Niemand wird mehr unbescholtene Männer namens Seeler oder Müller zu ,Bombern der Nation' erklären dürfen, und der Samstag wird wieder der Samstag, der Sonntag wieder ,unser Sonntag' sein – ohne ,Dribbelwerk', ohne ,Kerzen', die in den Himmel ziehen, ohne ,Abtropfer vom Kopf', ohne Spiel in die ,Gasse', wie all die Idioms lauten, die sich in der Fußballsprache ausgeprägt haben:

*Oh Uweuweuwe unser guter Fußball ist tot*
*Oh Fuß oh Wade oh Rasen oh Ball.*

Dieses ganze Sprachfeld wird veröden, eine große Ratlosigkeit wird ausbrechen – in den nun leeren Sportarenen, in den Zeitungen und in unseren Hirnen. Unsere Scheitel und Sohlen werden vertrocknen, mit Hans Arp zu sprechen, und keiner wird uns nun mehr die „monogramme in den sternen" erklären. Und wahrlich, wahrlich – für den Verlust, der uns betroffen hat, kann uns kein Trost werden. Einzig bleibt uns die Erinnerung an jenes seltsame Ei, das uns einmal so zu Entzückungen hinriß, wenn es über den grünen Rasen tanzte, Kapriolen schlug; aber was ist das schon – wie gesagt, „schnupftabak für einen totenkopf":

*Uweh uweh uweh*
*Uweh uweh uweh*
*Uweh uweh uweh*

*Mario Leis*

# ‚Fußball gegen Literatur – Halbzeitstand 0:0 – Tip: X‘

## Fußball in der schöngeistigen Literatur

### 1. Fußball und Literatur: ‚Feindliche Brüder‘?

Die Fußballwelt scheint mit der Literatur, zumal mit der sogenannten Höhen-kammliteratur, nichts anfangen zu können, glaubt man dem folgenden Zitat aus einer Parodiensammlung. Fußball wird dort ex negativo bestimmt: „Dort, wo man Goethe und Schiller für Ersatzspieler von Schalke 04 hält." Anders formuliert: In und um das Fußballstadion stehen Goethe und Schiller – die Inkarnationen der Spitzenliteratur – im Abseits. Aber auch die Literatur hat ihre Sorgen mit dem Fußball.

Vor allem die Bildungsbürger waren es, die sich zu Beginn des 20. Jahr-hunderts gegen den Fußball ereiferten. Kultur, zu der Fußball selbstverständ-lich nicht gerechnet wurde, war noch ein auratischer Bezirk, der unter ande-rem in Kunst, Philologie und Philosophie verankert war. Fußball wurde hier als Feind definiert. Ein Blick in das humanistische Gymnasium, wir befinden uns im letzten Jahrzehnt des 19. Jahrhunderts, veranschaulicht diese kulturell-sportiven Differenzen. Tibor Déry erinnert sich an seine Schulzeit:

> „Gute Turner hatten einen schlechten Leumund beim Lateinprofessor, und wer Bock und Reck beherrschte, galt für verrucht. Fußball war fast gleichbedeutend mit Kartenspiel oder verbotener Liebe; [...] Das Zeitalter roch nach Pomade, Hauskost mit viel Einbrenne und einer penetranten Verehrung von Dichtern und Musikern; Dinge, die der freien Entwicklung des Körpers hinderlich sind."[1]

Kultur und Sport markieren ohne Zweifel strenge Grenzen. Der sporttreiben-de Körper wird lediglich als Hindernis, als Stolperstein für die kulturellen Spitzenwerte verstanden.

Die Akzeptanz, die der Sportler einfordert, wird von den Vertretern der Kulturhoheiten zunächst mehr oder weniger erfolgreich verweigert. Die Bil-dungselite grenzt sich, beladen mit den geheiligten Wissensschätzen der eu-ropäischen Tradition, gegen die sogenannten ungebildeten Sportler ab. Ab-schottungspamphlete werden deshalb aus Überlebensgründen massenhaft formuliert. Auf Dauer können diese Abgrenzungsversuche jedoch nicht durchgehalten werden. Schon in Friedrich Torbergs Roman *Die Mannschaft*

---

[1]  TIBOR DÉRY, Zur freundlichen Erinnerung, in: Der Querschnitt 12 (1932) 388.

(1935) gewinnt der Fußball – trotz Kritik – an Boden. Dort begegnen wir dem Knaben Harry, der begeistert Fußball spielt, nicht zuletzt, weil er sich so von den strengen Ansprüchen seiner großbürgerlichen Familie erholen kann. Selbstverständlich, wie könnte es auch anders sein, wird der junge Sportler auf frischer Tat ertappt. Sein Onkel hält ihm eine Standpauke:

> „,Aber was du dir da ausgesucht hast, mein Junge – ob das nun deinem Körper zuträglich ist, weiß ich nicht. Deinem Geist ist es ganz gewiß nicht zuträglich, das glaube ich beurteilen zu können. [...] mir altem Mann darfst du ruhig glauben: dies alles, wofür ihr jungen Leute euch da so schrankenlos begeistert, ist eine Entartungserscheinung, ist eine Form der gleichen verderblichen Triebe, die solches Unglück über uns gebracht haben – du selbst, mein Junge, hast ja leider Gottes dein Teil wegbekommen.‘ Aufmerksam lauschte Harry, nicht so sehr mit Verständnis wie mit wohliger Angst: [...] Von Verrohung sprach er und von Verrottung, von brutalen Masseninstinkten und von Hemmungslosigkeit [...]“.[2]

Der Onkel bewirkt mit seiner Kritik schließlich das Gegenteil. Hemmungsloses Fußballspielen, das kommt nicht nur bei Harry an, sondern inzwischen fast flächendeckend bei der jungen Generation. Analog dazu verfahren nur wenige Literaten, sie entdecken den Fußball nur zögerlich als literarische Spielmöglichkeit. Es sind vor allem die bedeutenden deutschsprachigen Schriftsteller, die dem runden Leder aus dem Weg gehen. Obwohl sich der Fußball als ein „referenzloses, historisch unbelastetes Experimentierfeld der Literatur“[3] aufdrängt, wird die Chance zur literarischen Umsetzung mehr oder weniger ignoriert. Dirk Schümer spricht in seinem Buch *Gott ist rund* ein vernichtendes Urteil:

> „Was beim Fußball für die Massen von Vorteil war – seine Einfachheit, seine Internationalität, seine Entschiedenheit, seine unspektakuläre Härte –, verbaute den spätbürgerlichen Literaten den Zugang zu ihm. Daß es keinen Fußballroman von Rang gibt, keine ‚Suche nach dem verlorenen Ball‘, kein ‚Match ohne Eigenschaften‘, zeugt von der Entfremdung der Literatur vom Volk.“[4]

Noch ein anderes Problem taucht in der Fußball-Literatur immer wieder auf: Wie lassen sich zwei ‚Medien‘, die so unterschiedlich sind, in Einklang bringen? Klassisch ist ohne Zweifel Frank Matzkes Einschätzung aus dem Jahre 1930: „Wem Sport ‚am Herzen liegt‘, der sucht ihn auf Plätzen und Wassern, nicht auf dem Papier, der sucht ihn in der Wirklichkeit, nicht in der ‚Dichtung‘. Denn er ist Gegensatz zur Dichtung, Feind des Papiers.“[5] Diese Einschätzung ist durchaus berechtigt; denn die lineare, eindimensionale Schrift kann die Dramaturgie eines Fußballspiels nicht hundertprozentig wiederge-

---

[2]  FRIEDRICH TORBERG, Die Mannschaft. Roman eines Sport-Lebens, München / Wien 1968, 84f.
[3]  DIRK SCHÜMER, Gott ist rund. Die Kultur des Fußballs, Berlin 1996, 226.
[4]  Ebd., 228.
[5]  FRANK MATZKE, Jugend bekennt: So sind wir!, Leipzig 1930, 146f.

ben. Aber im Stadion kann der Zuschauer in unmittelbarer Nähe das Match miterleben, der Sportler sowieso. Einleuchtend deshalb auch Matzkes Bewertung:

> „Man jammert darüber, dass sie [die Zuschauer] nicht mehr im Theater sitzen oder in Bildgalerien sich langweilen. Und doch hat sich im Wesen die Lage eher zum Bessern gewandelt. Uns ist es selbstverständlich, dass ein Mensch, der bei einem Fußballwettkampf in ehrlicher Begeisterung mitschreit, nicht nur tiefer, sondern – da ehrlich und ohne Zwang – höher steht als einer, der gähnend vor Goethes oder Feuerbachs ‚Iphigenie' sitzt."[6]

Es ist ja auch wirklich so, daß ein hochdramatisches Fußballspiel nicht adäquat in der Literatur oder im Theater abgebildet werden kann. Daher scheint Papier auf den ersten Blick als Medium,[7] in das Fußball eingeschrieben wird, untauglich zu sein; denn die Literatur verschiebt in der Regel die Eindeutigkeit von sportlichen Tätigkeiten in einen ausgesprochen mehrdeutigen Interpretationshorizont. Jan Philipp Reemtsma verdeutlicht diese Differenz anhand des Boxens: „Jeder Sieg auf dem Papier ist einer, den man nicht beweisen kann. [...] Ein Boxkampf ist einfach; und wenn einer am Boden liegt und nach zehn Sekunden noch nicht wieder auf den Füßen ist, gibt es auch keine hermeneutischen Probleme."[8] Diese hermeneutischen Schwierigkeiten tauchen jedoch zwangsläufig bei der Verschmelzung von Fußball und Literatur auf. Fußball kann seine körperlichen Komplexitäten nicht vollends in die Literatur übertragen. Er muß ohne Zweifel sportliche Verluste hinnehmen. Dazu stellt Dirk Schümer treffend fest:

> „Die Dramaturgie eines Spiels skandiert ihre eigene Sprache. Wir können ein Fußballspiel, dieses selbstorganisierte Zeichensystem auf grünem Grund, laut mitlesen wie ein Gedicht. Wir können dabei mitleiden wie bei einem spannenden Roman, Furcht und Schrecken erleben, als sähen wir eines von Shakespeares Dramen. Für einen Autor, der mit der linken Hand die vermeintliche ‚Stimmung' auf Platz und Tribüne einfängt, um daran seine Theorien über die Gesellschaft zu explizieren, ist der Fußball schlicht zu umfassend. Sperrige Texte aus unsinnlichen Buchstaben sind zu schwach, dieses Gesamtkunstwerk zu fassen. Über Fußball kann man nicht schreiben. Fußball ist selbst Literatur."[9]

Trotzdem gehen einige Autoren das Risiko ein und schreiben Fußballtexte. Wie aber kann man Fußball in der Literatur darstellen, ohne den Leser zu langweilen? Der fiktionale Spielraum der Literatur kommt dem Fußball hier

---

[6] Ebd., 144f.
[7] Vgl. zur Medienproblematik KARL LUDWIG PFEIFFER, Der spektakuläre und der verschwindende Körper: Sport und Literatur, in: DERS., Das Mediale und das Imaginäre. Dimensionen kulturanthropologischer Medientheorie, Frankfurt a.M. 1999, 437–596.
[8] JAN PHILIPP REEMTSMA, Mehr als ein Champion. Über den Stil des Boxers Muhammed Ali, Stuttgart 1995, 15.
[9] SCHÜMER, Gott ist rund (Anm. 3), 241f.

entgegen. Denn die Literatur wird vor allem seit Beginn des 20. Jahrhunderts
„von der Aufgabe vermittelnder, gesellschaftlich möglichst konsensfreier
Sinnproduktion entlastet, so wird auch die literarische Sportdarstellung für
neue Möglichkeiten freigesetzt."[10] Man sollte deshalb von der Literatur nicht
erwarten, und das ist ihr Vorteil, daß sie abbildhaft die Wirklichkeit eines
Fußballspiels wiedergäbe. Aber, und dies ist entscheidend, weil Literatur aufgrund ihres fiktionalen Charakters erhebliche Freiräume zuläßt, welche die
reale Lebenswelt nicht kennt, werden dort dem Fußball Möglichkeiten geboten, seine Grenzen spielerisch-literarisch auszutesten, – bis hin zu absurden
Fällen. So zeigt Hermann Kasack 1952 in seinem Roman *Das große Netz*
beispielhaft, wie extrem Fußball in der Literatur ausgelotet werden kann. Er
beschreibt ein Fußballspiel zwischen dem Lokalverein Thusnelda und einer
Auswahlmannschaft von Mitarbeitern eines Konzerns. Diese Sequenz des
Romans wird in den gängigen Sportanthologien unter dem Titel *Der Ball
spielte mit den Menschen*[11] abgedruckt: Genau das trifft zu. Denn auf dem
literarischen Fußballfeld spielt das runde Leder mit den Sportlern, sie haben
keinen Einfluß auf dieses poetische Spielfeld; denn die sportiven Regeln werden ignoriert und ins Paradoxe gewendet, aber nichtsdestotrotz geht der
Wettbewerb weiter, wenn auch unter umgekehrten Vorzeichen. Zunächst
werden mehrere Bälle ins Aus geschossen, sie verschwinden einfach, Irrita-
tionen treten auf, die Zuschauer sind zunächst verärgert. Das Chaos verstärkt
sich, als, wie von Geisterfuß getreten, vier Bälle auf das Feld fliegen. Die
Fußballer kämpfen eifrig mit ihnen, obwohl der Schiedsrichter zur Halbzeit
gepfiffen hat. Die „magische Kraft des Fußballs" führt sogar so weit, daß die
Zuschauer sich begeistert auf den Rasen stürzen und sich an dem Kampf beteiligen. Fußball, das wird hier deutlich, kann auf die vielfältigste Weise fik-
tional in Dienst genommen werden. Drei verschiedene Möglichkeiten, den
Fußball literarisch umzusetzen, werden in der Folge diskutiert. Im Mittelpunkt steht das Thema: Fußball als „Weltausgrenzung auf Zeit". Danach
rückt der ‚Kriegsfußball' ins Blickfeld, abschließend kommt der Fußballfan
zu Wort.

## 2. ‚Weltausgrenzung auf Zeit'

Sport koppelt sich, so Christian Graf von Krockow in seinem Buch *Sport,
Gesellschaft, Politik* vielfach von der Lebenswelt ab. Er bildet eine Eigen-
welt, die für einen begrenzten Zeitraum lustvoll erlebt werden kann. Sport
zeichnet deswegen „nicht Weltlichkeit, sondern eine Tendenz zur ‚Entweltli-

---

[10]  KARL LUDWIG PFEIFFER, Wahlverwandtschaften? Über Phantasie, Literatur und Sport,
in: Sprache im technischen Zeitalter, Heft 89, 296.

[11]  Vgl. BERND GOLDMANN / BERNHARD SCHWANK (Hrsg.), Sportgeschichten. Von sportlichen Anstrengungen fast aller Disziplinen, Frankfurt a.M. 1993, 154–156.

chung', das heißt zur *Ausgrenzung* aus der Welt des Ernstes im Sinne von Arbeit und Arbeitserfolg"[12] aus. Diesen Zustand kann man auch als ‚Verdichtung‘ bezeichnen. Brian Sutton-Smith hat diese wie folgt beschrieben:

> „In sportlichen Ereignissen läuft die Handlung stets, gerade so wie in Filmen, beschleunigt ab. Sport handelt sozusagen von den Schlaglichtern des Lebens. Im gewöhnlichen Leben braucht man manchmal Jahre, um zu erfahren, ob man gewinnt oder verliert."

‚Verdichtung‘ bewirkt eine Art von Hochgestimmtheit – eines ihrer hervorstechenden Merkmale besteht darin, „daß dieses unmittelbare Handeln uns gleichsam beherrscht. Es bleibt keine Zeit, sich seiner selbst oder anderer Dinge bewußt zu werden."[13] Diese „Weltausgrenzung auf Zeit"[14] taucht immer wieder in der Fußball-Literatur auf. Ödön von Horváth zum Beispiel weist 1937 in seinem Roman *Jugend ohne Gott* auf dieses Phänomen hin:

> „Wenn der Rechtsaußen den linken Half überspielt und zentert, wenn der Mittelstürmer den Ball in den leeren Raum vorlegt und der Tormann sich wirft [...], dann existiert für den Zuschauer nichts auf der Welt, außer dem Fußball, ob die Sonne scheint, obs regnet oder schneit. Dann hat er alles vergessen."[15]

Sehen wir uns ein weiteres Beispiel an: 1964 erschien Gerhard Nebels Erzählung *Fußball und Sonnenball*. Der namenlose Ich-Erzähler geht an einem Sonntag mit seinem Freund Otto, einem Oberstudiendirektor, zum Fußballplatz. Dort herrscht aus der Sicht des Erzählers „eine festliche Stimmung, die [er] parakultisch nennen möchte – sie bezog sich nicht, wie in der Archaik, auf die volle Existenz der Götter, aber, wie öfters in der Zivilisation, auf die Schatten, die die Götter geworfen haben und werfen."[16] Wahrscheinlich können nur einem humanistisch geschulten Fußballfan solche Gedanken beim Anblick eines Spiels in den Sinn kommen. Er filtert, so könnte man vermuten, die trivial-sportive Welt durch seine klassisch-humanistische Gelehrtenbrille. Trotzdem bricht in dem Bericht die Wildheit durch; denn die Götter werfen noch andere Schatten. Die Männer stehen, „ohne sich zu schämen, ohne auf sich und den Nachbarn zu achten, mit offenen Mündern da und schreien wie auf einem archaischen Schlachtfeld, wie in einer durch- und überflutenden, einer nicht zu bändigenden Wollust."[17] Aber plötzlich geschieht Erstaunliches; die beiden Ästheten, so wollen sie sich verstanden wis-

---

[12] CHRISTIAN GRAF VON KROCKOW, Sport, Gesellschaft, Politik. Eine Einführung, München 1980, 38.

[13] BRIAN SUTTON-SMITH, Die Dialektik des Spiels. Eine Theorie des Spielens, der Spiele und des Sports, Schorndorf 1978, 195f.

[14] VON KROCKOW, Sport (Anm. 12), 41.

[15] ÖDÖN VON HORVÁTH, Jugend ohne Gott, Frankfurt a.M. 1994, 14.

[16] GERHARD NEBEL, Fußball und Sonnenball, in: DERS., Hinter dem Walde. 16 Lektionen für Zeitgenossen, Hamburg 1964, 62.

[17] Ebd., 63.

sen, reihen sich in das archaische Spektakel ein: „Ich sehe Otto an, er heult, und da merke ich, daß auch ich mitheule, ein Zwang, der uns alle in einen Bund des Geheuls hineintreibt. Schranken fallen, Unterschwelliges, verborgen Wühlendes kommt herauf in den johlenden Ton.“[18] Fast schon auf dionysische Weise brechen Dämme, werden Standesschranken restlos und unzweideutig nivelliert. Selbst die vermeintlich gegen solches Barbarentum gefestigten kulturellen Spitzenvertreter beginnen hemmungslos zu johlen. Beide geben kurzfristig ihre humanistisch-ästhetische Welt auf – zugunsten des archaischen Spektakels. Der Erzähler ist sichtlich irritiert über sein „Unvermögen, neutral zu bleiben und in unerreichbarer Gipfelhöhe als Ästhet zu genießen“.[19]

In Hans Blickensdörfers Roman *Doppelpaß an der Wolga* (1990) wird ein anderer Akzent der Weltausgrenzung vorgestellt. Zwei Themen stehen im Zentrum der Handlung: die Kriegsgefangenschaft deutscher Soldaten in Rußland und das Fußballspiel. Das Leben der Häftlinge wird durch Fußballspielen erträglicher. Die Sportbegeisterung einiger Lagerkommandanten ermöglicht es, Spiele zwischen den Deutschen und den aufsichtführenden Mannschaften auszurichten. Zunächst dürfen die Inhaftierten jedoch nur dem ungarischen Wachpersonal beim Spielen zuschauen:

> „Bewacht wird der graue Haufen hauptsächlich von Ungarn, die gerade noch rechtzeitig zu den Siegern übergewechselt sind und sich einer Art von Halbfreiheit erfreuen. Deshalb dürfen sie in ihrer Freizeit auch Fußball spielen, und neidvoll scharen sich deutsche Plennys um den staubigen Hartplatz, weil das eine Vision von Freiheit zwischen Wachtürmen und Stacheldraht ist.“[20]

Diese „Vision“ spornt die Gefangenen an. Sie wissen, daß sie sich nur in dieser Fußballnische vom tristen und harten Leben „zwischen Wachtürmen und Stacheldraht“ erholen können. Schließlich dürfen auch sie, um es kurz zu machen, regelmäßig Fußball spielen. Den Höhepunkt erfahren die Gefangenen indes als Radiohörer. Sie erleben das Weltmeisterschaftsduell zwischen Deutschland und Ungarn, das am 4. Juli 1954 in Bern stattfand, mit. Endlich beginnt das heißersehnte Finale: „Und dann sind Tag und Stunde da. Das Lager wird zur deutschen Enklave, in der kein Russe etwas zu sagen hat und dies nicht einmal will.“[21] Nachdem der Sieg amtlich ist, liegen sich Deutsche und Russen in den Armen, „aus Gründen die mit der Ratio nicht zu fassen sind“.[22] Die reale Lebenswelt, die zwischen den Gefangenen und ihren Wächtern normalerweise eine harte Grenze zieht, wird für eine kurze Zeit

---

[18]  Ebd.
[19]  Ebd., 64.
[20]  HANS BLICKENSDÖRFER, Doppelpaß an der Wolga, München 1990, 16.
[21]  Ebd., 219.
[22]  Ebd., 221.

vergessen, die gesellschaftlichen Zwänge werden regelrecht fußballerisch abgehängt.

Erfolgreich wird solch ein Weltausgrenzungsphänomen auch in Friedrich Christian Delius' Roman *Der Sonntag, an dem ich Weltmeister wurde* (1996) vorgestellt. 1954 wurde die deutsche Fußballequipe – entgegen aller Erwartungen – Weltmeister. Im Endspiel traf sie auf die favorisierte ungarische Mannschaft. In der fünften Minute stand es schon 1:0 für die Ungarn, drei Minuten später 2:0. Der Außenseiter konterte jedoch sofort. In der elften Minute schoß Max Morlock das 2:1; in der siebzehnten Minute wurde der Halbzeitstand von 2:2 durch Helmut Rahn erzielt. In der vierundachtzigsten Minute geschah das Unfaßbare: Die deutsche Mannschaft ging mit 2:3 in Führung, Torschütze war wieder Rahn. In der neunundachtzigsten Spielminute schoß ein ungarischer Spieler aus sechs, sieben Metern mit voller Wucht aufs Tor, Toni Turek wehrte mit beiden Fäusten den Ball ab. „Toni, du bist ein Fußballgott", brüllte der Radioreporter Herbert Zimmermann in diesem Augenblick ins Mikrophon. Ein elfjähriger Pfarrerssohn, der Protagonist aus Delius' Roman, verfolgt die Radioreportage Zimmermanns mit. Dieser „Fußballgott" geht ihm nicht mehr aus dem Kopf:

> *„Du sollst keine anderen Götter haben neben mir,* [...] und doch gefiel mir, noch immer gebannt vom Nachklang der drei Silben *Fußballgott,* daß dieser Gott sehr menschlich war, [...] ich fand von Minute zu Minute mehr Gefallen daran, einen heimlichen Gott, einen *Fußballgott* neben dem Herrgott zu haben. [...] Immer besser gefiel mir die Lästerung, und in diesen Minuten rückte ich ab von der dreieinigen Besatzungsmacht Gott, Jesus und Heiliger Geist und begann an einen Fußballgott und Außenseitergott zu glauben".[23]

Die heilige „Besatzungsmacht", die dem Jungen bisher das Leben zur Hölle machte, wird zugunsten des befreienden Außenseitergottes verabschiedet.

Trostlos sah bis zu diesem Sonntag sein Leben aus. Die provinzielle Enge der 1950er Jahre, gepaart mit protestantischer Strenge, wird von ihm – in seinem kleinen hessischen Heimatdorf – als Gefangenschaft durchlitten:

> „Mein Kopf war belagert und mein Körperbündel besetzt von der unbegreiflichen Macht Gott, die in alle Gedanken hineinregierte, mein verschupptes, verstottertes Leben bestimmte, eine Macht, die zugleich gütig und streng sein sollte und als höchste Instanz der Liebe Vater und Mutter wie Marionetten zu führen schien."[24]

Er wird nicht nur von diesem Gott geplagt – seine Schuppenflechte und sein Stottern drängen ihn obendrein in die ungeliebte Außenseiterposition. Beide Makel, die durchaus psychosomatisch zu verorten sind, werden von den streng protestantischen Eltern unbewußt gefördert: also alles andere als gute

---

[23] FRIEDRICH CHRISTIAN DELIUS, Der Sonntag, an dem ich Weltmeister wurde, Hamburg 1996, 94f.
[24] Ebd., 15.

Aussichten auf ein humanes Leben. Aber eine Lücke taucht auf, eine Nische, die Rettung verheißt, der Sonntag:

> „Der einzige Tag in der Woche, an dem ich halbwegs geschützt blieb vor der Entdeckung, wie schlecht und schwach ich in allem war [...]. Ich tauchte fort von all den gewöhnlichen Gefangenschaften der Woche und freute mich auf die Er-leichterungen des Sonntags".[25]

Eine der „Erleichterungen" ist das Weltmeisterschaftsendspiel von 1954. Der Junge darf die Radioübertragung des Spiels im Arbeitszimmer seines Vaters miterleben. Seltsames phantasiert sich der Schüler zurecht. Er wird zum „kräftigen Stürmer",[26] der in der deutschen Nationalmannschaft mitspielt:

> „[...] als die Namen Fritz Walter und Rahn fielen, [...] zuckte mir der rechte Fuß: das Wunder war da, es gab eine direkte Verbindung zum Spielfeld in Bern. [...] Ohne eine Sekunde darüber nachdenken zu müssen, lief ich und schoß ich mit auf der Seite der Deutschen, der Außenseiter, weil ich mir mitten in Deutschland nichts anderes vorstellen konnte, als gegen die Ungarn zu sein, [...] und vielleicht spielte auch eine stille Ablehnung großer Favoriten und unbesiegbarer Mächte mit."[27]

Poetologisch gesprochen benutzt der Junge das Endspiel als imaginäre Pro-bebühne, auf der er seine Mängel fiktiv abhängt. Dieser Vorgang ist beispiel-haft: Die Bannung von bedrohlichen Tendenzen ist eine bedeutende Funktion des Fußballs, aber auch der Literatur. Mängel werden nicht verdrängt oder beschönigt, statt dessen wird ein anderer Weg eingeschlagen: Physische Defi-zite werden kompensatorisch überformt. Das Alter ego, der „kräftige Stür-mer", wird so zur Bezugsfigur des Jungen. Zwar ist das andere Ich deutlich von ihm verschieden, aber ungelebte, nicht realisierte, abgewehrte oder uner-füllte Möglichkeiten können – sozusagen probehalber – auf das Alter ego projiziert werden. Mit Hilfe seiner Imaginationen vergißt der junge Fußball-fan seine Gefangenschaft. Das bedeutet gleichzeitig, daß er aus dem heraus-tritt, worin er bisher eingeschlossen war: aus seiner Person, er wird zu einem anderen Menschen. Dieses Doppelgängertum – reale Lebenswelt versus Ima-gination – ist anthropologisch[28] zu verstehen. Helmut Plessners Verortung des Menschen – „Ich bin, aber ich habe mich nicht" – weist auf die Notwendig-keit von Imaginationen hin. Zwar ist der Mensch material vorhanden – „Ich bin" –, aber zu wissen, was man *wesensmäßig* sei, kann nicht beantwortet werden. Beispielhaft veranschaulicht diese Aporie der Physiker Ernst Mach: „An einem heitern Sommertage im Freien erschien mir einmal die Welt samt meinem Ich als eine zusammenhängende Masse von Empfindungen, nur im

---

[25] Ebd., 12.
[26] Ebd., 17.
[27] Ebd., 89.
[28] Vgl. zu diesem anthropologischen Ansatz WOLFGANG ISER, Das Fiktive und das Imagi-näre: Perspektiven literarischer Anthropologie, Frankfurt a.M. 1991.

Ich stärker zusammenhängend."[29] Das Subjekt, das er als Ich-Empfindungsbündel versteht, verändert sich ständig, deshalb ist es nicht letztbegründbar. Dazu bedürfte es eines transzendentalen Zentrums, das es erlauben würde, die Gewißheit, daß wir sind, zu erfassen. Da wir aber nicht zugleich das tranzendentale Zentrum unserer selbst sein können, mündet der Wunsch zu wissen, was es ist, *zu sein*, in die permanente Aktivierung von Imaginationen. Diese können den Menschen lediglich zu einem infiniten Regreß motivieren. Trotzdem ist die Imagination notwendige und hinreichende Bedingung allen menschlichen Seins; denn sie befähigt jedes einzelne Subjekt, sich stets auf neue Möglichkeiten und Handlungsmuster hin zu entwerfen. Der französische Anthropologe André Leroi-Gourhan stellt dazu fest: „[...] die Imagination ist eine fundamentale Fähigkeit der Intelligenz, und eine Gesellschaft, in der die Fähigkeit zur Schöpfung von Symbolen nachließe, verlöre zugleich ihre Handlungsfähigkeit."[30]

Unser junger Held verliert seine „Handlungsfähigkeit" nicht, ganz im Gegenteil. Er fühlt sich auf dem Berner Spielfeld wohl; denn dort besitzen die verhaßten Autoritäten keine Spielerlaubnis:

> „Der Himmel schüttete seinen gnädigen Regen über die Spieler hinab, das Fritz-Walter-Wetter hielt an, aber sonst hatte der Himmel, hatten Vater, Sohn und Heiliger Geist hier nichts zu bestellen, hier flehte niemand nach oben, hier war nichts bestimmt oder vorherbestimmt, hier funkte keiner aus der Hierarchie Gott, Vater, Mutter und Großvater dazwischen."[31]

Der Pfarrerssohn atmet befreit auf, eine neue Welt öffnet sich für ihn, nun haben „alle Engel und Moses [...] ausgespielt."[32] Die christliche Semantik kann gelassen verabschiedet werden: „Die Kreuze an der Wand schrumpften, die Gottesgespenster hielten still wie geschlagen, die Engel [...] standen ungerührt im Gold ihrer Bilder, verharrten gebannt in ihren himmlischen Gesten, provozierend still mit ihren Posaunen."[33] Die provokative Engelsgeste berührt den Jungen nicht; denn er erlebt an diesem Sonntag, daß es Möglichkeiten gibt, die provinzielle Enge mit ihren morbid-christlichen Anforderungen hinter sich zu lassen. Die „Gottesgespenster" sind endgültig vernichtet, das Symbol der Christen, das Kreuz, ist zur Bedeutungslosigkeit geschrumpft. „Stottern, Schuppen und Nasenbluten"[34] sind vergessen. Die fiktive Teilnahme an dem Weltmeisterschaftsendspiel verhilft dem Jungen, seinem bisherigen Dasein ein Ende zu setzen. Er wird sein *eigener* „Weltmeister", einer, der

---

[29] ERNST MACH, Analyse der Empfindungen und das Verhältnis des Psychischen zum Physischen, Jena [6]1911, 24.

[30] ANDRÉ LEROI-GOURHAN, Hand und Wort. Die Evolution von Technik, Sprache und Kunst, Frankfurt a.M. 1988, 267.

[31] DELIUS, Der Sonntag (Anm. 23), 109.

[32] Ebd., 113.

[33] Ebd., 112.

[34] Ebd., 117.

nicht nur die ungarische Nationalelf besiegt, sondern einer, der den „Vaterkä-
fig" und die „Gottesfallen"[35] hinter sich läßt. So wirkt sich die realitätsferne
Imagination rückkopplungsartig auf die reale Lebenswelt des Schülers aus.
Das Fazit des Jungen läßt das Ende – im positiven Sinn – offen:

> „[...] ich wußte, daß dieser Ausnahmezustand, in dem ich meine Makel vergessen
> konnte, irgendwann zu Ende ging, ich wollte den paradiesischen Zustand mög-
> lichst erhalten, [...] es war längst kein Spiel mehr, denn ich war, was ich scham-
> haft und heimlich gewünscht hatte, ich war zum Weltmeister geworden, und das
> wollte ich mir nicht nehmen lassen durch Beschwichtigungen [...]".[36]

### 3. Fußball und Krieg: ‚Fußball mit Menschenköpfen‘

Kommen wir jetzt zu einem alles andere als ungefährlichen Thema: Fußball,
Gewalt und Krieg werden in der Literatur immer wieder in Beziehung gesetzt. Zunächst hört sich das für den einen oder anderen noch harmlos an. Ein
Beispiel: 1928 erschien Klabunds Text *XYZ. Spiel zu Dreien in drei Aufzügen.*[37] Dort finden wir in einer Sequenz einen kriegsträchtigen Dialog zwischen den Personen Y und Z. Z liest Y aus der Zeitung vor: „Die Preußen
griffen mit voller Wucht an. Es entspann sich ein erbittertes Ringen, bis nach
fünfzehn Minuten der rechte Flügel der Bayern durchbrach und sich mit Ve-
hemenz auf die überraschten Preußen stürzte." – Y meldet sich zu Wort: „O
Gott! Wie furchtbar!" Und weiter mit Z.: „Fünf Minuten vor drei kam es zum
Handgemenge – ein wüster Knäuel von Leibern wälzte sich am Boden. Blut
spritzte" – Wieder meldet Y sich zu Wort: „Entsetzlich dieser ewige Krieg
zwischen Bayern und Preußen". Y merkt nicht, daß es sich um die Berichterstattung eines Fußballspiels handelt. Seine Fehlinterpretation ist durchaus
verständlich; denn nicht jeder Zeitungsleser erkennt sofort, daß die Militär-
semantik immer öfter in die Sportberichterstattung eingeschrieben wird. Man
muß eben, wie Z formuliert, nur gut zuhören: „Krieg? Krieg? Wer redet denn
von Krieg? Hör' doch richtig zu und sperr' die Ohren auf. Ich lese dir doch
von dem großen Fußballwettkampf Preußen gegen Bayern".
   1926 unternimmt Kurt Tucholsky – inzwischen hat sich die Sportsprache
vollends in die militärische eingeschrieben – in *Fußball mit Menschenköpfen*
noch einmal den Versuch, den Sportmißbrauch in das Gedächtnis der Öffentlichkeit zu rufen. Anlaß seiner Kritik sind die „Sportnachrichten", die das
„Infanterie-Regiment Nummer 7 [...], das in Schweinitz liegt," herausgibt.
Dort werden inzwischen wieder gefährliche nationale Parolen verbreitet:

---

[35]   Ebd., 115.
[36]   Ebd.
[37]   KLABUND, XYZ. Spiel zu Dreien in drei Aufzügen, Leipzig 1928, 52.

„Zusammenfassen aller Volksschichten zu kraftvoller Geschlossenheit auf dem Wege der körperlichen Ertüchtigung, die die geistige Wiedergeburt selbsttätig mit sich bringt. Wir gehen unsre Bahn zweckbewußt im Bestreben, die Zahl der Anhänger ständig zu mehren um der heiligen Sache willen, für die wir eintreten: Deutsche Einheit."

Durch Fußball soll die „geistige Wiedergeburt", die Vereinigung, verwirklicht werden. Über den Weg einer „völkischen Sportgemeinschaft", die noch ausgebaut werden soll, hoffen die militärischen Sportideologen, ihre Sache zu erfüllen. Diese eindimensionale Strategie der „Sportnachrichten" verfehlt die realen, komplexen gesellschaftlichen Verhältnisse, sie sollten auf andere Weise, nicht aber über den Sport, entschlüsselt werden. Die sportlichen Handlungen, so Tucholsky, müssen deswegen unbedingt von diesem ideologischen Dunstkreis abgekoppelt werden – seine Abrechnung ist kategorisch:

„Die Wahrheit sieht so aus: Machen wir uns nichts vor! Der begeisterte Sportsmann hat nicht das Endziel, seinen Körper zu stählen. Sondern diese Stählung ist nur ein Mittel zu seinem einzigen wahren Ziel, welches heißt: Kampf und Sieg. [...] Die Ideologie, die da den Satz aufstellt: ‚Kämpfen dürfen ist eine Ehre' – einen Satz, den man in allen Abdeckereien anschlagen sollte, damit das Schlachtvieh doch wenigstens weiß, woran es ist [...] diese Ideologie ist verwerflich, nichtsnutzig und hassenswert."[38]

Auch Ludwig Harig verdeutlicht die Durchlässigkeit der Kriegssemantik in seinem Hörspiel *das fußballspiel* (1966). Der Krieg findet hier auf dem Fußballplatz statt. In dem Stück wird vor allem die Nichteindeutigkeit semantischer Bezüge thematisiert. Es kommt immer wieder vor, daß die Kriegssprache sich in die Sportsprache einschreibt. So kann ein normales Fußballspiel plötzlich zu einer Gladiatorenveranstaltung, zum militärischen Angriff oder zur sakralen Handlung umfunktioniert werden. Zwei Szenen seien zitiert:

„REPORTER aufmarschiert im schlachtfeld
zehntausend achthundert quadratmeter
geebnet liniert auf gedeih und verderb
zwischen den eckfahnen inszenierter vernichtung [...]
ist ein draht gespannt
ein geflochtener draht der aus stahltrossen gedreht ist
fünfhundert meter draht in der länge
dreiviertel zoll im querschnitt
ein draht der die menge trennt von den schützen [...]

REPORTER
schwarz die prätoren
netze und strafraum geprüft
in den logen die staffel der patrizier unerbittlich

---

[38] KURT TUCHOLSKY, Fußball mit Menschenköpfen, in: DERS., Gesammelte Werke, Bd. 4, Reinbek 1975, 484f.

die konsuln vor dem mikrofon
quästoren im glashaus
zensoren mit armbinden [...]

REPORTER riegel aufgebrochen
und die bombe auf das tor
kanone abgezogen
*aufschrei der masse*
die granate in den elften stock
*aufschrei der masse*"[39]

Die Kriegssemantik läßt sich flexibel anwenden. Je nach Stand der Tagesform
des Reporters und der Zuschauer können die sprachlichen Kulissen ausgewechselt werden. Der Sprung von der römischen Arena hinüber auf den ka-
nonenflankierten Platz bereitet keine Probleme; denn die Sprache ist ausgesprochen flexibel. Harig weist mit seinem Hörspiel auf ein Sprachverhalten
hin, das sich bis in die Gegenwart hinein konstant erhalten hat. Zwar würde
kein Reporter so eindeutig militärisch wie Harig reden; aber blickt man auf
die Straße, und das ist der beliebteste Ort, um Fußballkrieg zu führen, dann
findet man diese bösartige Semantik wieder. Lassen wir beispielsweise einen
Hooligan zu Wort kommen:

„Mein Traum ist ja so 'ne richtige Straßenschlacht – mit Baseballschlägern, es
muß scheppern und knallen fünf Minuten lang [...]. Da krieg ich 'ne Gänsehaut.
[...] Früher schon, wenn ich was von 'ner Schlägerei gehört hab: Wo, wo, wo?
Jetzt dabei sein. [...] Da müssen wir hin! Wie die Geisteskranken. Orgasmus.
Besser noch."[40]

Diese aggressiven Potentiale sind nicht nur ein gegenwärtiges Phänomen, –
nicht umsonst hat Harig das Fußballspiel mit römischen Gladiatorenkämpfen
verglichen, dieses destruktive Verhalten tritt vielmehr kontinuierlich seit der
Geburtsstunde des Sports auf.

Die Literatur bietet selbstverständlich auch die Möglichkeit, den Miß-
brauch des Fußballs anzuprangern. Friedrich Torbergs Gedicht *Auf den Tod
eines Fußballspielers* (1938)[41] ist eine Reaktion auf den Selbstmord des populärsten Fußballers Wiens, Mathias Šindelár. Dieser Spieler lebte nur für
den Fußball, das war seine Welt. Šindelár erlebt das Ballspiel als ein abge-
schlossenes System, das seinem Leben den erwünschten Sinn und auch den
lebensnotwendigen Profit gibt:

---

[39] LUDWIG HARIG, das fußballspiel, in: DERS., Ein Blumenstück. Texte zu Hörspielen, Wiesbaden 1969, 102, 109.
[40] Zit. nach MANFRED SCHNEIDER, Leben und Sterben für den Verein. Krieg der Fußballfans, in: Der Deutschunterricht 50 (1998) 42.
[41] FRIEDRICH TORBERG, Auf den Tod eines Fußballspielers, in: RUDOLF HAGELSTANGE
(Hrsg.), Fünf Ringe. Vom Ölzweig zur Goldmedaille, München 1970, 193f.

> *Er war ein Kind aus Favoriten*
> *und hieß Mathias Šindelár.*
> *Er stand auf grünem Plan inmitten,*
> *weil er ein Mittelstürmer war.*
>
> *Er spielte Fußball, und er wußte*
> *vom Leben außerdem nicht viel.*
> *Er lebte, weil er leben mußte,*
> *vom Fußballspiel fürs Fußballspiel.*

Aber diese Idylle gerät plötzlich in die brutale Umklammerung der National-
sozialisten. Der administrative Eingriff zerstört das autonome System, weil
die Gegner ausgetauscht werden; gegen sie kommt der Jude Šindelár nicht an.
Denn dieser Feind ist

> *[...] ein fremd und furchtbar überlegner,*
> *vor dem's nicht Regel gab noch Rat.*

Der berühmte Fußballer wird aus der Mannschaft vertrieben, weil eine „Neu-
ordnung des Sportwesens im nationalsozialistischen Sinne" Juden verbietet,
Sport zu treiben. Zwar beherrscht Šindelár die Regeln des Fußballspiels, aber
gegen die neuen ist er machtlos. Er wird brutal aus dem Spielfeld getreten:

> *Von einem einzigen, harten Tritte*
> *fand sich der Spieler Šindelár*
> *verstoßen aus des Planes Mitte,*
> *weil das die neue Ordnung war.*

Der jüdische Sportler paßt nicht mehr in die neue Ordnung hinein, er hat auch
keine Chance mehr, weiterspielen zu dürfen. Von dem Augenblick an, in dem
der Sport von der Politik unterminiert und beherrscht wird, verkommt dieser
zu einer grauenhaften Farce, vor allem, weil die Machthaber aus menschen-
verachtenden national-hygienischen Gründen Sportler, wenn sie nicht ihren
Ansprüchen genügen, ausschließen. Weil Sport und Nationalsozialismus für
Šindelár unvereinbar sind, ist seine Entscheidung, die sich nach den Fußballregeln richtet, konsequent:

> *Er war gewohnt zu kombinieren,*
> *und kombinierte manchen Tag.*
> *Sein Überblick ließ ihn erspüren,*
> *daß seine Chance im Gashahn lag.*

Auch in Elfride Jelineks Theaterstück *Ein Sportstück* setzt sich das Wissen
um die Gefährlichkeit des Fußballs durch. Sie beschreibt die Sportpraxis
schonungslos, aber nur unter *ihrem* Blickwinkel. Das Stück kommt im antik-
modernen Gewand daher. Unbedingt, so Jelinek in der Regieanweisung, müssen „griechische Chöre" auftreten: „Die Chöre, wenn es geht, bitte einheit-
lich, alles adidas oder Nike oder wie sie alle heißen, Reebok oder Puma oder

Fila oder so."[42] Sport ist Krieg, nicht nur unter den Sportlern, sondern auch zwischen dem Publikum. Davon handelt das Schauspiel. Die Bühne wird in „zwei Sphären" geteilt, ein „Fanggitter" trennt zwei „Fangemeinden", die sich sonst ohne Schutzwall „sofort gegenseitig an die Gurgel gehen"[43] würden. Hin und wieder ist aber – trotz „Fanggitter" – ein Opfer zu beklagen, es berichtet folgendes:

> „Bitte schauen Sie: Dieser Schlägertyp hat nicht einmal abgewartet, wer in die-
> sem Match gewinnen wird – vielleicht wärs ohnedies seine Mannschaft gewesen
> –, als er mir an die Eier ging! Seltsamerweise trägt er genau die gleiche Uniform
> wie ich, bitte, überzeugen Sie sich selbst! [...] Grauenhaft, wie viele Menschen
> täglich umgebracht werden! Ich sehe bei meinen Mördern Zeichen beginnenden
> Wahns in den Augen, fehlt nur noch, daß sie beim nächsten Mal, an dem ich al-
> lerdings, aller Voraussicht nach, nicht mehr teilnehmen werde, ihre Gattinnen
> und Kinder mitbringen."[44]

Von harmonischen Verhältnissen kann also nicht die Rede sein, weil ein be-
dingungsloser Krieg unter den Fans herrscht. Diese Fußballübungen sind aber
wichtig, um die Bevölkerung kriegstauglich zu trimmen. Denn nur ein gut
durchtrainierter Körper vermag eine Schlacht zu überstehen, darauf weist der
Chor ausdrücklich hin:

> „Wie wollen Sie einem jungen Mann klarmachen, daß er in den Krieg ziehen
> soll, wenn er vorher keinen Sport getrieben hat? Ihr Sohn ist nötig! Wir brauchen
> Menschen, die Sorge um ihren Leib tragen und ihre Seele jederzeit unbesorgt
> wegschmeißen würden".[45]

## 4. Fußball als modernes ‚Totaltheater'

Entspannter und ohne ideologische Instrumentalisierungen wird Fußball von
einigen Autoren seit den 1970er Jahren verhandelt, hier hat vor allem Ror
Wolf Vorreiterdienste geleistet. In seinen Fußballbüchern *Punkt ist Punkt*
(1971), *Die heiße Luft der Spiele* (1980) und *Das nächste Spiel ist immer das
schwerste* (1982) greift er den populärsten Massensport der Deutschen auf
und setzt ihn literarisch um. Hinter Wolfs Fußballbegeisterung verbirgt sich
die Absicht, die Trivialität des Fußballs in seinen gesamten Facetten zu betrachten und diese ausdrücklich mit der tradierten Höhenkammliteratur zu
konfrontieren. So sind seine Beschreibungen, Reportagen und Sonette ganz
bewußt an der bloßen Materialität des Sports ausgerichtet. Im Nachwort zu
*Die heiße Luft der Spiele* weist Wolf auch ausdrücklich darauf hin, daß es

---

[42]  ELFRIDE JELINEK, Ein Sportstück, Reinbek 1998, 7.
[43]  Ebd.
[44]  Ebd., 54f.
[45]  Ebd., 25.

ihm nicht einfalle, „diese Texte nachträglich theoretisch anzustrahlen."[46] Zu Recht stellt Ludwig Harig deswegen die Diagnose, daß Wolf „nie die zeitbedingte Trittbrettfahrer-Mentalität gestützt [hat], nie die opportunistische Position des falschen Soziologen bestätigt, Fußball sei so etwas wie das Ventil herrschaftsbezogener Unterdrückungsmechanismen, im Gegenteil."[47] Unter diesem Blickwinkel kommt der Zuschauer unverstellt in das Blickfeld des Lesers. Unverstellt deshalb, weil Wolf selbst in die Stadien und seine Umfelder gegangen ist. Zwischen 1969 und 1979 konnte er dort sein umfangreiches Material sammeln:

> „[...] auf den Tribünen und Stehkurven; bei Busfahrten zu gnadenlosen Auswärtsspielen; in Fan-Club-Kneipen und an den Rändern der Trainingsplätze, wo man die wirklichen Experten trifft, die Naturdarsteller dieses nie zu Ende gehenden Total-Theaters. Es handelt sich also nicht um Stimmenimitation; kein Wort ist erfunden".[48]

Dieses Theater kommt wirklich ohne ideologische Verrenkungen aus. Wolf geht ins tägliche Fanleben hinein und beschreibt es wortwörtlich. In *Die heiße Luft der Spiele* wird im Kapitel *Expertenleben eins bis neun* der Zuschauer in seinem So-Sein unverblümt beschrieben. Betrachten wir einmal den zeitgenössischen Fan aus Wolfs Sicht, einer menschlich-allzumenschlichen. Die „schwarzblauen Freunde vom Bornheimer Hang" zittern auf der Tribüne für ihre Mannschaft, ein Fan dokumentiert das Spiel:

> „[...] aber sonst muß ich sagen: trotzdem noch gut besucht, wenn man sich umguckt, die Tribüne fast voll ..., na die Meisterschaft ist entschieden, es geht ja um nix – *los abziehen, Hermann ... und raus jetzt, jawohl* – er hat mir gesagt, vor dem Spiel, er hat Schmerzen im rechten Fuß – *und schauen, Hermann ... und gucken links gucken ... und abziehen Klaus ...*".[49]

Über diesen Kommentar gibt es nicht viel zu sagen, weil solche Szenen in ihrer Trivialität und ihrer wohltuenden Natürlichkeit für sich selbst sprechen. Es ist nicht zu unterschätzen, daß Ror Wolf den Fußball in Analogie zum Theater setzt: Auf dem Platz spielen sich Dramen ab, die jedem Theaterstück vergleichbar wären; der Ausgang ist nie vorherbestimmt, immer wieder passieren überraschende Wendungen. So werden Hybris, Peripetie und Katharsis, die Voraussetzungen des griechischen Theaters, in der Bundesliga spielend erfüllt. Auch die Einheit der Handlung, des Ortes und der Zeit, alle drei aristotelischen Kriterien treffen auf den Fußball zu. Für Wolf macht dies den Sport inner- und außerhalb des Stadions zu einem „Totaltheater".

---

[46]  ROR WOLF, Die heiße Luft der Spiele. Prosa und anderes, Frankfurt a.M. 1980, 259.
[47]  Zit. nach ROR WOLF, Das nächste Spiel ist immer das schwerste, Frankfurt a.M. 1996, 232.
[48]  WOLF, Die heiße Luft der Spiele (Anm. 46), 259.
[49]  Ebd., 58.

Erhält der Fan bei Ror Wolf schon einen beachtlichen literarischen Stellenwert, so gibt es einen Text, in dem ihm ein Denkmal errichtet wird: Nick Hornbys *Ballfieber – Die Geschichte eines Fans* erschien 1992 in England, 1996 in Deutschland. Geschildert wird das Leben eines besessenen Fans, es ist der Autor selbst: *sein* Verein Arsenal London. Selbstironisch und gelassen und ohne ideologische Zwänge erzählt Hornby in zahlreichen Anekdoten von seiner Kindheit, seinen Eltern, seinem Studium und natürlich vom Fußball – um den dreht sich seine gesamte Existenz. Fußball, das ist die Konstante in seinem Leben, alles andere – ob Frauen oder Beruf – ist zweitrangig. Grund genug für Hornby, diesem Phänomen nachzugehen. Der erste Satz des Romans sagt eigentlich schon alles: „Es steckt in mir drin, sucht einen Weg nach draußen."[50] Er spricht von seiner Fußballbesessenheit, sie meldet sich ohne Unterbrechungen, sie will ausgedrückt werden, dafür gibt es für Nick mehrere Möglichkeiten: Tribüne, Fernsehen, Video, Fankneipe. Außerdem verfaßt er ein Buch. Sein Tagesablauf, so lesen wir, konzentriert sich schon unmittelbar nach dem Erwachen auf das runde Leder: „Ich sehe Limpar auf Gillespie zurennen, rechts vorbeigehen, fallen: ELFMETER! DIXON VERWANDELT! 2:0! ... Mersons kleines Drängeln vorbei an Grobbelaar in Anfield ...".[51] Nick ist, wie er zugibt, in das Spiel verliebt. Nur deswegen ist zu verstehen, daß er trotz anwesender Ehefrau weiter träumt – vom Fußball selbstverständlich:

> „Manchmal, wenn ich mich diesen Träumereien vollständig hingebe, gehe ich immer weiter zurück, vorbei an Anfield 89, Wembley 87, Stamford Bridge 78, mein gesamtes Fußballeben zieht blitzartig an meinen Augen vorbei. ‚Woran denkst du?' fragt sie. In diesem Moment lüge ich. Ich hab überhaupt nicht an Martin Amis oder Gérard Depardieu oder die Labour Party gedacht. Was soll's, Besessene haben keine Wahl, sie müssen in solchen Augenblicken lügen."[52]

Im Verlauf seiner Aufzeichnungen beschreibt er zwar auch die Tiefen seines Fan-Daseins, aber am Ende des Buches favorisiert er immer noch den Fußball – mit höchster Priorität. Im letzten Kapitel *Ein Sixties Revival* schildert Hornby ein schwergewichtiges Problem, das ihn beim Schreiben plagte. Er hatte Angst, daß er – im psychoanalytischen Sinne – eine Katharsis durchleben würde: „Ich machte mir Sorgen, daß damit alles verschwinden und ich mit diesem riesengroßen Loch zurückbleiben würde, das der Fußball immer ausgefüllt hatte."[53] Aber die Psychologie versagt vor solch einem komplexen Phänomen wie dem Fußballfieber. Das Gegenteil des Befürchteten stellt sich sogar ein:

---

[50] NICK HORNBY, Fever Pitch. Ballfieber. Die Geschichte eines Fans, Köln [3]1997, 11.
[51] Ebd.
[52] Ebd., 11f.
[53] Ebd., 333.

„Ich habe begonnen, das Elend, das der Fußball bietet, zu genießen. Ich freue mich auf weitere Meisterschaften, auf Tage in Wembley und Siege in letzter Minute [...] natürlich tu ich das, und wenn es soweit ist, werde ich vor Freude durchdrehen wie nur irgendwer."[54]

---

[54] Ebd. – Vgl. dazu auch die in der Sache konträre Interpretation und Bewertung des Romans *Fever Pitch* und seiner Verfilmung im Beitrag VON BERG im vorliegenden Band, S. 227–229 (Anm. des Hrsg.).

*Erik Eggers / Jürgen Müller*

# ‚Der künstlerische Gehalt, den die wilde Poesie unseres Spiels in sich birgt'

## Anmerkungen zur frühen Hermeneutik, Ästhetik und Ikonographie des Fußballsports

Ein Grund für die Attraktivität und Popularität des modernen Fußballs liegt in seiner bemerkenswerten Schlichtheit. Verfügt er doch gegenüber vielen anderen Sportarten über den wichtigen Vorteil einer ungemein einfachen Bildsprache. Dem Zuschauer sind daher nahezu alle Szenen des Fußballs unmittelbar im Moment der Betrachtung deutlich und verständlich. Es handelt sich ja auch nur um wenige Grundelemente, die der Beobachter zunächst nachvollziehen können muß; denn die Zahl der immer wiederkehrenden bildlichen Grundmuster des Spiels selbst ist gering. Dazu zählen Torschuß, Eckball, Kopfball, Dribbling, Zweikampf, Grätsche, Foul, Flanke, der kurze Paß, das Stellen einer Freistoßmauer und die Abwehraktion des Torwarts. Das einzig kompliziert aufzulösende Bild[1], das bis heute immer wieder Diskussionen auslöst, ist die Abseitssituation. Im Grundsatz aber sind dem heutigen Zuschauer, selbst wenn es sich nur um einen kleinen Ausschnitt auf einer Fotografie handelt, die Bewegungsfiguren des Fußballs äußerst klar; jede Spielsituation erschließt sich sofort. Sogar die nicht direkt zum Spiel gehörenden Bilder der vielen Nebenereignisse einer Fußballveranstaltung lassen sich für die meisten Zuschauer ohne weiteres decodieren: der Gang der Spieler aufs Feld, der Wink ins Publikum, das Hinknien fürs Mannschaftsfoto, die Proteste der Spieler gegen Schiedsrichterentscheidungen, der Torjubel, die Reaktionen der beteiligten Manager, Trainer und sonstigen Betreuer, schließlich das Stadion und die Zuschauer selbst.

## 1. Frühe Wahrnehmungsschwierigkeiten in Deutschland

Natürlich erscheint eine Betrachtung über den Grad der Etablierung der Bilder des Fußballs heute als mehr oder weniger banal. Doch so banal ist es nun auch wieder nicht; denn so selbstverständlich, wie wir heute diesen Bildern begegnen, so verwundert reagierte die deutsche Öffentlichkeit noch vor etwa 80 bis 100 Jahren auf die Szenen dieses Sports. Den meisten Zuschauern, die

---

[1] Mit ‚Bild' sei im folgenden zunächst dasjenige *innere Bild* gemeint, das sich der Betrachter eines Sachverhalts von diesem qua Wahrnehmung *macht*.

im Kaiserreich eine Fußballpartie besuchten, war das Wesen des Spiels mehr als fremd, wie Christiane Eisenberg aufzeigt:

> „auch zahlende Zuschauer, von denen es vor dem Ersten Weltkrieg indes selten mehr als einige hundert gab, verhielten sich merkwürdig distanziert. Dies fiel dem Verfasser einer 1908 publizierten Studie über Wirtschaft und Gesellschaft in England, Deutschland und den USA auf. Während die englischen Fußballzuschauer ‚einen fast unaufhörlichen Lärm' zu machen und ‚verschiedentlich in ein wahres Geheul' auszubrechen pflegten, gaben die deutschen, davon habe er sich selbst überzeugt, ‚nur schwache Zurufe von sich[,] wenn der Ball ins Ziel flog[,] und waren sonst still. ... Die Zuschauer verstanden meiner Meinung nach das Spiel nicht und waren nur aus Neugierde gekommen.' "[2]

Offensichtlich wird jedenfalls, daß die Wahrnehmungsfähigkeit darüber entscheidet, ob man ein spannendes Spiel sieht oder bloß ein verstörendes Durcheinander, womit zugleich die Möglichkeiten des englischen und des deutschen Publikums beschrieben sind, das Spiel zu verstehen, ihm zu folgen. Auch 1914, als bereits knapp 200.000 Mitglieder im DFB organisiert Fußball spielen, hat das Spiel – offensichtlich auch aus Gründen der Wahrnehmung – mit großen Vorurteilen zu kämpfen, wie drei unbekannte Autoren schildern:

> „Viele Leute sehen beim ersten Mal überhaupt nichts; und zwar aus dem einfachen Grund, weil sie aus jahrzehntelanger alter Gewohnheit ihre Augen in mittlerer Manneshöhe halten, anstatt sie am Boden dahinschweifen zu lassen, wo die flinken Füße der Spieler am Werk sind. Viele gehen dann wieder enttäuscht davon, anstatt die Gelegenheit zur Beobachtung der reizvollsten Variationen im Spiel zu benützen. Denn was dem Zuschauer oft als heller Unsinn erscheint, ist hier von einem tiefen Sinn erfüllt. Diese dramatische Wucht, dieser packende, an die Massenszenen großer Theater erinnernde und immer wechselnde Verlauf des Spiels mit seinen hitzigen Endkämpfen vor dem Tor und seinen wie aus heiterem Himmel hereinplatzenden Überraschungen wirkt so aufrüttelnd auf die Zuschauer, daß sie von den Bänken aus oder hinter den Zäunen stehend den Segen dieser ungestümen, in den Banden strenger Spielregeln gefesselter Kraftentwicklung mitgenießen."[3]

Auch wenn hier im Verhältnis zum erstgenannten Zitat offensichtlich ein Fortschritt zu verzeichnen ist, der sich der höheren Akzeptanz des Spiels verdankt, ist es immer noch nicht die Einzelbeobachtung einer konkreten Aktion, die im Vordergrund steht, sondern eine allgemeine literarische Beschreibung, die den Fußballkampf mit Massenszenen im Theater vergleicht. Die ästheti-

---

2  CHRISTIANE EISENBERG, Deutschland, in: DIES. (Hrsg.), Fußball, soccer, calcio. Ein englischer Sport auf seinem Weg um die Welt, München 1997, 97. Eisenberg zitiert A. SHADWELL, England, Deutschland und Amerika. Eine vergleichende Studie ihrer industriellen Leistungsfähigkeit (Industrial efficiency), Berlin 1908, 457f.
3  Fußball (1914), zit. nach ROR WOLF, Das nächste Spiel ist immer das schwerste, Königstein im Taunus 1982, 26.

sche Qualität des Fußballereignisses ergibt sich dann automatisch aus seiner Affinität zum wogenden Lebenskampf.

## 2. Deutsche Kontroversen über die Ästhetik von Fußballspiel und Turnen

Es existieren viele Streitschriften gegen den Fußball in jener Zeit. Kein Text indes vermag die Ablehnung, die dem Spiel ursprünglich einmal entgegen geschlagen ist, besser zum Ausdruck zu bringen als die immer wieder zitierte Polemik *Fusslümmelei* von Karl Planck aus dem Jahre 1898. Kein anderer Autor hat so drastisch sein Mißfallen und sein Unverständnis gegenüber dem neuen Fußballsport zum Ausdruck gebracht wie dieser Stuttgarter Turnlehrer, der das Bild eines Fußballspielers mit folgenden Worten beschrieb:

> „Zunächst ist jene Bewegung [gemeint ist der Tritt gegen einen Fußball] ja schon, auf die bloße Form hin gesehen, häßlich. Das Einsinken des Standbeins ins Knie, die Wölbung des Schnitzbuckels, das tierische Vorstrecken des Kinns erniedrigt den Menschen zum Affen, selbst wenn die Haltung nicht den Grad abstoßender Häßlichkeit erreicht, den uns unser Titelbild versinnlicht. Noch ein Tupf mit dem kleinen Finger der Linken, und das prächtige Gebilde stürzt rücklings zu Boden oder kollert in kläglichen Sprüngen dahin, um sich auf den Beinen zu erhalten. Welcher Bildhauer würde sich von einer solchen Erscheinung zu künstlerischer Darstellung begeistern lassen? Und selbst der Zeichner und Maler, der um des scharf Kennzeichnenden willen auch das Häßliche nicht scheut, wird sich doch sehr besinnen, ehe er eine so häßliche Gebärde wiedergibt, sei's daß er die Person entsprechend kennzeichnen, sei's daß er eine komisch-satirische Wirkung erzielen will oder dergleichen."[4]

Fußballspieler erniedrigen sich zu Affen! Mehr noch: Folgt man Planck, so dürfte ein Künstler einen Fußballspieler nur dann zum Modell nehmen, wenn er absichtlich das Häßliche darstellen wolle oder aber eine satirische Absicht verfolge. Kein Bildhauer jedenfalls, dem es um eine aufrichtig künstlerische Absicht gehe, könne sich von einer solch häßlichen Erscheinung wie einem Fußballspieler begeistern lassen. Aufschlußreich ist die Inbrunst, mit der das Fußballspiel hier abgelehnt wird. Immer wieder hat man darauf hingewiesen, daß Planck, der zeitlebens der deutschen Turnbewegung verpflichtet war, dem Fußball vor allem aus politischen Gründen mißtrauisch gegenüber stand. So lassen sich mehrere Stellen aus der *Fusslümmelei* anführen, in denen sich der deutsche Gelehrte über die englische Herkunft des Fußballs mokiert.
Doch über den politischen Chauvinismus hinaus, dessen man Planck überführen könnte, macht das Zitat vor allem deutlich, welch vollkommen unterschiedliche Formen der Sportästhetik der Fußball und das Turnen darstellen.

---

[4]  KARL PLANCK, Fusslümmelei. Über Stauchballspiel und englische Krankheit, Stuttgart 1898 (repr. Münster 1982), 6f.

Planck hatte also nicht nur politisch betrachtet die falschen Voraussetzungen, um dem Fußballspiel gerecht zu werden, sondern ihm fehlte schon auf der elementaren Ebene der Wahrnehmung jedes ästhetische Sensorium. Während die Grundvoraussetzung für die Schönheit des Turnens im symmetrischen Aufbau des menschlichen Körpers und seiner Fähigkeit zur regelmäßigen und gleichförmigen Bewegung besteht, ergibt sich die Schönheit des Fußballspiels eben nicht aus besonders harmonischen Einzelaktionen der Spieler, sondern vor allem aus dem gelingenden Zusammenspiel der Akteure. Gerade in dieser Hinsicht muß man feststellen, daß Planck nie wirklich eine Fußballmannschaft vor Augen hatte, sondern allenfalls eine Summe von Einzelspielern. Mit anderen Worten: Planck überträgt die ihm bekannten Maßstäbe des Turnens in kurzschlüssiger Weise auf das Fußballspiel. Dementsprechend stört er sich immer wieder an der Unregelmäßigkeit der Bewegungsabläufe, die der Fußball angeblich hervorbringt.

Es war kein Geringerer als der Pädagoge und Fußballpionier Konrad Koch, der in zwei Repliken auf jene Schmähschrift reagierte. Anno 1900 versuchte er, die These Plancks, wonach der Fußball im Widerspruch zu den Erfordernissen einer ästhetischen Erziehung der Jugend stehe, mit dem Hinweis zu widerlegen, daß „höchste Schönheit erst da erblühen" könne, wo sich „die höchste Kraftleistung entfaltet."[5] Zwei Jahre später – offenbar spielte genau jene ästhetische Komponente in der Öffentlichkeit noch immer eine wichtige Rolle – nahm er die Vorwürfe Plancks also erneut auf, um die Vorzüge des Fußballspiels zu veranschaulichen:

> „In Haufen stürmten sie [die Spieler] dem springenden Balle nach und schleuderten ihn zurück. Hier beugten sich Oberkörper und Schultern rückwärts, dort streckten sich Hälse und Köpfe vor, preßten sich die Glieder an den Leib, ballten sich Hände zur Faust. [...] Der Ball flog, dicht über der Erde rollend. Die stürmenden Gestalten der Jünglinge, zum Knäuel verwirrt, dann sich trennend, wieder auseinanderflutend, rasten vorüber. Das Ganze war ein Bild des Aufruhrs. [...] Der künstlerische Gehalt, den die wilde Poesie unseres Spiels in sich birgt, kann kaum besser zum Ausdrucke gebracht werden. Der zahmen Alltagskunst mit ihrer Limonaden-Begeisterung fehlt freilich das Verständnis für so verwegene Formen. Und doch prägt sich auch in ihnen nur der edle Sinn aus, der den echten Fußballspieler im Kampf erfüllt."[6]

Koch entwirft hier ein Schlachtengemälde, in dem die Kühnheit und Verwegenheit der stürmenden Jünglinge der „zahmen Alltagskunst" gegenübersteht. Für ihn ist die Ästhetik des Fußballs untrennbar mit dessen Affinität zum Kampf verbunden. Deutlich wird vor allem, daß es nicht um die Schönheit

---

5   KONRAD KOCH, Die Erziehung zum Mute durch Turnen, Spiel und Sport. Die geistige Seite der Leibesübungen, Berlin 1900, 165.
6   KONRAD KOCH, Fußball im Jahre 1901, in: Jahrbuch für Volks- und Jugendspiele 11 (1902) 288f.

des Fußballs geht, wie sie sich von innen heraus darstellt, sondern wie sie nach Außen hin vertreten und interpretiert werden muß. Er beschreibt keinen Paß oder Torschuß, sondern das Hin- und Herwogen der Mannschaften. Wobei der Fußballtheoretiker unausgesprochen voraussetzt, daß seine Leser mit dem von ihm vertretenen „edlen Sinn, den jeder Fußballspieler im Kampf erfüllen" würde, übereinstimmen. Koch fährt große Geschütze auf, um die ästhetischen – in letzter Instanz jedoch ethischen – Kritikpunkte Plancks zu widerlegen. Denn implizit werden hier die Feinde des Fußballs als Feiglinge denunziert. Nichts weniger als sprichwörtliche germanische Kampfeslust wird hier bemüht, um die Kritiker verstummen und den wahren Charakter des Fußballs aufscheinen zu lassen.

Wir vergessen heute zumeist, wie lange es dauert und wie schwierig es ist, bei einem Fußballspiel die Ordnung in der Unordnung zu erkennen. So setzt sich die Schönheit des Fußballs aus zwei Faktoren zusammen, die im Spiel natürlich nicht voneinander zu trennen sind. Zum einen besteht ein schönes Spiel aus individuellen Aktionen wie einem Dribbling oder einem gelungenen Paß, zum anderen aus dem Zusammenspiel, dem so genannten blinden Verständnis der Akteure einer Mannschaft untereinander. Planck hatte noch nicht die Möglichkeit, diese beiden Faktoren zu unterscheiden. Er sah lediglich eine Horde wild gewordener Affen, die obendrein so vermessen waren zu glauben, daß sie ein besonders schönes Spiel ausüben.[7]

## 3. Die erste ‚visuelle Grammatik' des Fußballs in der englischen Genremalerei

Die sinnvolle innere Struktur des Fußballspiels, die Aufgabe eines jeden Spielers und das komplexe Zusammenspiel, das von vielen einzelnen Faktoren abhängt, wurde in Deutschland damals nicht in der heute selbstverständlichen Art und Weise wahrgenommen und verstanden. Ganz im Gegenteil: Die frühen Formen des Fußballs wurden als häßlich, chaotisch, unsortiert und wüst empfunden. Es bedurfte erst einer im Wilhelminismus akzeptierten Ideologie des Kampfes, um die ‚innere Schönheit' des Spiels zu erweisen.[8] In diesem Zusammenhang sind die erst allmählich sich entwickelnde Wahrnehmung des Spiels als eines in sich geordneten und geregelten Ganzen seitens der Zuschauer einerseits[9] sowie dessen Darstellungen durch die bildende Kunst anderseits als parallel verlaufende Prozesse zu unterscheiden. Wie aber hat sich jener bis in die 1920er Jahre hinziehende Prozeß im Detail gestaltet,

---

[7]  Vgl. in diesem Zusammenhang auch die Ausführungen im Beitrag RIHA, S. 128, über Joachim Ringelnatz' poetische Anverwandlungen des Spiels der „Fußballturner" (!) als karikierende Groteske.

[8]  Vgl. dazu die Ausführungen im Beitrag EGGERS in diesem Band, S. 75–77.

[9]  Siehe dazu weiter unten Abschnitt 4.

in dem sich die Augen eines Millionenpublikums für die innere Struktur und
die regelgeleitete Ordnung des Fußballspiels öffnen konnten? In welchen Stufen hat sich das Verständnis für die klare ‚visuelle Grammatik des Fußballs‘
ausgebildet?

Die ersten bildlichen Darstellungen dessen, was wir heute als modernen
Fußball bezeichnen, stammen naturgemäß aus England. Zu Beginn des
19. Jahrhunderts, jener Ära also, in der sich die Spielregeln des Fußballs im
Umfeld der *public schools* – wenn auch vorerst lokal und nur allmählich –
konstituierten, entstanden parallel dazu in der bildenden Kunst eine Reihe
von Fußballdarstellungen, die das Spiel als wüste Rauferei charakterisieren.
Ein bekanntes Beispiel für diese Überzeichnung liefert der kolorierte Kupferstich *Foot Ball* (1820) von George Hunt (Abb. 1), auf dem die Mannschaften
nicht durch erkennbare Trikots, sondern allenfalls an ihren Kopfbedeckungen
zu unterscheiden sind. Offensichtlich zeigt die Karikatur Soldaten, die sich
womöglich zu einem spontanen und weitgehend regellosen Kick getroffen
haben. Während einige Spieler in dem Durcheinander bereits gestürzt sind,
jagen die anderen mit unverminderter Heftigkeit dem Ball hinterher. Links
und rechts eilen weitere Soldaten hinzu, um an der ‚Keilerei‘ teilzunehmen,
obwohl gar nicht klar ist, wer hier mit wem oder gegen wen rauft. Aber so
viel wird deutlich, daß das Getümmel kein Ende finden wird, solange der

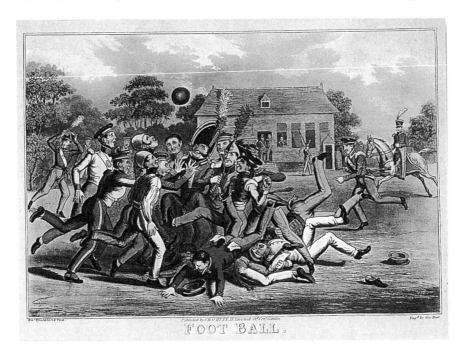

*Abb. 1: Kolorierter Kupferstich von George Hunt nach Robert Cruishank (1820).*

Ball über den Beteiligten schwebt. Womöglich hat er sogar eine allegorische Bedeutung, gemahnt er doch an das Rad der Fortuna, das uns im Leben wahllos nach oben hebt oder nach unten zieht. Diese Hypothese paßt jedenfalls zu dem unangemessen eitlen Streben der Spieler, die um alles in der Welt in den Besitz des Balles gelangen wollen, den sie doch im nächsten Moment schon wieder verlieren werden. In kompositorischer Hinsicht bedient sich Hunt eines intelligenten Stilmittels. Die reliefartige Anordnung der Bildfiguren, die entweder von links nach rechts laufen oder auch umgekehrt, ermöglicht es dem Betrachter, diese ,Verrückten' mit innerer Distanz und aus gemessenem Abstand beobachten zu können. In jedem Fall stellt Hunt kein Spiel, sondern ein Handgemenge dar, in dem die einzelnen ,Spieler' zu Elementen einer ununterscheidbaren Masse werden. Insofern scheint es kein Zufall zu sein, daß es sich bei den Spielern um Soldaten handelt. Hunts Darstellung sollte exemplarischen Charakter gewinnen; denn bis in die 1860er Jahre sind viele Künstler diesem Typ des ,Kampfbildes' gefolgt. Kunsthistorisch gesehen steht das Bild in der Tradition der Genremalerei, nicht in der der Historienmalerei; denn diese macht den Betrachter mit außergewöhnlichen Ereignissen und wohlbekannten Personen der Geschichte bekannt, liefert in einem damit positive Vorbilder, wohingegen die Genremalerei menschliche Schwächen und Laster thematisiert.

Aufschlußreich für unser Thema ist jedoch vor allem die Frage der hier entworfenen Struktur der Darstellung von Wirklichkeit. Unseres Erachtens macht es nämlich die Begrenztheit und Problematik eines Modus bildkünstlerischer Darstellung überhaupt deutlich. Hunt stellt ja nicht nur dar, was er glaubt gesehen zu haben, sondern er definiert für seine Betrachter auch, was es im Fußball vermeintlich zu sehen gibt, steuert mit ikonographischen Mustern deren Erwartungshaltung. Lösen wir uns also für einen Moment von der Genremalerei und dem Thema der Rauferei, um nach dem zugrunde liegenden Darstellungsmodus zu fragen. Hunt zeigt eine unüberschaubar große Menge von Spielern, die gleichzeitig miteinander raufen. In diesem Sinne hat das gezeigte Spiel keine Entwicklung oder Dramaturgie, sondern stellt einen Zustand dar. Zwar kommen weitere Soldaten hinzu, um mitzuraufen bzw. mitzuspielen, aber wie sich das Spiel entwickelt, bleibt unklar. Hunt unterscheidet nicht zwischen dem aktuellen Darstellungsmoment und der potenziellen Zukunft. Dies ist jedoch der entscheidende Punkt. Eine gelungene Darstellung des Fußballspiels würde genau dies vor Augen führen.

Das Ölgemälde *Football* (1839) von Thomas Webster gehört, auf den ersten Blick betrachtet, in die gleiche Kategorie (Abb. 2). Auf dieser wohl berühmtesten Fußballdarstellung des 19. Jahrhunderts, die sich ebenfalls der Genremalerei zuordnen läßt, streiten ausgelassene Schüler um mehrere Bälle. Der Künstler ist bemüht, den überbordenden Eifer der jungen Menschen auf humoristische Weise zu zeigen. In dieser Hinsicht stellt das Bild zugleich eine Studie menschlicher Affekte dar. Man kann die verschiedenen Stufen

*Abb. 2: Ölgemälde (Ausschnitt) von Thomas Webster (1839).*

von Eifer, Schmerz, Wut und Enttäuschung sehr genau unterscheiden. In formaler Hinsicht bedient sich der Künstler eines Kunstgriffes, der gegenüber den Stilmitteln Hunts eine Verbesserung bewirkt. Dieser hatte mit der reliefartigen Darstellung ein Modell favorisiert, bei dem beide Gruppen als gleich stark erscheinen, und damit allerdings eine gewisse Statik in Kauf genommen. Webster dagegen erzielt einen dynamischeren Eindruck, indem er den Raum in der linken Hälfte des Bildes freiläßt: Die dargestellten Figuren können sich von rechts nach links auf diesen freien Ort zubewegen. Auf diese Weise wird der Bildraum dynamisiert und zugleich suggeriert, daß der momentan noch leere Raum im nächsten Augenblick von den Jungen erfüllt sein wird. Die Darstellung erlaubt also Erkenntnisse über den unmittelbaren Fortgang des Spiels. Außerdem zeigt sie schon eine der Möglichkeiten zur Erzielung und Steigerung von Spannungsmomenten, wie sie erst viel später im Rahmen der filmischen Sportdarstellung entwickelt werden, und zwar durch die abwechselnde Darstellung von Spielszenen und Nahaufnahmen. Um die

Spannung zu steigern, wechselt man permanent zwischen direkter und indirekter Darstellung des Spielgeschehens. Genau dies vermittelt Websters Gemälde dem Betrachter, indem es ihn abwechselnd die Spielszene und dann wieder die unterschiedlichen Reaktionen der Jungen wahrnehmen läßt. Schon in dieser Frühzeit des modernen Fußballs und seiner bildkünstlerischen Wiedergabe hat man sich also mehr oder weniger komplexer Darstellungsmodi bedient.

## 4. Spielregeln als Grundlage einer einheitlichen Bildsprache

Über die frühen Zeugnisse der Malerei hinaus gilt es, sich eines weiteren Darstellungsmediums zu erinnern, und zwar der des Holzschnitts. In der Xylographie *Foot Ball, Kingston-upon-Thames* aus dem Jahre 1846 (Abb. 3) über ein offenbar sehr brutales Spiel, das tatsächlich stattgefunden hat (der Wettbewerb um den goldbemalten Ball wurde aber kurz darauf verboten), bedient sich der Künstler eines Darstellungsmodus, den wir schon bei Hunt kennengelernt haben. In diesem Schema wird die reliefartige Anordnung der Figuren favorisiert, um die von links und rechts gegeneinander anrennenden Mann-

Abb. 3: Kolorierter Holzschnitt von Phillipson of Kingston (1846).

schaften deutlich werden zu lassen. Mit anderen Worten: Das Links-Rechts-Schema macht Opposition bei gleichzeitigem Durcheinander kenntlich. Festzuhalten ist, daß wir es mit einem Schema zu tun haben, das den Fußball als unkoordiniertes Durcheinander charakterisiert. Gleichzeitig wird folgende Problematik deutlich:

Eine differenzierte Bildsprache des Fußballs, die eine Erfassung einzelner Momente des Spiels ermöglicht, konnte sich erst ab dem Zeitpunkt entwickeln, in dem ein festes und allgemein anerkanntes Regelwerk die stabile Grundlage für eine kulturelle Ausprägung und Rezeption des Fußballs legte. Vor der Einführung und Etablierung eines verbindlichen Regelwerks für das Spiel selbst konnten Fußballdarstellungen als Darstellungen dieser Sportart, so wie wir sie heute kennen, nicht von Künstlerhand geschaffen werden.

### 4.1. Miniaturen als Alternative

Aber selbst in dem Zeitraum, in dem sich in Großbritannien die ersten Verbandstrukturen formierten, versagten die meisten Bilder zunächst bei der Darstellung des komplexen Spiels. Die damaligen Illustratoren waren der generellen Herausforderung der Sportdarstellung, die Dynamik eines Bewegungsablaufes sichtbar zu machen, nur selten gewachsen. Die Zeichnungen etwa der frühen Länderspiele zwischen England und Schottland ähneln noch stark den mittelalterlichen Fußballdarstellungen. Indes waren sich die damaligen Zeichner ihrer eigenen Unfähigkeit, das Spiel in seiner Ganzheit adäquat zu vermitteln, offensichtlich durchaus bewußt. Denn oftmals wurden parallel zu den Darstellungen im Format der Totalen zusätzliche Fußballminiaturen geschaffen, die dem Beobachter ein Gefühl für die einzelnen Szenen des Spiels geben sollten. Exemplarisch dafür sind Holzschnitte nach Zeichnungen von W. Ralston (Abb. 4), der das erste Länderspiel der Fußballgeschichte zwischen England und Schottland, das am 30. November 1872 in Glasgow stattfand, dem Zuschauer auf diese Weise nahezubringen suchte: In Nahaufnahme schildern die Zeichnungen detailliert die Standardsituationen und die beteiligten Figuren der Spieler des modernen Fußballs: Dribbling, Kopfball, Abwehraktion, Zweikampf, Schiedsrichter, sowie – die Anhänger Klaus Fischers werden es mit Erstaunen vernehmen – gar eine Art Fallrückzieher beziehungsweise einen Seitfallschuß.

### 4.2. Die ersten geglückten Bildreportagen in England

Im Gleichklang mit der rasant verlaufenden Entwicklung des britischen Fußballs in den 1880er Jahren änderten sich bald auch die Formen der künstlerischen Darstellung. Ebenso wuchs mit der steigenden Popularität des Spiels die Zahl der bildlichen Spielberichte ganz erheblich an. Eine erstaunlich anschauliche Bildreportage glückte Thomas M. Hemy mit seinem Gemälde aus dem Jahre 1893, das eine Begegnung zwischen Aston Villa und Sunderland,

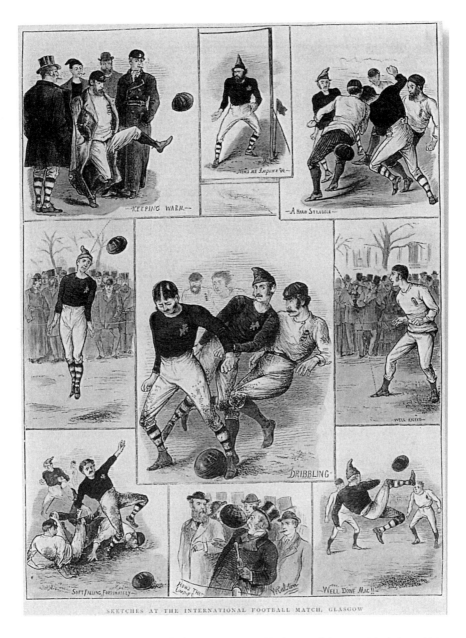

Abb. 4:  Erstes Länderspiel der Fußballgeschichte: England – Schottland, kolorierte Holz-
schnitt-Miniaturen nach Zeichnungen von W. Ralston (1872).

zwei der ersten großen professionell geführten Fußballklubs, zum Gegenstand
hat (Abb. 5). Es handelt sich um eine Strafraumszene: Ein Spieler aus Bir-
mingham köpft offenbar einen kurz zuvor aus dem Bildvordergrund geflank-
ten Ball in Richtung Tor. Alle Spieler schauen gespannt dem Kopfball hinterher. Auch andere damals typische Umstände schildert das Bild: etwa den
massenhaften Zulauf der Zuschauer oder die Härte des Spiels, die der im
Vordergrund des Bildes liegende Schütze symbolisiert.

*Abb. 5: Handkolorierter Stich nach einem Gemälde von Thomas M. Hemy, Begegnung
Aston Villa – Sunderland (1893).*

In jedem Fall existiert spätestens zu diesem Zeitpunkt – zumindest in England
– eine konventionelle Bildersprache des Fußballs, die dem Auge des Betrachters das Erkennen der jeweiligen Spielsituationen auf einem Gemälde
erleichtert. Auch der 1891 entstandene Holzschnitt aus *Illustrated Sporting &
News*, der eine packende Torwartaktion im Spiel zwischen Teams aus Oxford
und Sussex schildert, läßt schon bestehende Bilderkonventionen erkennen
(Abb. 6). Bereits zehn Jahre später ist die neue Sportart insoweit im kulturellen Gedächtnis der Briten verankert, daß Karikaturisten die Situationen des
Fußballs nutzen, um politische Sachverhalte darzustellen. Der Stich nach einem Aquarell von „George Pipeshank" (John Wallace) aus dem Jahre 1902
benutzt jedenfalls in der Debatte um Handelsschranken eine Abwehrszene des
Fußballs (Abb. 7). Dennoch verfügen die Zeichner, Illustratoren und Maler
des Fußballs in jener Zeit noch nicht wirklich über die darstellerischen Möglichkeiten, um die einzelnen Aktionen dieses Sports in angemessener Form
wiederzugeben; zwar entstehen unzählige Porträts, um die individuellen Fä-
higkeiten herausragender Spieler und großer Mannschaften zu würdigen, aber
die ‚Bildwerdung' komplexer Spielzüge konnte damals noch nicht gelingen.

Abb. 6: Das Spiel London – Sussex, Holzschnitt (1891).

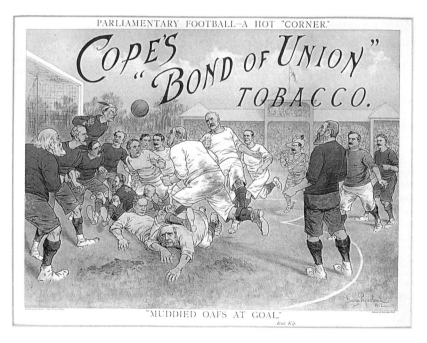

Abb. 7: ‚Schmutzige Lümmel', kolorierter Stich (1902) nach Aquarell von John Wallace
alias George Pipeshank.

4.3. Die Entwicklung in Deutschland

Ebenso sind in Deutschland die ersten Darstellungen noch nicht in der Lage, die Dynamik des Fußballs auch nur einigermaßen adäquat zu erfassen. Zwar gibt um 1890 der Holzschnitt *Fußballspiel auf dem Exerzierplatz ‚Einsame Pappel' bei Berlin* von Emil Limmer (Abb. 8) bereits eine konkrete Situation eines Fußballspiels wieder: Zwei Stürmer in weißen Trikots mit vermutlich aufgesticktem Clubemblem jagen einem Ball hinterher, während insgesamt vier Verteidiger in roten Trikots und weißen Hosen alles versuchen, den Sturmlauf zu unterbinden; auch die Rustikalität des damaligen Fußballs wird in der dynamischen Aktion deutlich, wenn der Stürmer mit angewinkelten Armen den bereits gestürzten Verteidiger im Eifer des Gefechts rücksichtslos überrennt. Aber dennoch bewegt sich auch diese Darstellung formal in der Tradition von barocken Bildern, die Spiele thematisieren, und von Holzschnitten des 19. Jahrhunderts; wie diese zeigt es nämlich das ganze Spielfeld in der Totalen, behandelt das Geschehen im Überblick und bezieht auch Zuschauer und Umgebung des Platzes mit ein. „Der Spielfeldüberblick mit oder ohne sportlichem Geschehen ist" eben, wie Heinz Höfchen treffend formuliert, „ein auf die Ganzheit des Fußballspiels gelegter Ansatz."[10] Die Anspan-

Abb. 8: *Fußballspiel auf dem Exerzierplatz ‚Einsame Pappel' bei Berlin (ca. 1890), kolorierter Holzschnitt von Emil Limmer.*

---

[10] HEINZ HÖFCHEN, Der Ball ist rund – Zur Ikonographie des Fußballs, in: Fußball in der Kunst (Katalog zur Ausstellung 1989), hrsg. von der Pfalzgalerie Kaiserslautern, Kaiserslautern 1989, 8.

nung des einzelnen Akteurs jedenfalls vermag eine solche Totale nicht zu erfassen. So reduzieren sich auch in Deutschland die ersten Sport- beziehungsweise Sportlerfotografien zunächst auf Porträts.

> „Die ersten Portraits von Sportlern waren Arbeiten von Atelierfotografen. Sie verewigten Ringer oder Turner als ‚starke Männer‘, Schützen-, Turner- oder Schwerathletenvereine in familienähnlichen Portraits oder Automobilisten und Flieger als Pioniere der frühen ‚sports‘. Die Sportler des 19. Jahrhunderts blickten mit stolzgeschwellter Brust ernst in die Kamera. Lange Belichtungszeiten glichen unzureichende technische Ausstattungen aus und erforderten unbewegte Motive. Der ernste Blick entsprach dem Ideal des würdevollen Mannes. Erst um 1900 begann sich diese Vorstellung zu wandeln. In der industrialisierten Gesellschaft wurden Energie und Durchsetzungskraft geschätzt.“[11]

*Abb. 9: Karlsruher Kickers, Fotopostkarte (1894).*

Aber auch die frühe Sportfotografie konnte die Dynamik des Fußballspiels nur schwerlich erfassen. So müssen wir uns auch in Deutschland für das Ende des 19. Jahrhunderts mit bewegungslosen Bildern wie etwa Mannschaftsaufstellungen begnügen (Abb. 9). Die Gruppenaufnahmen dieser Epoche zeugen jedoch in Einzelheiten von den Unterschieden zwischen Turnern und Fuß-

---

[11] HEIKE EGGER, ‚Dem Moment sein Geheimnis entreißen.‘ Zur Geschichte der Sportfotografie, in: CHRISTINA BITZKE / HANS-PETER JAKOBSEN (Hrsg.), Aktion, Emotion, Reflexion. Sportfotografie in Deutschland, Jena / Quedlinburg 2000, 7.

ballern. Während auf allen Turnfotografien – etwa mit der gemeinsamen Vorführung von Übungsfolgen im perfekten Gleichtakt – der Eindruck einer stark
disziplinierten Bewegung vermittelt werden soll, so präsentieren sich die modernen Kicker häufig sehr viel individualistischer. Sie verzichten häufig auf
den militärischen Anstrich der Turner, die sich wie selbstverständlich in
Reih' und Glied positionieren, meist der Größe nach angeordnet, den Blick
geradeaus gerichtet. Betrachtet man dagegen beispielsweise das Foto mit der
Aufstellung des 1885 gegründeten BFC Frankfurt, des ersten deutschen Fußballklubs, so fallen die leicht unterschiedlichen Posen der Spieler auf; einige
der jungen Männer provozieren geradezu mit einer für damalige Verhältnisse
aufreizenden Lässigkeit (Abb. 10). Ihre Haltung suggeriert Lockerheit, die
Mannschaftsmitglieder präsentieren sich als Individuen.

*Abb. 10: Mannschaftsaufstellung des BFC Frankfurt, retouchierte Fotografie (Berlin, ca.
1888).*

## 5. Der maßgebende Einfluß der Fotografie

Erst um die Jahrhundertwende eröffneten die erheblichen technischen Fort-
schritte in der Fotografie, wie sie etwa der Rollfilm oder tragbare und leichter
zu handhabende Kameras darstellten, auch der Sportfotografie erstmals die
Möglichkeit, Spielszenen des Fußballs adäquater wiederzugeben. Dieser
Fortschritt leistet einen wichtigen Beitrag zur weiteren Verfestigung der Bildsprache in der Fußballdarstellung. Ein früher, zugegebenermaßen noch nicht

Abb. 11: *Spielszene aus der Begegnung einer deutschen Mannschaft gegen eine Aus-*
*wahl der Football Association am 24.11.1899 in Berlin, Fotografie.*

sehr geglückter Versuch zeigt sich in dem halbtotal aufgenommenen Foto von
der Begegnung zwischen einer deutschen Mannschaft und einem englischen
Team im Jahre 1899, von einem der so genannten Ur-Länderspiele in Berlin
(Abb. 11). Die Aufnahme zeigt eine ganz konkrete für die Verteidigung
brenzlige Spielsituation: Drei Abwehrspieler und zwei Stürmer blicken im
Strafraum zu einem hochstehenden Ball, der im nächsten Moment für die
Verteidigung eine gefährliche Situation heraufbeschwören wird. Entweder
handelt es sich um eine Flanke oder ein Verteidiger hat den Ball unglücklich
getroffen und eine ‚Kerze' produziert. Hier ist der Fotograf bereits in der Lage, mit dem Bild ein besonderes Spannungsmoment aufzubauen. Gleiches gilt
für die Aufnahme des Berliner Derbys zwischen Preußen und Britannia im
Jahre 1900 (Abb. 12).

Wie rasant sich die Sportfotografie in jener Zeit auch in Deutschland entwickelte, zeigt eine Kölner Postkarte aus dem Jahre 1905 (Abb. 13). Hier
wird bereits eine konkrete Zweikampfsituation dargestellt, wie sie für den
modernen Fußball typisch ist. Was aber noch wichtiger ist: Die Bewegung
wird in ihrer Ganzheit erfaßt, was nicht nur auf die Hauptaktion im Bildvor-

Abb. 12: Das Berliner Derby zwischen ‚Preußen' und ‚Britannia', Fotografie (ca. 1902).

Abb. 13: Spielszene auf einer Ansichtskarte: Begegnung Kölner FC 99 – Duisburger
SpV am 16.4.1905.

dergrund zutrifft, sondern auch auf die Peripherie des Fotos; auf der linken Seite bildet sich ebenfalls ein Zweikampfpaar und auch die drei Figuren rechts laufen erkennbar in Richtung des Balls. Spätestens seit diesem Zeitpunkt beherrscht das neue Medium der Fotografie mit ihren sich stets verbessernden technischen Mitteln den Arbeitsbereich der Berichterstattung, kann Reportagen unvergleichlich besser begleiten und vermitteln als die Holzschnitte oder Gemälde am Ende des 19. Jahrhunderts. Die Fotografie verweist von nun an die Malerei und mit ihr „viele Kleinkünstler auf andere Posten und verlangte gleichsam von der Kunst, mehr zu sein als nur Darstellung."[12] Sie allein ist in den folgenden beiden Jahrzehnten maßgeblich verantwortlich für die weiteren Schritte, die zur Konstituierung einer Ikonographie des Fußballs führen; versprach doch nur das Foto die detailgetreue Abbildung von Sportwirklichkeit.

Der Sportbildjournalismus, der in den 1920er Jahren die unzähligen Sportblätter[13] mit atemberaubenden Fotos versorgte, verfeinerte und bereicherte die Bilderwelt des Fußballs noch einmal ungemein. Wiederum waren es technische Erfindungen wie die Kamera *Leica*, die eine neue Qualität für Momentaufnahmen im Sport zuließen. Obwohl sich der Sport als Massenkulturphänomen etabliert hatte, dem in Deutschland für lange Zeit jeder höhere Wert abgesprochen wurde, so brauchen viele Sportfotografen – genannt sei hier vor allem der Wiener Lothar Rübelt – einen künstlerischen Vergleich wahrlich nicht zu

Abb. 14:
Pas de Deux (harter Zweikampf), Fotografie von Lothar Rübelt (1919).

scheuen: Rübelts fantastische Nahaufnahme vom *Pas de Deux* der Fußballer, dem Duell Stürmer – Verteidiger, aus dem Jahre 1919, gibt alle möglichen Elemente wieder, die ein Zweikampf im Fußball dem Zuschauer seinerzeit zu bieten vermochte (Abb. 14). Sie zeigt die große Verbissenheit, Grobheit und Rustikalität, mit der die Fußballer seinerzeit um das Leder stritten, in ihrer

---

[12]  HENRIETTE HEINY, Die Sportdarstellung in der Malerei des 20. Jahrhunderts, aufgezeigt am Beispiel des Fußballsports, in: Kölner Beiträge zur Sportwissenschaft 2 (1974) 138–145, hier 139.

[13]  Zur „Gründungsepidemie im Sportzeitschriftenwesen" in den 1920er Jahren vgl. in diesem Band den Beitrag EGGERS, S. 85f.

ganzen Dynamik und Dramatik. Höchstwahrscheinlich handelt es sich bei dieser Fotografie um das erste Bild überhaupt, das dem Charakter eines harten Zweikampfes im Fußball wirklich gerecht wird.

Trotz dieser fruchtbaren Ansätze ist der Fußball – zumindest aus heutiger Sicht – im Medium des unbewegten Bildes nicht darzustellen. Erst im Wechselspiel von Nahaufnahmen und Totalen läßt sich ein angemessenes Bild von einer konkreten Begegnung zweier Mannschaften erstellen. Immerhin hat man diesem Umstand schon in den 1920er Jahren Rechnung zu tragen versucht, indem man in den Fußballzeitschriften die entscheidenden Momente der Spiele – wie etwa erfolgreich abgeschlossene Angriffe – vermittels großzügiger Bilderfolgen zu sezieren suchte; aber erst dem Medium Film ist es gelungen, die Voraussetzungen für eine dem Fußball angemessene Dramaturgie zu entwickeln.

## 6. Fazit und Ausblick

Der hier vorgelegte Parforceritt durch die frühen Fußballdarstellungen führt uns zu folgenden Arbeitshypothesen für die weitere Forschung; sie lassen sich in sieben Punkten zusammenfassen.

*Erstens*: Die ersten Darstellungen, die an Fußballspiele erinnern, orientieren sich an kunsthistorischen Mustern, die in der Genremalerei entwickelt wurden. Zumeist wird der Eifer oder Übereifer der am Spiel beteiligten Personen in Szene gesetzt und entsprechend deutlich karikiert. Die gelungenen Arbeiten dieser Kategorie sind differenziert ausgeführt und überzeugen vor allem darin, daß sie die Möglichkeiten der Charakterdarstellung nutzen, wie wir es im Falle von Thomas Webster gesehen haben.

*Zweitens*: Ab den 1860er Jahren finden sich Bilder, auf denen nachvollziehbare Spielszenen zu erkennen sind. Offensichtlich geht damit die Herausbildung eines Publikums einher, das diese ‚wahrhaftigen' Fußballmomente zu schätzen weiß und über ein entsprechendes Verständnis des Spiels verfügt. So gesehen kann von einer wirklichen Fußballikonographie im Sinne einer nachvollziehbaren Bildsprache erst dann die Rede sein, wenn ein ‚visueller Grundwortschatz' der elementaren Fußballaktionen entwickelt worden ist. Erst wenn der Betrachter erkennt, daß in einem Bild ein Paß, ein Dribbling, ein Freistoß oder eine Ecke, um nur wenige Aktionen zu nennen, gezeigt wird, können sich komplexere ästhetische Ordnungen der Fußballikonographie ausbilden.

*Drittens*: Wir haben darauf hingewiesen, daß für die Wahrnehmung des Fußballspiels als eines in sich geordneten Ganzen einerseits und für die Entwicklung einer eigenen Bildersprache des Fußballsports andererseits die Standardisierung des Regelwerks notwendig war. Wenn soeben von komplexeren ästhetischen Ordnungen die Rede war, so bedeutet dies, daß auf einem Bild mehr zu sehen ist als das faktisch Dargestellte, und zwar vor allem dann, wenn ein Bild erahnen läßt, welche Fortsetzung eine bestimmte, momentan eingefangene Spielszene finden wird.

*Viertens*: Ein weiteres großes Feld ist, wie oben ausgeführt, die Porträtdarstellung eines Spielers. Gerade englische Porträts der zweiten Hälfte des 19. Jahrhunderts inszenieren den Einzelspieler nicht selten als Gentleman. Posen und Attribute werden dazu genutzt, die Individualität des Dargestellten herauszuheben, der nicht militärisch-pedantisch, sondern betont ‚lässig‘ erscheint. Aber nicht nur beim Porträt stellt sich die Frage, welche Bildungsideale mit solchen Stilmitteln zum Ausdruck gebracht werden, sondern auch bei Mannschaftsdarstellungen, die den Spielern ebenfalls mehr oder weniger Individualität zubilligen. Weiters wäre zu hinterfragen, welches Gruppen- oder Gemeinschaftsideal sich auf Mannschaftsbildern äußert.

*Fünftens*: Die Beantwortung dieser und anderer Fragen stellt in jedem Fall ein Desiderat der sport-, kunst- und sozialgeschichtlichen Forschung dar. Da die Anzahl der bisher publizierten Bildquellen zur Fußballgeschichte des 19. Jahrhunderts so gering ausfällt, daß schon auf der Ebene der Empirie derzeit keine aussagekräftigen Ergebnisse möglich sind, mußte sich unser Beitrag damit begnügen, Schlaglichter zu setzen, um für die weitere Erforschung dieser Zusammenhänge einige Anstöße zu geben.

*Sechstens*: Mit der Entwicklung der Sportreportage und den neuen Errungenschaften im Bereich der Fotografie kommt den Bildern eine neue Qualität zu. Sie entstehen nicht mehr unter der Maßgabe, das Spiel darzustellen, als es vielmehr sinnbildhaft abzubilden. Fotos in Sportzeitschriften oder Tageszeitungen zeigen weniger Spielszenen als vielmehr einzelne Spieler. Seit den 20er Jahren des vergangenen Jahrhunderts ist die Sportfotografie eine eigene Gattung, der es zumeist um eine symbolhafte Darstellung der Spieldynamik geht.

*Siebtens*: Fragt man noch einmal grundsätzlich nach den technischen Bedingungen der Fußballdarstellung, so liegt es auf der Hand, daß dem Film ganz neue Möglichkeiten zu verdanken sind. Wie wir gesehen haben, ist es auch dem unbewegten Bild möglich, Bewegung und Dynamik zu suggerieren. Die Künstler, seien es Zeichner oder Fotografen, können einen Bildraum konstruieren, der durch Diagonalen bestimmt wird und entsprechend dynamisch erscheint. Was aber mit den Möglichkeiten des Films beginnt, läßt sich als Entwicklung von der Dramatik des Fußballbildes zu einer Dramaturgie des Fußballgeschehens beschreiben.[14] Für den Zuschauer galt es, ein neues Sehverhalten zu lernen, und die Regisseure und Kameraleute mußten eine eigene Syntax erstellen. Gerade für die zuletzt genannten Entwicklungen gibt es ebenso zahlreiche wie vorbildliche Untersuchungen. Im Hinblick auf die Frühphase jedoch hat die Forschung noch einiges zu leisten.

---

[14] Über die genrespezifischen Schwierigkeiten, diese Dramatik und Dramaturgie im Medium des Kinofilms zur Geltung zu bringen vgl. den Beitrag VON BERG im vorliegenden Band, insbes. S. 200f.

*Christoph Randl*

# Das Fußballstadion
## Ein Typus der modernen Architektur

„Die Wahrheit liegt auf dem Platz." Diese zentrale Aussage der Fußballphilosophie deutet bereits darauf hin, daß dem Ort des Geschehens beim Fußballspiel große Aufmerksamkeit zukommt. Zuerst ist dieser ‚Platz' das Spielfeld, auf dem die sportliche Konfrontation der beiden Mannschaften stattfindet. Bei genauerer Beschäftigung mit dem Gegenstand wird jedoch schnell deutlich, daß dazu auch die Tribünen gehören und die Flutlichtmasten, das Dach über den Zuschauern und die Kabinen der Spieler, eben all das, was man gemeinhin unter dem Begriff Fußballstadion subsumiert.

Begibt man sich auf die Suche nach der Geschichte des Gebäudetypus *Fußballstadion*, stellt man fest, daß sich dessen Entwicklung erst sehr spät deutlich von der des übergeordneten Typus *Sportstadion* differenzieren läßt. Sie beginnt erst in der zweiten Hälfte des 20. Jahrhunderts, während die Geschichte des Stadionbaus in die griechische Antike zurückreicht. Im Folgenden soll daher die Geschichte des Stadionbaus im Überblick und insbesondere unter den für das Fußballspiel wichtigen Aspekten dargestellt werden; dabei ist zu verdeutlichen, wo fußballspezifische Entwicklungen von der allgemeinen Geschichte des Stadions abweichen. Es wird ein Überblick über die Entwicklung des Bautyps Fußballstadion gegeben; eine umfassende baugeschichtliche Abhandlung ist es jedoch nicht. Dies wäre allerdings eine lohnende Aufgabe. Es gibt hierzu kaum Literatur; die wenigen Publikationen zum Thema sind meist älteren Datums und liefern zu aktuellen Fragestellungen der Bauforschung kaum Hinweise.

Zur Verdeutlichung der Entwicklung des Bautypus werden zusammengehörige Phänomene als Themen herausgearbeitet. Obwohl diese im Wesentlichen auch der chronologischen Entwicklung entsprechen, sind zeitliche Überlagerungen unvermeidlich.

## 1. Antikes Vorbild und neuzeitliche Wiederaufnahme des Bautypus Stadion

### 1.1. Der Urtypus und seine historische Entwicklung

Der Urtypus des Stadions findet sich im Theater des antiken Griechenland, wie wir es in Epidaurus oder in Delphi heute noch sehen können. In diesen Anlagen wird erstmals ein baulicher Ausdruck für das dialektische Verhältnis zwischen Darstellern und Zuschauern gesucht und gefunden. Die Theater waren im Freien gelegen und bestanden im Wesentlichen aus drei Elementen: *Orchestra*, der kreisförmige Tanzplatz im Zentrum, aus dem sich später im Stadion die Arena und im Theater eben das Orchester entwickeln sollte; *Skene*, das Bühnenhaus, das ursprünglich nur zur Requisitenaufbewahrung diente, aus dem sich dann aber die Bühne entwickelte, sowie als drittes Element die *Tribüne*, ansteigende, natürliche Geländebewegung ausnutzende Sitzreihen, wie in heutigen Stadien bereits in radiale Segmente unterteilt. Zwischen Zuschauern und Schauspielern bestand eine eindeutige, räumlich gerichtete Beziehung, die wenig Flexibilität in der Bespielbarkeit zuließ.[1]

Die der Körperertüchtigung zugeneigten Griechen veränderten den Typus schnell für athletische Anforderungen, indem sie ihn in die Länge zogen. Dadurch erhielten sie einen langgestreckten Innenraum mit ansteigenden Tribünen an den beiden Längsseiten und einem Tribünenhalbrund an einer Kopfseite. Diese asymmetrische Anlage war ideal für Laufwettbewerbe, die in der Antike auch ihr einziger Zweck waren. Ein hervorragend erhaltenes Beispiel findet sich heute noch in Olympia. Der neuzeitliche Versuch, diesen Typus durch den Bau des Panathenäischen Stadions in Athen für die Olympischen

*Abb. 1: Olympiastadion, Athen.*

---

[1]  Die Erweiterung der darstellerischen Möglichkeiten des Theaters wurde eine zentrale Aufgabe der Weltarchitektur. Als Beispiel kann die barocke Guckkastenbühne ebenso wie das Totaltheater von 1922 von Walter Gropius angeführt werden.

Spiele 1896 als multifunktionales Stadion zu adaptieren, scheiterte. Die Faszination, die dieses Stadion ausübte, muß dennoch enorm gewesen sein (Abb. 1). Der Name *Stadion* wurde nicht nur das wichtigste griechische Streckenmaß, er bezeichnet bis heute alle großen Sportarenen.

Das erste richtige Vorbild moderner Stadien und insbesondere moderner Fußballstadien ist das Kolosseum in Rom: ein Amphitheater, ringsum geschlossen, das – ohne erkennbaren räumlichen Bezug zu seiner Umgebung – mitten in der Stadt freistehend aufragt. Die Tribünen für 50.000 Zuschauer erhielten radiale Stichgänge, die sich mit Treppen abwechselten. Dieses Erschließungssystem ermöglichte eine enorm schnelle Leerung des Kolosseums. Viele Elemente moderner Großstadien, die erst jüngst wieder realisierbar wurden, wie Überdachung, Logen, Multifunktionalität des Innenraums – bis hin zur Möglichkeit, Seeschlachten durchzuführen –, finden sich bereits in dem von Kaiser Titus im Jahr 80 n.Chr. eröffneten Bauwerk. Unklar ist die genaue Verwendung des griechischen *amphi*, das ‚zwei' oder ‚beides' bedeutet. Wir wollen es als Vorahnung für die Dialektik der beiden Mannschaften des Fußballspiels, die ihren räumlichen Ausdruck in den sich gegenüberstehenden Toren findet, verstehen.[2]

Vor allem aus der frühen Neuzeit haben wir dann wieder Informationen über sportliche Betätigungen. Zum ersten Mal in Europa findet eine dem heutigen Fußball ähnliche Sportart in Form des Calcio Fiorentino im Italien der Renaissance Erwähnung.[3] Auf zeichnerischen Darstellungen des Spiels sind bauliche Gegebenheiten fast nicht zu erkennen, die Ränder des Spielfelds werden meist durch die Zuschauer definiert. In diesem Punkt gleichen sie den fotografischen Zeugnissen aus der Frühzeit des deutschen Fußballs Mitte des 19. Jahrhunderts. Von der Antike bis zum Ende des 19. Jahrhunderts wurden keine wesentlichen Stadionbauten errichtet.

## 1.2. Die olympischen Stadien 1896 bis 1936

Die olympische Idee brachte auch den Wunsch nach der Großarena zurück. Die Entwicklung des olympischen Stadions der Neuzeit begann mit dem Versuch, im Panathenäischen Stadion in Athen für die Spiele 1896 und 1906 wieder an die Antike anzuknüpfen. Für die Spiele der Neuzeit und ihre Disziplinen war es aufgrund seiner Geometrie ungeeignet, wenn es auch eine sehr erhebende Atmosphäre vermittelt haben soll.

---

[2]  Ein sehr plastisches Bild des Kolosseums und seiner Nutzungsmöglichkeiten zeichnen die Animationen des Films *Der Gladiator* von Scott Ridley, der im Jahr 2000 in die Kinos kam. – Zur religionsgeschichtlichen Bedeutung des Amphitheaters in der Antike vgl. auch die Anmerkungen im Beitrag KOPIEZ, S. 296.

[3]  Vgl. dazu den Beitrag MÜLLER im vorliegenden Band, S. 61f.; über mittelalterliche Ballspiele vgl. ebd., S. 50–56.

In London fanden 1908 alle Disziplinen, unter anderem Schwimmen und Reiten, in einem riesigen, dem Amphitheater ähnlichen Stadion statt, das von Tribünen in Eisenkonstruktion umgeben wurde. Es war so riesig dimensioniert, daß viele Wettkämpfe von den entlegener positionierten Zuschauerrängen nicht zu sehen waren.

Mit der Industrialisierung setzte die Verstädterung der ehemals ländlichen Bevölkerung ein. Die Arbeiter, die sich in zähen Kämpfen mit den Besitzern der Produktionsmittel erstmals Freizeit erobert hatten, eigneten sich, zuerst in England, dann in ganz Europa, das einst vornehme Spiel Fußball an.[4] So war es folgerichtig, daß bei den Spielen 1912 in Stockholm Fußball olympische Sportart wurde. Das Stockholmer Olympiastadion war U-förmig, umgeben von hoch aufragenden Tribünen mit monumentalen Torbauten, die nach außen das Bild einer Stadtmauer vermitteln. Erstmals wurde ein Stadion in der Absicht errichtet, durch Rückgriff auf historisierende Symbolik eine nationale Identifikationsmöglichkeit zu schaffen. Es wurde so zum Vorbild vieler in den 1920er Jahren in Deutschland errichteter, meist ‚Kampfbahn' genannter Stadien.[5]

In Berlin baute bereits 1913 Otto March ein ‚Deutsches Stadion' für die Spiele 1916, die jedoch kriegsbedingt ausfielen. Das Stadion war aufgrund seiner Situierung inmitten einer Pferderennbahn fast vollständig eingegraben, da die Betreiber der umlaufenden Rennbahn auf freie Sicht für ihre Klientel bestanden. Das langovale Amphitheater bot auf Tribünen aus Eisenbeton 27.000 Zuschauern Platz. Entgegen den monumentalisierenden Tendenzen etwa des Stockholmer Stadions wurde der Anspruch verfolgt, durch weitgehende Integration in die umgebende Landschaft eine Versöhnung des Großbauwerks mit der Natur zu erreichen. Auch hier waren eine Radrennbahn und ein Schwimmbecken integriert. „Die Mutter der deutschen Stadien" nennt es Werner Skrentny in seiner Enzyklopädie *Das große Buch der deutschen Fußballstadien.*[6] Es war das erste deutsche Großstadion.

Das an gleicher Stelle errichtete Olympiastadion für die Spiele 1936 markierte einen vorläufigen Endpunkt der Entwicklung der olympischen Arena. Die vom Architekten Werner March, Otto Marchs Sohn, entwickelten funktionalen Lösungsansätze sind teils heute noch aktuell. Das Stadion wurde inmitten eines Sportparks plaziert, der denjenigen Disziplinen Raum bot, die im Stadion nicht sinnvoll unterzubringen waren. Das Stadion selbst konzentrierte sich auf Leichtathletik und Mannschaftssportarten. Die zunehmende Popularität des Fußballspiels in Deutschland führte bald nach den olympischen Spielen zu dessen Nutzungsdominanz.

---

[4]  Vgl. dazu den Beitrag MÜLLER, S. 65f., sowie den Beitrag EGGERS, S. 68f..

[5]  Zum ‚Kampfbahnen'-Bauprogramm der öffentlichen Hand vgl. den Beitrag PROSSER, S. 273f., sowie den Beitrag EGGERS, S. 72.

[6]  WERNER SKRENTNY, Das große Buch der Fußballstadien, Göttingen 2001, 28.

Die olympischen Wettbewerbe hatten nun nicht nur einen gültigen baulichen Ausdruck gefunden, sondern es war auch eine wichtige Voraussetzung geschaffen für die weitere Entwicklung des Fußballspiels zum Massensport. Das Stadion, halb aufgeschüttet, halb eingegraben, hatte eine umlaufende Aschenbahn mit einem Innenraum und faßte 100.000 Menschen. Die Suche nach einer den funktionalen Anforderungen entsprechenden Form führte zu einer streng rhythmisierten, offen gezeigten Stahlbetonkonstruktion, die Anklänge an die Ideen der Neuen Sachlichkeit aufwies. Erst auf Wunsch Hitlers wurde deren Monumentalität durch eine Natursteinverkleidung noch überhöht. Nicht unerwähnt bleiben soll, daß damals nicht nur der Nationalsozialismus Monumentalität als Ausdrucksmittel einsetzte, wie z.B. das Olympiastadion Los Angeles von 1932 anschaulich belegt.

## 2. Vom Spielfeld zum Fußballstadion als Kulttempel

### 2.1. Legendäre deutsche Stadien des frühen 20. Jahrhunderts

Die Idee des Sports als Körper und Geist ertüchtigende Freizeitbeschäftigung der Massen setzte sich in Deutschland immer stärker durch. Gleichermaßen wuchs, insbesondere im Ruhrgebiet, die Begeisterung für das Fußballspiel zu Beginn des 20. Jahrhunderts. In den zwanziger Jahren wurden die ersten ‚Kampfbahnen‘ gebaut; es waren riesige, multifunktionale Anlagen, die ursprünglich mehr dem Gedanken der allgemeinen körperlichen und geistigen Ertüchtigung im Geiste von Turnvater Jahn verpflichtet waren als dem Fußball. In einer soziologischen Untersuchung über den Fußball im Ruhrgebiet ist nachzulesen:

> „Sie waren alle nach demselben architektonischen Konzept angelegt, das stark vom Olympiastadion in Stockholm inspiriert war: Das Spielfeld wurde ovalförmig umrahmt von einer Laufbahn und von dahinter in Stufen aufsteigenden Zuschauerrängen, in die auf einer der beiden Längsseiten eine Sitztribüne eingelassen war. Die klare und strenge Linienführung vermittelte den Eindruck einer gewissen Monumentalität. Entsprechend der herrschenden Ideologie, wonach dem Sport zwischen Mensch und Natur eine Mittlerrolle zufalle, bemühte man sich, diese Vorstellung auch bei der Wahl des Baumaterials zum Ausdruck zu bringen."[7]

Dieses Baumaterial war meist Naturstein, im Falle des Stadions Rote Erde in Dortmund beispielsweise Ruhrkohlensandstein (Abb. 2), mit dem man gleichermaßen Monumentalität und Verbundenheit mit der Heimat glaubte darstellen zu können.

---

[7] SIEGFRIED GEHRMANN, Fußball – Vereine – Politik. Zur Sportgeschichte des Reviers, Essen 1988, 110.

*Abb. 2: Kampfbahn Rote Erde, Dortmund.*

Das Wedaustadion in Duisburg wurde 1921 eröffnet, 1924 begann der Bau des Stadions Rote Erde in Dortmund, die Glückaufkampfbahn in Gelsenkirchen folgte 1928. Auch in anderen Gegenden Deutschlands wurden zu dieser Zeit Stadien gebaut, so etwa auf dem Betzenberg im fußballbegeisterten Kaiserslautern oder das Müngersdorferstadion in Köln. In Nürnberg und in Wien errichtete der Architekt Otto Ernst Schweizer, der neuen Sachlichkeit verpflichtet, zwei der architektonisch bemerkenswertesten Stadien dieser Zeit.

### 2.2. Das Stadion als Bauaufgabe der internationalen Moderne

International gesehen war der Stadionbau vor dem Zweiten Weltkrieg keine zentrale Aufgabe der modernen Architektur. Dennoch entstanden bemerkenswerte Bauwerke. Pier Luigi Nervi errichtete 1932 in Florenz das Stadio Comunale. Mit seiner expressiven und konstruktionsbetonenden Architektur schuf er ein Nationaldenkmal Italiens. Sowohl die technischen Möglichkeiten des Stahlbetons als auch dessen Gestaltungsmöglichkeiten demonstrierte er an Tribünen, Treppenaufgängen und an dem das Stadion schlank und elegant überragenden Turm.

   In Como errichtete Gianni Manteri 1933 ein Stadion, das zu einem Manifest des Rationalismus werden sollte, einer italienischen Variante der modernen Architektur, die um Verbindung mit den ‚immerwährenden‘ klassischen

Idealen der Architektur bemüht war und sich mit elementaren architektonischen Raumkonzeptionen auseinander setzte. Die Rationalisten zeigten daher auch weniger Scheu vor Monumentalität als die Avantgarde der modernen Architekten im nördlichen Europa, deren Credo in einem Bekenntnis zur Klarheit der Konstruktion und zur sozialen Verantwortung der Architektur bestand. Das Stadion von Como erhielt einen markanten Turm, die fast klassizistisch anmutende Säulenhalle des Hauptgebäudes unterstreicht den rationalistischen Anspruch.

## 2.3. Deutsche Stadien von der Nachkriegszeit bis zur WM 1974

In der unmittelbaren Nachkriegszeit wurde in sogenannten Trümmerstadien gespielt, meist notdürftig wiederhergestellten Vorkriegsarenen. Die Einführung der Bundesliga im Jahr 1963 definierte neue Anforderungen an die Spielplätze. Flutlichtanlage sowie ein Fassungsvermögen von 35.000 Personen wurden obligatorisch. Zug um Zug wurde modernisiert und erweitert, Tribünen wurden erhöht und überdacht. So erging es beispielsweise dem Stadion Betzenberg in Kaiserslautern, dem für lange Zeit stimmungsvollsten und fußballgerechtesten deutschen Stadion. In der Nachkriegszeit wurden die Stadien immer mehr den Anforderungen des Fußballs angepaßt, ohne jedoch andere Sportarten völlig außer Acht zu lassen. Das Stadion mit umlaufender Aschenbahn war nach wie vor die Regel.

Die Fußballweltmeisterschaft 1974 in Deutschland brachte den nächsten großen Entwicklungsschub. In vielen Städten wurde die Gelegenheit ergriffen, neue Sportanlagen zu bauen. Insbesondere der mangelnde Komfort der alten Stadien, aber auch die Tatsache, daß angesichts der bevorstehenden Weltmeisterschaft in erheblichem Umfang öffentliche Gelder ausgeschüttet wurden, führten zu umfangreichen Planungsaktivitäten. Das architektonische Ideal der meisten Neubauten war die Betonschüssel, die aufgrund ihres ovalen Innenraums nach wie vor eine umlaufende Aschenbahn geradezu erforderte. Daß in dieser Phase des banalisierten Spätfunktionalismus, dem wir im Wohnungsbau beispielsweise das Märkische Viertel in Berlin oder Neuperlach in München zu verdanken haben, die Auslotung der konstruktiven Möglichkeiten des Baustoffs Beton Vorrang vor differenzierten gestalterischen Überlegungen hatten, liegt auf der Hand. Auf Schalke wurde die alte Glückauf-Kampfbahn durch das neue Parkstadion ersetzt, eine der prototypischen Betonschüsseln. Atmosphärisch wie gestalterisch konnte es jedoch nie an seinen Vorgänger heranreichen. Dem gleichen architektonischen Typus gehören das neue Müngersdorfer Stadion in Köln und das Rheinstadion in Düsseldorf an. In Dortmund wurde mit dem Westfalenstadion zur Weltmeisterschaft ein reines Fußballstadion mit steilen Tribünen ohne Laufbahn errichtet. Wegen seiner Fertigteilbauweise galt es als unattraktiv; an seinen atmosphärischen Qualitäten gab es jedoch nie den geringsten Zweifel.

Das architektonische Flaggschiff dieser Zeit war natürlich das Münchner Olympiastadion mit seiner weit über den Stadionbau hinauswirkenden, phänomenalen Zeltdachkonstruktion, die geradezu zum architektonischen Symbol Nachkriegsdeutschlands wurde. Auch die landschaftliche Einbettung des Stadions in einen räumlich bewegten, auch für Nichtsportler sehr gut nutzbaren Stadtpark war eine völlig neuartige Konzeption. Daß es als Fußballstadion aber nur bedingt geeignet ist, wurde lange seiner anderen Qualitäten wegen nicht thematisiert.

### 2.4. Das englische Stadion

Dagegen verlief die Entwicklung nach dem Krieg in England viel direkter in Richtung eines eigenständigen Typus Fußballstadion als in Deutschland. Wesentlich häufiger als bei uns wurden in England innerstädtische Stadien gebaut, die aufgrund des Platzmangels steile Tribünen dicht am Spielfeldrand geradezu verlangten. Der Grund dafür war unter anderem die flächige städtebauliche Entwicklung, da – my home is my castle – jeder Engländer sein eigenes Reihenhaus beanspruchte. Ein Nachteil dieser engen stadträumlichen Vorgaben waren allerdings die daraus resultierenden geraden Tribünen, die insbesondere im tiefergelegenen Bereich erhebliche Sichtprobleme mit sich brachten. Die Professionalisierung des englischen Fußballs begann in England viel früher als in anderen Ländern. Schon 1885 gab es die ersten Profivereine, die ausschließlich mit Fußball befaßt waren, während in Deutschland der auf Turnvater Jahn zurückzuführende Gedanke der umfassenden Leibesertüchtigung mit strikter Einhaltung des Amateurstatus bis weit in die Nachkriegszeit das Ideal der in vielen Sportarten engagierten Vereine war.[8] Dies findet seinen Ausdruck auch darin, daß es in England fast nur ‚FC' als Kürzel in den Vereinsnamen gibt, während in Deutschland die Bezeichnungen SV, SpVgg, Borussia und Eintracht vorherrschen. Unter diesen Bedingungen entstanden dort bald reine Fußballstadien, die an atmosphärischer Dichte ihresgleichen suchten. Bauhistorische Analogien zu diesem Stadiontyp findet man weniger in den antiken Stadien als etwa in dem eminent städtischen Platztypus der Plaza Mayor spanischer Städte. Dieser allseitig umschlossene, rechteckige Zentralplatz ist wie aus der ihn umgebenden Stadtstruktur heraus gemeißelt. Stellvertretend für viele Stadien dieses Typs in England sollen nur White Heart Lane der Tottenham Hotspurs in London oder Ibrox Park der Glasgow Rangers genannt werden. Diesem Typ entspricht allerdings nicht das Wembley Stadion, das wegen der legendären Po-

---

[8]   Zu Geschichte und Problematik des ‚Amateurismus' im deutschen Fußballsport vgl. den Beitrag EGGERS, S. 68f. mit Anm. 3, 91, sowie den Beitrag LEHMANN / WEIGAND, S. 109f.

kalendspiele, die bis vor kurzem auf seinem ‚heiligen Rasen‘[9] ausgetragen wurden, oft für den Prototyp des englischen Stadions gehalten wird. Seiner geradezu mythischen Bedeutung wegen wird es weiter unten ausgiebig besprochen.

### 2.5. Die Fußballweltmeisterschaft 1990 in Italien

Die WM in Italien und ihre Stadionbauten wurden zum Ausdruck der breiten gesellschaftlichen Akzeptanz, die der Fußball mittlerweile erreicht hatte, und der damit einhergehenden Kommerzialisierung. Seitdem gilt die Devise: Weg vom Sportplatz für alle, hin zum reinen Fußballtempel. Ausgedehnte Zonen für Merchandising[10], Logen für zahlungskräftiges Publikum sowie die weitgehende Überdachung aller Tribünenbereiche tauchten als unabweisliche Forderungen der Vereine auf.

Der Stadionbau für die Weltmeisterschaft 1990 wurde, was keineswegs immer selbstverständlich war, als Aufgabe der führenden Architekten der Zeit verstanden. Das schönste Stadion gelang dabei sicher Renzo Piano in Bari. Über einer filigran konstruierten Betonschüssel erhebt sich ein flirrend wirkendes Metalldach, das zusammen mit der Unterkonstruktion den Eindruck einer Muschel hervorruft. Es schützt die beiden Ränge vor Wettereinflüssen und vermeidet dabei dennoch den Eindruck völliger Abgeschlossenheit im Stadioninnern. Vittorio Gregotti entwarf mit dem Luigi-Ferrari-Stadion in Genua einen interessanten innerstädtischen Typus; er bildete das Stadion als eigenständigen steinernen Block aus.

Zwei auffallende Renovierungen wurden damals durchgeführt: Die Erneuerung von Nervis Florentiner Stadion versucht, den denkmalpflegerischen Anforderungen so weit wie möglich gerecht zu werden; leider sieht man ihm den Kampf mit den heutigen baurechtlichen Anforderungen deutlich an. Weniger zurückhaltend wurde bei der Überformung des Mailänder San-Siro-Stadions agiert, das nun Guiseppe-Meazza-Stadion heißt. Der ursprüngliche Bau war durch eine schlichte rationale Fassade gekennzeichnet; die Erschließungswege, die sich als aufwärts sich schraubende Bänder sichtbar darstellten, verliehen dem Stadion sowohl Dynamik als auch einen klaren Gesamteindruck (Abb. 3). Den bestehenden beiden Tribünenringen wurde zur Weltmeisterschaft ein dritter übergestülpt, der an mächtigen Türmen aufgehängt wurde. Die gestalterisch fragwürdige Anordnung dieser Türme vor der Stadionfassade sowie das riesige Eisenträgerdach, das über allem schwebt, veränderte das alte Stadion bis zur Unkenntlichkeit (Abb. 4). Neben den schwierigen Fragen der städtebaulichen Integration eines solchen Monumen-

---

[9]  Vgl. die Diskussion unter Religionswissenschaftlern über den ‚profanen Massenkult‘ auf ‚heiligem Rasen‘ in: WALTER KERBER (Hrsg.), Personenkult und Heiligenverehrung, München 1997, 51–55.

[10]  Über ‚Merchandising‘ und ‚Licensing‘ vgl. den Beitrag GÖMMEL in diesem Band.

*Abb. 3: San-Siro-Stadion, Mailand.*

*Abb. 4: Guiseppe-Meazza-Stadion, Mailand.*

talbauwerks stellte sich damals ein neues Problem, das für überdachte Stadien typisch ist: Aufgrund des geringen Lichteinfalls, bedingt durch die Überdachung, zeichneten sich große Schwierigkeiten bei der Pflege und Erhaltung des Rasens ab. Mehrmals im Jahr muß er ausgewechselt werden. Trotz all dieser Probleme ist das Stadion bei Fußballfreunden wegen seiner Atmosphäre überaus beliebt.

## 2.6. Die internationalen Tempel des Fußballs

Ein paar Stadien auf der Welt haben für Fußballfreunde die gleiche Bedeutung wie Mekka für die Muslime: Einmal in Ihrem Leben wollen sie den ‚heiligen Ort‘ besuchen. Bereits genannt wurde das 1923 errichtete Wembley-Stadion in London. Das frei stehende Stadion in der Tradition des Stockholmer Olympiastadions faßt 90.000 Zuschauer (Abb. 5). Als ständiger Austragungsort des englischen Pokalfinales hat es in der profanen Mythologie der sportsüchtigen Engländer einen Status erreicht, den sonst nur noch Wimbledon für sich beanspruchen kann. In dieser Form wird es allerdings nicht erhalten bleiben, der englische Architekt Norman Foster arbeitet bereits am Umbau.

*Abb. 5: Wembley Stadion, London.*

Das 1957 erbaute Nou Camp Stadion in Barcelona bietet 115.000 Zuschauern Platz. Es ist ein reines Fußballstadion. Mehrmals aufgestockt, verfügt es heute über drei fast senkrecht übereinander liegende Ränge. Gerade weil es nicht überdacht ist, wird es von vielen Spielern und Zuschauern für das ideale Stadion gehalten. Entsprechend der Konkurrenz der Fußballvereine FC Barcelona und Real Madrid bildet auch die architektonische Gestalt der Stadien beider Städte einen direkten Gegensatz. Als innerstädtischer Typus ähnelt das Madrider Bernabeu-Stadion mit seiner strukturbetonenden Fassade einer Stierkampfarena. Das ebenfalls nur für Fußballspiele gebaute Stadion ermöglicht 100.000 Zuschauern die reale Teilnahme an ihrem Lieblingssport.

Das in Rio de Janeiro errichtete Maracana-Stadion ist mit seinen ursprünglich 220.000 Plätzen nicht nur das größte jemals gebaute Stadion, sondern auch wesentlicher Baustein des brasilianischen Fußballmythos (Abb. 6). Als Ovaltyp mit großen Restflächen garantiert es auf zwei Rängen gute Sicht von allen Plätzen, allerdings mit dem Nachteil großer Entfernung der Zuschauer vom Spielgeschehen. Es ist in seinen Ausmaßen so riesig angelegt, daß sich in seinen ‚Eingeweiden' Lebensformen von Mensch und Tier entwickelt haben, die sich jeder Kontrolle entziehen. Mit Karnevalsatmosphäre auf den Rängen und Sambafußball auf dem Platz ist ein Besuch des Maracana-Stadions in jedem Fall ein beeindruckendes Erlebnis.

*Abb. 6: Stadion Maracana, Rio de Janeiro.*

Ebenfalls zu den mythenträchtigen Orten des Fußballs gehören die bereits vorgestellten Stadien Guiseppe-Meazza in Mailand sowie das Münchner Olympiastadion, das diese Popularität jedoch mehr seinen architektonischen Qualitäten als seiner Eignung für den Fußballsport verdankt.

## 3. Die ‚Event-Arena' als Symbol der Gegenwart

### 3.1. Aktuelle Tendenzen, neue Anforderungen

Große Fußballvereine sind heute Wirtschaftsunternehmen, deren Einnahmen und Ausgaben in den letzten Jahren explosionsartig gestiegen sind.[11] Durch die Totalvermarktung des Sports in den Medien ist die Anzahl der Stadionbesucher rückläufig. Merchandising und Komfort für die Zuschauer nehmen einen immer höheren Stellenwert ein. Auch die Möglichkeiten der Bau- und Materialtechnik haben sich im vergangenen Jahrzehnt nochmals erheblich erweitert.

Aufgrund dieser veränderten Rahmenbedingungen entsteht derzeit eine ganz neue Stadiongeneration. Der Forderung der Fans einer unbedingten Eignung für den Fußball steht der kommerzielle Anspruch gegenüber, die Stadien auch für andere Ereignisse der Event-Gesellschaft ganzjährig nutzen zu können. Außerdem soll noch eine Vielzahl weiterer Nutzungsmöglichkeiten wie Hotel, Freizeitzentrum, Konzert, Gottesdienst etc. integriert bzw. berücksichtigt werden. Es liegt auf der Hand, daß diese sich teilweise widersprechenden Forderungen nur mit enormem technischen Aufwand realisierbar sind. Wichtigste Voraussetzung für diesen Stadiontyp ist ein flexibles Dach, das nach Belieben geöffnet und wieder geschlossen werden kann. Ein Vorbild für diesen Typus fand sich in den amerikanischen Superdomes. Dort wurde die Wende zur umfassenden Kommerzialisierung des Sports schon viel früher vollzogen.

Der Prototyp dieser neuen Stadiengeneration ist die Ajax Arena in Amsterdam. Teuer vermietbare Logen, größtmögliche Spielfeldnähe der Zuschauer, Totalüberdachung, optimale Merchandisingbedingungen, ein Hotel und ausreichend Parkplätze decken einen Großteil der Forderungen ab. Jedoch hat sich das Rasenproblem bisher als kaum lösbar erwiesen: Das Gras will unter dem weitgehend geschlossenen Dach nicht richtig wachsen. Viele Fans beklagen den Verlust der Freiluftstimmung. Die formale Durchbildung des monströsen Komplexes legt den Schluß nahe, daß gestalterische Überlegungen bei der Realisierung nur am Rande eine Rolle gespielt haben können. Das Stadion vermittelt den Eindruck einer von seiner Umgebung völlig autonomen, riesigen, introvertierten Masse.[12]

Eine ansprechendere Lösung wurde für das Stade de France in Paris gefunden, das zur Weltmeisterschaft 1998 in Frankreich errichtet wurde. Das

---

[11] Vgl. den Beitrag LEHMANN / WEIGAND in diesem Band.

[12] Zu dieser Tendenz der ‚Introversion' gerade auch der Zuschauermassen durch den modernen Stadionbau vgl. die Bemerkungen aus volkskundlicher Sicht im Beitrag PROSSER, S. 275f.

scheibenartige Dach wird von Pylonen[13] gehalten; ansonsten ist es vom restlichen Bauwerk völlig abgelöst und vermittelt einen sehr eleganten Eindruck. Allerdings kann es nicht über dem Spielfeld verschlossen werden. Der unterste der drei Ränge ist auf Luftkissen beweglich; das Stadion kann somit den unterschiedlichen Anforderungen angepaßt werden.

Wie der deutsche Ableger der Ajax Arena wirkt die neue Arena Auf Schalke in Gelsenkirchen. Am bemerkenswertesten daran ist der Versuch, das Rasenproblem durch die Möglichkeit, das komplette Spielfeld ins Freie zu verschieben, in den Griff zu bekommen. Leverkusen hat mit der Bay-Arena – die Nähe des Namens zu einem gleich klingenden englischen Wort muß Zufall sein – einen ähnlichen Typus realisiert. In nahezu jeder größeren deutschen Stadt wird derzeit über die Errichtung einer solchen Event-Arena diskutiert. Seit der Umbau des Olympiastadions vom Tisch ist, wird auch in München über eine solche Möglichkeit nachgedacht.

Einige interessante Ansätze zeitgenössischer Architektur sind feststellbar. Norman Foster möchte im neuen Wembley-Stadion, in dem außer dem berühmten Rasen so gut wie nichts erhalten bleiben soll, die Erschließung über Rolltreppen bewerkstelligen. Anstelle der berühmten Zwillingstürme wird ein riesiger, aus Metallrohren geflochtener Bogen von 133 m Höhe treten, von dem die Dachkonstruktion abgehängt werden soll. Das Bauwerk wird das bei Foster übliche High-Tech-Finish zeigen. Der Erhalt der berühmten akustischen Atmosphäre von Wembley, der sogenannte Wembley-Roar, soll durch einen eigens eingeschalteten Akustik-Designer erreicht werden.

Herzog & de Meuron versehen das St. Jakob Park Stadion in Basel mit einer Medienfassade, auf der permanent wechselnde Projektionen vorgesehen sind. Die klassische Fassade wird durch das bewegte Bild ersetzt. Ben van Berkel wählt für das Spartastadion in Rotterdam eine futuristisch glatte, organische Form; sie gleicht einer fliegenden Untertasse. In Groningen plant Wiel Arets eine Arena, bei der organische Formen mit kantigen Elementen kontrapunktiert werden; er sucht eine intensive Funktionsmischung für das Stadion und seine Umgebung, um auch in der fußballfreien Zeit vielfältige öffentliche Nutzungen zu ermöglichen.

### 3.2. Die Diskussion über den Umgang mit Stadion-Denkmälern

Anhand der Olympiastadien in Berlin und München wird in jüngster Zeit eine lebhafte Diskussion über die akzeptable bauliche Anpassung von denkmalgeschützten Stadien an heutige Erfordernisse geführt. Das wunderschöne Münchner Stadion ist, wie gesagt, als Fußballstadion nur sehr bedingt geeignet. Es ist ein ‚Schönwetterstadion‘, dessen Dach einen warmen Sommerre-

---

[13]  Pylonen sind Stützen, die das Dach durchdringen und von deren Spitze wiederum Stahlstäbe abgehängt sind, die die Verbindung zum Dach herstellen.

gen abhält, für den Winterbetrieb jedoch absolut unzureichend ist. Dazu kommt die enorme Entfernung des Zuschauers vom Rasen und das Fehlen heute üblicher Service-Einrichtungen (Abb. 7). Beim Berliner Olympiastadion sind bisher nur die Seitentribünen überdacht, ansonsten fehlt hier jeder moderne Komfort.

*Abb. 7: Olympia-Stadion, München.*

Unstrittig ist, daß auch bei Architekturdenkmälern über eine Anpassung an aktuelle Anforderungen nachgedacht werden kann und muß. Grundlage dafür sollte allerdings eine genaue Untersuchung des Einzelfalls sein. Beim Münchner Olympiastadion verhält es sich folgendermaßen: Aufgrund einer unregelmäßigen Geometrie und der sehr aufwendigen Dachkonstruktion würde ein fußballgerechter Umbau des Stadions praktisch einen Neubau bedeuten. Erschwerend kommt hinzu, was von Umbaugegnern immer wieder formuliert und mittlerweile vom Architekten Günther Behnisch auch zugegeben wurde: Ein Umbau würde keineswegs die Qualität eines modernen Stadions erreichen. Man hätte also ein wunderschönes Leichtathletikstadion zerstört, würde niemals ein erstklassiges Fußballstadion dafür erhalten und hätte mit Kosten zu rechnen, die weit über denen eines Neubaus lägen. Außerdem wäre damit eines der wichtigsten architektonischen Denkmäler der alten Bundesrepublik Deutschland zerstört. Man kann es nur als großes Glück für alle Betei-

ligten sehen, daß sich die Stadt entschlossen hat, für die Weltmeisterschaft
2006 ein neues Stadion an anderer Stelle zu bauen.

Ganz anders verhält es sich mit dem Berliner Olympiastadion. Schon die
nachträglich angebrachten Tribünenüberdachungen beweisen, daß dieses Stadion aufgrund seiner regelmäßigen Geometrie mit relativ geringem Aufwand
in ein modernes Stadion umgebaut werden kann. Man darf durchaus behaupten, daß der Umbau die originale Substanz des Stadions nicht notwendigerweise zerstören muß. Eine hochwertige bauliche Ergänzung ist bei diesem
Stadion, ganz im Sinne zeitgemäßer denkmalpflegerischer Überlegungen, in
jeder Hinsicht akzeptabel.

## 3.3. Rückschau und Fazit

Die Entstehung des Fußballstadions beginnt mit der Entwicklung des Bautyps
Amphitheater. Im römischen Kolosseum erreichte das Stadion eine frühe
Vollendung; viele für ein Fußballstadion notwendige Funktionen wurden
vorweggenommen. Die Form gab es in diesem Fall einmal vor der Funktion.

Baukörpertypologisch kommt das eingegrabene Stadion, das auf ebenem
Boden aufgerichtete Stadion und die Mischform aus beiden vor. Erschlie-
ßungstechnisch bietet der dritte Typ große Vorteile, da die Tribünen von zwei
Seiten gefüllt und geleert werden. Die Entscheidung für oder gegen einen der
Typen wurde häufig auch aus ideologischen Gründen gefällt, da beispielsweise eine aufragende Bauweise eher zu monumentaler Identifizierung einlädt,
während die eingegrabene Variante landschaftliche Verbundenheit zum Ausdruck bringen kann.

Städtebaulich gibt es zwei wesentliche Unterscheidungen: Stadien, die vor
der Stadt, oft in Parks mit anderen sportlichen Einrichtungen kombiniert, stehen und Arenen, die in städtische Strukturen integriert sind. Der Entwicklung
des reinen Fußballstadions kam der zweite Typ mehr entgegen.

Gemäß der allgemeinen bautechnischen Entwicklung wurde auch im Stadionbau des frühen 20. Jahrhunderts Naturstein oder mit Naturstein verklei-
deter Beton bevorzugt. Später schob sich immer mehr die reine Betonkon-
struktion in den Vordergrund, während heute die verschiedensten Materialien
kombiniert werden. Für die statischen Konstruktionen wird nach wie vor Beton favorisiert.

Die Entwicklung der Tribünen war abhängig von der Wahl des Baukör-
pers. Sie verlief von befestigten Erdwällen zu bis zu drei übereinander liegenden Rängen heutiger Großstadien. Die großen, meist in den Kurven gele-
genen Stehplatzbereiche der alten Fußballstadien wurden Zug um Zug durch
Sitzplätze ersetzt.

Eine wichtige Funktion kommt dem Dach zu, da die Entwicklung der
Dachlandschaft die veränderten, an die Stadien gerichteten Anforderungen
widerspiegelt. Waren am Anfang die Tribünen nur teilweise überdacht, wur-

den später immer größere Bereiche wetterfest gemacht. Mit der Totalüberdachung der Stadien – mit mechanisch beweglichen Öffnungen – findet die
Entwicklung ihren vorläufigen Abschluß.

Insbesondere unter dem Aspekt der Identifikation der Fans mit ihrem Stadion sind sekundäre, aber oft signifikante Elemente nicht zu vernachlässigen:
Flutlichtmasten, die wie Totempfähle den ‚Stammeszugehörigen' den Weg
weisen, Anzeigentafeln, neuerdings auch Videowände, die endlich auch im
Stadion die vom Fernsehen gewohnte Wiederholung möglich machen.

Eine eigenständige, vom Gesamttyp Stadion unabhängige Entwicklung des
Typus Fußballstadion ist bis zum Zweiten Weltkrieg kaum feststellbar. In
England und in Südeuropa, später auch in Deutschland, wurden nach dem
Zweiten Weltkrieg die ersten reinen Fußballstadien gebaut. Mit der Fußballweltmeisterschaft 1990 in Italien begann die Entwicklung zu kommerziell
intensiv nutzbaren, multifunktionalen Event-Stadien mit Nutzungsvorrang für
den Fußball.

Das Vergnügen an einem Fußballspiel hängt natürlich nicht unbedingt von
der hundertprozentigen Eignung eines Stadions ab. Neben den objektiven
Kriterien gibt es auch ‚weiche', etwa emotionale, symbolische oder traditi-
onsbezogene Faktoren, die für den Genuß des Spiels nicht ohne Bedeutung
sind. Die Vermarkter des Spiels entwickeln dagegen sehr präzise Vorstellungen, die häufig mit räumlichen und gestalterischen Kriterien kollidieren. Man
muß jedoch zugeben, daß überdachte Tribünen mit warmen Sitzen an regneri-
schen Novembernachmittagen angenehmer sind als windige, unüberdachte
Stehplätze. Derzeit gibt es Tendenzen der Architektur, sich des Fußballstadions als Bauaufgabe intensiver anzunehmen, als es bisher der Fall war. Das
erscheint umso wichtiger, als dem Stadion in Zeiten verschwindender urbaner
Räume verstärkt kommunikative und öffentliche Funktionen zukommen werden. Hoffentlich kann das Fußballspiel selbst dafür weiterhin die Grundlage
bieten. Dies wird allerdings nur dann der Fall sein, wenn der Fußball nicht,
wie beim Tennis bereits geschehen, medial erschlagen wird.[14]

Die Entwicklung der Dinge kann nicht aufgehalten werden. Es ist sinnlos,
sich gegen eine Arena zu wehren, weil man noch den Bockwurstgeruch auf
dem Stehplatz der Kindheit in der Nase hat. Aber mit etwas mehr Sinn und
Engagement für räumliche und gestalterische Qualitäten – nichts anderes ist
Architektur – wäre viel zu gewinnen. Es ist jedem der persönliche Vergleich
verschiedener Stadientypen zu empfehlen. Die Vor- und Nachteile der Stadi-
en zeigen sich im direkten Vergleich am deutlichsten.

„Der Fußball steht nicht still, nichts auf der Welt ist beständig!", wußte
schon Jupp Posipal. Und so wird sich wahrscheinlich in wenigen Jahren auch
die Stadionfrage unter den dann schon wieder veränderten Bedingungen neu
diskutieren lassen.

---

[14]  Vgl. dazu auch die Bemerkungen und Warnungen im Beitrag BURK, S. 247–250.

*Weiterführende Literatur*

FRANZ-JOACHIM VERSPOHL, Stadionbauten von der Antike bis zur Gegenwart, Gießen 1976.

WERNER SKRENTNY, Das große Buch der deutschen Fußballstadien, Göttingen 2001.

MICHELLE PROVOOST (Hrsg.), The Stadium, Rotterdam: Ausstellungskatalog 2000.

*Ulrich von Berg*

# Kino-Kicks
## Ein Streifzug durch die Welt des Fußballfilms

Bereits 1898 wurde erstmals nachweislich ein Fußballspiel, die englische Erstligabegegnung Blackburn Rovers gegen West Bromwich Albion, von einer Filmkamera dokumentiert. Knapp zwei Minuten dieses aus einer leicht erhöhten Hintertorperspektive aufgenommenen Materials sind erhalten geblieben. Damit war der Startschuß zu einer filmischen Fußballberichterstattung gegeben, die im Lauf von rund 100 Jahren immer komplexer, raffinierter und technisch anspruchsvoller wurde und bei der die Grenze zwischen Journalismus und Entertainment längst nicht mehr auszumachen ist. Es ist ein langer Weg, den die Darstellung von Fußballspielen in bewegten Bildern zurückgelegt hat: beginnend mit diesen verwackelten, von einer einzigen starren Kamera festgehaltenen Aufnahmen aus dem Ewood Park (schon damals die angestammte Heimstatt der Rovers) bis zu jenem selbstzweckhaft die Sinne strapazierenden Bombardement eines Effekte haschenden Schnickschnacks, mit dem heute jede beliebige Bundesligapartie in Deutschland von demjenigen Kommerzsender ‚aufbereitet‘ wird, der gerade über die Sende- und damit auch die Gestaltungsrechte verfügt.[1]

In jedem Fall handelt der folgende Beitrag, von wenigen Ausnahmen abgesehen, von Kinofilmen bzw. von Filmen, die fürs Kino produziert wurden, nicht von Dokumentationen oder Filmen im Fernsehformat.

### 1. Forschungsstand und genretheoretische Vorbemerkungen

Da man schon früh erkannte, daß die Emotionen, die durch den Fußball freigesetzt werden, auch ein Potential für fiktionale Kinoplots beinhalten, wurden immer wieder leicht bastardierte Verwandte der streng journalistisch intendierten Fußballberichterstattung in Filmform produziert: Fußballspielfilme nämlich. Die von dem früheren Filmkritiker und heutigen Regisseur Hans C. Blumenberg beschworene „schaurige Mesalliance" zwischen Film und Fußball nahm ihren Lauf, „mit herben Verlusten auf beiden Seiten".[2] Es gibt wahrlich nicht viele gute Fußballfilme; aber etliche entfalten auf faszinierende Weise einen ganz eigenen Reiz. Es nimmt daher auch kaum wunder, daß die von einer Handvoll Sammlern vorangetriebene Beschäftigung mit jenen

---

[1]  Zur Entwicklung und Darstellung des Fußballsports im deutschen Fernsehen vgl. den Beitrag BURK.

[2]  HANS C. BLUMENBERG, Helden und Mythen, in: Sports, Heft 3, 1993, 96–99.

Spielfilmen, die einen wie auch immer gearteten, oft nur peripheren Bezug
zum Fußballsport haben, erst in den 1980er Jahren einsetzte – in einer Zeit, in
der die sogenannte *Trash*-Ästhetik salonfähig und eine Vielzahl bisher über-
sehener Sparten der populären Kultur beachtet und neu bewertet wurde: Teil-
bereiche von Kinogenres wie etwa Science Fiction und Horror oder bestimmten Spielarten des Rock'n Roll oder der *Pulp*-Literatur.

Wenn man viel Mühe, Zeit und Geld in diese entlegenen Randbereiche
der populären Kultur investiert, besteht Gefahr, daß man sie, in lustvoll be-
triebener Abgrenzung vom allseits Bekannten, schön redet. Daher sei schon
an dieser Stelle mit aller Deutlichkeit gesagt, daß es unter den Fußballfilmen keine vergessenen Kleinode der Filmkunst zu entdecken gibt, allenfalls
bunt schillernde Sumpfblüten des Genrekinos. Auch wenn im folgenden etliche als ‚Fußball‘-Filme eingeordnete Streifen verkappte Melodramen, Komö-
dien, Thriller oder Kriegsfilme sind, so sind sie dennoch in erster Linie
‚Sportfilme‘.

Dieses Genre genießt unter Cineasten einen ausgesprochen schlechten Ruf,
gilt bei Produzenten gemeinhin als Kassengift. Wohl auch deshalb wurden
Sportfilme in den genretheoretischen Debatten der 1970er und 80er Jahre, die
die gängigen Gattungen in immer enger gefaßte Subgenres kategorisierten,
äußerst stiefmütterlich behandelt. Sie schienen nicht die Mühe ernsthafter
Studien wert, weshalb kaum Literatur über das Genre Sportfilm geschrieben
wurde. Abgesehen von diversen Zeitschriftenartikeln prominenter Kritiker
und Sportenthusiasten wie Andrew Sarris oder David Thomson[3] und von uni-
versitären Kleinverlagen publizierte Untersuchungen über die Wechselwirkung zwischen Kino und diversen Sportarten,[4] gibt es eigentlich nur zwei
umfassendere Abhandlungen: *Sports Movies* (1989) von Jeffrey H. Wallen-
feldt und *Sports in the Movies* (1982) von Ronald Bergan.[5] Beide Bücher sind
verdienstvolle Fleißarbeiten, auch wenn sie jeweils nur etwa 500 Filme thematisieren, Filmkulturen jenseits der westlichen Welt fast ganz ignorieren
und Fußballfilme nur ganz am Rande berücksichtigen.

Die von wenigen Sammlern vorangetriebene Beschäftigung mit dem fiktionalen Fußballfilm befindet sich immer noch im Stadium des bloßen Erfas-
sens des bisher weltweit Gedrehten. Immer wieder kursieren in diesen Fan-
zirkeln Gerüchte über einen angeblich sensationellen Film aus längst

---

[3]  David Thomson hat fast zeitgleich eine der definitiven Monografien über Orson Welles
    und eines der besten Bücher über die Fußballweltmeisterschaft 1966 geschrieben. Vgl.
    DAVID THOMSON, Rosebud: the story of Orson Welles, London 1996; DERS., 4 – 2, Lon-
    don 1996.
[4]  Vgl. etwa das erschöpfende Standardwerk von HAL ERICKSON, Baseball in the movies: A
    comprehensive reference, 1915–1991, Jefferson, N.C. etc. 1992.
[5]  Vgl. RONALD BERGAN, Sports in the Movies, New York 1982; JEFFREY H. WAL-
    LENFELDT (Hrsg.), Sports Movies – A Review Of Nearly 500 Films, Evanston / Illinois
    1989.

vergangenen Zeiten, von dem sich dann nach mühevollen und kostspieligen Recherchen herausstellt, daß kaum etwas mit Fußball zu tun hat. So grassierte beispielsweise nur wegen des Titels der österreichischen Produktion *Roxy und das Wunderteam* (1938) eine regelrechte Hysterie. Nachdem aber eine der letzten erhaltenen Kopien gesichert war, konnte man nicht, wie erhofft, die berühmte Mannschaft der Alpenrepublik als Darsteller beim Zelebrieren ihrer Fußballkunst bestaunen. *Roxy und das Wunderteam* entpuppte sich vielmehr als langweilige und dialoglastige ‚screwball comedy‘, in der einzig Mathias Šindelár eine winzige Nebenrolle spielt.

Solche frustrierenden Erlebnisse haben dazu geführt, den direkten Fußballbezug der in Frage kommenden Filme immer niedriger anzusetzen. Treffend hatte John Ford einmal festgestellt, daß es in jedem Western Pferde und Revolver gibt, aber längst nicht jeder Film, in dem Pferde und Revolver zu sehen sind, auch ein Western sei. Die Problematik einer Definition des Fußballfilms läßt sich an einem bekannten Beispiel veranschaulichen: Für den Genresammler ist *Trainspotting* (1996) von Danny Boyle natürlich ein Fußballfilm, obwohl es sich eher um eine surrealistisch angehauchte Sozialstudie aus dem Drogenuntergrund Edinburghs handelt bzw. um die Geschichte von vier nichtsnutzigen Kleinkriminellen, deren Freundschaft allmählich zerbricht.[6] Die Einbeziehung auch solcher Filme erklärt die hohe Zahl der 500 bis 700 ‚Fußballfilme‘, von denen manche Sammler sprechen. Die Dunkelziffer erhöht sich noch dadurch, daß viele jüngere Fußballfilme aus Asien, Afrika oder Lateinamerika, falls sie nicht auf europäischen Festivals laufen, kaum zu sehen bzw. meist nur mühevoll als Video erhältlich sind. Auch diesen Filmen eilt nicht selten ein Ruf voraus, den sie bei näherer Betrachtung nicht einlösen können.[7]

Wenn man die *Boxfilme* und die in tiefere, sich andernorts kaum erschließende Bewußtseinsschichten genuin amerikanischer Mythologie hinabführenden *Baseballfilme* ausklammert, dann könnte man sich zu dem Pauschalurteil verleiten lassen, daß es sich bei Sportfilmen, von wenigen Ausnahmen

---

[6]  Die Quintessenz des Films: Mag man auch ab und zu eine Schlacht gewinnen, im gesamten Krieg / Lebenskampf / Weltmeisterschaftsturnier hat man keine Chance. Sie wird in einer unvergeßlichen Szene gebündelt und hat mit einer böswillig vertauschten Videocassette und dem 3:2-Sieg der schottischen Nationalmannschaft bei der WM 1978 gegen Holland zu tun, der die *brave hearts* aber dennoch nicht in die Zwischenrunde brachte, weil diese zuvor den Fans die obligatorischen Enttäuschungen – 1:3 gegen Peru und 1:1 gegen den Iran – bereitet hatte.

[7]  In den dürren, zufällig in einer mexikanischen Tageszeitung entdeckten Produktionsnotizen wurde etwa Jose Novoas venezuelanischer Film *Sicareo* (1995) als Thriller beschrieben, in dem sich talentierte Nachwuchskicker, bevor sie einen gut dotierten Vertrag erhalten, zunächst erst einmal als Auftragskiller finsterer Drogenbosse verdingen müssen. Das klang aufregend, hatte aber mit dem Inhalt des Films, der später sogar in Deutschland einen Verleih fand, nicht viel zu tun; denn juvenile Hitmen und Dealerbarone tauchen in *Sicareo* in reicher Zahl auf, aber leider keine Fußballspieler.

abgesehen, um Massenware handelt, die ebenso schnell auf den Markt geworfen wird, wie sie wieder in der Versenkung verschwindet. Sie werden für ein
Zielpublikum produziert, von dem die Produzenten annehmen, daß es kaum
intellektuelle oder ästhetische Ansprüche stellt, obwohl die Affinität zwischen Kino und Sport doch überdeutlich auf der Hand liegt. So schreibt Ronald Bergan: „Das Kino und der Sport sind zwei artifizielle und idealisierte
Welten mit eigenen Gesetzen und Ritualen, in denen, anders als im richtigen
Leben, eine gewisse Ordnung herrscht und somit Sinn vorhanden ist."[8]

Der Sport kreiert Helden und Mythen, vollbringt Wunder und läßt Märchen wahr werden.[9] Früher galt er als ideale Lebensschule und liefert heute
der Wettbewerbsgesellschaft ihre griffigsten Metaphern und Parabeln.[10] In der
Welt des Sports finden sich alle dramatischen und visuellen Voraussetzungen,
die das Kino braucht, um packende Geschichten zu erzählen. Darüber hinaus
haben sich Sport und Kino beinahe zeitgleich zu weltweit verstandenen Formen des Eskapismus entwickelt.[11] Speziell über Fußball ließen sich, zumindest theoretisch, unzählige Filmgeschichten erzählen; fast jeder Fan hat sich
in seiner Phantasie schon die eine oder andere davon ausgedacht. „Kino und
Kick", schreibt Blumenberg, „scheinen auf den ersten Blick wie füreinander
geschaffen: zwei Spielarten der populären Massenkultur, bewegungsintensiv
und gefühlsgeladen, schnell und kommerziell, in ihren besten Momenten eine
Synthese aus Spiel, Kunst und Entertainment."[12] Doch dies gilt wirklich nur
für den ersten Blick; denn in der Praxis waren Sportfilme in den seltensten
Fällen erfolgreich. Dafür haben die wenigen Theoretiker des Genres vier
Gründe angeführt.

*Erstens*: Sportfans bevorzugen, als Stadionbesucher oder Fernsehkonsu-
menten, das eigentliche Sportereignis. Die inszenierte Darstellung sportlicher
Wettkämpfe lehnen sie daher grundsätzlich als unglaubwürdig und damit
langweilig ab. Sie können oder wollen nicht akzeptieren, daß ein Drehbuchautor oder Regisseur vorausbestimmt, wer gewinnt und verliert. Bei einem
Großteil des möglichen Publikums hat der fiktionale Sportfilm also von vornherein keine Chance.

---

[8]   RONALD BERGAN, Sports in the Movies, New York 1982 (Vorwort): „Movies and sports
      are two artificial and idealized worlds with their own rules and rituals, in which, unlike
      real life, there is some order and meaning."
[9]   Zu den Helden und Heiligen des Sports und der Massenmedien vgl. auch die Bemerkun-
      gen im Beitrag GEBAUER, S. 308f., 312f., in diesem Band.
[10]  Über den inneren Zusammenhang zwischen Fußballsport und dem Gerechtigkeitsideal
      der modernen Leistungsgesellschaft vgl. die abschließenden Betrachtungen im Beitrag
      PROSSER, S. 292.
[11]  Vgl. in diesem Zusammenhang aus literaturwissenschaftlicher Sicht auch die Bemerkun-
      gen im Beitrag LEIS, S. 142–148.
[12]  BLUMENBERG, Helden und Mythen (Anm. 2).

*Zweitens*: Sportfilme werden fast ausnahmslos aus der Perspektive eines Athleten bzw. einer Mannschaft erzählt, die dem Zuschauer zur Identifikation angeboten werden. Der Gegner indes bleibt weitgehend anonym. Dadurch verzerren sich die Wettbewerbsbedingungen; aufgrund fehlender Chancengleichheit droht wiederum Langeweile.

*Drittens*: Sport verweigert sich per se allen dramaturgischen Eingriffen von außen, lebt stark von Überraschungsmomenten und Unwägbarkeiten – vom Live-Charakter – und schreibt sich seine Drehbücher daher selbst. Andrew Sarris reduzierte die Differenz auf die prägnante Formel: „Sports are now. Movies are then. Sports are news. Movies are fables."

*Viertens*: Diejenigen Zuschauer, die den fiktionalen Charakter der Sportfilme gerade noch hinzunehmen bereit sind, werden oft durch die filmhandwerklich schlampige Ausführung der dargestellten Sportwettkämpfe abgeschreckt. Die noch zu Stummfilmzeiten entwickelte ‚Mischform' aus dokumentarischen Aufnahmen und inszenierten Einstellungen (meist Großaufnahmen der im jeweiligen Film mitwirkenden Stars) war vielleicht geeignet, das Publikum vor dem Fernsehzeitalter zufriedenzustellen; aber heute greifen solche Notlösungen kaum noch. Nur wenige Fußballfilmproduktionen verfügten über genügend Geld und Zeit, um cineastische Strategien zur Lösung dieses Problems, das jedem Regisseur theoretisch klar ist, in Angriff zu nehmen.

## 2. Die ersten Produktionen der Stummfilmära

Der erste Fußballfilm überhaupt ist mit hoher Wahrscheinlichkeit der siebenminütige ‚one reeler' *Harry the footballer* von Lewin Fitzhamon aus dem Jahr 1911. Das kurze, aber dramaturgisch erstaunlich kompakte Werk aus England verfährt nach einer Strategie, die viele Nachfolger aufgriffen und perfektionierten: Sie blendet die fiktionale Darstellung des Fußballspiels weitgehend aus und stellt den Plot eines anderen, klassischen Kinogenres, hier des Kriminalfilms, in den Vordergrund.

> Im Grunde ist der Film eine einzige Retardierung und ein lustvolles Spiel mit der Erwartungshaltung und der Vorfreude der Zuschauer, sowohl der vor der Leinwand, als auch derjenigen im Film, die dem großen Match zweier von jeher verfeindeter Dorfmannschaften entgegenfiebern. Um die eigenen Siegchancen zu erhöhen, verfällt die Anhängerschaft des einen Teams der perfiden Idee, den gegnerischen Goalgetter in der Nacht vor dem Spiel zu entführen, gefesselt in einer abgelegenen Scheune gefangen zu halten und so auszuschalten. Natürlich scheitert der niederträchtige Coup im letzten Augenblick, weshalb *Harry the footballer* wie unzählige Actionfilme der Stummfilmära überwiegend aus rasanten Parallelmontagen besteht, die den Wettlauf mit der Zeit dramatisieren: Wird das gerade noch rechtzeitig befreite Entführungsopfer es schaffen, beim Anpfiff auf dem Platz zu stehen und dafür zu sorgen, daß die Schurken aus dem Nach-

bardorf mit einer deftigen Niederlage bestraft werden? Die ‚last minute rescue‘ gelingt in reinster Form; doch als der Ball zu rollen beginnt, sind die sieben Minuten vorbei.

Zu den besten frühen Fußballfilmen überhaupt zählt *Die elf Teufel* (1927), inszeniert von dem gebürtigen Ungarn Zoltan Korda, einem jüngeren Bruder des berühmteren Alexander Korda, und mit Gustav Fröhlich, Willi Forst, Eveline Holt und Fritz Alberti prominent besetzt. Die Produktion, die lange als verschollen galt, ist ein zeittypisches Melodram; aber die Situierung der Handlung im Fußballmilieu wirkt nie zwanghaft oder aufgesetzt. Der Titel des Films bezieht sich zwar auf die Mannschaft, aber im Mittelpunkt des Interesses steht ausschließlich das Schicksal eines einzelnen Spielers. *Die elf Teufel* ist der erste Fußballfilm, dessen Macher sehr gut wußten, daß nicht alle Spieler zu komplexen Leinwandfiguren entwickelt werden können, sondern die meisten zur Staffage verkümmern müssen. Bis heute hat kein Film dieses Problem, das auch die Thematisierung aller anderen Mannschaftssportarten im Kino betrifft, zur allgemeinen Zufriedenheit lösen können; aber *Die elf Teufel* manövriert sich durch die Überbetonung erotischer Gefühlsverwirrungen clever und sympathisch daran vorbei. Trotzdem, und das ist das größte Plus des Films, wird ausgiebig gekickt; obendrein fallen nicht nur die sportlichen, sondern auch die erotischen und moralischen Entscheidungen auf dem Fußballplatz. Der Film arbeitet Klassengegensätze heraus und skizziert eingangs mit verblüffender erzählerischer Ökonomie parallel existierende Sozialmilieus der Weimarer Zeit.[13]

Als Kontrahenten läßt Korda den Arbeiterclub ‚SC Linda‘, der sich aus lupenreinen Amateuren rekrutiert, und den großbürgerlichen Verein ‚International‘, dessen Mitglieder mondän und ein wenig dekadent wirken, auftreten. Tommy (G. Fröhlich) ist Torjäger des SC Linda, die von allen Mitspielern umschwärmte Namensgeberin der Truppe (E. Holt) seine Braut. Tommy, dem Staralüren völlig fremd sind, geht mit dem schönsten Mädchen, der Chef hat ihm Gehaltserhöhung in Aussicht gestellt und nach Feierabend schießt er Tor um Tor. Doch in diese Welt ungetrübten Glücks muß böse Versuchung hereinbrechen: Während des Trainings der Cracks von ‚International‘ fliegt ein nagelneuer Lederball über den Bretterzaun, wird von einem kleinen Jungen, der als Vereinsmaskottchen des ‚SC Linda‘ fungiert, zu den erheblich schlechter ausgerüsteten Arbeitersportlern mitgenommen. Der Junge wurde jedoch von zwei undurchsichtigen Figuren aus dem Umfeld von ‚International‘ beobachtet, die ihm zunächst aus Neugier folgen. Bei der einen handelt es sich um einen geltungssüchtigen Scheckbuchmanager, bei der anderen um dessen Gespielin Viviane (Lissi Arna), eine typische Femme fatale der Wilden Zwanziger Jahre, mit den Eigenschaften eines auf Fußballer spe-

---

[13] Über die konkurrierenden Organisationsformen und Verbände des Fußballsports in der Zeit der Weimarer Republik und ihre sozialgeschichtliche Situierung vgl. in diesem Band den Beitrag EGGERS, 75 Anm. 33, 79 Anm. 53, sowie ausführlicher DERS., Fußball in der Weimarer Republik, Kassel 2000, 54–100.

zialisierten Groupie. Das abgefeimte Duo gelangt zum Vereinsgelände des ‚SC Linda‘ und wird Zeuge der bisher im Verborgenen blühenden Kickkünste Tommys. Ein solcher Mittelstürmer, das ist den beiden sofort klar, würde gut zu ‚International‘ passen. Mit einem raffinierten Gespinst aus immer perfideren Maßnahmen versucht man, Tommy abzuwerben. Doch ahnt dieser instinktiv, daß er dort ein Fremdkörper bleiben wird, und lehnt den Vereinswechsel ab. Was mit Geld und beruflichen Aufstiegschancen zunächst nicht gelingt, schafft Vivian schließlich mit den Waffen der Frau, die brav-biedere Linda dabei fast ins Verderben stürzend. Tommy, von seinen ehemaligen Mitspielern geschnitten, entdeckt bald, daß Vivians Zuneigung vorgetäuscht war und droht, an der falschen Entscheidung zu zerbrechen. Die Konflikte kulminieren schließlich in einem Spiel um den Stadtpokal, bei dem ‚International‘ auf den ‚SC Linda‘ trifft. Aus Trotz und um Tommys Schuldgefühle zu steigern, treten die Arbeitersportler zu dieser Partie nur mit zehn Spielern an. Ihr früherer Mittelstürmer, der inzwischen ‚International‘ den Rücken gekehrt hat, ist in der ersten Halbzeit zum Zuschauen verdammt. Waren zuvor fußballspezifisch nur einige wenige Trainingsszenen zu sehen, so versteht es Korda nun geschickt, die Spannung auf das große Spiel, den Höhepunkt des Films, zu steigern und mit knapp 20 Minuten in großer Ausführlichkeit zu zeigen. ‚International‘ ist drückend überlegen, führt aber nach 45 Minuten nur 1:0. Nachdem der Junge, der unfreiwillige Urheber aller Konflikte, an Tommys Gewissen appelliert hat, streift sich dieser zur zweiten Halbzeit das alte Trikot über und stürmt, von der Kamera in heroischer Untersicht erfaßt, aufs Spielfeld. Daß er mit zwei Treffern das Match gegen den scheinbar übermächtigen Gegner noch herumdreht, bedarf keiner Erwähnung.

*Die elf Teufel* zählt zu den ersten Fußballfilmen, bei denen Totalaufnahmen (gedreht im alten Berliner Grunewaldstadion) tatsächlicher Spitzenbegegnungen mit nachgedrehten, fiktionalen Nah- und Großaufnahmen der Schauspieler zusammengeschnitten wurden. Gerade deshalb ist der namentlich nicht bekannte Cutter der eigentliche Star: Der Film steigert sich auf dem Höhepunkt des großen Spiels von Szene zu Szene zu einer wilden cineastischen Orgie, bei der alle Stilmittel expressionistischer Filmkunst auf den Zuschauer niederprasseln, so daß in diesem Fall das Schlagwort von der ‚entfesselten Kamera‘ berechtigt ist. Die Perspektivwechsel – u.a. auch die des Balls! – erfolgen so rasch, daß man die räumliche Orientierung verliert und spätestens, wenn Tommy zu seinen Sololäufen ansetzt, meint, das Spielfeld sei mindestens einen Kilometer lang. Mit realistischer Darstellung hat dieses verwirrende Gewitter aus Überblendungen, Doppelbelichtungen und anderen Effekten nichts zu tun; es ist eindeutig darauf angelegt, den Zuschauer zu überrumpeln. Gerade aber durch seine Experimentierlust und die naive Begeisterung an den eigenen Ausdrucksmitteln vermittelt der Film pure Spiel- und Bewegungsfreude. Es ist heute kaum noch vorstellbar, wie intensiv diese Bilderkaskade in einer Zeit, in der es so gut wie keine filmische Sportberichterstattung gab, auf sein Publikum gewirkt haben muß.

Diese Qualitäten sind auch heute noch überzeugend, und zwar trotz der Art
und Weise, wie das Verhältnis eines Mannes zwischen zwei Frauen unter-
schiedlichster sozialer Herkunft dargestellt wird; es wirkt auf den heutigen
Betrachter kolportagehaft, kitschig, stellenweise sogar unfreiwillig komisch
und gehorcht, dramaturgisch konsequent durchgezogen, dennoch den Genre-
regeln des Melodrams. Auch daß man Kordas Werk bei ideologiekritischer
Beurteilung durchaus eine reaktionäre Botschaft attestieren kann, fällt nicht
weiters ins Gewicht: daß sich der Einzelne mit einem bescheidenen Glück
nämlich zufriedengeben und nicht nach ‚Sternen‘ außerhalb seines proletari-
schen Milieus greifen soll. Aber *Die elf Teufel* bietet in embryonaler Form
einen Großteil derjenigen Ingredienzen, die auch die Crème der späteren
Fußballfilme auszeichnet – und dies obendrein in einer atmosphärisch dichten
und stimmigen Rahmenhandlung.[14]

## 3. Dokumentarisches und Fiktionales in den Fußballfilmen
   der 1930er Jahre

In den 1930er Jahren entstanden in England zwei Filme, in denen die von den
deutschen Vorläufern initiierte Mischform aus *Totalen* tatsächlicher Li-
gaspiele einerseits sowie nachgedrehten und ersteren bezüglich ihres Looks
(Spielkleidung, spezifische Beschaffenheit des Platzes etc.) so perfekt wie
möglich angepaßten *Groß- und Nahaufnahmen* der Schauspieler[15] andererseits dahingehend verfeinert wurde, daß nicht mehr anonym gehaltene Spiele,
die allenfalls Experten bekannt sein konnten, den Hintergrund abgaben, sondern Vereine und Spieler, die auch beim Namen genannt und so bewußt als
zusätzliche Attraktion des Films eingesetzt wurden. Jack Raymonds *The
great Game* (1930) – nicht zu verwechseln mit dem gleichnamigen von Mau-
rice Elvey inszenierten englischen Streifen von 1952, der auf dem populären
Theaterstück von Basil Thomas basiert – geht dabei so weit, das FA Cup Final dieses Jahres (Arsenal London gegen Huddersfield Town 2:0) in die fiktive Handlung zu integrieren, was dem Film bei Spielszenen von rund zehn
Minuten aus heutiger Sicht auch einen unschätzbaren sporthistorischen Wert
verleiht.

---

[14]  Um so befremdlicher mag es erscheinen, daß offizielle Institute und Einrichtungen, die
     die deutsche Filmgeschichte pflegen und Himmel und Hölle in Bewegung setzen, wenn
     es gilt, irgendwo in der Welt auch nur ein einziges bisher unbekanntes Einzelbild von
     Fritz Lang, Friedrich Wilhelm Murnau oder anderen Klassikern zu sichern, sich nie um
     den Film gekümmert haben. So blieb es den Fans und Privatsammlern vorbehalten, in
     Moskau eine ramponierte Kopie aufzutreiben und mit eigenen Mitteln zu restaurieren.
[15]  Zur Anwendung dieses Stilmittels einer Konfrontation der Totalen mit der Nahper-
     spektive in der bildenden Kunst vgl. den Beitrag EGGERS / MÜLLER im vorliegenden
     Band S. 176.

Der Plot von *The great Game*, in dem mit Jack Cock ein damaliger Starkicker als gar nicht untalentierter Darsteller und der noch blutjunge Rex Harrison in einer Nebenrolle mitwirken, ähnelt auffallend dem von *Die elf Teufel*, jedoch ist die Umsetzung nüchterner und weitaus weniger von formaler Experimentierfreude geprägt. Die ‚sportphilosophische Gretchenfrage‘ lautet hier aber nicht ‚Amateur‘ oder ‚Profi‘, sondern ‚jung‘ oder ‚alt‘ und die Konflikte der Handlung bleiben auf die Führung eines Vereins beschränkt. Der Clubvorsitzende will den Neuaufbau der gerade abgestiegenen Mannschaft mit zusammengekauften Altstars bewerkstelligen, wobei er sich einiger illegaler Methoden bedient. Sein widerspenstiger Trainer setzt dagegen auf Nachwuchskräfte aus den eigenen Reihen, steht aber vor dem Problem, daß der Torgefährlichste mit seiner Tochter liiert ist: für den Präsidenten ein willkommener Anlaß, ihn wegen Vetternwirtschaft aus dem Verein zu mobben. Aber der Schwiegersohn in spe schießt im Pokalfinale, in das man sensationellerweise eingezogen war, den Siegtreffer und alle vorherigen Konflikte finden ihre Lösung.

Wenige Jahre später toppte Thorold Dickinson den Realitätsbezug zum aktuellen Fußballgeschehen in *The Arsenal Stadium Mystery* (1939), einer atmosphärisch dichten und sehr britischen Melange aus Murder Mystery und Light Comedy, dadurch, daß fast die gesamte Mannschaft von Arsenal, seinerzeit das Nonplusultra des englischen Vereinsfußballs, mitwirkte und zwar innerhalb und außerhalb des Stadions. So konnte das Kinopublikum gemeinsam mit Trainerlegende George Allison, dem Nachfolger von Herbert Chapman, und den damaligen Stars Ted Drake, Eddie Hapgood oder Cliff Bastin, die sichtlich Spaß an der Schauspielerei hatten und erstaunlich locker agierten, auf Jagd nach dem Mörder gehen, der den gegnerischen Mittelstürmer in der Halbzeitpause vergiftet hat. Auch die, aus mehreren Kameraperspektiven aufgenommenen Spielszenen – Arsenal kickte gegen das unterklassige Team aus Brentford – sind, stellt man das Entstehungsjahr 1939 in Rechnung, von großer Klasse; die wenigen fußballerisch unbegabten Schauspieler an der Seite der Arsenal-Cracks fallen jedenfalls nicht negativ auf.

Sowohl *The Arsenal Stadium Mystery* als auch *The great Game* bieten auf der Tonebene ein innovatives Genreelement, nämlich einen Hörfunkreporter, jeweils von einem damaligen Star dieser Zunft ‚gespielt‘, der die gezeigten Spielausschnitte live kommentiert. Dies setzt auch jene Zuschauer des Films, die wenig oder nichts von Fußball verstehen, in die Lage, dem Geschehen auf dem Rasen zu folgen. Dieses, inzwischen altbacken wirkende Verfahren findet bis auf den heutigen Tag in Sportfilmen häufig Verwendung.

Das deutsche Pendant zu diesen beiden formal brillanten Filmen entstand 1941: *Das große Spiel*,[16] ein vergessenes Meisterwerk, das in der Entwicklung des Fußballfilms geradezu einen Quantensprung darstellt und in Fachkreisen immer noch als einer der besten Vertreter der Gattung gilt. Der be-

---

[16] Vgl. dazu auch ULRICH VON BERG, Das Große Spiel – Der beste Fußballfilm aller Zeiten, in: steady cam, Nr. 23, 1992.

kannte Sportjournalist Richard Kirn hat am Script mitgeschrieben[17] und Stars wie René Deltgen, Gustav Knuth und der unverwüstliche Heinz Engelmann haben alle Register ihres Könnens gezogen. Mit stupender narrativer Ökonomie und solidem filmhandwerklichem Geschick gelingt es dem knapp über 70 Minuten langen Film, bei dem Robert Adolf Stemmle als Regisseur bzw. ‚Spielleiter' fungierte, mehrere geschickt ineinander verwobene Geschichten von sportlichen und menschlichen Problemen zu erzählen, die schließlich rund um das titelgebende Match ihren Lösungen zugeführt werden – genau dort also, wo sie im Genre des Sportfilms einzig und allein plaziert sein dürfen. Aber um des Zuschauers Vorfreude zu steigern, vergeht fast die Hälfte der Zeit, bis der erste Ball rollt. In der zeitlich knappen, hinsichtlich der psychologischen Zeichnung der Protagonisten dennoch aber präzisen Hinführung erzählt *Das große Spiel* einerseits die Erfolgsgeschichte des fiktiven, aber überdeutlich an den FC Schalke 04 angelehnten Vereins Gloria 03 aus der ebenso fiktiven Stadt

Abb. 1:
*Das Programmheft zu ‚Das große Spiel'*
*(1941) wirbt statt mit einer Fußballszene*
*mit dem von René Deltgen und Hilde*
*Jansen gespielten Liebespaar.*

Wupperbrück, zum anderen schildert er, klischeestrotzend und feinfühlig-unkonventionell zugleich, den leidvollen Integrationsprozeß, den der neu zur Mannschaft gestoßene Mittelstürmer Walter Fehling (R. Deltgen) durchläuft.

Fehling bandelt mit einer von Hilde Jansen gespielten Frau an, in der jeder außer ihr selbst die baldige Braut von Torwart Jupp Jäger (H. Engelmann) sieht (Abb. 1). Aber nicht nur seine amourösen Verwicklungen erweisen sich als Hindernisse. Denn der sportlich zwar unumstrittene, auf Grund seiner jungen Vereinszugehörigkeit in der mannschaftsinternen Hackordnung aber noch ganz unten rangierende Neuling ist im ‚richtigen Leben' der harten Bergmannsarbeit unter Tage direkter Vorgesetzter seiner Mitspieler. Fehling kam nämlich nicht vorrangig als Fußballer aus seiner oberschlesischen Heimat in den Kohlenpott, sondern als qualifizierter Obersteiger.

---

[17]  Nach dem Drehbuch des Films hat Richard Kirn 1942 den gleichnamigen Roman *Das große Spiel* geschrieben; vgl. dazu MARIO LEIS, Sport in der Literatur, Frankfurt a. M. 2000, 196f.

*Das große Spiel* zählt zu den wenigen im Nichtprofibereich angesiedelten Fußballfilmen, die sich bewußt auf die Arbeitswelt der Kicker einlassen; er ist in der ästhetisch heroisierenden Zeichnung dieser Welt des harten Kampfs, in der die Kumpel der Erde das schwarze Gold abringen, natürlich ein von der Ideologie des Nationalsozialismus geprägtes Werk – anders wäre er 1941 kaum möglich gewesen. Den Film heute jedoch nur unter ideologiekritischen Aspekten zu betrachten, würde ihm nicht gerecht werden. Wenn aber Fußball gespielt wird, nachdem Gloria 03 märchenhafterweise das Endspiel um die Deutsche Meisterschaft erreicht hat, dann ist *Das große Spiel* fast konkurrenzlos unangreifbar. Im Fernsehzeitalter mit seiner inzwischen kaum noch überschaubaren Flut von Fußballübertragungen kann man sich nur schwer vorstellen, was es 1941 für Millionen von Fans bedeutet hat, daß ein Spielfilm rund ums Endspiel, den absoluten Höhepunkt des Fußballjahres, gedreht wurde. Damals konnte man ansonsten nur in den Wochenschauen einige kurze Ausschnitte bewundern, danach begann die optische Erinnerung unweigerlich zu verblassen.

Um die Spielfilmszenen möglichst perfekt mit den Bildern vom tatsächlichen großdeutschen Finale, das Rapid Wien nach 0:3-Rückstand und einem Spielverlauf, der auch ein überreizter Drehbuchautor hätte ersonnen haben können, noch mit 4:3 gegen den FC Schalke 04 gewann, zu verquicken, bot die Produktionsfirma Bavaria die Oberaufsicht über diesen Teil des Films Reichstrainer Sepp Herberger an, der die halbe Nationalmannschaft als Komparsen mitbrachte. Stemmle inszenierte die schwarz-weiße Rahmenhandlung, Herberger das zwanzigminütige, sogar in Farbe gedrehte Finale im Berliner Olympiastadion – diese Arbeitsteilung erwies sich als absoluter Glücksgriff. Fritz Walter, der natürlich auch mit von der Partie war, erinnert sich in seinem Buch *Der Chef – Sepp Herberger*:

> „Hier wie überall leistete er gründliche Arbeit, Schlamperei war ihm verhaßt. Er studierte das Drehbuch eingehend, bevor er seine Anweisungen gab. Szenen, die dramaturgisch zwar wichtig, fußballerisch aber nicht zu realisieren waren, mußten gestrichen oder geändert werden. Stemmle ließ sich mehr oder weniger willig überzeugen."[18]

Zwei eigentlich simpel anmutende, aber von vielen Fußballfilmen kaum berücksichtigte Erkenntnisse wurden daher in den Mittelpunkt aller Planungen gestellt. Erstens: Unabhängig davon, ob filmische Spannung entsteht, muß ein Fußballspiel von 90 Minuten so zusammengerafft werden, daß der Verlauf des Matches erkennbar und auch für einen Laien nachvollziehbar bleibt. Die Reduzierung auf eine strukturlose Anhäufung spektakulärer, aber aus dem Kontext des Spielverlaufs gerissener Einzelaktionen sollte daher möglichst vermieden werden. Und zweitens:

---

[18] FRITZ WALTER, Der Chef – Sepp Herberger, München 1964, 36–38.

„Das Kampfziel des Fußballs ist das Tor, und dieser Tatsache muß auch ein Fußballfilm Rechnung tragen. So packend einzelne Kampfmomente im Film auch
sein mögen, so sehr man den Durchbruch eines Spielers, das Umspielen der Gegner, ihr Täuschen und das Zuspiel auch bewundern mag, Sinn bekommen all diese Handlungen erst in ihren räumlichen Beziehungen auf das Tor."

Um dies möglich zu machen, wählten Stemmle und Herberger als Haupt-
standorte der Kamera zwei sechs Meter hohe Holztürme, die hinter beiden
Toren errichtet wurden. Mit diesen Schwenkmöglichkeiten konnte das Spielfeld in seiner gesamten Ausdehnung überblickt werden. Erstmals in einem
Fußballfilm war es nun möglich, die Spielzüge beider Mannschaften vom
ersten Paß bis zum Abschluß auf das „Kampfziel Tor" zurollen zu sehen; allerdings bleibt der natürlich gleichfalls fiktive Endspielgegner Glorias weitgehend anonym und damit farblos, was zu den wenigen genrespezifischen
Schwächen[19] des Films zählt. Diese von Stemmle und Herberger installierte
und schnell nachgeahmte ‚dritte Ebene' der Darstellung von Fußballspielen in
Spielfilmen – neben den bereits genannten ‚stock shots' tatsächlicher Spiele
und den für die Identifikation des Kinopublikums mit den Hauptdarstellern
unerläßlichen Nah- und Großaufnahmen – verlieh den Spielszenen in *Das
große Spiel* ein ganz neues Maß an Realismus, Authentizität und Glaubwürdigkeit. Man sah erstmals, daß die nachinszenierte Darstellung eines Fußballspiels nur gelingen kann, wenn dem Zuschauer in wirklich jeder Einstellung
ein Gefühl davon vermittelt wird, wo sich auf dem Spielfeld eine Aktion ereignet, wohin sie sich gleich verlagern wird und wie die an ihr beteiligten
Spieler interagieren.[20]

Interessant ist schließlich auch, daß sich das Kino ausnahmsweise einmal
mit weniger begnügte, als die Wirklichkeit geboten hatte. Hatte Rapid Wien
im Endspiel mit 4:3 gesiegt, nachdem man bereits mit 0:3 zurückgelegen war,
so gibt es für Gloria im Filmfinale nach einem 0:2 Rückstand nur ein 3:2[21], zu
dem Werner Fehling zwei Treffer beisteuert.

## 4. Antifaschistische Dokumentation

Von einem der besten Fußballfilme zum wohl bekanntesten, in jedem Fall
aber teuersten und aufwendigsten: *Escape to Victory* (deutscher Titel: *Flucht
oder Sieg*), 1981 von Hollywoodveteran John Huston in Szene gesetzt. Der
Film ist Gegenstand zynischer Ablehnung einerseits und kultischer Vereh-

---

[19]  Siehe dazu oben S. 200f.
[20]  Zu den genrebedingten Schwierigkeiten, diesen Anforderungen mit den Stilmitteln der
      bildenden Kunst (Malerei, Graphik, Fotografie) gerecht zu werden, vgl. den Beitrag
      EGGERS / MÜLLER, S. 171–175.
[21]  Ein Resultat und eine Torfolge, die in ‚Oberspielleiter' Herbergers weiterem Leben noch
      einmal Bedeutung erlangen sollten.

Abb. 2: *Pele zaubert in ‚Escape to Victory' (1980), Regie: John Huston, mit dem Ball im Kriegsgefangenenlager.*

rung andererseits, weil sich darin das latente Trashpotential der Fußballfilme offenbart wie sonst nirgendwo. Der Film gibt der Vermutung Nahrung, daß sich der Fußball wegen seiner komplexen taktischen Natur generell nicht zu filmischer Darstellung eignet; aber die Schwächen von *Escape to Victory* sind eher darauf zurückzuführen, daß Huston vom Weltsport Nummer eins nur wenig verstanden hat. Nimmt man den Film als pure Unterhaltung, dann wird man an den Kickkünsten der u.a. aus Pele (Abb. 2), Bobby Moore, Ossi Ardiles, Paul van Himst, Kazimierz Deyna, Mike Summerbee und Co Prins, der holländischen Skandalnudel des 1. FC Kaiserslautern aus den Anfangstagen der Bundesliga, bestehenden Kriegsgefangenenweltauswahl seinen Spaß haben oder sich nostalgischen Erinnerungen hingeben. Bobby Moore, der auf Spielfeld und Leinwand klassische britische Coolness verströmt hat, Deyna und Co Prins leben nicht mehr, weshalb der Film diesen Idolen der Fußballgeschichte ein Denkmal gesetzt hat. Wenn dann auch noch ein übergewichtiger Michael Caine als Kapitän dieser bunten Truppe und ein erstaunlicherweise sogar zur Selbstironie fähiger Sylvester Stallone als Torwart mitmischen, ist eine solide Dosis an harmlos-unverbindlichem Kinovergnügen garantiert. Weniger spaßig ist allerdings, wie oberflächlich und ausbeuterisch der Film mit seiner historischen Inspirationsquelle umgeht, dem dunkelsten

Kapitel deutscher Fußballgeschichte, die zuvor schon zweimal in osteuropäischen Filmen – von denen die sowjetrussische Produktion *Tretiy Tayn* (1963) hier nicht berücksichtigt ist – thematisiert wurden.

Um auch auf dem Sportplatz die Überlegenheit der arischen Herrenrasse zu beweisen, verfiel im August 1942 Erich Koch, Reichskommissar für die besetzte Ukraine, der perversen Idee, die angeblich unschlagbare Soldatenelf ‚Adler‘, die sich überwiegend aus zum Kicken freigestellten Luftwaffenangehörigen rekrutierte, gegen eine Auswahl ausgehungerter und völlig untrainierter sowjetischer Kriegsgefangener antreten zu lassen, unter ihnen allerdings acht ehemalige Spieler des mehrmaligen Allsowjetmeisters Dynamo Kiew. Den ‚slawischen Untermenschen‘ wurde vorab von den Nazi-Okkupanten unmißverständlich erklärt, daß ihnen der sofortige Tod sicher wäre, falls sie sich nicht in die ihnen zugedachte Rolle fügen und hoch verlieren würden. Doch die Kiewer Spieler dachten gar nicht daran, sich zum Schlachtopfer degradieren und demütigen zu lassen. „Es siegte ganz einfach die Überzeugung“, berichtete später der das Todesspiel überlebende Michail Swiridowski, „gut spielen zu müssen, um unseren Menschen zu zeigen, daß wir noch leben, daß wir noch da sind und daß wir vor allem zu kämpfen gewillt sind. Gleich an welcher Stelle auch immer.“[22] Das ‚Kiewer Todesspiel‘ ist in der offiziellen bundesrepublikanischen Fußballgeschichtsschreibung lange Zeit totgeschwiegen worden, während in der DDR schon in den 1960er Jahren zwei Bücher darüber erschienen sind. Das Spiel fand im vollbesetzten Dynamo-Stadion statt, wobei sich das Publikum aus Teilen der Kiewer Bevölkerung, deren Erscheinen zu dieser Machtdemonstration ausdrücklich erwünscht war, und deutschen Besatzungssoldaten, denen eine ganz neue Form der Truppenunterhaltung geboten werden sollte, zusammensetzte. Schon zur Halbzeit führten die Kriegsgefangenen, trotz der immer rüderen und vom Schiedsrichter geduldeten Spielweise der ‚Adler‘ mit 3:2, weshalb in der Pause der Appell ‚Niederlage oder Tod‘ von bewaffneten SS-Posten noch einmal, begleitet von Tritten und Gewehrkolbenstößen, wiederholt wurde. Als auch diese ‚Belehrung‘ nichts fruchtete und im zweiten Spielabschnitt die Sympathiebekundungen der einheimischen Zuschauer für ihre Mannschaft immer lauter wurden, brach man das Spiel beim Stand von 5:4 für die Kriegsgefangenen kurzerhand ab. Einige der applaudierenden Zuschauer wurden von den Feldgendarmen, die den ‚Ordnungs‘-Dienst stellten, erschossen, die siegreichen Spieler umgehend in ein Konzentrationslager überführt, wo vier von ihnen binnen weniger Tage den Tod fanden. Heute erhebt sich vor dem Eingang des Dynamo-Stadions ein steinernes Monument, das an die von den Nazis ermordeten Mannschaftsmitglieder Trussewitsch, Klimenko, Kusmenko und Korotkich erinnert.

---

22  Zit. nach Autorenkollektiv MARTIN ZÖLLER u.a., Fußball in Vergangenheit und Gegenwart, Bd. 1: Geschichte des Fußballsports in Deutschland bis 1945, Ost-Berlin 1976, 159–162. Vgl. zu diesem Thema auch LOTHAR CREUTZ / CARL ANDRIESSEN, Das Spiel mit dem Tode, Ost-Berlin 1969, sowie den Roman von ALEXANDER BORSTSCHAGOWSKI, Ihr größtes Spiel, dt. Ost-Berlin 1960.

Natürlich kann eine kommerzielle Hollywoodproduktion wie *Escape to Victory* barbarische Ereignisse dieser Art nicht thematisieren, ohne sie abzumildern und den Konventionen des Starkinos anzupassen. Aber das Resultat war eine peinliche Kriegsklamotte, in der eine kunterbunte Multikultitruppe von Ausnahmefußballern mit den brutalen und zugleich tölpelhaften Nazi-Schergen ein neckisches Katz und Maus Spiel treibt. Mag es noch angehen, daß man die Handlung im Paris der Besatzungszeit ansiedelte, was pittoreskere Schauwerte ermöglichte als das zerstörte Kiew von 1942, so ist es zynisch, daß sich der oberste Wehrmachtsbonze (Max von Sydow), der das makabre Match organisiert hat, spätestens bei Peles Siegtreffer – einem mindestens ein halbes Dutzend mal aus diversen Kameraperspektiven und auch in Zeitlupe wiederholten Fallrückzieher –, als begeisterter Anhänger des Fairplay outet und die Niederlage der deutschen Soldatenelf freudig beklatscht.

Abb. 3: Sylvester Stallone in der Rolle des Capt. Hatch trainiert als Torwart in ‚Escape to Victory‘ (1980), Regie: John Huston.

In *Escape to Victory* geht es nicht um Leben und Tod, sondern darum, Sylvester Stallone, der einen abgeschossenen amerikanischen Piloten und wichtigen Kontaktmann der Résistance spielt, zur Flucht aus einem recht gemütlich wirkenden Gefangenenlager zu verhelfen, wozu es – und das ist die größte Schwäche des konfusen Drehbuchs – schon lange vor dem Spiel etliche gute Gelegenheiten gegeben hatte. In dem völlig überflüssigen zweiten Akt des Films wird dem Keeper

der Gefangenenmannschaft der Arm gebrochen, um Stallone ins Team zu
schmuggeln, diesem dann mühevoll das kleine Einmaleins des Torwartspiels bei-
zubringen (Abb. 3); schließlich reift der Plan, ihn während der Halbzeitpause
durch einen von weitgehend unsichtbar bleibenden französischen Widerständlern
gegrabenen Tunnel – kein Kriegsgefangenendrama ohne Fluchttunnel! – aus dem
Stadion zu schleusen.

Die Fußballszenen, die fast die gesamte letzte halbe Stunde des überlangen
Films einnehmen, dennoch aber nicht wie dessen Höhepunkt wirken, lassen
fehlendes Fachwissen erkennen, das auch durch kameratricktechnische Effekte und Montagen, die Tempo erzeugen sollen, nicht kompensiert werden
kann. Von der Wiedererkennungsfreude beim Anblick der Altstars abgesehen, bleibt der Zuschauer ob dieser für das amerikanische Gegenwartskino
typischen Überrumpelungstaktik emotional unberührt, falls er nicht über die
unfreiwillige Komik des auf dem grünen Rasen Gebotenen lacht.

Dagegen ist der 1961 gedrehte, sich an den gleichen historischen Vorfall
anlehnende ungarische Film *Ket felidö a pokolban* (deutscher Titel: *Zwei
Halbzeiten in der Hölle*) von ganz anderem Kaliber, obwohl Regisseur Zoltan
Fabri längst nicht die finanziellen Möglichkeiten zur Verfügung standen wie
20 Jahre später John Huston und erst recht keine weltweit populären Fußball-
und Kinostars. Unter wohltuendem Verzicht auf den Schwulst jener antifa-
schistischen Propaganda, die so viele osteuropäische Filme aus der Zeit des
Kalten Krieges im Westen fast unkonsumierbar machten, konzentrierte sich
Fabri mit bewußtem Understatement und psychologischem Feingefühl ganz
auf den Alltag der Gefangenen und ihre seelischen Konflikte während der
Vorbereitungsphase des Spiels, bei dem durch die historischen Fakten die
moralischen Gewichte zwischen Kriegsgefangenen und Nazikickern eindeutig verteilen, ohne in naiv-konventioneller Hollywood-Manier vermeintliche
Spannung erzeugen zu müssen.

> Bei Fabri besteht die Mannschaft der Gefangenen weder wie bei Huston aus
> Draufgängern, die aus jedem historischen Zusammenhang gerissen wirken, noch
> wie die Literatur über das tatsächliche Todesspiel von Kiew Glauben machen
> will, ausnahmslos aus heroischen, opferbereiten Widerstandskämpfern. Statt des-
> sen gibt es unter anderem einen Lügner, der frühere Fußballerfolge vortäuscht,
> um so in die Mannschaft und den Genuß der besseren Verpflegung, die während
> der Trainingsphase ausgegeben wird, zu kommen; einen Intriganten, der die tak-
> tische Marschroute verrät, und eine Gruppe von Häftlingen, die die Gruppensoli-
> darität der Gefangenen unterläuft und die nachlässige Bewachung während des
> Trainings zu einem Fluchtversuch nutzt, der das Leben auch der übrigen Spieler
> gefährdet.

Das Grundproblem des Fußballfilms: Schauspieler, die nicht kicken und /
oder Fußballer, die nicht mimen können, versucht Fabri dahingehend zu lösen, daß seine Gefangenenelf, anders als in der Kiewer Wirklichkeit, nicht
aus ehemaligen Spitzenspielern besteht, sondern ein zufällig zusammenge-

würfelter und ziemlich trostloser Haufen ist. Das Spielniveau wird also um der Glaubwürdigkeit willen auf beiden Seiten bewußt niedrig angesetzt; auch Nazi-Deutschland wird nicht, wie in *Escape to Victory*, durch eine verkappte Nationalelf vertreten, sondern durch eine Auswahl des lokalen Wachpersonals. Der konkrete, nüchtern und sachlich, fast dokumentarisch gefilmte Verlauf des Spiels wirkt angesichts der langen Hinführung wie eine Antiklimax, nicht jedoch sein abruptes Ende. Daß die siegreichen Gefangenen unmittelbar nach dem Schlußpfiff noch auf dem Spielfeld von MP-Salven niedergemäht werden, sofort danach eine Abblende den Film beendet und kein nachgeschobener Kommentar diesen Schock abschwächt, wird kein Zuschauer des weitgehend unbekannten Films vergessen.

## 5. Totalitarismus, Kolonialismus, Krieg als Themen des Fußballfilms

Neben England, Deutschland und Brasilien ist Ungarn eines der wenigen Länder mit einer kontinuierlichen Produktion von Fußballfilmen – geradezu in paralleler Entwicklung zum Niedergang des dortigen Fußballs. Dabei reicht die thematische und stilistische Bandbreite der Produktionen von der slapstickhaften und nostalgieumflorten Tragikkomödie *Règi idök focija* (deutscher Titel: *Fußball in der guten alten Zeit*) von 1973, die den Überlebenskampf einer Thekenmannschaft während der Inflation von 1924 schildert, bei dem ausgerechnet ein reicher Kinobesitzer eine Rolle spielt, über *Merkozes* (1981) von Ferenc Kosa, einem knallharten Abrechnungsdrama mit dem Unterdrückungsapparat der stalinistischen Ära, in dem ein Geheimpolizist, der nebenbei einen Fußballclub managt, im Zorn über eine falsche Entscheidung den Schiedsrichter ermordet und mit üblen Tricks die Tat vertuscht, bis zu *6:3* (deutscher Titel: *6:3 – Tuttis Traum*) von Péter Timár, einer romantischen Komödie, die am Tag des legendären Sieges der ungarischen Nationalelf im Londoner Wembley-Stadion 1953 spielt.

Für *Ket felidö a pokolban* und *Escape to Victory* liefert der Zweite Weltkrieg den realgeschichtlichen Hintergrund, womit sich aber die Berührung der Genres Kriegs- und Fußballfilm noch nicht erschöpft. Zu den emotional packendsten Fußballfilmen überhaupt gehört, obwohl darin kein einziger Ball rollt, *Gmar Gavi'a* (englischer Titel: Cup Final) aus Israel, von Eran Riklis 1991 inszeniert.

Erzählt wird die Geschichte eines im Libanon stationierten israelischen Soldaten, der sich darauf freut, zur Weltmeisterschaft nach Spanien zu fahren, kurz zuvor aber von einem palästinensischen Kommando gefangen genommen wird. Die Feindschaft kann durch gemeinsames Fachsimpeln über das anstehende Turnier – der Israeli drückt Italien die Daumen, die Freischärler sind Fans von Platini – zumindest ausgesetzt werden. Vorübergehend wird sogar die kleine Utopie vom möglichen friedlichen Zusammenleben entworfen und läßt das Schlagwort von der völkerverbindenden Kraft des Fußballs plötzlich gar nicht mehr als so abgedroschen klingen.

*Echec au porteur* (deutscher Titel: *Polizeiaktion Dynamit*) dagegen, ein französischer Thriller von Gilles Grangier aus dem Jahr 1957, greift den algerischen Unabhängigkeitskrieg auf.

> Kämpfer der FLN versuchen, den Krieg zurück ins Herz der Kolonialmacht Frankreich zu tragen. Als Ziel eines Bombenanschlags wählen sie das Stadion, in dem in Kürze das Pokalendspiel angepfiffen werden soll. Der perfide Plan gipfelt darin, daß die Bombe im Ball versteckt wird – ziemlich unrealistisch, aber immens spannungsfördernd. Einen Tag lang wandert der Spielball durch mehrere Hände – der Zuschauer weiß, daß die ‚Höllenmaschine‘ bei einer bestimmten Temperatur explodieren wird; die Polizei scheitert aber immer wieder im letzten Moment, den Ball sicher zu stellen.

In der deutschen Synchronfassung hört man übrigens kein Wort über Algerien und den blutigen Krieg, mit dem Frankreich die Unabhängigkeit verhindern wollte. Wie diverse Genrefilme mit heiklem politischem Background aus dieser Zeit wurde auch *Echec au porteur* für den hiesigen Markt ‚entschärft‘, indem nun ein von Gert Fröbe befehligter Rauschgifthändlerring eine großangelegte Erpressung durchzuziehen versucht.

Sogar vor dem Vietnamkrieg machte der Fußballfilm nicht Halt: *The Boys in Company C* (deutscher Titel: *Die Boys von Kompanie C*) von 1977 zählt zum Schrägsten, was die Gattung zu bieten hat. Der brutale Drill-Sergeant der Marines, der Rekruten für den Dschungelkampf schleifen muß, macht seine Jungs auch mit dem erklärten Lieblingssport der Vietnamesen („a thing called soccer") vertraut. So kommt es im Rahmen der Ausbildung zu einem ‚Freundschaftsspiel‘, bei dem die GIs nachdrücklich unter Beweis stellen, daß sie für den anstehenden Fronteinsatz bestens gewappnet sind. Regie führte der Engländer Sidney J. Furie, der übrigens noch einen weiteren bizarren Fußballfilm gedreht hat: *Ladybugs* (1992), der von einem Highschool-Mädchenteam handelt, in das sich, nicht nur zur Steigerung sportlicher Leistungsfähigkeit, ein weiblich kostümierter Junge einschleicht – plotmäßig also die Geschlechterumkehrung des klassischen tschechischen Jugendfilms *Ivana v Utoko* (deutscher Titel: *Ein Mädchen in der Fußballelf*) von 1963, nur ohne dessen Charme.

## 6. Fußballfilme über Kindheit und Jugend

Eine der wenigen Entwicklungslinien im Fußballfilm ist die Thematisierung des Spiels von Kindern und Jugendlichen – vermutlich deshalb, weil hier die Diskrepanz zwischen ‚richtigem‘ Fußball unter Wettkampfbedingungen und der Möglichkeit seiner filmischen Inszenierung nicht negativ auffällt. Die generellen Probleme der Filmgattung lassen sich mit der Hingabe und Begeisterung von halbwüchsigen Kickern besser angehen, weshalb einige der glaubwürdigsten und erfolgreichsten Fußballfilme im Jugendbereich angesiedelt sind, und zwar besonders in der jüngeren Vergangenheit, wo die ständige Verfügbarkeit des Fußballsports im Fernsehen eine überzeugende fiktionale Gestaltung zusätzlich erschwert. Bevor auf vier prägnante Beispiele der neueren Zeit des Fußballfilms mit kickenden Kids eingegangen werden soll, seien noch zwei vergessene Meisterwerke früherer Epochen angesprochen. *Bravo, Kleiner Thomas!* von Johannes Fethke entstand 1944, zählt also zu den letzten deutschen Produktionen vor der Befreiung vom Nationalsozialismus, ohne jedoch von den Durchhalteparolen der letzten Kriegsphase geprägt zu sein. Der Streifen erzählt von einer Schülerelf, die eine kaputtgeschossene Fensterscheibe aus eigener Tasche ersetzen muß, wobei der zehnjährige Titelheld in den Verdacht gerät, hierfür Geld gestohlen zu haben. Obwohl nicht auf Erich Kästners Niveau stehend, überzeugt der Film, der wie aus einer entrückten heilen Märchenwelt zu stammen scheint, einerseits mit seiner schlichten, durchaus moralisierenden Geschichte, deren Appelle an Kameradschaft, Fairness und Toleranz niemals aufgesetzt wirken, andererseits durch filmhandwerklich souveräne Fußballszenen.

In der DDR entstand *Der neue Fimmel* (1957) von Walter Beck: Eine Gruppe Jungpioniere opponiert gegen die staatlich verordnete Freizeitbeschäftigung und sorgt dafür, daß der lokale Fußballverein eine Jugendabteilung bekommt. Dem Film gelingt es, Szenen aus Ligaspielen im Rostocker Ostseestadion in seine überzeugende Handlung zu integrieren, ist zugleich ein unaufdringliches Dokument über den Zeitgeist einer Aufbruchstimmung. Aus der DDR stammt auch einer der schrillsten Leinwandknüller, die irgendwie mit Fußball zu tun haben: *Nicht schummeln, Liebling* (1973), von Jo Hasler gekonnt in Szene gesetzt als krude Mischung aus Musical – mit DDR-Schlagerstar Frank Schöbel – und Reisebericht über die Abenteuer einer durch die sozialistische Republik tourenden Damenfußballmannschaft.

Eine der überzeugendsten Produktionen, die gegen das Pauschalurteil angeführt werden können, gute Fußballfilme gebe es nicht und könne es auch gar nicht geben, ist Bo Widerbergs *Fimpen* (deutscher Titel: *Fimpen, der Knirps*) von 1973. Der Film, zunächst ganz naturalistisch inszeniert, ist in Wahrheit ein modernes Märchen, zugleich ein fabel-hafter Verstoß gegen sämtliche Sportfilmkonventionen. Auf einer zweiten Ebene ist es ein ,Problemfilm', eine Reflexion über Auswüchse des Leistungssports. Widerberg gelingt die Gratwanderung zwischen den Genres mit spielerisch-verspielter Sicherheit, findet die richtige Geschichte für eine Phantasie, die Kinder aller Altersstufen anspricht, und ist mutig und geschmackssicher genug, um sie ohne Kitsch und Pathos auf die Leinwand zu bringen.

Fimpen, gespielt von Johan Bergman, der danach nie wieder in einem Film mitwirkte und heute als Kranführer arbeitet, ist sechs Jahre alt, als ihm auf einem Kinderspielplatz der aktuelle Mittelstürmer der schwedischen Nationalmannschaft zufällig begegnet. Mit gütiger Herablassung gewährt der große Star dem Knirps ein kleines Spielchen Eins gegen Eins, wobei ihn Fimpen mit seinem bald legendären Kolibri-Trick, der nach dem Siegeszug des Films europaweit auf Schulhöfen und Bolzplätzen imitiert wurde, schwer düpiert und nach Belieben austrickst. Ob dieser Demütigung durch ein Kind beendet der Auswahlkicker seine Karriere und wird, weil wichtige Qualifikationsspiele für die Weltmeisterschaft 1974 anstehen, durch die minderjährige Sandkastenentdeckung ersetzt. Natürlich dribbelt und schießt Fimpen sein Land souverän zur Endrunde in Deutschland, wohingegen die Qualifikation in Wahrheit wesentlich knapper verlief; denn Schweden war nach den Gruppenspielen punktgleich mit Österreich und Ungarn und benötigte den Sieg in einem Entscheidungsspiel gegen die Alpenrepublik.

Widerberg konnte einen Sechsjährigen im Nationalteam spielen lassen, weil er mit seiner märchenhaften Grundidee realistisch und unspektakulär umging. Die Funktionäre des nationalen Verbands, seine Trainer und damalige Spitzenspieler wie die späteren ‚Roten Teufel‘ vom Betzenberg in Kaiserslautern Ronny Hellström und Roland Sandberg sowie Ove Kindvall oder Ralf Edström nehmen die Herausforderung mit verblüffend natürlicher Leinwandpräsenz, auch in den Nichtspielszenen, an. Wenn Fimpen beim Absingen der Hymne vor den Länderspielen zwischen den Stars lauthals mitschmettert, dann wirkt das phantasiebeflügelnd und urkomisch zugleich. Alle Fußballszenen wurden während der Vorbereitung tatsächlicher Spiele der Nationalmannschaft gefilmt, weil es organisatorisch nicht möglich gewesen wäre, die über ganz Europa zerstreut tätigen Spieler für separate Dreharbeiten zu gewinnen.

Der rasante Karriereverlauf Fimpens wirft Probleme auf, die nicht ignoriert oder beschönigt werden. Seine früheren Sandkastenfreunde lassen ihn nicht mehr mitkicken, weil er ihnen zu gut ist; der strenge Erziehungsstil seiner alleinstehenden Mutter weicht, um die nationalen Fußballinteressen nicht zu gefährden, einer den Jungen irritierenden Passivität; in der Schule schläft er regelmäßig ein, weil ihn das Trainingspensum überfordert. Mit Fimpens bisher unbeschwertem und sorglosem Leben ist es vorbei. Einmal vergißt er beinahe ein Länderspiel, weil er sich in ein Baukastenspiel vertieft hatte. Das endgültige Signal zum freiwilligen Rückzug aus der Ländermannschaft ist die Tatsache, daß er noch nicht gut genug schreiben kann, um Autogramme zu geben, was ihm von seiner Fangemeinde als allürenhafte Arroganz ausgelegt wird. Schwer von dieser Ablehnung getroffen, erkennt er den Stellenwert anderer, seinem Alter angemessenerer Bedürfnisse und überläßt das Toreschießen im Nationaltrikot wieder den Erwachsenen. Der Rücktritt ist Fimpens alleinige Entscheidung ohne Zwang von außen, geht aber mit tief empfundenem Schmerz einher.

War der in *Fimpen* ironisierte und milde kritisierte Leistungssport im Kindesalter in westlichen Wettbewerbsgesellschaften bereits in den 1970er Jahren nichts Außergewöhnliches, so hatten sich dessen Erscheinungsformen gut 20 Jahre später, als 1994 *Le Ballon d'or* (deutscher Titel: *Bondo und der gol-*

*dene Fußball*) gedreht wurde, drastisch verschärft. Der mit französischen Geldern finanzierte und im westafrikanischen Guinea unter der Regie von Cheik Doukoure produzierte Streifen hat einen ähnlichen Kultstatus erlangt wie *Fimpen*. Er gewährt Einblick hinter die Fassade einer individuellen Karrieregeschichte: die spätkapitalistischen und postkolonialistischen Methoden, mit denen lokale Talente ‚entdeckt' und für den europäischen Spielermarkt konditioniert werden.

> Die Fassade besteht aus einer Geschichte von herzergreifender Sentimentalität, viel folkloristischem Lokalkolorit und zahlreichen effektsicheren Spielszenen. So zählt etwa die gegen das Licht der untergehenden Sonne fotografierte Einstellung, in der Titelheld Bondo während eines Ligaspiels aufs Tribünendach klettert und dort vor der Kulisse des vollbesetzten Stadions seine technischen Kabinettstückchen in einer spontanen Soloshow zelebriert, zu den wohl schönsten Szenen, die es je in einem Fußballfilm gegeben hat.

Der Kern des Films ist nüchtern und erschreckend wie eine Krebsstatistik. Genau diese Mischung aus scheinbar unvereinbaren formalen und inhaltlichen Elementen ist es, die *Le Ballon d'or* zu einem innerhalb des Kanons der Fußballfilme einzigartigen Werk macht. Allein, die Botschaft die am Ende des Films ausgegeben wird, ist fragwürdig: daß es für Bondo und viele ebenso talentierte Altersgenossen aus armen Ländern wahrscheinlich besser ist, mit ca. 15 Jahren von einem dubiosen Spielervermittler ohne Begleitung in ein Flugzeug gesetzt und ins kalte Europa verfrachtet zu werden, wo es danach schon irgendwie weitergehen wird, als zu Hause zu bleiben und sich ins Millionenheer der auf fremde Hilfe angewiesenen Drittweltbewohner einzureihen.

Drei der besten Filme, die das Thema Jugendfußball aufgreifen oder in deren Mittelpunkt halbwüchsige Fußballenthusiasten stehen, entstanden während der letzten 20 Jahre in Großbritannien. Der außergewöhnlichste heißt *Those glory glory days* und ist in Deutschland völlig unbekannt. Das von Philip Saville 1983 inszenierte Lieblingsprojekt von Starproduzent David Puttnam basiert auf der Autobiografie der englischen Sportjournalistin Julie Welch und zeigt vier pubertierende Girls in den frühen 1960er Jahren, die nicht etwa Cliff Richard oder die Beatles zum Objekt ihrer Teenieliebe erkoren haben, sondern jene Spieler von Tottenham Hotspurs, die 1961 als erstes englisches Team des 20. Jahrhunderts das Double gewinnen konnten.

> Besonders die Szene, in der Julie (Zoe Nathenson), in der Hoffnung, Karten fürs Pokalfinale zu ergattern, nachts ins Stadion an der White Hart Lane einbricht, jedoch in der Kabine im leeren Entspannungsbecken landet, wo sie in ihrer überreizten Phantasie intime Zwiegespräche mit ihren Idolen führt, lassen das Herz aufgehen.

Von fußballhistorischer Bedeutung ist die Erinnerung an Danny Blanchflower, den Kapitän der damaligen Spurs-Elf, der höchstpersönlich mitwirkt.

Ansonsten besticht *Those glory glory days* dadurch, daß er auf diese genuin britische Weise gleichzeitig verklemmt und höllisch sexy wirkt, ohne deshalb auch nur im geringsten als lächerlich zu erscheinen. Dies gelingt durch eine Flut höchst skuriler Szenen, pfiffiger Regie-Einfälle und aberwitziger Drehbuchwendungen sowie eine angesichts der niedrigen Kosten verblüffend zeitgerechte Ausstattung. Womit wieder einmal bewiesen wird, wie gut es die Engländer verstehen, die Qualitäten von Fußball- und Popkultur zur Deckung zu bringen.

Dagegen ist *Gregory's Girl* (1981), ein Frühwerk des durch *Local Hero* berühmt gewordenen Regisseurs Bill Forsyth, wesentlich bekannter, zumindest in Großbritannien ein moderner Klassiker mit schottischem Flair. Doch spielt Fußball nur auf einer Erzähleben des locker strukturierten Films eine Rolle, die allerdings durchweg überzeugt.

> Titelheld Gregory (Gordon Sinclair), ein alle Nöte der Pubertät durchleidender Vierzehnjähriger verliert seinen Stammposten als Mittelstürmer der Schulmannschaft ausgerechnet an jene Dorothy (Dee Hepburn), in die er rettungs- und zugleich chancenlos verliebt ist. Zum Torwart degradiert, muß er zusehen, wie das Mädchen seiner Träume Tor auf Tor schießt, was weder seine Konzentrationsfähigkeit zwischen den Pfosten fördert, noch sein Standing bei den eigenen Geschlechtsgenossen erhöht.

So verspielt-komödiantisch seine Oberfläche auch sein mag, zählt *Gregory's Girl* dennoch zu den seltenen Jugendfilmen, in denen die heftigen Gefühlsverwirrungen dieser Lebensphase ernst genommen und zugleich Ratschläge in praktischer Lebenshilfe erteilt werden.

Wie alle guten Filme Bill Forsyths ist auch *Gregory's Girl* noch ganz einer Haltung verpflichtet, die den 1970er Jahren entstammt. Die Figuren lassen sich treiben, leben in den Tag hinein und verweigern sich der Leistungsgesellschaft. Foryths Helden sind liebenswerte Spinner, Tagträumer, wirken manchmal geradezu wie heilige Narren und scheinen aus heutiger Sicht einer anderen, längst untergegangenen Welt anzugehören. Der Fußball, den Gregory und seine Kumpane spielen, ist von dürftiger Qualität.

Dagegen ist *There's only one Jimmy Grimble* (deutscher Titel: *Es gibt nur einen Jimmy Grimble*), 2000 von John Hay gedreht und bei den Berliner Filmfestspielen 2000 uraufgeführt, unverkennbar ein Produkt seiner Zeit, geht es ihm doch nur um Leistung, Erfolg und Karriere. Der 15jährige Jimmy (Lewis McKenzie) wird durch seine notorische Schüchternheit gehindert, sein Talent auf dem Platz zur Geltung zu bringen, weshalb der Junge einem rigiden Anpassungs- und Erziehungsprozeß unterzogen wird, an dem die Lebensweisheiten seines als Profi gescheiterten Sportlehrers (Robert Carlyle) ebenso ihren Anteil haben wie ein märchenhaftes Element: ein Paar Zauberschuhe. Die Szenen, in denen Jimmy im Finale der Schulmeisterschaften die entscheidenden Tore erzielt, erscheinen wie eine Mischung aus ‚Nike'-Spot und seelenlosem Overkill, mit dem gegenwärtig von den kommerziellen TV-Sendern Fußball ‚aufbereitet‘ wird.

Da die Konsumenten inzwischen weltweit daran gewöhnt sind, den Fernsehfußball aus den Perspektiven unzähliger Kameras serviert zu bekommen, lassen sich Fußballfilme der jüngeren Vergangenheit, die eine emotional packende und zur Identifikation einladende Geschichte erzählen wollen, auf Konkurrenz mit einer solchen Visualisierung von fiktivem Spitzenfußball gar nicht erst ein. Wenn sie es dennoch tun, wie etwa die englische Produktion *When Saturday comes* (deutscher Titel: *Immer wieder Sonntags*) von 1996, die den märchenhaften Aufstieg eines bisher nur als Freizeitkicker aktiven Grubenarbeiters zum Goalgetter von Sheffield United schildert, dann haben sie von vornherein verloren. Es wirkt unfreiwillig komisch, wenn der Held Jimmy Muir im großen Finale des Films eine Komparsentruppe, die man in die Trikots von Manchester United gesteckt hat, im Alleingang aus dem Glanford Park fegt. Eine Success-Story dieser Art, mit dem antiquierten Pathos, daß die Überwindung von sozialen Hürden und Klassenschranken einzig von individueller Willensstärke abhängt, hätte in dem Bemühen, die Darstellungsmöglichkeiten des Fernsehens zu kopieren, vielleicht in den 1930er Jahren reüssiert, nicht aber im modernen Medienzeitalter. Daran ändert auch das Mitwirken einiger Stars des britischen Kinos (Sean Bean, Peter Postlethwaite und Emliy Lloyd) nichts. Der Fußballfilm mußte also, angesichts solchen Scheiterns, alternative Strategien entwickeln, um der direkten Darstellung seines eigentlichen Themas auszuweichen. Sich dem Fußballspiel von Kindern zuzuwenden (s.o.) ist nur eine von vielen möglichen Lösungen.

Für eine andere Möglichkeit, die Situierung im ‚Grasroot‘-Milieu des selbstorganisierten Freizeitfußballs nämlich, sei exemplarisch *My name is Joe* (1998) von Ken Loach genannt. Der von Peter Mullan – in Cannes für diese Rolle mit dem Darstellerpreis ausgezeichnet: eine seltene Würdigung für einen Mitwirkenden in einem Fußballfilm – gespielte Titelheld kämpft gegen Arbeitslosigkeit und Alkoholsucht; der einzige Halt in seinem Leben ist seine Verantwortung als Trainer für eine überwiegend aus Kleinkriminellen bestehende Straßenmannschaft. Fußball mag hier als Transportmittel für andere Zwecke benutzt werden, aber die Szenen, in denen Joes Rabaukentruppe in der Parkanlage wütet, haben durchaus Charme und Unterhaltungswert.

Loach, der Lieblingsregisseur aller gutmeinenden und politisch korrekten Linksliberalen Englands, seit langem ehrenamtlicher Vorsitzender eines Amateurclubs, hatte sein orginelles Talent, Fußball auf phantasievoll-witzige Weise in sein cineastisches Schaffen zu integrieren, schon 1969 in *Kes* unter Beweis gestellt.

Das einfühlsame und atmosphärisch dichte Psychogramm schildert den 15jährigen Caspar (David Bradley), der im nordenglischen Kohlerevier aufwächst und als Einzelgänger an der Stumpfheit der dortigen Lebensverhältnisse verzweifelt. Erst in einem von ihm abgerichteten Falken findet er den Partner, den er unter den Menschen vergeblich sucht. Eine längere Fußballsequenz bringt die Botschaft des Films auf einen Nenner. In Caspars Schule, wo er als Klassenclown und Prügelknabe ausgegrenzt ist, wird zur Krönung des Sportunterrichts Fußball gespielt. Loachs Abneigung gegen Arroganz und Selbstsucht der Erwachsenenwelt kommt im Verhalten des von Brian Glover gespielten Sportlehrers an den Tag. In Bobby Charltons ManU-Trikot mit der Nummer 9, gleichzeitig Schiedsrichter und Mittelstürmer der einen Mannschaft, pfeift er die Elfmeter, die er höchstpersönlich, spätestens beim Wiederholungsversuch, zum Sieg seines Teams verwandelt. Schüchterne Proteste der Gegenpartei werden mit Ohrfeigen und Ausschluß vom Unterricht quittiert.

Die auf die Spitze getriebene Ungerechtigkeit einer Autoritätsperson wirkt, isoliert betrachtet, gerade auch durch ironische Brechung eher absurdkomisch als anklagend, wenn beispielsweise wie bei der TV-Übertragung eines Ligaspiels durch Schrifteinblendung jeweils der aktuelle Stand der Begegnung ,Manchester United gegen Tottenham Hotspurs' verkündet wird. Aber in seiner Gesamtheit zeigt der Film, wie meisterhaft es britische Regisseure dieser Zeit verstanden, den politisch-ideologischen Charakter des von den herrschenden Kräften benutzten Sportbetriebs herauszuarbeiten.

## 7. Kinofilm mit integriertem Fernsehfußball

Um den spezifischen Problemen der filmischen Darstellungen des Fußballs auszuweichen, greifen Regisseure und Drehbuchautoren gerne zu dem Mittel, ein Match von großer Bedeutung in massenmedialer Übermittlung in die Filmhandlung zu integrieren bzw. diese um die TV- oder Hörfunkübertragung des betreffenden Spiels aufzubauen. Dieses Verfahren ist aufwand- und kostensparend, kann aber durchaus reizvoll sein, wenn es clever und phantasievoll umgesetzt wird. Der schon erwähnte Film *6:3* fällt in diese Kategorie: von der mythenträchtigen ersten Heimniederlage der englischen Nationalelf gegen Major Puskas & Co bekommt der Zuschauer nur Auszüge aus der Originalreportage des ungarischen Hörfunks geboten; die deutsche Version indes lief in einer untertitelten Fassung, bei der die Reportageausschnitte nicht berücksichtigt wurden.

Ein ganzer Spielfilm rund um ein WM-Finale wurde 1982 dem Publikum in der DDR, die sich wie so oft nicht qualifizieren konnte, geboten. Die Ausgangsidee des Episodenfilms *Verzeihung, Sehen Sie Fußball?* (Regie: Gunther Scholz) ist simpel und gelungen zugleich. Geschickt zwischen den Handlungsorten wechselnd, bei einer Filmlänge, die ziemlich exakt der Dauer des Spiels Italien gegen Bundesrepublik Deutschland entspricht, verfolgen die Bewohner von fünf Wohnungen eines Großstadthäuserblocks zusammen mit ihren Gästen das Endspiel auf dem Bildschirm.

Zügig und dramaturgisch dicht gestaltet kristallisieren sich die Plots der einzelnen Erzählstränge heraus: Die Konfliktsituation des Mannes, der sich auf die Übertragung freut, aber kurz nach deren Beginn von einer Bewerberin heimgesucht wird, die seine Heiratsannonce gelesen hat; der Alltagskrieg zweier kratzbürstiger alter Damen, die sich eine Wohnung teilen; der raffiniert eingefädelte und gut getimte Seitensprung der frustrierten Gattin eines Fußballfanatikers; das etwas sozialkitschig gefärbte Porträt eines von Heimweh geplagten chilenischen Emigrantenpaares und schließlich Szenen einer Ehe mit der jungen Corinna Harfouch – fünf miniaturartige, kompakt erzählte, nur durch Fernsehfußballgenuß verbundene Geschichten, die ungemein stimmig beobachtet sind.

Eine andere WM-Begegnung zwischen Deutschland und Italien, das Jahrhunderthalbfinale von 1970, liefert den Rahmen für die italienische Komödie *Italia Germania 4:3* (Italien – Deutschland 4:3), die Andrea Barzini 1992 mit erfrischender Selbstironie inszenierte.

Für die Studenten einer linken Agitationsgruppe steht an diesem Tag eigentlich harte politische Arbeit an: Flugblätter drucken, Transparente malen, Demo vorbereiten; aber zumindest die Männer wollen viel lieber das Spiel im Fernsehen verfolgen, was in ihrem Milieu eigentlich verpönt ist, weshalb die bizarrsten Scheinargumente bemüht werden („Es ist doch wichtig zu wissen, wie sich das mexikanische Proletariat im Stadion verhält!" etc.). Die Frauen indes haben wenig Verständnis für solches Abweichlertum, weshalb Fernsehgenuß und klammheimliche Freude über den italienischen Sieg durch die in Studentenkreisen jener Zeit geführten Grundsatzdiskussionen getrübt werden.

Allerdings hat *Italia Germania 4:3* nicht ganz den Atem, die doch etwas eindimensionale Grundidee in einem dramaturgischen Bogen ohne Redundanzen und langweilige Momente durchzuführen.

In diesem Kontext sei auf den von Henri Verneuil gedrehten französischen Krimi *Le corps de mon enemi* (deutscher Titel: *Der Körper meines Feindes*) von 1976 hingewiesen, in dem Jean Paul Belmondo als gerade aus dem Gefängnis entlassener Racheengel eine ganze Provinzstadt in Atem hält.

Auf der Gegenwartsebene des von einer verschachtelten Rückblendenstruktur durchzogenen Films riskiert er bei seinem ‚Zug durch die Gemeinde' in diversen Wohnungen, Kneipen und Hotelzimmern immer wieder einen Blick auf die Fernsehbildschirme, wo das Europacupfinale Bayern München gegen AS Saint-Etienne übertragen wird. Manchmal verrät sein Gesichtsausdruck, daß er auch lieber in Ruhe das ganze Spiel verfolgen würde, doch die mörderische Mission, in der er unterwegs ist, hat Vorrang.

In *Pre frente Brazil* (1982) von Roberto Farias inszeniert und in Europa weitgehend unbekannt, gehört dagegen zu den politisch radikalsten Filmen mit Fußballbezug und wurde deshalb in seinem Heimatland Brasilien verboten. Der ausschließlich mittels Fernsehbildern in die Spielhandlung integrierte Siegeszug der brasilianischen Nationalelf bei der WM 1970 bildet den Hintergrund für den Leidensweg eines Mannes, der, fälschlicherweise als Terrorist verdächtigt, von einer paramilitärischen Todesschwadron verschleppt und über einen längeren Zeitraum grausam mißhandelt wird. Nur wenn Pele mit den Seinen im fernen Mexiko einen Sieg feiert, gibt es zwischen Folteropfer und Peinigern kurze irritierende Momente, in denen fast so etwas wie Fansolidarität entsteht.

## 8. Fußballfangemeinden und ‚Hooliganismus'

Zu jenen Filmen, die sich mehr für die Gedankenwelt von Fußballfans[23] interessieren als für das Spiel selbst, ist der schon erwähnte *Those glory glory days* zu zählen, aber auch das witzige englische Road Movie *Loose Connection* (deutscher Titel: *Eine lockere Beziehung*), 1984 von Richard Eyre gedreht. Stephen Rea will als mittelloser Anhänger des FC Liverpool zu einem Europacupspiel nach München reisen. Über eine Mitfahrerzentrale gerät er an eine Frau, die zu einem Feministinnenkongreß reist und muß sich mit ihr auf der turbulenten Fahrt voller unvorhergesehener Zwischenfälle zusammenraufen.

Auch *Darei jemapoh ke Manchester* (1997) von Hishamuddin Rais handelt davon, wie ein ManU-Fan aus Malaysia um die halbe Welt reist, um einmal in seinem Leben seine Idole in Old Trafford spielen zu sehen. Der Film enthält schon Elemente jener seltenen seriösen Streifen, die seit den späten 1980er Jahren das festumrissene Subgenre der Hooligan-Filme bilden.[24]

Die erste und immer noch beste Produktion dieser Kategorie heißt *The Firm*, stammt aus England und wurde 1988 von Alan Clarke inszeniert, dem wohl letzten wirklich großen Radikalen des dortigen Film- und Fernsehwesens. *The Firm* hat Gary Oldman über Nacht zum Star gemacht und zählt zu den seltenen Filmen, die nicht nur so gut recherchiert sind, daß jedes Wort und jede Geste stimmen, sondern auch die angemessene rohe Form für die Darstellung ihres Themas finden, ohne Gewalt zu glorifizieren. Deshalb brach der Film mit Konventionen und Tabus und wurde, die Premiere fand nur im Fernsehen statt, in seinem Heimatland zum handfesten Skandal.

Die Geschichte vom arrivierten Wohlstandsbürger und Grundstücksmakler Bex, der sich nach Feierabend in ein wildes Tier verwandelt, ist auch insofern erstaunlich, als das Wissen, daß sich die führenden britischen Hools nicht aus Arbeitslosen und gescheiterten Existenzen rekrutieren, damals noch nicht Allgemeingut war. Daß ein Makler mit militärstrategischem Know how und der Attitüde eines Mafia-Kapos die für West Ham United in die Schlacht ziehende Inner City Crew befehligt, wurde in Kreisen, die sich eine Lösung des Hooligan-Syndroms von der Sozialarbeit erhoffen, als derbe Provokation empfunden. Jeder atavistische

---

[23]   Über die Konstruktion der Fußballfangemeinden vgl. die Beiträge GEBAUER und PROSSER im vorliegenden Band.

[24]   Zum sog. Hooliganismus vgl. den Beitrag BLIESENER / LÖSEL im vorliegenden Band.

Hordenführer, so suggeriert es der Film, braucht ein angemessenes Feindbild. Hier ist es Yeti (Phil Davis, der ‚Star‘ eines anderen Meisterwerks Clarkes, des legendären Jugendknastdramas *Scum*); aber nur einer von beiden kann die englischen ‚Truppen‘ einen und auf den Kontinent führen. Wenn Bex in der langen Schlußsequenz seinen Traum des direkt aus der englischen Gangstersprache entliehenen Titels wahr macht und als Vorbereitung auf die WM in Italien die Vereinigung aller bisher verfeindeten Gangs in die Wege leitet, verwischt der Film bewußt die Demarkationslinie zwischen Fiktion und Dokumentation, indem er echte Hools ihre Haßparolen in die Kamera brüllen und diese schließlich umwerfen läßt.

Den mit dieser Subkultur nicht vertrauten Zuschauern stehen die Haare auch deshalb zu Berge, weil gar nicht erst der Versuch unternommen wird, brutale Kriminelle zu latenten Sozialrebellen zu stilisieren. Obwohl Bex in vordergründiger Erfüllung der Kinomoral ‚crime doesn't pay‘ doch noch erschossen wird, bleibt die Brisanz deutlich spürbar, daß hier letztlich Menschen mit höchst untauglichen Mitteln sich gegen eine fremdbestimmte Welt auflehnen, in der nicht nur der Profifußball pervertiert ist. Bezeichnenderweise kehren Bex und seine Jungs dem Match stets den Rücken zu, um nach potentiellen Opfern Ausschau zu halten, kicken aber selbst regelmäßig im Park. Alan Clarke hat mit *The Firm* die Meßlatte für diese Unterkategorie des Fußballfilms so hoch gelegt, daß die ihm folgenden, fast ausnahmslos aufwendiger arbeitenden Vertreter des Genres trotz aller Qualitäten im Vergleich scheitern mußten.

So etwa *Ultra*, das 1990 in Italien entstandene Regiedebüt von Ugo Tognazzis Sohn Ricky Tognazzi, dessen übertriebene und nicht immer geschmackssichere Stilisierung der Gewaltszenen befremdet und erschreckend platte Erklärungsmuster für die vermeintliche Trostlosigkeit der Lebenswirklichkeit seiner Protagonisten liefert. Doch bezüglich der Kanalisierung aufgestauter Wut wartet der Film mit einer Nuancierung auf: Am Schluß nämlich wendet sich die Gewalt nach innen und die Mitglieder der im Mittelpunkt stehenden, mit Lazio Rom sympathisierenden ‚Brigata Velene‘ (Giftbande) massakrieren sich gegenseitig.

Die 1994 gedrehte deutsch-englische Co-Produktion *Undercover (I.D.)* von Philip Davis dagegen greift auf ein aus diversen Cop Movies bekanntes Motiv zurück und läßt vier junge Polizisten als ‚agents provocateurs‘ in die Hool-Szene eindringen und deren böse, rechtsradikale und klischeehaft gezeichnete Hintermänner entlarven. Einer kann jedoch der Versuchung, sich berufsbedingt ungeahndet austoben zu dürfen, nicht widerstehen und findet echten Gefallen an dieser Rolle. In der zweiten Hälfte des Films, die einem mittelprächtigen Psychodrama gleicht, findet der Gesetzeshüter jedoch auf den Pfad der Tugend zurück.

Auf unterschiedliche Weise wurden auch zwei der großen Stadionkatastrophen der jüngeren Vergangenheit thematisiert. *Appuntamento a Liverpool* von Marco Tullio Giordana (Italien, 1987) erzählt von einer jungen Frau aus Turin, die sich auf den Weg nach Liverpool macht, um sich persönlich an dem auf Fernsehbildern identifizierten Hooligan zu rächen, den sie für den Tod ihres Vaters, 1985 unter den Opfern der Ausschreitungen im Brüsseler Heysel Stadion, verantwortlich macht. Charles Mc Dougells *Hillsborough / Inquest* (deutscher Titel: *Das Fußballdrama von Sheffield*) von 1996 ist dagegen ein beeindruckendes, weil überzeugend recherchiertes Doku-Drama. Die in eine Spielhandlung transformierten Geschehnisse beim Sheffielder Pokalhalbfinale FC Liverpool – Nottingham Forrest, wo im April 1989, begünstigt durch Schlamperei der Behörden und des Fußballverbandes, 95 Menschen zu Tode kamen, werden rekonstruiert aus dem Blickwinkel mehrerer Familien, die nicht nur Opfer zu beklagen hatten, sondern auch die sich über Jahre hinschleppende, höchst fragwürdige juristische Aufarbeitung des ‚Unglücks'. Der packende Film läßt die empörenden Fakten für sich sprechen, vermeidet vorschnelle Schuldzuweisungen und macht deutlich, daß Hillsborough alles andere als ein Schicksalsschlag aus heiterem Himmel gewesen ist.

## 9. Bundesrepublik Deutschland der Nachkriegszeit im Fußballfilm

Die bundesdeutschen Fußballfilme der Nachkriegszeit ergeben in ihrer Summe eine imposante Schreckensbilanz; doch wie bei jedem populärkulturellen Genre kann man abseits des Mainstreams auch hier unerwartete Entdeckungen machen.

> Auf die Klamotte *Der Theodor im Fußballtor* mit Theo Lingen und Hans Moser (1950),[25] auf *Libero* (1973), die halbdokumentarische ‚Bebilderung' der ersten Sinnkrise Franz Beckenbauers, dem das Machwerk später so peinlich war, daß er vergeblich versuchte, sämtliche Kopien aufzukaufen und zu vernichten, oder *Die Angst des Tormanns beim Elfmeter* (1971), von Wim Wenders nach der Romanvorlage von Peter Handke – beide haben von Fußball nur wenig verstanden –, braucht man nicht näher einzugehen.

Produktionen aus der jüngeren Vergangenheit, die ausschließlich vom Fußball handeln, wie etwa *Nordkurve* (Regie: Adolf Winkelmann, 1992) oder unlängst Tommy Wigands *Fußball ist unser Leben* (2000) überzeugen nicht restlos, gehen aber Schritte in die richtige Richtung. *Nordkurve* leidet unter einem hoffnungslos überladenen Drehbuch und die im Dortmunder Westfalenstadion gedrehten Spielszenen fiktiver Bundesligabegegnungen lassen in jeder Beziehung (Darstellerqualitäten, Kamera und besonders Schnitt) Professionalität vermissen. Dagegen ist *Fußball ist unser Leben* mit Uwe Ochsenknecht (Abb. 4) in der Hauptrolle insgesamt konsequenter und vor allem sympathischer gedreht, stellt seine Qualitäten, etwa das Backing, das die Pro-

---

[25]  Vgl. dazu auch den Beitrag RIHA in diesem Band, S. 129–131.

*Abb. 4: Uwe Ochsenknecht als Schalke-Enthusiast in ‚Fußball ist unser Leben' (2000),*
*Regie: Tomy Wigand.*

duktion vom FC Schalke 04 erhielt, etwas zu ostentativ heraus und fällt, wenn
wirklich auf Toplevel gekickt wird, ebenfalls ab. Jedoch basiert die tempo-
und einfallsreiche Story auf einem orginellen Drehbuch, das die Daum'sche
Koksaffäre um ein paar Monate vorwegnahm.

Daß weniger mehr ist, bewies 1994 der Kölner Filmemacher Zekko Weber
mit seiner atmosphärisch dichten, leider völlig unbekannten Billigstprodukti-
on *Etwas ist immer*. Mit sicherer Hand für eine raffinierte Mischung aus Plot-
Elementen und Stilmitteln so konträrer Genres wie Krimi, Love Story und
Road Movie wird die Geschichte eines bitter enttäuschten Fans des 1. FC
Köln erzählt, der sich auf den Weg in die norddeutsche Provinz macht, um
den Schiedsrichter, in dem er den Alleinschuldigen für den Abstieg seines
Vereins sieht, zu ermorden. Der in körnigem Schwarzweiß fotografierte Film
erinnert in den vielen Szenen, die im Auto oder auf der Straße spielen, an den
frühen Wenders, ist aber frei von dessen melancholischer Grundstimmung.
Besonders beeindruckt, wie Weber aus der Not, über keinen technischen Apparat zu verfügen, um im vollbesetzten Stadion drehen zu können, eine er-
zählerische Tugend macht. Die Bilder, in denen der wirrköpfige Held, eine
weibliche Zufallsbekanntschaft an seiner Seite, auf dem menschenleeren
Parkplatz vor der Arena im Wagen hockt und die den Abstieg entscheidende
Partie im Radio mitverfolgt, zählen zu den stimmungsintensivsten des deut-

schen Fußballfilms überhaupt. Der kleine Auftritt des gewohnt locker sich gebenden Pierre Littbarski liefert eine amüsante Dreingabe.

Zu den vergessenen kleinen Meisterwerken des deutschen Fußballfilms zählt auch Rainer Boldts *Fehlschuß* von 1976, eine der wenigen reinen TV-Produktionen, die hier Erwähnung finden sollen. Die Geschichte spielt in den 1950er Jahren in einer Arbeiter- und Flüchtlingssiedlung am Stadtrand Wiens, wo ein begabter, aber wenig durchsetzungsfähiger Nachwuchsfußballer – gespielt von dem österreichischen Liedermacher Wolfgang Ambros, der auch auf dem grünen Rasen zu überzeugen weiß – sein Talent zum sozialen Aufstieg nutzen will. Diese Hauptfigur strahlt einen naiven, unverdorbenen Glauben an eine bessere Zukunft aus – konträr zu der Gier, die den heutigen Fußball durchdringt; der hintergründige Erzählton bleibt aber wehmütig skeptisch. In dieser dezent, aber nachhaltig wirkenden Gegensätzlichkeit liegt der Reiz von *Fehlschuß* – natürlich auch darin, daß die wunderbare, ihrer berühmteren, jüngeren Schwester schauspielerisch überlegene Pola Kinski mitwirkt.

## 10. Das verfilmte Fußballmatch

Wenn man sich fragt, welcher bekannte Regisseur einen Film über Fußball gedreht hat, dann ist neben John Huston vor allem Jean-Jacques Annaud zu nennen, der mit dem Stalingrad-Epos *Enemy at the Gate* den teuersten europäischen Film aller Zeiten geschaffen, aber 1978 als Regisseur eines ausgezeichneten Fußballfilms sein Debut gegeben hat, und zwar mit *Coup de tête* (deutscher Titel: *Damit ist die Sache für mich erledigt*). *Coup de tète* oszilliert zwischen zynischen, lyrischen und zärtlichen Momenten, ist bisweilen komisch und verstößt stellenweise gegen alle Regeln heutiger political correctness; er ist extrem französisch und zugleich von hoher Allgemeingültigkeit, mit anderen Worten: Er greift mit beiden Händen voll ins pralle Leben. Er ist, neben *Les Valseuses* (deutscher Titel: *Die Ausgebufften*), das Vermächtnis seines Hauptdarstellers Patrick Dewaere, der in Frankreich die Antihelden der 1970er Jahre verkörperte wie kaum ein anderer; wäre er 1982 nicht freiwillig aus dem Leben geschieden, würde er heute einen ähnlichen Rang einnehmen wie Gérard Depardieu.

> In der kleinen Provinzstadt Trincamp gelingt dem örtlichen Fußballclub im Pokalwettbewerb eine sensationelle Siegesserie, mit jedem Erfolg nimmt die kollektive Begeisterung der Einwohner zu und steigert sich zu einer wahren Hysterie. Dies bekommt auch Ersatzstürmer François Perrin, ein unangepaßter Einzelgänger, drastisch zu spüren. Das Mißgeschick, im Training den Goalgetter des Teams zu verletzen, wird ihm als Absicht mit dem Zweck, in die Erfolgsmannschaft zu rutschen, ausgelegt. Die Stadt nimmt Rache: Er wird aus dem Verein verstoßen, verliert seinen Arbeitsplatz in der Fleischfabrik eines Sponsors.

Als er daraufhin bei Nacht und Nebel die Stadt verlassen will, hat der Filz aus Vereinsbonzen und Lokalhonorationen noch nicht genug und beschuldigt ihn einer Vergewaltigung. Im Gefängnis scheinbar endgültig gebrochen, ändern sich jedoch die Vorzeichen; denn beim FC Trincamp ist die Verletztenmisere groß, das nächste Pokalspiel gefährdet. Die Vereinsführung erinnert sich notgedrungen an Perrin. Da sich neben Polizei und Justiz auch die Gefängnisverwaltung fest in ihrer Hand befindet, kommt François unmittelbar vor der Partie frei. Widerwillig läßt er sich auf den krummen Deal ein, würde aber lieber die Frau, die er angeblich vergewaltigt hat, zur Rede stellen, statt Fußball zu spielen. Diese hat jedoch die Intrige durchschaut und ist bereit, Perrin bei seinem Rachefeldzug zu unterstützen. Mit zwei Toren verschafft Perrin im auswärts ausgetragenen Hinspiel der nächsten Pokalrunde Trincamp eine gute Ausgangsposition. Dieses Spiel, der kollektive Wahnsinn, der von der Stadt endgültig Besitz ergreift und die anschließenden Jubelfeiern, bei denen die heuchlerischen Macht- und Würdenträger Perrin zum neuen Helden ausrufen, bilden das Herzstück des Films.

Mit dem derb-drastischen Humor des Drehbuchs und einer grobschlächtig-burlesken Story ist der Film weniger auf satirische Entlarvung von Auswüchsen des modernen Fußballgeschäfts hin angelegt, vielmehr als eine bewußt überzeichnete und unterschwellig mit großer Trauer durchsetzte Haßattacke auf eine Gesellschaft gedacht, in der Gier und Geltungssucht regieren, ein enggeknüpftes Korruptionsnetz alle Lebensbereiche, folglich auch den Fußball, durchdringt, so daß alle Formen von Manipulation und krimineller Machtausübung an der Tagesordnung sind. *Coup de tête* zeichnet ein pessimistisches Sittenbild, in dem gegen alle Wahrscheinlichkeit, aber sehr kinogemäß, am Ende der soziale Außenseiter Perrin triumphiert: In der kurzen Zeit zwischen den beiden Halbfinalspielen übt er Vergeltung, weigert sich, beim Rückspiel aufzulaufen und bereitet dem Höhenflug des Provinzclubs ein jähes Ende. Reine Fußballszenen haben in *Coup de tête* Seltenheitswert: Der Film konzentriert seine Mittel und Möglichkeiten auf das eine Match, in dem François Perrin über sich hinauswächst. Gerade auch in Anbetracht seiner Unterfinanzierung ist Annauds Regiedebüt beachtlich, auch wenn es zu altbekannten Mitteln greift: Szenen einer tatsächlichen Begegnung auf Zweitliganiveau werden am Schneidetisch mit nachgedrehten Close ups und Nahaufnahmen kombiniert. Das stört aber keineswegs: zum einen wegen des gekonnt hohen Tempos der Montage, zum anderen wegen der zahlreichen Nebenfiguren – die Kleinstadt-Mafia, die natürlich auch das Spiel im Stadion verfolgt, bietet der Regie günstige Gelegenheiten für Zwischenschnitte, wodurch den Reaktionen am Spielfeldrand das gleiche Gewicht zukommt wie den Fußballaktionen selbst.

Ein echter Klassiker des Fußballfilms ist David Evans mit *Fever Pitch* (1997), der Verfilmung des gleichnamigen Debütromans von Nick Hornby, gelungen.

Das Kultbuch aller intellektuell angehauchten Fußballinteressierten ist Autobiografie, Tagebuch, vorweggenommene Lebensbeichte und ironisch-postmoderner Kommentar über Gott und die Welt in einem, gut geschrieben, clever aufgebaut und ideal getimt. Als es 1992 erschien, war der Umwälzungsprozeß, mit dem der britische Fußball endgültig kapitalistisch domestiziert, seiner angestammten Klientel entrissen und mit bisher unvorstellbaren Geldsummen in ein Familienentertainment à la Disney verwandelt wurde, noch in vollem Gange. Der literarische Überraschungserfolg von *Fever Pitch* stellte diesen Entwicklungen die Illusion entgegen, daß doch noch Herzblut im Spiel sei oder sein könnte. Hornby wurde zur öffentlichen, medial dauerpräsenten Figur, gab in Talkshows und Gazetten seine Kommentare, die aber alles andere als authentisch wirkten. Was ihm fehlte, war nicht nur ‚Stallgeruch‘, ‚street credibility‘; denn spätestens nach der zweiten Lektüre von *Fever Pitch* wird deutlich, wie austauschbar für Hornby die von ihm behauptete Obsession Fußball letztlich ist.[26] Das Buch könnte genausogut von Lebensängsten und Seelenqualen eines obsessiven Kakteenzüchters oder Bierdeckelsammlers handeln. Vielleicht ist es gerade diese Beliebigkeit des Themas, die Hornby in die Bestsellerlisten geführt hat.[27]

Eine Verfilmung von *Fever Pitch* war absehbar. Natürlich ist es nicht leicht, das Buch eines antriebsschwachen Ich-Erzählers, das überwiegend aus inneren Monologen besteht und einen Handlungszeitraum von mehr als 30 Jahren abdeckt, für die Leinwand zu adaptieren. Hornby, der auch das Drehbuch schrieb, und Regisseur Evans griffen jenen Erzählstrang heraus, der die durch viele Anlaufschwierigkeiten erschwerte Liebesgeschichte zwischen Hornbys alter ego Paul (Colin Firth) und dessen Lehrerkollegin Sarah (Ruth Gemmell) thematisiert. Die Absicht, mit dieser Schwerpunktsetzung auch ein Publikum, das sich nicht für Fußball interessiert, anzusprechen, ist deutlich und legitim; aber insgesamt ist der Film qualitativ auf der Ebene einer beliebigen TV-Serie angesiedelt: Sarah wird auf die zickige Personifizierung sämtlicher Klischees, die Fußballgegner angeblich auszeichnen, reduziert („Wie kann man sich als erwachsener Mensch nur dafür interessieren, wie 22 Männer einem Ball hinterherlaufen!"), Paul wird als introvertierter Softie stilisiert, so daß man schnell das Interesse an der Figur verliert (Abb. 5). Auf dieser Gegenwartsebene, die mindestens 70 Prozent des Films ausmacht, ist *Fever Pitch* ein leidenschaftsloser Beziehungsfilm, der auch visuell erstaunlich fernsehhaft umgesetzt wirkt, was aber nicht an der finanziellen Ausstattung der Produktion gelegen haben kann. Allerdings sollte man positiv anrechnen, daß die Romanverfilmung klug genug ist, auf die fiktionale Darstellung von Spielen des

---

[26]  Paul Taylor vom British Film Institute, einer der weltweit wichtigsten Fußballfilmexperten, der seit 1964 exakt neun Pflichtspiele seines Vereins Leicester City verpaßt hat, obwohl er rund 20, über die ganze Insel verstreute Kinos des BFI programmiert und jedes Jahr Dutzende von Filmfestivals in aller Welt besucht, meinte, auf das Phänomen Nick Hornby angesprochen: „What kind of fan is he? He only goes to home games."

[27]  Zu *Fever Pitch* vgl. die gänzlich konträre Bewertung im Beitrag LEIS, S. 154f. (Anm. des Hrsg.).

FC Arsenal zu verzichten. Man bekommt nur die von Paul unterrichteten Kids beim Schulsportkick zu sehen.

Von den, in mehreren Rückblenden eingeschobenen Partien im Highbury Stadion, die in Pauls Kindheit stattfanden – hauptsächlich aus der Saison 1970/71, in der die Gunners Meisterschaft und FA Cup gewannen und der damals Zehnjährige vom Fan-Virus infiziert wurde –, sieht der Filmzuschauer ausschließlich die Reaktionen der Stadionbesucher auf der vollbesetzten Tribüne. Dies sind die mit Abstand originellsten und packendsten Szenen, weil die Phantasie des Betrachters gefordert ist, sich die entsprechenden Spielszenen zu den von Paul, seinem Vater und ein paar Dutzend zeitgerecht gestylter Komparsen gelieferten mimischen und verbalen Kommentaren vorzustellen. Evans und Hornby gewinnen der Erkenntnis, daß die besseren Fußballfilme keinen oder möglichst wenig Fußball zeigen, eine neue erzähltechnische Variante ab. Als sich, auf der Gegenwartsebene des Films, in der dramatischen Endphase der Saison 1988/89, in der Arsenal nach langen 17 Jahren erstmals wieder den Titel holt, für Paul ein Kreis schließt und zugleich das Junggesellendasein zu Ende geht,

Abb. 5:
*Colin Firth als Paul Ashworth in ‚Fever Pitch' (1997), Regie: David Evans.*

läuft die Rezeption wieder hauptsächlich über Fernsehbilder. Der tatsächliche Verlauf des Saisonfinales war für den Spannungshöhepunkt von Buch und Film ideal: Arsenal gewann das letzte Auswärtsspiel beim FC Liverpool, das wegen der Tragödie von Hillsborough erst nach dem eigentlichen Saisonende ausgetragen wurde und so den Charakter eines echten Finales hatte, mit genau dem Ergebnis von 2:0, das zum Titelgewinn rechnerisch unbedingt erforderlich war.

## 11. ,Biopics' – Karrieren und Biographien

Das vielleicht beliebteste Subgenre des Sportfilms ist das klassische ,Biopic',
die sämtliche Lebens- und Karrierestationen abhakende, den emotionalen
Gehalt und damit das Kinopotential aller Ups und Downs auskostende Biografie in Filmform, fast immer konventionell und zügig erzählt. Besonders
die USA, wo die mit Abstand meisten Sportfilme produziert werden, haben,
besonders im TV-Bereich, einen konfektionierten Standard des Porträts über
erfolgreiche, historisch bedeutende oder in besonderer Weise vom Schicksal
geschlagene Boxer, Baseballspieler, Leichtathleten oder Schwimmer hervorgebracht. Doch über Fußballstars oder berühmte Mannschaften der Vergangenheit gibt es fast keine derartigen Biopics.

Eine hochinteressante Ausnahme indes ist der aufwendige Film über George Best, den ersten Fußballer, der sich auch über seinen Sexappeal definierte und von den Medien wie ein Popstar hofiert wurde. *Best* (1999) unter
der Regie von Mary McGuckian, deren Lebensgefährte John Lynch sowohl
die Titelrolle spielt als auch als ausführender Produzent fungiert, ist weder
reines Heldenepos noch Psychogramm. Der Film unterzieht den heute schwer
alkoholkranken ehemaligen Dribbelkönig aus der Ferne einer Tiefenanalyse,
ist ein kunterbuntes, temporeiches und zeitgeistgesättigtes Panorama der
1960er Jahre, in denen nicht nur im Fußball alles möglich schien und schillernde Figuren wie der ,Belfast Boy', verglichen mit Fußballstars vorange-
gangener Dekaden, geradezu einen Kulturschock auslösten.[28]

*Best* zeichnet nicht nur die Höhepunkte in der Karriere des Spielers weitgehend korrekt und stimmig nach, sondern überzeugt auch in den Sequenzen,
wo tatsächlich Fußball gespielt wird. Ist in Spielfilmen schon das Nachstellen
von frei erfundenen Spielen eine heikle Aufgabe, so scheint die nachträgliche
Inszenierung historisch bedeutender Begegnungen fast unmöglich, weil die
entscheidenden Szenen so gut bekannt sind, daß viele sie jederzeit vor ihrem
inneren Auge ablaufen lassen können. Genau dies ist der Grund, warum sich
kaum ein Fußballfilm daran versucht. Deshalb ist es beachtenswert, was *Best*
leistet. Nachträglich mit raffinierten Farb- und Lichteffekten verfremdete und
ästhetisierte Archivaufnahmen legendärer Europacupspiele Manchester Uni-
teds, besonders des 1968er Finales gegen Benfica Lissabon, und neugestaltete
Zwischenschnitte, gespielt von den Schauspielern des Films, werden so flüs-
sig und mit Höllentempo ineinander verschachtelt, daß sich ein gelungener
Verschmelzungsprozeß ergeben hat. Bringt man die nötige Bereitschaft mit,
sich auf die Illusion Kino einzulassen, dann vergißt man vielleicht in einigen
Momenten, daß man keiner fußballhistorischen Dokumentation, sondern der

---

[28]  Schon zuvor hatte man versucht, Ausnahmekicker und Popikone George Best fürs Kino
zu nutzen, etwa in dem deutschen Experimentalfilm *Fußball wie noch nie* (1970) des
verstorbenen Regisseurs Hellmuth Costard.

Vorführung eines reinen Kunstprodukts beiwohnt. In jeder Hinsicht stimmig sind die Details, wie etwa die Farbschattierung der groteskerweise blauen Trikots, mit denen Manchester United diesen ersten Sieg einer englischen Mannschaft im Europacup der Landesmeister bestritt, oder die exakte Wiedergabe der Sitzposition jedes Akteurs auf dem Spielfeld während der kurzen Pause vor der Verlängerung. Gerade solche Kleinigkeiten sind es, von denen Glaubwürdigkeit und Qualität dieses Films leben. Genügend Geld, solide Beherrschung des Filmhandwerks, innovative Ideen und profundes Wissen über den fußballspezifischen Hintergrund des jeweiligen Stoffes bilden das Rüstzeug, mit dem man, wie Mary McGuckian hier beweist, dem so oft und vehement verhöhnten Fußballfilm Leben einhaucht und cineastische Überzeugungskraft verleiht. Angesichts einer Vorgabe wie *Best* darf man gespannt sein, ob Sönke Wortmann mit dem gerade im Entstehen begriffenen *Wunder von Bern* ein ähnlich bestechendes Werk gelingt.

## *Weiterführende Literatur*

### a) Kataloge von Festivals, Retrospektiven und Sportfilmtagen

FABRIZIO BORGHINI, Calcio & Cinema, Festivalkatalog, Florenz 1993.

HELMUT PFLÜGL (Red.), Fussball im Film. Katalog zur Filmschau ‚Fussball im Film' (Schriftenreihe des Österreichischen Filmarchivs, Folge 19), Wien 1988.

ANNETTE C. ECKERT / THOMAS TIL RADEVAGEN (Red.), Sport und Film – Bewegte Körper, Bewegte Bilder, Berlin 1993.

Freunde der Deutschen Kinemathek (Hrsg.), Sport – Körper – Bewegung, Berlin: Katalog zur Filmretrospektive der Internationalen Sportfilmtage 1993.

### b) Zeitschriftenartikel

SHAUN CAMPBELL, Fantasy Football, in: FourFourTwo (November 1994).

ANDREW SARRIS, Why Sports Movies Don't Work, in: Film Comment (November / Dezember 1980).

DAVID THOMSON, Playing For Real, in: Sights & Sounds (September 1996).

THOMAS WIENER, Good Sports, in: American Film (Juli / August 1984).

*Verena Burk*

# Dynamik und Ästhetik der beliebtesten TV-Programmsparte

## Fußball als Fernsehereignis

Fußball und die Berichterstattung über ihn fasziniert ein Millionenpublikum auf der ganzen Welt. Berichte, Interviews und Kommentare über nationale und internationale Fußballereignisse füllen die Tagespresse und die Seiten der wöchentlichen Magazine. 4,3 Millionen Erwachsene in Deutschland nutzen die Tageszeitung als primäre und weitere 20,8 Millionen als sekundäre Informationsquelle über den Fußball. Zurückgegangen ist hingegen die Bedeutung des Hörfunks. Während in den 1970er und Anfang der 1980er Jahre ein breites Publikum die Konferenzschaltungen Samstag nachmittags am Radiogerät verfolgte, kommt der Hörfunk nunmehr lediglich als Nebeninformationsquelle ins Spiel. Demgegenüber stehen 3 Prozent der am Fußball sehr interessierten Bevölkerung – das entspricht ungefähr 600.000 Menschen –, die das Internet bzw. Online-Dienste als zusätzliches Medium nutzen.[1]

Das wichtigste Massenmedium für die Fußballberichterstattung in Deutschland ist jedoch das Fernsehen. Der Ufa Fußballstudie des Jahres 1998 zufolge informieren sich annähernd 35 Millionen Menschen in Deutschland vorrangig vor dem TV-Gerät über die Ereignisse rund um das Leder.[2] Insbesondere bei Europa- und Weltmeisterschaften, aber auch bei europäischen Clubwettbewerben versammeln sich Fußballinteressierte mit Freunden und Bekannten vor dem Bildschirm. So bescherte beispielsweise das Champions League Halbfinalspiel zwischen Bayern München und Real Madrid dem TV-Anbieter tm3 Rekordquoten. Bis zu 8,96 Millionen Fußballfans verfolgten das Ausscheiden des deutschen Rekordmeisters gegen den spanischen Erstligisten am 9. Mai 2000 vor dem Fernsehgerät. Dies entspricht einem Marktanteil von 41,8 Prozent. Umgekehrt hat sich der Fußball gerade auch dank der medialen Unterstützung des Fernsehens zu einem umfassenden Massenphänomen in ganz Deutschland entwickelt. Wie kein anderer publizistischer Inhalt der Programmsparte ‚Sport' weist er für die vergangenen Jahre ein kontinuierliches Wachstum auf. Dabei zeigte er sich offen für technologischen Wandel und übernahm so zunehmend Pilot- und Katalysatorfunktionen für die Weiterentwicklung des gesamten Fernsehsports.

---

[1] Vgl. Ufa Sports GmbH, UFA Fußballstudie 98. Marketinginformationen für Vereine, Medien und Werbung, Hamburg 1998, 28.

[2] Vgl. Ufa Sports GmbH, Fußballstudie (Anm. 1), 28.

Im ersten Teil dieses Beitrages werden zunächst einige markante Eckdaten der historischen Entwicklung der Fußballberichterstattung im Fernsehen aufgezeigt. In einem zweiten Schritt erfolgt eine Analyse des aktuellen Dreiecksverhältnisses zwischen Fußball, werbetreibender Wirtschaft und Fernsehen sowie den damit verbundenen Folgen für die handelnden Akteure. Der dritte Teil der Ausführungen befaßt sich sodann mit den spezifischen Präsentations- und Inszenierungsformen der Sportart Fußball im dualen Fernsehsystem. In einem abschließenden vierten Teil werden die Perspektiven und Entwicklungsmöglichkeiten einer zukünftigen Fußballberichterstattung im Fernsehen diskutiert.

## 1. Historische Entwicklung der Fußballberichterstattung im Fernsehen

Betrachtet man die Entwicklung des Fernsehsports in Deutschland, so ist festzustellen, daß Sportsendungen seit den Anfängen des Fernsehens zu den attraktivsten Programmbeiträgen gehören. Bereits anläßlich der Olympischen Sommerspiele 1936 in Berlin sendete das Fernsehen die ersten Live-Übertragungen, seit Kriegsende und der offiziellen Einführung des deutschen Fernsehens am zweiten Weihnachtsfeiertag 1952 gehörte der Sport zum festen Programm.[3] Ab Februar 1953 etablierte sich der Fußball mit regelmäßigen Live-Übertragungen der Oberligaspiele im bundesdeutschen Fernsehen. Zum damaligen Zeitpunkt bezahlte der Nordwestdeutsche Rundfunk (NWDR) zwischen 1.000 und 2.500 DM pro Spiel für die Senderechte an die Fußballvereine.[4] Im März 1953 erfolgte dann die Übertragung des ersten Länderspiels. Eigentlicher Höhepunkt war aus fernsehtechnischer und sportlicher Sicht jedoch die Übertragung der Fußballweltmeisterschaft 1954 in der Schweiz. Die Ausstrahlung dieses Fußballereignisses gilt aus Sicht der Medienwissenschaft als Meilenstein für den Durchbruch des neuen Massenmediums, obwohl damals lediglich 27.000 Haushalte über ein eigenes Fernsehgerät verfügten und der größte Teil der deutschen Bevölkerung die Spiele live am Radio oder als Zusammenfassungen in der Kinowochenschau verfolgen mußte.

Einen Rückschlag in der Entwicklung als Fernsehsport erlitt der Fußball im Jahr 1958, nachdem die inzwischen zahlreichen Live-Übertragungen für den Zuschauerrückgang in den Fußballstadien verantwortlich gemacht wurden. Am 1. Oktober 1958 schlossen die ARD und der Deutsche Fußball-Bund einen Vertrag, in welchem festgelegt wurde, daß lediglich ein Vereinsspiel und insgesamt nur zwei Spiele – einschließlich Europapokal- und Länderspiele – pro Monat übertragen werden durften. Auch die Fußball-WM 1958

---

[3]   Vgl. ROLF SCHOLZ, Konvergenz im TV-Sport. Eine komparative Studie des „Dualen Fernsehsystems", Berlin 1993, 27.

[4]   Vgl. GÖTZ-TILLMANN GROSSHANS, Fußball im deutschen Fernsehen, Frankfurt 1997, 38.

war von dieser Regelung betroffen und erst nachdem der Fernsehgeräteher-steller Philips eine Ausfallgarantie übernahm, wurden insgesamt zehn Spiele für die Senderechte von insgesamt 160.000 DM von der ARD live ausge-strahlt.[5] Eine Folge dieser Reglementierung der Fußball-Live-Übertragungen war auch die Ausstrahlung der ersten Sportmagazinsendung *Die Sportschau* am 11. Juli 1961 durch die ARD.

Beim Start der Fußballbundesliga am 24. August 1963 war das Fernsehen als Live-Medium nicht vertreten, da die Verhandlungen mit dem DFB zu die-sem Zeitpunkt noch nicht abgeschlossen waren. Vielmehr etablierte sich durch die Inbetriebnahme des Zweiten Deutschen Fernsehens und der entste-henden Konkurrenzsituation mit der ARD eine neue Form der Sendekonzep-tion. Am 2. April 1963 wurde erstmals *Der Sportspiegel* gesendet. Es folgte am 5. April desselben Jahres *Die Sportinformation* sowie am 24. August *Das Aktuelle Sportstudio*. Während *Der Sportspiegel* sich vor allem durch Hinter-grundberichte und *Die Sportinformation* sich durch eine Vorstellung der Bundesligavereine auszeichneten, verstanden es die Verantwortlichen des *Aktuellen Sportstudios* hervorragend, dem Fernsehzuschauer eine Mischung aus Information und Unterhaltung zu präsentieren. Erstmals war nicht mehr die Dramaturgie des Sports entscheidend, sondern vielmehr eine künstlich geschaffene Dramaturgie, hervorgerufen durch ein spezifisches Sendekon-zept.[6] Ab der Saison 1965/66 wurden der ARD und dem ZDF vom Deutschen Fußball-Bund die Senderechte an der Bundesliga für insgesamt 127.000 DM abgetreten. Von nun an übertrugen *Die Sportschau* um 18.00 Uhr, *Das Aktu-elle Sportstudio* um 22.00 Uhr und ab 1966 auch die *ZDF-Sport-Reportage* die Geschehnisse der Fußballbundesliga und der Regionalligen, d.h. der zweithöchsten deutschen Fußballspielklasse.

Die Jahre 1966 und 1967 waren aus sportpublizistischer Sicht durch Inno-vationen geprägt. Von den Fußballweltmeisterschaften in England 1966 wur-den 13 Spiele live und acht Spiele als Aufzeichnungen durch ARD und ZDF ausgestrahlt, Vor- und Rückschauen, Interviews, Kommentare und Trainings-studien ergänzten die Berichterstattung. Aber auch Ereignisse am Rande des Spielfeldes erweckten bereits das Interesse des Massenmediums: So sendete das ZDF live im *Aktuellen Sport-Studio* das Abschlußbankett der beiden Fi-nalisten.[7] Am 2. September 1967 wurde das *Aktuelle Sport-Studio* als erste europäische Sportsendung in Farbe ausgestrahlt, nur einen Monat später konnten die TV-Zuschauer die erste Halbzeit des Fußballspiels Deutschland – Jugoslawien ebenfalls in Farbe erleben.

Eine zunehmende Professionalisierung und Kommerzialisierung des Fuß-ballsports und seiner Berichterstattung läßt sich zu Beginn der 1970er Jahre

---

[5] Vgl. GROSSHANS, Fußball (Anm. 4), 41.
[6] Vgl. GROSSHANS, Fußball (Anm. 4), 47f.
[7] Vgl. GROSSHANS, Fußball (Anm. 4), 49.

konstatieren. Zum einen stiegen die Kosten für die Übertragungsrechte an der
Fußballbundesliga und den internationalen Fußballereignissen für damalige
Verhältnisse auf enorme Summen an. So betrugen in der Saison 1969/70 die
TV-Rechte an der ersten deutschen Fußball-Liga bereits 2,3 Millionen DM
und für die Live-Übertragung eines Europacupspiels mußten die Sendeanstalten im Durchschnitt 160.000 DM investieren (Tab. 1). Zum anderen gewann die Werbung für den Fußball zunehmend an Bedeutung. Während in
den vorangegangenen Jahren ARD und ZDF Live-Übertragungen von Sportveranstaltungen aufgrund von Verstößen gegen das Verbot der Schleichwer-
bung zum Teil absetzten, war dies bei der WM 1970 in Mexiko nun nicht
mehr möglich. Werbebanden von *Kaufhof* und *Jägermeister* wurden den
deutschen Fernsehzuschauern ebenso präsentiert wie der von *adidas* gestellte
offizielle WM-Spielball.[8] Im Jahr 1974 wurden schließlich die Spielertrikots
als Werbefläche für die Wirtschaft freigegeben. Somit vollzog sich in diesem
Zeitraum nicht nur der Wandel vom Amateurstatus zum Vollprofitum – begleitet u.a. durch den Anstieg der Spielergehälter und Ablösesummen –, sondern der Fußball wurde auch für alle anderen Akteure zu einem lukrativen
Geschäft. So hatte sich ebenso eine Reihe von Fußballvereinen zu Wirtschaftsunternehmen mit Millionenumsätzen entwickelt.[9]

| Saison | Kosten der Übertragungsrechte |
|--------|-------------------------------|
| 1966/67 | 0,13 Mio. DM |
| 1967/68 | 0,81 Mio. DM |
| 1968/69 | 1,68 Mio. DM |
| 1969/70 | 2,30 Mio. DM |

Tab. 1:  *Kosten der Übertragungsrechte an der Fußball-Bundesliga zwischen der Saison
1966/67 und 1969/70.[10]*

Einen weiteren Höhepunkt in der Geschichte der Fußballberichterstattung im
Fernsehen stellt die Weltmeisterschaft 1978 in Argentinien dar. Bereits beim
Bau der Stadien berücksichtigten die Organisatoren in Kooperation mit der
FIFA die Bedürfnisse der Fernsehanstalten, um eine perfekte Inszenierung
und Dramaturgie bei der Übertragung des Fußballereignisses zu gewährleisten. Es erfolgte zum einen eine Weiterentwicklung dramaturgischer Elemente durch neue Kamerapositionen und Bildausschnitte sowie durch eine
veränderte Schnittechnik, zum anderen wurden organisatorische Veränderungen, wie z.B. die bessere Kennzeichnung der Spieler durch auffälligere

---

8    Vgl. GROSSHANS, Fußball (Anm. 4), 51.
9    Vgl. GROSSHANS, Fußball (Anm. 4), 55.
10   Vgl. JOSEF HACKFORTH, Sport im Fernsehen: ein Beitrag zur Sportpublizistik unter be-
     sonderer Berücksichtigung des Deutschen Fernsehens (ARD) und des Zweiten Deut-
     schen Fernsehens (ZDF) in der Zeit von 1952–1972, Münster 1975, 287f.

Nummern, durchgeführt. Eine wichtige „technische Neuerung bestand darin, daß jetzt das Bild jeder Kamera permanent, und nicht nur das live gesendete Bild, aufgezeichnet wurde",[11] wodurch nun die Möglichkeit der Mehrfachwiederholung aus verschiedenen Perspektiven bestand.

Ende der 1970er Jahre bestritten die Mehrzahl der Bundesligavereine ihren Haushalt – neben den Zuschauereinnahmen – vorwiegend mit Fernseh- und Werbegeldern. Zwar konnte der im Jahr 1978 ermittelte Deutsche Meister 1. FC Köln nach wie vor keinen Trikotsponsor aufweisen,[12] die Trias von Fußball, Fernsehen und werbetreibender Wirtschaft war aber nicht mehr aufzuhalten. Letzte Versuche in diese Richtung unternahm das Fernsehen unter Zuhilfenahme spezifischer Bildausschnitte: Diese wurden bei Spieler- und Trainerinterviews so gewählt, daß das Brustlogo der Bekleidung nicht zu sehen war. Nachdem die Logos dann aber auf die Kragen der Protagonisten wanderten, gaben auch die Sendeanstalten den erfolglosen Feldzug gegen diese Art der Fernsehwerbung entgültig auf.

Die bislang weitreichendste Veränderung innerhalb des Fernsehsystems vollzog sich im Jahr 1984, nachdem die ersten kommerziellen Fernsehveranstalter auf dem bundesdeutschen Markt zugelassen wurden und sich schrittweise etablierten. Somit wurde auch der Monopolära von ARD und ZDF in der Fußballberichterstattung ein Ende gesetzt. Die privatwirtschaftlichen Anbieter sahen in der Sportart Fußball – ebenso wie im Tennis, Boxen, Formel-1 und neuerdings Skispringen – ein optimales Profilierungsinstrument für ihren Sender. Während im Jahr 1984 gerade einmal 1.200 Stunden Sport im Fernsehen gezeigt wurden, betrug der Umfang der Programmsparte ‚Sport' 1991 bereits 9.600 Stunden. Für das Jahr 1999 läßt sich mit ca. 16.000 Stunden – übertragen von 90 Sendern einschließlich Regionalfenstern und Lokalfernsehen – eine weitere beträchtliche Steigerung feststellen. Auf die Sportart Fußball entfielen 4.790 Programmstunden, gefolgt von Tennis mit 1.651 Stunden und Motorsport mit 1.472 Stunden.[13] Auch bei den ausgestrahlten Wettbewerben und Veranstaltungen ist Fußball die Nr. 1. So wurden beispielsweise im Jahr 1996, obwohl die Olympischen Sommerspiele in Atlanta stattfanden, 1.083 Stunden über die erste Fußballbundesliga im bundesdeutschen Fernsehen berichtet (Abb. 1).

---

[11] GROSSHANS, Fußball (Anm. 4), 56.
[12] Vgl. GROSSHANS, Fußball (Anm. 4), 58.
[13] Vgl. HANS-JÜRGEN SCHLICHT, Von Quotenrennern und sportlicher Vielfalt, in: Allgemeine Zeitung Mainz, 1. April 2000.

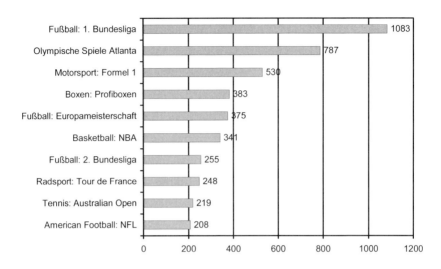

*Abb. 1:  Meistgesendete Sportveranstaltungen und -wettbewerbe im Jahr 1996
(in Stunden).*[14]

## 2. Das Dreiecksverhältnis Fußball – werbetreibende Wirtschaft – Fernsehen

Im Laufe der Jahre wurde somit der Sport – und hier insbesondere der Fußball – zu einem bevorzugten Programminhalt öffentlich-rechtlicher und privater Fernsehsender in Deutschland. Diese Entwicklung blieb auch der werbetreibenden Wirtschaft nicht verborgen. Dabei weist die Berichterstattung
über den Fußball grundsätzlich eine Reihe von Vorteilen gegenüber anderen
Programmsparten und -inhalten für das Medium Fernsehen, aber auch für die
Wirtschaft auf. Fünf Vorteile erscheinen hierbei besonders erwähnenswert:

*Erstens*: Bei einer Vielzahl von Fernsehzuschauern wird die Programm-
wahl aufgrund des Ereigniswertes einer Sendung entschieden. So haben z.B.
Spielfilme und Serien in dieser Konkurrenzsituation nur geringe Chancen, da
jeder Rezipient weiß, daß sie binnen kurzem, wenn auch auf einem anderen
Kanal, wiederholt werden. Auch Nachrichtensendungen bieten wie der Sport
originären Erlebniswert, jedoch können sie im Gegensatz zu einer Live-
Übertragung im Fußball keinen Anspruch auf Exklusivität erheben.

*Zweitens*: Sportsendungen haben darüber hinaus zwei entscheidende Vorteile: Zum einen kann nur hier zeitgleich berichtet werden, zum anderen kann
ausschließlich bei Sportveranstaltungen nicht nur ein Ergebnis, sondern ein

---

[14]  Vgl. Institut für Medienanalysen (Hrsg.), Jahrbuch Sport im Fernsehen, Karlsruhe 1997,
o.S.

Handlungsablauf bis hin zu einem Ergebnis präsentiert werden. Dies läßt sich an einem Beispiel verdeutlichen: Um den Ereigniswert einer bedeutenden Fußball-Live-Übertragung überbieten zu können, müßte der Bericht über einen Flugzeugabsturz Interviews mit den Passagieren vor dem Einstieg, Stimmungsbilder aus der Kabine während des Fluges, eine Live-Schaltung während der Katastrophe (und das möglichst in Zeitlupe) sowie Gespräche mit den Hinterbliebenen nach dem Absturz enthalten.[15]

*Drittens*: Sport – und hier vor allem die Fußballberichterstattung – gehört besonders aufgrund seines international festgelegten Regelwerkes neben der Musik zu jenen Programmsparten, die weltweit verständlich sind. Während fiktionale Angebote wie Spielfilme oder Serien für jeden Sprachraum aufwendig synchronisiert oder separat untertitelt werden müssen, können Sportberichte kostengünstig durch einen Off-Kommentar an die einzelnen Sprachräume angepaßt werden. Diesen Vorteil machen sich vor allem Sportspartenkanäle zunutze (z.B. Eurosport).

*Viertens*: Durch die dem sportlichen Wettkampf innewohnende Eigendramaturgie, durch den Spannungsbogen, der durch das jeweilige Fußballereignis selbst vorgegeben wird, sowie durch den ungewissen Ausgang des Geschehens wird hier im Gegensatz zu fiktionalen und nonfiktionalen Fernsehangeboten weniger Kreativität bei den verantwortlichen Regisseuren gefordert.[16]

*Fünftens*: Fußball besitzt ein positives Image in der Bevölkerung. Durch die Ausstrahlung von Fußballspielen wird dieses Image auf den entsprechenden TV-Anbieter übertragen, der Sender steigert dabei seinen Bekanntheitsgrad, demonstriert finanzielle Stärke, erhöht bzw. stabilisiert in der Regel seine Zuschauerquoten und somit auch den Marktanteil. Auch bislang unbekannte Programme gelangen so in das Blickfeld der werbetreibenden Wirtschaft. Die Wirtschaftsunternehmen bedienen sich nun des Fußballs und des Fernsehens, um eine Imageverbesserung bei der Bevölkerung zu erreichen, den Bekanntheitsgrad ihrer Produkte bei den Zuschauern bzw. bei einer bestimmten Zuschauerzielgruppe zu steigern und letztendlich den Absatz ihrer Ware beim Konsumenten zu erhöhen.

Um diese positiven Wirkungen zu erzielen, bringen einerseits die Wirtschaftsunternehmen hohe Preise für Werbezeiten bei Fußballreihensendungen und Fußball-Live-Übertragungen auf, andererseits investieren die Fernsehsender ungeheure Summen für Fußballsenderechte. Neben dem Spielfilm- und Seriensektor haben auch die Rechtekosten für massenattraktive Fußballereignisse eine dramatische Entwicklung zu verzeichnen. Im Jahr 1990, nach

---

[15] Vgl. JOAN KRISTIN BLEICHER, Deutsches Fernsehen im Wandel. Perspektiven 1985–1992, Siegen 1993, 54.

[16] WOLFGANG HOFFMANN-RIEM, Sport – vom Ritual zum Medienspektakel, in: DERS. (Hrsg.), Neue Medienstrukturen – neue Berichterstattung?, Baden-Baden 1988, 11–20.

Beendigung des vom Kartellamt beanstandeten Globalvertrages zwischen
dem Deutschen Sportbund und ARD / ZDF, der den öffentlich-rechtlichen
TV-Anbietern die Erstverwertungsrechte mit Ausnahme von Fußball und
Tennis für alle weiteren 38 nationalen Fachverbände zugesichert hatte, wurden die Senderechte neu aufgeteilt und die Kosten des Sportfernsehens einer
inflationären Entwicklung preisgegeben. Noch 1987 konnten ARD und ZDF
die Rechte für die heimische Fußballbundesliga für 18 Millionen DM erwerben. Heute dagegen muß die Internationale Sportrechte Verwertungsgesell-
schaft ISPR, eine gemeinsame Tochter von Leo Kirch und dem Springer
Verlag, 140 Millionen DM jährlich an den Deutschen Fußball-Bund überwei-
sen.

Auch ein Blick auf die Kostenentwicklung der Übertragungsrechte für internationale Fußballgroßveranstaltungen belegt diesen enormen Anstieg. So
kam es angesichts einer steigenden Nachfrage seitens der europäischen Länder nach Übertragungszeiten und einer Aufstockung der Zahl der teilnehmen-
den Teams bei den Fußballeuropameisterschaften von acht auf sechzehn
Mannschaften zwischen den Jahren 1980 und 2000 zu einer Verteuerung der
Rechte von insgesamt 4.275 Prozent (Tab. 2). Aber auch die europäischen
Ligawettbewerbe waren von dieser Entwicklung betroffen. Hier waren im
Zuge der Schaffung neuer Wettbewerbe – so z.B. der Champions League Ende der 1980er Jahre – und der Ausdehnung der Sendezeit auf mehrere Wo-
chentage Preissteigerungen von 400 bis 500 Prozent in drei Jahren zu verzeichnen.

| Jahr | Teilnehmer | Rechtekosten in Mio. sfr | Zuwachs in % |
|------|-----------|--------------------------|--------------|
| 1980 | 8 | 3,2 | |
| 1984 | 8 | 4,1 | + 25 |
| 1988 | 8 | 5,2 | + 25 |
| 1992 | 8 | 25,0 | + 400 |
| 1996[*] | 8 | (30,0) | (+ 20) |
| 1996 | 16 | 80,0 | + 220 |
| 2000 | 16 | 140,0 | + 75 |

[*] Nach ursprünglicher Lizenzvergabe vor Aufstockung
auf 16 Teams.

Tab. 2: *Entwicklung der europäischen Sendekosten für die Fußballeuropameister-*
    *schaften.*[17]

Bei der Vergabe der Fernsehrechte an den Fußballweltmeisterschaften ist
ebenfalls ein Anstieg der Kosten in den 1980er und 90er Jahren zu konstatie-

---

[17] Vgl. CHRISTA-MARIA RIDDER, Daten und Fakten zu den Werbelimits bei Sport in ARD
und ZDF. Argumente für funktionsgerechte Rahmenbedingungen der öffentlich-
rechtlichen Fernsehwerbung, in: Media Perspektiven 35 (1997) 6, 307–319, hier 316.

ren, wobei diese Steigerungen im Vergleich zu anderen Sportgroßereignissen eher gering ausfallen. Ein heftiger Kampf um die Senderechte – mit dem Ergebnis, daß die Rechtekosten explosionsartig in die Höhe schnellten – ist hingegen erst um die Fußballweltmeisterschaften 2002 und 2006 entbrannt: Die European Broadcasting Union (EBU) und ihre Partner boten der FIFA insgesamt 2,2 Milliarden sfr für beide Veranstaltungen – wobei der EBU-Anteil auf ca. 1,2 Milliarden sfr geschätzt werden kann – und übertrafen hier bei weitem die Rechtekosten, die sie bis einschließlich der Weltmeisterschaft 1996 zu zahlen bereit waren. Den Zuschlag für die Jahre 2002 und 2006 sowie eine Option für 2010 erhielt jedoch Leo Kirch, der gemeinsam mit den Sportrechteagenturen Soris und ISL 2,8 Milliarden sfr der FIFA offerierte.

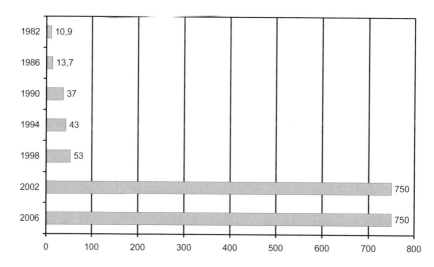

Abb. 2: *Kosten für die Senderechte an den Fußballweltmeisterschaften (in sfr).*[18]

Die Gründe für dieses gesteigerte Interesse an den Fußballweltmeisterschaften sind sicherlich in engem Zusammenhang mit der Entwicklung der digitalen Übertragungstechnik, dem Aufkommen digitaler Fernsehkanäle – die in der Regel auf den Fernsehmärkten als Pay-TV-Programme angeboten werden – und der mit den Rechten an Fußballübertragungen erhofften Gewinnung neuer Abonnenten bzw. Abonnentengruppen zu sehen. Fußballübertragungen jeglicher Art gehören somit auf dem bundesdeutschen Rechtemarkt zu den beliebtesten Software-Angeboten, da sie – wie dargestellt – in der Regel den öffentlich-rechtlichen und privaten TV-Anbietern hohe Einschaltquoten und somit auch Werbeeinnahmen garantieren. Es gibt kaum einen Fernsehsender,

[18] Vgl. ED VAN WESTERLOO, Sportrechte: Preisskala nach oben offen? Der Kampf um die Sportrechte im Fernsehen, in: Media Perspektiven 34 (1996) 10, 514–520, hier 516.

der nicht über Erst-, Zweit- oder Nachverwertungsrechte an einem oder mehreren der inzwischen zahlreichen nationalen und europäischen Wettbewerben
verfügt. So besitzt z.B. Premiere die Senderechte für die erste und zweite
Bundesliga im Bereich des Pay-TV. Im Free-TV liegen die exklusiven
Erstverwertungsrechte der ersten Bundesliga bei SAT.1, die der zweiten Bundesliga beim Sportkanal DSF. Begegnungen im DFB-Pokal werden hingegen
bei ARD und ZDF übertragen. Auch die Rechte für die Länderspiele der
Deutschen Nationalmannschaft sind in Besitz der beiden öffentlich-
rechtlichen Vollprogramme. Die Champions League war bis zur Saison
1999/2000 wesentlicher Programmbestandteil des ‚Frauenkanals' tm3, jetzt
werden die Übertragungen wiederum durch den Kölner Privatanbieter RTL
ausgestrahlt. Die Rechte des UEFA-Pokals liegen nach dem BGH-Entscheid
des Jahres 1998 in den Händen der Vereine bzw. der Rechteagenturen. Darüber hinaus verfügen die großen TV-Anbieter über zahlreiche Zweitverwer-
tungs- und Nachverwertungsrechte an nationalen und europäischen Fußballereignissen.

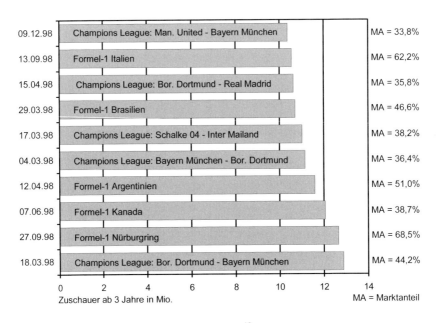

*Abb. 3: RTL TOP-10-Rangliste des Jahres 1998.*[19]

---

[19]  Vgl. FRITZ PLEITGEN, Fußball bleibt die Nummer eins, in: DFB-Journal (1999) 1, 36–38,
      hier 38.

Bei einer Bewertung der aktuellen Situation kann man zu der Einschätzung gelangen, daß die zum Teil immens hohen Investitionen in den Erwerb von Fußballrechten den Sendern recht geben. Dies läßt sich u.a. anhand der TOP-10-Zuschauerranglisten der Sender verdeutlichen. So wird im Jahr 1998 die TOP-10-Rangliste des Kölner Privatsenders RTL ausschließlich von Fußball- und Formel-1-Übertragungen bestimmt (Abb. 3). Ein ähnliches Bild zeigt sich bei SAT.1. Die Sendungen mit den größten Marktanteilen und der höchsten Zuschauernutzung sind Fußball-Live-Übertragungen. Neben dem Fußball spricht nur der eigenproduzierte Mehrteiler *Der König von St. Pauli* ein Massenpublikum in Deutschland an.

Auch bei den öffentlich-rechtlichen Sendeanstalten liegen die Programmsparten 'Sport' und 'Unterhaltung' hinsichtlich der Zuschauerpräferenzen auf den vorderen Rängen. So wird die gemeinsame ARD- und ZDF-Hitliste des Jahres 1998 neben der Unterhaltungssendung *Wetten, dass ...?* ausschließlich mit Live-Übertragungen der Fußballweltmeisterschaften in Frankreich bestritten (Tab. 3).

| Rang | Sendung | Sender | Sende-datum | Zuschauer | Markt-anteil |
|---|---|---|---|---|---|
| 1. | Fußball: Deutschland – USA (WM) | ARD | 15.06.98 | 24,37 Mio. | 70,1% |
| 2. | Fußball: Deutschland – Iran (WM) | ARD | 25.06.98 | 24,32 Mio. | 74,0% |
| 3. | Fußball: Brasilien – Frankreich (WM) | ARD | 12.07.98 | 24,06 Mio. | 67,0% |
| 4. | Fußball: Deutschland – Kroatien (WM) | ARD | 04.07.98 | 23,26 Mio. | 72,0% |
| 5. | Fußball: Deutschland – Mexiko (WM) | ZDF | 29.06.98 | 19,48 Mio. | 83,1% |
| 6. | Fußball: Frankreich – Kroatien (WM) | ARD | 08.07.98 | 18,25 Mio. | 59,3% |
| 7. | Fußball: Brasilien – Niederlande (WM) | ZDF | 07.07.98 | 18,19 Mio. | 63,1% |
| 8. | Fußball: Deutschland – Jugoslawien (WM) | ZDF | 21.06.98 | 17,30 Mio. | 83,5% |
| 9. | Wetten, daß ...? | ZDF | 28.03.98 | 15,75 Mio. | 51,5% |
| 10. | Wetten, daß ...? | ZDF | 28.02.98 | 15,46 Mio. | 45,7% |

*Tab. 3: TOP-10-Rangliste der Sender ARD und ZDF 1998 (Nachrichtensendungen wurden nicht berücksichtigt).*[20]

---

[20]  Vgl. PLEITGEN, Nummer eins (Anm. 19), 37.

## 3. Präsentation und Inszenierung von Fußball im Fernsehen

Wie sich das Fernsehprogramm im allgemeinen in der dualen Konkurrenz veränderte, so haben sich auch die Präsentations- und Inszenierungsformen der Fußballberichterstattung in den vergangenen Jahren gewandelt. Im wesentlichen sind die dabei zu beobachtenden Veränderungen an dem Zweck orientiert, den Unterhaltungs- und Erlebniswert von Fußballsendungen zu steigern und somit Zuschauer an die entsprechenden Sender zu binden. Sechs ausgewählte Veränderungen werden im folgenden exemplarisch vorgestellt.[21]

### 3.1. Zeitliche Streckung der Fußballfernsehereignisse

Daß ein Fußballspiel – so wie es einst Sepp Herberger beschrieben hatte – 90 Minuten dauert, gehört längst der Vergangenheit an. 30 bis 60 Minuten Vorberichterstattung, Stimmen in der Halbzeitpause, Nachberichterstattung mit einer Zusammenfassung der wichtigsten Spielszenen inklusive Zeitlupe, einer Analyse vom Fachmann sowie Interviews mit Spielern und Trainern sind heute bei allen Sendern – ob öffentlich-rechtlich oder privat – zum Standard geworden. Diese oftmals künstliche Ausweitung des eigentlichen sportlichen Geschehens, das auch in der Formel-1 und beim Boxen angewandt wird, erhöht nicht nur den Produktionsaufwand bis in die Dimensionen der Unterhaltungsbranche hinein, sondern verdeckt und verfremdet immer mehr den Fußballsport, um den es eigentlich gehen sollte.

### 3.2. Steigerung des Personalaufwandes

In engem Zusammenhang mit der Ausweitung der Gesamtsendezeit eines Fußballereignisses steht auch der erhöhte personelle Aufwand, den die TV-Anbieter bei Live-Übertragungen betreiben. Nimmt man als Beispiel die Fußballeuropameisterschaft 2000 in Belgien und den Niederlanden, so waren ARD und ZDF, welche die Übertragungsrechte für den bundesdeutschen Fernsehmarkt besaßen und im täglichen Wechsel von der EM berichteten, mit nahezu 500 Mitarbeitern im Einsatz. Neben Moderatoren in den ARD- und ZDF-Europameisterschaftsstudios, den traditionellen Kommentatoren auf der Tribüne, den Reportern für die Spieler- und Trainerinterviews setzten beide Sender ferner auf sogenannte Experten. Für die ARD war Günter Netzer gemeinsam mit Gerhard Delling tätig. Das ZDF wiederum bot für jede teilnehmende Mannschaft einen Fachkommentator auf, also 16 Personen an der Zahl, darunter Jupp Heynckes als Experte für das Team aus Portugal, Steffen Freund – zuständig für das englische Team – sowie Otto Rehagel und Ion

---

[21]  Vgl. hierzu auch HELMUT DIGEL / VERENA BURK, Zur Entwicklung des Fernsehsports in Deutschland, in: Sportwissenschaft 29 (1999) 22–41.

Tiriac im Auftaktspiel der deutschen Mannschaft gegen Rumänien.[22] Weil ZDF-Sportchef Wolf-Dieter Poschmann für die Europameisterschaft am Bildschirm „Unterhaltung und Infotainment im besten Sinne" versprochen hatte, verpflichteten beide Sender neben Fachleuten auch Fachfremde aus der Unterhaltungsbranche, die ausschließlich für Spaß und gute Laune der deutschen Fernsehzuschauer sorgen sollten, so z.B. Piet Klocke für das ZDF sowie Elmar Brandt für die ARD.

### 3.3. Innovationen in der Übertragungstechnik

Wo früher vier oder fünf Kameras ein Fußballereignis einfingen, sind es heute bis zu zwanzig, einige davon auch als mobile Begleiter am Rande des Fußballfeldes. So setzten die holländischen und belgischen Sender bei der Europameisterschaft pro Spiel ca. 20 Kameras ein, bis zu fünf weitere Kameras von ARD und ZDF sorgten dafür, daß der Zuschauer im Fernsehsessel jede Aktion des deutschen Teams hautnah mitverfolgen konnte.[23] Der vermehrte Kameraeinsatz und eine ereignisnahe Kameraführung sind auch bei den Bildregisseuren der Fußballübertragungen ein beliebtes Mittel, der fehlenden dritten Dimension des Fernsehbildes nahezukommen und Tiefe zu vermitteln. Diese Präsentationsformen werden gewählt, um den Fußballzuschauer umfassend zu informieren und ihm ein eigenes Urteil über die Spiele zu ermöglichen; vor allem aber werden sie angewandt, um den Zuschauer am Bildschirm zu unterhalten. Darüber hinaus findet eine Miniaturisierung der Kameraformate statt. Hiermit wurde eine Entwicklung eingeleitet, deren Ende noch nicht abzusehen ist. Immer häufiger ist der Fernsehzuschauer in der Lage, Aktion und Umfeld nahezu oder gänzlich aus der Sicht der Aktiven zu verfolgen. Ein Beispiel hierfür ist das ‚elektronische Auge' im Netz des Fußballtors, das die Perspektive des Torhüters suggerieren soll.[24] Der vermehrte Kameraeinsatz hat auch zur Folge, daß dem Zuschauer Bilder von Nebenschauplätzen des sportlichen Geschehens präsentiert werden. So rücken immer häufiger die Trainer, Fans oder Spielerfrauen ins Zentrum der Berichterstattung und ergänzen so den eigentlichen Sport.

### 3.4. Neue Formen der Inszenierung

Ähnlich den Sendungen des Reality-TV hat sich auch bei Sportsendungen – und hier auch in der Sportart Fußball – das Abbilden mit Hilfe von Ausschnitten sowie von Nah- und Großeinstellungen bewährt. So bringen die ausgewählten Bildausschnitte Einzelheiten des Geschehens dem Zuschauer

---

[22] Vgl. REINHARD LÜKE, Die sich den Wolf reden, in: Frankfurter Rundschau, 15.6.2000.

[23] Vgl. DIETRICH LEDER, Jubel per Joystick, in: Frankfurter Rundschau, 9.6.2000.

[24] Vgl. JÜRGEN DOETZ (Hrsg.), Faszination Fernsehen. Zehn Jahre nach dem medienpolitischen Urknall, Berlin 1994, 74.

nahe, oftmals bis an die Grenze des journalistischen Ethos. Die rasche Folge von Bildausschnitten vermittelt dem Zuschauer Spannung, hält seine Neugier wach, läßt ihn auch geistig kaum abschalten, da er immer wieder mit neuen, nicht erwarteten Reizen konfrontiert wird. Der dabei angewendete schnelle Wechsel von Perspektiven und Bildinhalten in stets veränderten Größen des Bildausschnittes gehört mit zu den Reizen, die den Zuschauer in Erregung bringen und halten.[25] Zum gesteigerten Informationsgehalt gesellt sich auch neben *erhöhter Dynamik* eine – dank der Superzeitlupe – *neue Ästhetik*. Sie rückt in bisher nicht erlebter Intensität alle Komponenten sportlicher Höchst-leistung ins Blickfeld – Qual, Härte, Dynamik, Kraft, Energie, Gefahr – und dazu die Reaktionen der sportlichen Helden: Zorn, Wut, Aggression, Er-leichterung, Unverständnis, Haß, Entspannung, Staunen, Entsetzen.[26] Technik steht nun für die mediengerechte Aufbereitung des Sports: Leistung plus Emotion.

Die Inszenierung von Bildfolgen, d.h. die Aneinanderreihung einzelner Ausschnitte zu einer Einheit, ist in der Fußballberichterstattung mehr als die Summe einzelner Teile des Ereignisses: Sie ist Fernsehwirklichkeit. Diese andere, fernsehkonforme Realität muß dem Rezipienten Spannung, Dramatik und Unterhaltung bieten, so daß er nicht abschaltet und, bei entsprechendem Angebot, immer wieder einschaltet. Dieses *Herstellen von Fernsehwirklich-keit* hat jedoch zur Folge, daß sportliches Geschehen, das nicht den Kriterien Spannung und Dramatik entspricht, von den Fernsehanbietern optisch und verbal aufbereitet und gestaltet werden muß. So wird z.B. ein Fußballbundes-ligaspiel, das sich vorwiegend im Mittelfeld zuträgt und langsame Sequenzen aufweist, durch die Zusammenfassung der spannendsten Szenen, Detailauf-nahmen und schnelle Schnittfolgen verfälscht, da sportartinterne Langeweile dem Kunden der Sender nicht geboten werden darf. Ein großes Spektrum an technischen Tricks und Kunstgriffen wird angewandt, um den Zuschauer an das Medium zu binden und die emotional verankerte Neigung des Menschen anzusprechen, Höhepunkte zu erleben.[27] Sie werden eingesetzt, um Spannung, Abwechslung und Attraktivität des Fußballs künstlich zu steigern.

### 3.5. Steigerung des Informationsgehaltes durch Zahlen, Text und Bild

Neben der Präsentation von zahlreichen Bildern aus unterschiedlichsten Per-spektiven und den Kommentaren der Sportjournalisten und Co-Kommenta-toren erreichen den Zuschauer auch eine Reihe von Fakten in Form von Ta-bellen, Statistiken, Ranglisten sowie Einblendungen von Spielzeit, Spielstand, Aufstellungen, aktuelles Klassement etc. Diese oftmals graphisch anspruchs-

---

[25]  Vgl. FRITZ HATTIG, Fernsehsport. Im Spannungsfeld von Information und Unterhaltung, Butzbach-Griedel 1994, 170.
[26]  Vgl. DOETZ, Faszination Fernsehen (Anm. 24), 74.
[27]  Vgl. HATTIG, Fernsehsport (Anm. 25), 182–187.

voll aufbereiteten Zusatzinformationen helfen den Zuschauern sicherlich bei vielen Sportarten, das Geschehen zu verfolgen und das Gesehene besser einordnen zu können (z.B. Biathlon); immer häufiger wird vor allem beim Fußball jedoch auch Statistik betrieben, die keinerlei sportlichen oder informativen Wert aufweist. Wenn der Zuschauer in den SAT.1-Sendungen *ran* und *ranissimo* erfährt, wann es die schnellste gelbe Karte in einem Spiel gegeben hat, seit wann Borussia mal wieder vier Gegentore in einem Spiel hinnehmen mußte, seit wieviel Jahren der VfB beim VfL nicht mehr gewonnen hat, daß Hansa in der ersten Halbzeit mehr Abseitsstellungen als Torschüsse zu verzeichnen hatte,[28] so stellt sich die Frage nach Bedeutung und Zweck solcher Informationen.

### 3.6. Vervielfältigung des Fußballereignisses

Fußball wird heute mehrmals täglich auf allen Fernsehkanälen thematisiert. Ob erst-, zweit- oder drittklassiges Niveau, ob nationale oder internationale Begegnungen, ob als Live-Übertragung oder Konserve, ob als Erstausstrahlung oder Wiederholung, ob als Reportage oder in Magazinform – Fußball ist allgegenwärtig im deutschen Fernsehen – und dies zu jeder erdenklichen Tages- und Nachtzeit: im Frühstücksfernsehen und Mittagsmagazin, in den Nachrichtensendungen, im Spät- und Nachtprogramm. Neben der klassischen Reportage und dem populären Magazin erobern seit geraumer Zeit auch neue Sendeformate in der Fußballberichterstattung die Bildschirme. Besonders der Spartensender DSF wartet mit einer ganzen Reihe von Innovationen auf: *Superfan – Das Paulaner Fußballquiz –* in der Zwischenzeit wieder eingestellt – und *Doppelpaß – Der Warsteiner Fußball-Stammtisch* sind Beispiele für entlehnte Sendekonzepte der Programmsparten Unterhaltung und Information. *Auf Schalke. Das Veltins-Bundesligamagazin* und *Borussia – Das DAB Fan-Magazin* liefern den Fans der Bundesligavereine FC Schalke 04 und Borussia Dortmund Informationen und Geschichten rund um die Traditionsclubs.

### 4. Perspektiven und Entwicklungsmöglichkeiten einer zukünftigen Fußballberichterstattung im Fernsehen

Die hier vorgelegte Situationsbeschreibung legt die Frage nahe, welche Perspektiven und Entwicklungsmöglichkeiten eine zukünftige Fußballberichterstattung im deutschen Fernsehen besitzt. So prognostizieren beispielsweise Medienexperten, daß der Fußball vom Fernsehen ,kaputtgesendet' wird und ein ähnliches Schicksal wie die Sportart Tennis in diesem Massenmedium

---

[28] Vgl. DETLEF KUHLMANN, Die Versportlichung der Gesellschaft hat ihren Preis, in: Olympisches Feuer 47 (1997) 3, 9–10, hier 10.

erleiden könnte.[29] Diese pessimistische Einschätzung kann jedoch nur mit
Einschränkungen geteilt werden. Das Interesse der deutschen Bevölkerung
am Fußball ist im Gegensatz zu den Sportarten Tennis, Formel-1 und Skispringen weit weniger an sportliche Identifikationsfiguren geknüpft. Der Abstieg des Tennis als TV-Sportart ist nicht nur auf die in den 1990er Jahren
ausgedehnte Berichterstattung zurückzuführen, sondern ebenso auf den Verlust der deutschen Tennis-Stars Boris Becker, Michael Stich und Steffi Graf.
Die nachfolgende Tennisgeneration mit Nicolas Kiefer und Thomas Haas war
bislang nicht in der Lage, die entstandene Lücke beim Fernsehpublikum
durch ihre sportlichen Leistungen oder gar durch ihr Charisma zu schließen.

Weitreichende Veränderungen können jedoch auch für die Fußballberichterstattung prognostiziert werden, die vor allem im Zusammenhang mit
den rundfunktechnischen Neuerungen und der ökonomischen Leistungsfähigkeit der TV-Anbieter sowie den Möglichkeiten der Fußballvereine zur Eigen-
vermarktung ihrer Übertragungsrechte betrachtet werden müssen. So gewinnen interaktive Formen des Fernsehens, wie z.B. Pay-per-view und Video-on-
demand, weltweit an Bedeutung. Gleichzeitig ist der Frage nachzugehen, ob
der Computer in naher Zukunft die traditionellen Medien – und hier vor allem
das Fernsehen – ersetzen wird bzw. inwieweit eine Verschmelzung des Internet mit dem Fernsehen denkbar und technisch machbar ist.[30] In bezug auf die
Fernsehanbieter stellt sich obendrein die Frage, inwieweit vor allem die öffentlich-rechtlichen Sender zukünftig in der Lage sein werden, Senderechte
an der ‚Programmware' Fußball zu erwerben bzw. welche Rolle dem Free-
TV bei der Berichterstattung über die Sportart Fußball weiterhin zukommen
wird. Ebenso interessant und zukunftsweisend sind die seit längerer Zeit geführten Diskussionen über die Vermarktung der Fernsehsenderechte der ersten Fußballbundesliga durch die Vereine selbst.

Um erste Antworten auf diese Fragen zu finden, könnte ein Blick über den
Zaun zu unseren europäischen Nachbarn hilfreich sein. So werden im französischen, spanischen und italienischen Fernsehen bereits seit längerer Zeit Pay-
per-channel- bzw. Pay-per-view-Angebote fußballinteressierten und zah-
lungswilligen TV-Zuschauern präsentiert. Beispielsweise verfügt in der ersten
italienischen Fußball-Liga jeder der 18 Vereine über seine eigenen Rechte.
Um die Senderechte an den Live-Übertragungen der Serie A konkurrieren
momentan der Pay-TV-Kanal Tele+ sowie die Pay-per-view-Anbieter D+ und
Stream. Der Sender Tele+, der augenblicklich rund 1,2 Millionen Abonnenten
aufweist, überträgt pro Spieltag ein Live-Spiel. Die Zuschauer, die dieses

---

[29]  Vgl. u.a. JOSEF HACKFORTH, Experte warnt: Der Fußball wird vom Fernsehen „kaputtge-
sendet", in: Die Welt, 7.5.2000.
[30]  Vgl. u.a. HORST STIPP, Wird der Computer die traditionellen Medien ersetzen? Wechselwirkungen zwischen Computer- und Fernsehnutzung am Beispiel USA, in: Media
Perspektiven 36 (1998) 2, 76–82.

Programm empfangen möchten, müssen ca. 50 DM pro Monat zuzüglich einer einmaligen Ausleihgebühr für den analogen Decoder bezahlen. Auch die Pay-Per-view-Anbieter D+ und Stream strahlen ein Live-Spiel pro Spieltag aus. Die Kosten für den Abonnenten belaufen sich pro Fußballspiel auf 30 DM bei D+ bzw. 35 DM bei Stream zuzüglich einer einmaligen Ausleihgebühr von 180 DM für den digitalen Decoder. Beide Anbieter konnten in kürzester Zeit eine große Anzahl an Abonnenten gewinnen: Bei D+ sind es momentan 800.000, bei Stream – seit 1998 auf dem italienischen Fernsehmarkt vertreten – stehen rund 300.000 Abonnenten zu Buche. Die ständig ansteigende Anzahl an Pay-per-view-Kunden ist vor allem für die Erstligisten der Serie A von Bedeutung, werden sie doch nach der Zahl der Tifosi, die zugleich Abonnenten sind, bezahlt. Juventus Turin, Inter Mailand und AC Mailand führen hiermit ihren Vereinshaushalten ca. 100 Millionen DM pro Saison zu. AS Rom, Lazio Rom, AC Parma und AC Florenz hingegen sind nicht nur Vertragspartner des Pay-per-view-Anbieters Stream, sondern auch mit jeweils 12 Prozent Anteilseigner.[31] Das staatliche Fernsehen RAI sowie die privaten Free-TV-Anbieter Mediaset (Berlusconi) und Telemontecarlo (Cecchi Gori) präsentieren keine Live-Übertragungen der Serie A, sondern lediglich nach Beendigung der Erstligaspiele ausführliche Zusammenfassungen. RAI verfügt jedoch über die Senderechte an der italienischen Nationalmannschaft, Berlusconis Mediaset zeigt exklusiv die Champions League. Insgesamt strahlt Telemontecarlo wöchentlich ca. 50 Sportsendungen, Mediaset ungefähr 30 Sportangebote aus, der Schwerpunkt wird auch hier eindeutig auf die Sportart Fußball gelegt.[32]

Auch auf dem deutschen Fernsehmarkt wird die Berichterstattung über Fußball schrittweise für die Etablierung des Pay-TV- und Pay-per-view-Fernsehens genutzt. So bietet Premiere World seit Beginn der Saison 2000/2001 seinen Abonnenten ein breit gefächertes Angebot. Für 299 DM kann der zahlungswillige deutsche Fußballfan das gesamte Pay-per-view-Saisonpaket erwerben und per Konferenzschaltung die Höhepunkte aus allen Spielbegegnungen erleben. Für das separat zu kaufende Bundesliga-Rückrundenticket (17 Spieltage) werden 199 DM berechnet, ein einzelner Spieltag – dies bedeutet sechs Partien – kostet 25 DM, ein einzelnes Spiel 12 DM. Ob sich diese ausdifferenzierte Angebotspalette beim bislang mit dem Pay-per-view nicht vertrauten Fernsehzuschauer durchsetzen wird, werden die Kundenzahlen zum Ende der Saison belegen. Soviel ist jedoch sicher: Die derzeit 2,3 Millionen Premiere World-Abonnenten werden nicht ausreichen – der Kanal benötigt bis Ende des Jahres 2001 mindestens 4,2 Millionen

---

[31] Vgl. BIRGIT SCHÖNAU, Wenn Nonnen Reporter spielen. Im Zeitalter der Calcio-Vermarktung, in: Hattrick – Zeitschrift für Fußball (1999) 1, 100–101, hier 101.

[32] Vgl. SCHÖNAU, Reporter (Anm. 31), 101.

Abonnements –, um nicht in die Gefahr einer Mehrheitsübernahme durch Murdoch zu geraten.[33]

Auch mit der weiterhin bestehenden Zentralvermarktung der Bundesliga-TV-Rechte durch den DFB kommt es somit sukzessive zu einer Verknappung der Ware Fußball im Free-TV. Die Verhandlungen zwischen der Kirch-Gruppe und den öffentlich-rechtlichen Sendeanstalten um die Übertragungen der Fußballweltmeisterschaften 2002 und 2006 zeigen ferner, daß sich die Diskussionen längst nicht mehr auf die erste Fußballbundesliga beschränken, sondern gegebenenfalls auch Spiele der deutschen Nationalmannschaft einschließen. Unabhängig davon, ob sich die Fußballberichterstattung mehrheitlich in das Bezahlfernsehen verlagert oder politische Interventionen eine Ausstrahlung im Free-TV erwirken, wird sich insbesondere die Art der Fußballberichterstattung stetig weiterentwickeln. Fußballspieler, -trainer und -funktionäre sind nunmehr Personen des öffentlichen Lebens und somit rückt ihr Leben außerhalb des Spielfeldes immer häufiger in den Mittelpunkt des medialen Interesses. Die Fernsehberichterstattung über die Affäre Christoph Daum oder das uneheliche Kind von Franz Beckenbauer sind nicht nur eindrucksvolle Belege für den allgemein zu beobachtenden Trend der ‚Boulevardisierung‘ und des zunehmenden Voyeurismus. Schon heute wenden sich auch vermehrt Nachrichtensendungen und politische Magazine diesen Themen zu und verleihen ihnen somit den Stellenwert gesamtgesellschaftlich bedeutender Ereignisse.

---

[33]  Vgl. HELGE HOPP, Teure Tore, in: Die Woche, 23.6.2000.

Sinnfindung – Ritual – Religion

*Thomas Bliesener / Friedrich Lösel*

# Identitätsbildung, Gruppenstruktur und Gruppenerleben bei Hooligans[1]

Hooliganismus ist ein Gruppenphänomen. Hooligans zeigen typischerweise in der Gemeinschaft ihr gewalttätiges Verhalten gegenüber Gruppen anderer junger Männer.[2] Daß sich diese Gewalt aber nicht nur gegen Gruppen Gleichgesinnter richtet, sondern auch gegen einzelne unbeteiligte Personen, Ordnungskräfte oder unbelebte Objekte, machen gravierende Vorkommnisse der Vergangenheit deutlich (z.B. bei der Fußballweltmeisterschaft 1998).

## 1. Theoretische Ansätze und empirische Befunde

### 1.1. Hintergründe der Gewalt von Fußballfans

In England, dem Mutterland des Fußballs und des Hooliganismus (,Englische Krankheit'), beschäftigt sich vor allem die Jugend- und Sportsoziologie mit dem Phänomen der Gewalt unter Fußballfans. Hier wird besonders die Bedeutung sozialstruktureller Faktoren für die Entwicklung des Hooliganismus hervorgehoben. Die Ursprünge sieht man in der gewaltbereiten und körperbetonenden Mentalität der Arbeiterklasse.[3] Daraus ergibt sich eine höhere Tendenz, Konflikte – auch in der Familie – mit körperlicher Aggression auszutragen.[4] Übersteigerte oder verzerrte Ideale der Maskulinität und des jugendlichen Lebensstils tragen ebenfalls zur Gewaltbereitschaft bei.[5] Jugendliche der unteren sozialen Schichten orientieren sich zudem früher als ihre

---

[1]  Die Studie wurde mit Mitteln des Bundesministeriums des Innern gefördert.

[2]  R. HARNISCHMACHER, Hooligans und ihre Gewalt, in: K. HURRELMANN / C. PALENTIEN / W. WILKEN (Hrsg.), Anti-Gewalt-Report. Handeln gegen Aggressionen in Familie, Schule und Freizeit, Weinheim 1995, 134–144; C. STOTT / P. HUTCHISON / J. DRURY, ,Hooligans' abroad? Inter-group dynamics, social identity and participation in collective ,disorder' at the 1998 World Cup Finals, in: British Journal of Social Psychology 40 (2001) 359–384.

[3]  J. H. KERR, Understanding Soccer Hooliganism, Buckingham 1994; I. TAYLOR, Spectator violence around football: the rise and fall of the „Working Class Weekend", in: Research Papers in Physical Education 4 (1976) 4–9.

[4]  E. DUNNING / P. MURPHY / J. WILLIAMS, Spectator violence at football matches: towards a sociological explanation, in: The British Journal of Sociology 37 (2/1986) 221–244.

[5]  G. ARMSTRONG, Football Hooligans: Knowing the Score, Oxford 1998; D. BOTT, Fußballfans, Hooligans und Legenden, in: D. BOTT / M. CHLADA / G. DEMBOWSKI (Hrsg.), Ball & Birne, Hamburg 1998, 109–120.

Altersgenossen aus höheren Schichten an Gleichaltrigengruppen.[6] In diesen
Jugendbanden (,street gangs') herrscht ein starker Druck zur aggressiven
Selbstbehauptung des Einzelnen und zur gemeinschaftlichen Abgrenzung von
anderen Gruppen.[7] Daraus resultieren unter anderem territoriales Verhalten,
die Ausbildung einer Hierarchie in der Gruppe und die Entwicklung einer
kollektiven Identität. Man verwendet zum Beispiel Gruppennamen, Embleme
und Erkennungszeichen und hat wenig Toleranz gegenüber Unterschieden der
lokalen Herkunft, Rasse oder sozialen Klasse. Durch die hohe Popularität des
Fußballsports und der sich bei den Spielen bietenden Gelegenheit für regel-
mäßige Treffen mit anderen gewaltbereiten Jugendlichen werden die Jugendbanden angezogen und finden ein Forum für ihre Revierkämpfe.[8] In der besonderen Betonung der Maskulinität und der Trennung von Geschlechtsrollen
in der unteren Bevölkerungsschicht werden auch die Gründe dafür gesehen,
daß diese Jugendbanden und der sich aus ihnen entwickelnde Hooliganismus
eindeutig männlich dominiert werden.[9]

Nach Stott und anderen[10] kann dieser theoretische Ansatz jedoch keine
Prognose dafür liefern, wann gewalttätige Ausschreitungen aus einer Gruppe
von Hooligans heraus begangen werden. Die Autoren schlagen statt dessen
ein Modell der sozialen Identität der Menge vor.[11] Das Handeln der Hooligans
resultiert demnach nicht aus einem festen Selbstverständnis, sondern aus einer dynamischen Identitätsbildung in der Begegnung mit anderen Gruppen.
Der Kontext, in dem eine Hooligangruppe agiert, wird durch die Handlungen
anderer Personengruppen geformt. Wird beispielsweise das Handeln der Ordnungskräfte als restriktiv erlebt und der Eindruck vermittelt, die Hooligangruppe stelle eine Gefährdung der öffentlichen Sicherheit dar, übernimmt die
Gruppe dem Modell zufolge diese Identität und reagiert auf die erlebten Einschränkungen (die Aufforderung zum Verlassen eines Platzes o.ä.) oder vermeintlichen Provokationen mit Gewalt, die dann subjektiv als legitimes Mittel der Durchsetzung eigener Rechte bewertet wird. Dieses Modell der
Ausschreitungen aus Massen heraus geht von relativ amorphen, spontan ge-
bildeten Gruppierungen aus.

---

[6]   E. DUNNING, Sociological Reflections on Sport, Violence and Civilization, in: Interna-
      tional Review for the Sociology of Sport 25 (1990) 65–81.
[7]   ARMSTRONG, Football Hooligans (Anm. 5).
[8]   DUNNING, Sociological Reflections on Sport (Anm. 6).
[9]   DUNNING et al., Spectator violence (Anm. 4).
[10]  STOTT et al., ,Hooligans' abroad? (Anm. 2).
[11]  C. STOTT / S. D. REICHER, How conflict escalates: The inter-group dynamics of collec-
      tive football crowd ,violence', in: Sociology 32 (1998) 353–377.

## 1.2. Differenzierung der Hooligan-Szene

Andere Ansätze betonen dem gegenüber relativ stabile Strukturen und dauerhafte Zugehörigkeiten innerhalb von Hooligangruppen. So haben van Limbergen und andere[12] innerhalb der Szene gewaltgeneigter Fußballfans drei Gruppen differenziert. Der ‚harte Kern' der Hooligans bildet sich aus jungen Männern im Alter zwischen 18 und 23 Jahren. Diese sind zumeist auch strafrechtlich auffällig, tragen keine oder wenig Fanbekleidung. Typischerweise konsumieren sie vor oder während des Spiels kaum Alkohol oder andere Drogen. Sie planen die Attacken gegen gegnerische Gruppen, reagieren auf polizeiliche Strategien und verfolgen die mediale Berichterstattung. Nach einer Analyse der Gerichtsakten verurteilter Hooligans kommt Kerr[13] zu dem Schluß, daß die Mitglieder des ‚harten Kerns' eher Mitte 20 bis Anfang 30 und in einigen Fällen auch verheiratete Männer und Familienvater sind. Um diesen harten Kern schart sich eine Gruppe von so genannten Inszenierern (‚stagiaires'), die meist unter 20 Jahre alt und strafrechtlich nicht auffällig sind. Diese Gruppe Jugendlicher sucht Anschluß an die Mitglieder des harten Kerns, tritt häufig durch besonders provozierendes und (verbal-)aggressives Verhalten auf, um dadurch die Aufmerksamkeit des harten Kerns zu gewinnen. Diese Inszenierer leiten beim Aufeinandertreffen gegnerischer Gruppen zumeist die gewalttätigen Auseinandersetzungen ein. Die dritte und größte Gruppe, die Mitläufer, bildet sich aus Jugendlichen, die von der Gefahr fasziniert scheinen. Diese Jugendlichen unterstützen zwar den harten Kern verbal, vermeiden aber die Einbeziehung in körperliche Auseinandersetzungen.

Eine andere Einteilung der Fußballfanszene hat Pilz vorgeschlagen.[14] Nach seinen Beobachtungen gibt es eine erste Gruppe von so genannten konsumorientierten Fans, die eher aus der Mittel- und Oberschicht stammen und beim Besuch des Stadions ein gutes Spiel sehen wollen. Die zweite Gruppe der fußballzentrierten Fans hat eine sehr starke Bindung an den Verein und die Mannschaft und stellt dies auch äußerlich zur Schau (‚Kutten').[15] Die dritte Gruppe der erlebnisorientierten Fans zeichnet sich vor allem durch ein hohes Stimulationsbedürfnis aus. Sie suchen beim Fußball Anregung und ‚Action'.[16]

---

[12] K. VAN LIMBERGEN / C. COLAERS / L. WALGRAVE, The societal and psychosociological background of football hooliganism, in: Current Psychology: Research and Reviews 1 (1991) 4–14.

[13] KERR, Understanding Soccer Hooliganism (Anm. 3).

[14] G. A. PILZ, Hooligans Europameister der Gewalt, in: Psychologie heute 19 (1992) 36–39.

[15] Vgl. dazu den Beitrag PROSSER im vorliegenden Band, S. 278–282.

[16] G. A. PILZ, Social factors influencing sport and violence, in: International Review for the Sociology of Sport 31 (1996) 49–68; vgl. auch J. H. KERR, Soccer hooliganism and the search for excitement, in: M. J. APTER / J. H. KERR / M. P. COWLES (Hrsg.), Progress in reversal theory, Amsterdam 1988, 223–230.

Nach Pilz[17] rekrutiert sich diese dritte Gruppe aus allen sozialen Schichten, auch aus Personen in guten beruflichen Positionen.[18] Bezeichnend für diese Gruppe sei die Trennung einer bürgerlichen Alltagsidentität und einer jugendkulturellen Hooliganidentität, der die Täter am Wochenende bei den Spielen der eigenen Mannschaft folgten. Der Hooligan definiert sich nach Bohnsack und Pilz über seine Gruppe.[19] Während des gemeinsamen Auftretens am Wochenende bzw. am Spieltag liefert die Gruppe einen „konjunktiven Erfahrungsraum" und ermöglicht das Ausbrechen aus einer als trist erlebten bürgerlichen Alltagsexistenz. Nach Matt[20] sind körperliche Stärke, Kraftverausgabung und Körperlichkeit in der modernen Arbeitswelt für den Jugendlichen kaum noch auslebbar und werden mehr und mehr in den Freizeitbereich verschoben. Hier werden – zumeist am Wochenende – Aktivitäten gesucht, die ein ‚Austoben' ermöglichen, Spaß, Aufregung und Nervenkitzel bieten.

Die empirische Befundlage zur These des Ausbruchs aus dem Alltag und zur wechselnden Identität bei Hooligans ist jedoch uneinheitlich. International fanden sich in Untersuchungen einerseits Hinweise, daß Hooligans überwiegend aus problematischen Elternhäusern stammen (mit Alkoholproblemen der Eltern, aggressiven Erziehungspraktiken und körperlicher Gewalt),[21] häufiger arbeitslos sind, geringe schulische und berufliche Bildung aufweisen[22] und Probleme haben, Bindungen einzugehen und zu halten.[23] Andere Studien zeigen dem gegenüber keine soziale Benachteiligung oder besondere psycho-

---

[17] G. A. PILZ, Gewalt im, durch und um den Sport, in: A. HUNDSALZ / H. P. KLUG / H. SCHILLING (Hrsg.), Beratung für Jugendliche. Lebenswelten, Problemfelder, Beratungskonzepte, Weinheim 1995, 179–199; vgl. G. VALK, Football Hooliganism, Strasbourg: Council of Europe, Committee on Culture and Education 1999.

[18] PILZ, Europameister der Gewalt (Anm. 14), PILZ, Gewalt im, durch und um den Sport (Anm. 17).

[19] R. BOHNSACK, Adoleszenz, Aktionismus und die Emergenz von Milieus: Eine Ethnographie von Hooligangruppen und Rockbands, in: Zeitschrift für Sozialisationsforschung und Erziehungssoziologie 17 (1997) 318; PILZ, Social factors (Anm. 16).

[20] E. MATT, Episode und „Doppel-Leben": Zur Delinquenz Jugendlicher, in: Monatsschrift für Kriminologie und Strafrechtsreform 78 (1995) 153–164.

[21] Vgl. ARMSTRONG, Football Hooligans (Anm. 5); R. BOHNSACK / P. LOOS / B. SCHÄFFER / K. STÄDTLER / B. WILD, Die Suche nach Gemeinsamkeit und die Gewalt der Gruppe: Hooligans, Musikgruppen und andere Jugendcliquen, Opladen 1995; A. BÖTTGER, Gewalt und Biographie, Baden-Baden 1998; E. DUNNING, Soccer Hooliganism: A World Problem. Vortrag auf dem Workshop „Hooliganismus in Europa", 18.–19. Mai 2000 in Brühl; VAN LIMBERGEN et al., The societal and psychosociological background (Anm. 12).

[22] VALK, Football Hooliganism (Anm. 17); vgl. auch R. KIRCHNER, Die Football Crowd, in: W. HOPF (Hrsg.), Fußball. Soziologie und Sozialgeschichte einer populären Sportart, Bensheim 1979, 144–149.

[23] B. ZANI / E. KIRCHLER, When violence overshadows the spirit of sporting competition: Italian football fans and their clubs, in: Journal of Community and Applied Social Psychology 1 (1991) 5–21.

soziale Belastung gewalttätiger Fußballfans.[24] Angesichts solcher Inkonsistenzen ist es zumindest fraglich, ob der Hooliganismus als eine Reaktion auf erlebte Einschränkungen im Alltag verstanden werden kann.

Manche Widersprüche in den bisherigen Ergebnissen sind vermutlich auf methodische Unterschiede zwischen den einzelnen Untersuchungen zurückzuführen:[25] Die Datenerhebung der vorliegenden Studien stützt sich auf recht unterschiedliche Erhebungsverfahren. In der Tradition der Sportsoziologie werden beispielsweise teilnehmende Beobachtungen durchgeführt.[26] Zur Analyse der soziobiographischen Hintergründe gewalttätiger Fußballfans führen andere Untersuchungen Interviews mit Hooligans durch[27] oder analysieren polizeiliche Ermittlungsakten.[28] Auch Zugänge zum Feld sind verschieden. So werden z.B. einschlägig bekannte Jugendliche in Szenetreffs angesprochen[29] oder Ad-hoc-Interviews mit Personen geführt, die erkennbar eine Fußballmannschaft zu einem Auswärtsspiel begleiten.[30] Daraus ergeben sich Untersuchungsgruppen, deren Einbindung in die Gewaltszene erheblich differiert; teilweise handelt es sich mehr um Fanstudien als um Hooliganuntersuchungen. Weit überwiegend werden auch lediglich lokal begrenzte Gruppen und Szenen berücksichtigt, beispielsweise in Hannover[31] oder in Berlin[32]. Einige Studien weisen jedoch darauf hin, daß regionale und sportkulturelle Besonderheiten beim Hooliganismus eine Rolle spielen[33] und deshalb Befunde nicht einfach generalisiert werden können.

---

[24] KERR, Understanding Soccer Hooliganism (Anm. 3); B. MATTHESIUS, Anti-Sozial-Front. Vom Fußballfan zum Hooligan, Opladen 1992; A. ROVERSI, Football violence in Italy, in: International Review for the Sociology of Sport 26 (1991) 311–332; H. J. SCHULZ, Aggressives Verhalten von Fußballfans, Schorndorf 1986.

[25] H. F. MOORHOUSE, Football hooligans: Old bottle, new whines?, in: Sociological Review 39 (1991) 489–502.

[26] Vgl. z.B. R. GIULIANOTTI, Football and the Politics of Carnival: An Ethnographic Study of Scottish Fans in Sweden, in: International Review for the Sociology of Sport 30 (1995) 191–219; STOTT et al., ‚Hooligans' abroad? (Anm. 2).

[27] Vgl. z.B. BÖTTGER, Gewalt und Biographie (Anm. 21); BOHNSACK et al., Suche nach Gemeinsamkeit (Anm. 21).

[28] VALK, Football Hooliganism (Anm. 17); VAN LIMBERGEN et al., The societal and psychosociological background (Anm. 12).

[29] Vgl. z.B. BOHNSACK et al., Suche nach Gemeinsamkeit (Anm. 21).

[30] STOTT et al., ‚Hooligans' abroad? (Anm. 2).

[31] BÖTTGER, Gewalt und Biographie (Anm. 21).

[32] BOHNSACK et al., Suche nach Gemeinsamkeit (Anm. 21).

[33] GIULIANOTTI, Football and the Politics of Carnival (Anm. 26); R. GIULIANOTTI, Back to the future: An ethnography of Ireland's football fans at the 1994 world cup finals in the US, in: International Review for the Sociology of Sport 31 (1996) 323–347.

## 1.3. Methodische Konsequenzen

Vor diesem Hintergrund haben wir einen Untersuchungsansatz gewählt, der den folgenden Erfordernissen Rechnung trägt:

*Erstens*: Eine bundesweit gestreute Erfassung von Hooliganismusphänomenen sollte eine Verfälschung der Ergebnisse durch die Besonderheiten lokaler Szenen vermeiden.

*Zweitens*: Durch verschiedene Erhebungsmethoden sollten sich auch die differentiellen Perspektiven verschiedener Personengruppen analysieren lassen (z.B. von Hooligans, Polizei, Vereinsvertretern, Fanprojekten).

*Drittens*: Zielgruppe waren Hooligans im eigentlichen Sinne, wobei wir Personen mit unterschiedlicher Integration bzw. Funktion in der Gruppe (Anführer, andere Mitglieder des harten Kerns, Mitläufer) einbezogen haben.

## 1.4. Studienablauf: Expertenbefragung – Intensivuntersuchung

Unsere Untersuchung wurde am Institut für Psychologie und am Sozialwissenschaftlichen Forschungszentrum der Universität Erlangen-Nürnberg durchgeführt[34]. Die Studie hatte folgenden Ablauf:

Wir führten zunächst 24 Gruppendiskussionen mit Vertretern aller 18 Erstbundesligisten, zehn Zweitligisten, fünf Drittligisten und einem Viertligisten der Saison 1998/99 durch. Daran nahmen Vertreter der Vereine, der Fanprojekte, der örtlichen Polizei und Justiz sowie der Kommunen (in einzelnen Fällen auch Angehörige anderer Institutionen) teil. In diesen Gruppendiskussionen (mit einer Dauer von jeweils etwa 5 bis 6 Stunden) kamen insgesamt über 200 Experten zu Wort. Die Ergebnisse dieser Diskussionen wurden anschließend zusammengetragen und in einem standardisierten Fragebogen den Experten zur erneuten Beurteilung vorgelegt. Dieser Fragebogen wurde von insgesamt 172 Experten beantwortet, darunter 92 (szenekundige) Polizeibeamte, 30 Vertreter der Vereine und 22 Mitarbeiter der Fanprojekte.

Über Fanprojekte, szenekundige Beamte, Staatsanwälte und Strafvollzugsanstalten wurden 33 Hooligans im Alter zwischen 17 und 44 Jahren für eine Intensivuntersuchung gewonnen. Diese Untersuchung bestand aus einem ausführlichen Interview unter anderem zur Biographie, zur Situation in der Herkunftsfamilie, zum Freizeitverhalten, zur finanziellen Situation, zur Identifikation mit dem Fußball und Bindung an den Verein, zum Einstieg in die Hooliganszene sowie zu den eigenen Erfahrungen als Hooligan. Außerdem wurden psychometrische Verfahren zur Erfassung von Persönlichkeitsmerk-

---

[34] Außer den beiden Autoren arbeiteten Thomas Fischer und Markus A. Pabst an dem Projekt mit. Für ihre wertvolle Hilfe bei der Datengewinnung und -analyse sei ihnen an dieser Stelle herzlich gedankt.

malen und Persönlichkeitsstörungen, zu kognitiven Merkmalen, zur Delinquenzbelastung und zum Drogen- und Alkoholkonsum eingesetzt.[35]

## 2. Ergebnisse

Im folgenden werden einige ausgewählte Ergebnisse berichtet, die sich vor allem auf das Gruppen- und Identitätserleben beziehen. Entsprechend dem Kontext dieses Bandes ist die Darstellung überblicksartig.[36]

2.1. *Konzept des Hooligans* – In den abstrakten Definitionen von Hooligans durch Hooligans selbst zeigen sich eine Reihe wiederholt auftretender Kernelemente: Am häufigsten findet sich die Beschreibung eines Gewaltsuchenden, Randale- oder Krawallmachers, wobei dieser Begriff oft explizit mit dem Fußballkontext verknüpft wird (z.B. durch ‚Fußballgewalttäter‘). Insbesondere bei Hooligans aus den neuen Bundesländern taucht auch die Bezeichnung ‚Fußballrowdy‘ auf, die dem offiziellen Sprachgebrauch in der ehemaligen DDR entstammt. Weiterhin wird hervorgehoben, daß sich Hooligans in abgesprochenen Fights unter Gleichgesinnten prügelten, daß dies in Gruppen geschehe und daß der Zusammenhalt der Gruppe, das gegenseitige Kräftemessen und das Eintreten für die Mannschaft, den Verein oder die Stadt den Hooligan charakterisiere. Uneinigkeit besteht lediglich in dem Punkt, ob Hooligans im Allgemeinen Fußballfans seien oder nicht: Während drei Befragte dies besonders betonen, lehnen zwei andere dies kategorisch ab.

Die Identifikation mit dem Hooliganismus ist unter den befragten Hooligans differenziert. Zwar bezeichnen sich über die Hälfte der Befragten (58 Prozent) uneingeschränkt als Hooligans, zehn relativieren diese Selbstbeschreibung allerdings und drei lehnen sie ab. Letzteres wird dadurch begründet, daß sie nicht mehr aktiv seien oder den Begriff für unzutreffend hielten. Interessante Differenzierungen der Hooliganidentität zeigen sich in Einzelfällen: Ein Befragter lehnt ab, sich als Hooligan zu bezeichnen, weil er als Fußballfan kein Hooligan sein könne, ein anderer argumentiert, er sei kein Hooligan, weil ihm das Fußballinteresse fehle.

2.2. *Hooligans und Fußball* – Das Interesse der Hooligans am Fußball ist nach den erhaltenen Auskünften weit überwiegend hoch bis sehr hoch. Die These, daß Hooligans keine Fußballfans seien, läßt sich demnach nicht bestätigen. Lediglich zwei der Befragten geben kein Interesse für den Fußballsport an und nur vier schränken ihre aktuelle Begeisterung ein („Hat etwas nachgelassen"). Die überwiegende Mehrheit (82 Prozent) bezeichnet sich dagegen uneingeschränkt als Fan oder ‚fanatischen‘ Anhänger des eigenen Vereins.

---

[35] Vgl. F. LÖSEL / TH. BLIESENER / TH. FISCHER / M. A. PABST, Hooliganismus in Deutschland: Ursachen, Entwicklung, Prävention und Intervention. Texte zur Inneren Sicherheit, Berlin: Bundesministerium des Innern 2001.

[36] Zu Details vgl. LÖSEL et al., Hooliganismus in Deutschland (Anm. 35).

Häufig begann das Fußballinteresse bereits in der frühen Kindheit (Abb. 1).
Etwa die Hälfte der Befragten fand bis zum zehnten Lebensjahr zum Fußball.

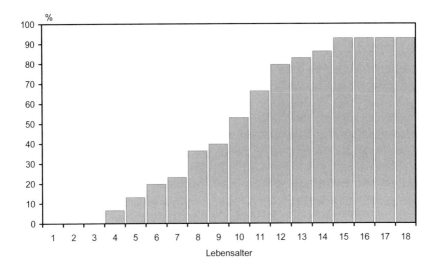

*Abb. 1: Kumulative Verteilung des Beginns der Fußballbegeisterung.*

Auch den übrigen Mitgliedern der eigenen Gruppe wird eine hohe Fußballbegeisterung von den Befragten zugeschrieben. Für mehr als die Hälfte der Befragten ist die Verbindung zum Fußball bei den Gruppenmitgliedern sehr
hoch, etwa 20 Prozent kennen in ihrer Gruppe sowohl Fans als auch Wenig-
bzw. Uninteressierte und etwa jeder Zehnte verneint ein Interesse für den
Fußball bei der Mehrheit der Mitglieder ihrer Gruppe. Ein ähnlich differen-
ziertes Bild zeichnet sich auch in den Daten der schriftlichen Expertenbefragung ab. Etwa die Hälfte der Experten (49 Prozent) schreibt den Hooligans
eine hohe bis sehr hohe Vereinsbindung zu. Nur 15 Prozent lehnen eine Identifikation mit dem Verein bei den Hooligans überwiegend ab. Gut ein Drittel
der Experten schätzt die Bindung an den Verein eher moderat ein. Dabei beurteilen die Mitarbeiter der Fanprojekte die Vereinsbindung signifikant als
ausgeprägter als die Vertreter der Vereine.

2.3. *Einstieg in die Szene* – Der Einstieg in den Hooliganismus verlief bei
zwei Drittel der Befragten über die jugendliche Fanszene (‚Kutten'). Man sei
zunächst wiederholt (oft über Jahre) bei den Spielen des Vereins präsent gewesen und irgendwann aus der Szene heraus angesprochen worden. Das erste
Mitlaufen in der Hooligangruppe wird von mehreren Befragten als subjekti-
ver Moment der Aufnahme in die Gruppe beschrieben. Aufnahmerituale, wie
sie in anderen Jugendgruppen nicht unüblich sind, werden in keinem Fall berichtet. Wiederholt wird jedoch von einer Bewährung im Kampf gesprochen,

die die Bindung an die Gruppe gefestigt habe. Die Befragten, die sich selbst eine einflußreiche Rolle in der Gruppe zuschreiben, berichteten mehrheitlich von einer längeren Entwicklung und einem Hineinwachsen in diese Position. Nur drei Befragte sind von einem Freund oder Kumpan in die Gruppe einge-führt worden, zwei weitere sind über einen ,Quereinstieg' aus einer Skin-headgruppe zu den Hooligans gekommen.[37]

2.4. *Struktur der Hooligangruppe* – Die jeweiligen Gruppengrößen schwanken stark: Zwischen zehn Angehörigen des so genannten harten Kerns bis hin zu 250 Mitgliedern, die bei einem Spitzenspiel mobilisiert werden könnten. In der Mehrheit wird die Gruppengröße jedoch auf 20 bis 70 Per-sonen geschätzt. Einige Diskrepanzen zu den Statistiken der ZIS[38] oder zu den Angaben unserer Expertenbefragung,[39] in denen der untere Grenzwert der örtlichen Szene teilweise höher angesetzt wird, ergeben sich daraus, daß in manchen Orten mehrere Hooligangruppierungen existieren.

Mehr als die Hälfte der von uns befragten Experten bejaht hierarchische Strukturen in den Hooligangruppierungen. Nur 12 Prozent der Experten kön-nen keine Hierarchie in den Gruppen erkennen. Noch eindeutiger fällt die Einschätzung zur Existenz von Meinungsführern in den Gruppen aus. 89 Prozent der Experten bejahen dies, weitere 10 Prozent bestätigen tendenzi-ell die Existenz von Meinungsführern. Nach Angaben der befragten Hooli-gans sind die Gruppen in der Weise strukturiert, daß einige wenige (bis zu sechs) Mitglieder ,den Ton angeben', Kontakte zu anderen Gruppen herstel-len, Termine ausmachen und die Gruppe führen. Diese Gruppenführer zeich-nen sich durch eine langjährige Zugehörigkeit zur Gruppe aus und gelten als besonders kampferprobt. Daneben betonen aber fünf der Befragten besonders die Gleichberechtigung der übrigen Mitglieder und eine ,offene Entschei-dungsstruktur'. Hinsichtlich der eigenen Position in der Gruppe bezeichnen sich elf der Befragten als Anführer, zehn zählen sich zum ,harten Kern', vier beschreiben ihre Position als ,normal' und drei als ,im guten Mittelfeld' bzw. ,Mitläufer'. Dabei wird deutlich, daß die Positionen ,unterhalb' der Anführer vor allem durch die Zugehörigkeit und das Ansehen als ,Kämpfer' bestimmt wird, nicht aber Ausdruck des Grades der Einflußnahme auf das Gruppen-handeln ist. Nur ein Befragter lehnt eine Hierarchie in der Gruppe völlig ab und beschreibt die Mitglieder als ,alle gleich'.

2.5. *Kommunikation in der Gruppe* – Die Kontakte innerhalb der Gruppe verlaufen weit überwiegend über das (Mobil-)Telefon, zumeist im Schnee-ballsystem. Fünf Befragte erwähnen auch eine Anlaufstelle (spezielle Kneipe

---

[37] Zu der in Rangstufen geordneten ,Initiation' in die Fangemeinschaft vgl. auch die ideal-typisierenden Bemerkungen im Beitrag GEBAUER in diesem Band, S. 310–312.

[38] Zentrale Informationsstelle Sporteinsätze, Jahresbericht Fußball Saison 1997/98, Düssel-dorf: Landeskriminalamt Nordrhein-Westfalen 1998.

[39] Vgl. LÖSEL et al., Hooliganismus in Deutschland (Anm. 35).

bzw. Fanclub), in der Absprachen getroffen werden. Der Austausch während eines Fußballspiels spiele dagegen eine untergeordnete Rolle und wird lediglich von zwei Befragten als eine weitere Möglichkeit genannt. Die besondere Bedeutung der Kommunikation über das (Mobil-)Telefon wird auch von den Experten gesehen. Knapp 80 Prozent schreiben den telefonischen Kontakten eine große Rolle zu. Etwa 50 Prozent bewerten Absprachen im persönlichen Kontakt (z.B. in Szenekneipen) als besonders bedeutsam für die Organisation der Gruppe. Aus der Sicht der befragten Experten spielen außerdem auch Absprachen über das Internet bzw. per Email (20 Prozent bzw. 36 Prozent) eine wichtige Rolle für die Kommunikation. Diese Kommunikationskanäle werden dagegen von den Hooligans nicht erwähnt oder sogar explizit als unsicher oder nicht abhörsicher abgelehnt. Interessanterweise schreiben die Vereinsvertreter den technischen Kommunikationsmitteln (Handy, Email, Internet) durchgängig eine signifikant höhere Bedeutung zu, als dies die Mitarbeiter der Fanprojekte tun, während die Rolle des persönlichen Kontakts umgekehrt bewertet wird.

2.6. *Kontakte innerhalb der Gruppe* – Bei etwa der Hälfte der befragten Hooligans sind die Kontakte zu den übrigen Gruppenmitgliedern auf den Kontext der Fußballspiele beschränkt. Die Mehrzahl der Hooligans gibt jedoch auch private Treffen mit anderen Gruppenmitgliedern an. Dieser Kontakt reicht von einmal wöchentlichen Treffen in einer Kneipe bis zu täglichen Zusammenkünften in der Clique. Es wird jedoch jeweils betont, daß sich diese Kontakte nur in einem kleinen Kreis des harten Kerns innerhalb der Hooligangruppe abspielen. Die Anlässe für diese Treffen sind gemeinsame Parties, der Besuch von Dorffesten, Disco- und Konzertbesuche sowie Familienfeiern. Diese kleineren Gruppen mit intensiven Kontakten kennen sich teilweise über viele Jahre (,bereits aus dem Kindergarten') und haben zum Teil auch gemeinsame Arbeitskontakte (z.B. ,im Security-Bereich').

2.7. *Motivation und Gruppenerleben* – Als primäre Motivation der Hooligans wird der Spaß an der Gewalt geschildert. 78 Prozent der befragten Experten stimmen dieser Aussage ganz oder überwiegend zu. Von den Hooligans selbst wird als Motiv für die gewalttätigen Auseinandersetzungen in erster Linie der ,Kick' bzw. ,Adrenalinstoß' angeführt (41 Prozent). Auch das Erleben der Ungewißheit, ob es zu einem Kampf kommt und wie dieser ausgeht, das Eintreten für die Mannschaft, den Verein oder die Stadt und die unbedingte Konzentration auf die Auseinandersetzung werden als Beweggründe vorgebracht (jeweils knapp 10 Prozent). In vielen Angaben wird jedoch auch das soziale Element der Gruppe erkennbar. 30 Prozent der Befragten sprechen explizit das Gruppenerleben und das Zusammengehörigkeitsgefühl in der Gruppe an. Für 23 Prozent spielt das Sich-mit-Anderen-Messen eine entscheidende Rolle, wobei jeweils im Plural oder von der Gruppe gesprochen wird. Auch das Erleben von Machtgefühlen, das sich durch das Auftreten in der Gruppe einstelle, wird angeführt (10 Prozent). Für knapp zwei Drittel der

Befragten gibt es für den Hooliganismus keine Alternative, die ähnliche Reize bietet. Nur vereinzelt werden das Erleben extremer Verkehrssituationen (Motorrad- oder Autofahren mit überhöhter Geschwindigkeit, Extremfahrradfahren in den Bergen) oder das Gefühl beim Bungeejumping, Fallschirmspringen, Kampfsport, Boxen und Sex in die Nähe der Hooliganerfahrung gerückt. Mehrheitlich betont man jedoch, daß dem Hooliganismus nichts gleich käme.

2.8. *Ehrenkodex* – Die Einhaltung eines so genannten Ehrenkodexes, der die Regeln der gegenseitigen Gewalt festlegt, wird überwiegend kritisch bewertet. Zwar sind einige Grundregeln (Kampf Mann gegen Mann, keine Attacken gegen am Boden Liegende, keine Waffen) bei allen Befragten bekannt, keiner der Hooligans bestätigt jedoch die unbedingte Einhaltung dieser Regeln. Der Grad der Zustimmung zur Existenz eines Ehrenkodexes differiert bei den befragten Hooligans und Experten (Abb. 2).

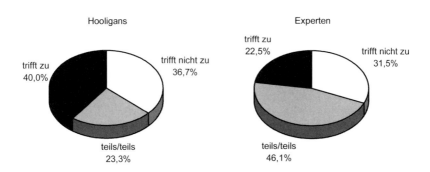

„Es gibt einen Ehrenkodex"

Abb. 2: *Zustimmung zur Existenz eines Ehrenkodexes bei Hooligans und Experten.*

Vierzig Prozent der Hooligans erklären, daß die Regeln in der eigenen Gruppe oder für ältere und erfahrene Hooligans allgemein verbindlich seien. Für knapp ein Viertel der Hooligans gelten diese Regeln lediglich teilweise (nur bei als fair bekannten Gegnern; nur bei Bundesligaspielen, nicht aber bei Länderspielen; nur bei abgesprochenen, nicht aber bei spontanen Fights). Gut zwei Drittel lehnen ihre Verbindlichkeit überwiegend oder ganz ab. Dabei findet sich häufig die Aussage, daß der Ehrenkodex früher eher Geltung gehabt habe, heute aber mehr und mehr aufgeweicht werde.[40]

---

[40] Über ‚Wertordnung', ‚Ehre' und ‚Treue', mit der sich Fangemeinschaften von der sie umgebenden Gesellschaft unterscheiden, vgl. in diesem Band auch den Beitrag GEBAUER, S. 311f., 313f.

Insgesamt schwächer ist die Zustimmung bei den befragten Experten. Etwa ein Drittel lehnt die Existenz eines Ehrenkodexes ganz oder überwiegend ab. Zweiundzwanzig Prozent der Experten bestätigen dagegen die Gültigkeit eines Ehrenkodexes. Dabei stimmen die Mitarbeiter der Fan-Projekte der Frage nach dem Ehrenkodex signifikant häufiger zu als die Vertreter der Vereine oder der Polizei und Justiz.

## 3. Diskussion und Schlußfolgerungen

In der vorliegenden Studie wurde versucht, das Phänomen Hooliganismus aus verschiedenen Perspektiven heraus zu beleuchten. Dies wurde durch eine bundesweite Befragung von Experten aus verschiedenen, mit dem Hooliganismus befaßten Bereichen und eine intensive Untersuchung einer Gruppe von Hooligans selbst erreicht.[41]

In den Expertengesprächen wie den Befragungsdaten ergaben sich einige Hinweise auf regionale und zuweilen auch vereinsspezifische Besonderheiten. Diese lassen sich allerdings nicht hinreichend systematisch aufklären, da die Zusammensetzung der Expertengruppen von Verein zu Verein variierte. Dennoch können einige allgemeine Schlußfolgerungen zur Identitätsbildung und zum Gruppenerleben von Hooligans gezogen werden.

Hooligans sind in der weit überwiegenden Mehrheit auch Fußballfans. Daß sich die Meinungen der befragten Vereinsvertreter und Mitarbeiter der Fanprojekte hinsichtlich dieser Bewertung unterscheiden, ist aufgrund der unterschiedlichen Interessenlagen und Kontakte zu den Hooligans plausibel. Wie die Interviewdaten zeigen, kommen die meisten Hooligans über den Fußball zum Hooliganismus. Die Befragten besuchten in der Regel bereits als Kind oder im frühen Jugendalter die Spiele ihres Vereins und fühlten sich bald vom Auftreten und der latenten Gewalt der Hooligans angezogen. Aus dem anfangs losen Dabeisein entwickelte sich eine Zugehörigkeit zur Gruppe, die sich zunächst vornehmlich im Mitlaufen mit der Gruppe manifestierte. Dem subjektiv erlebten Moment der Aufnahme in die Gruppe folgt dann eine Phase der Bewährung, in der das Gefühl der Zugehörigkeit gestärkt wurde.

Dennoch scheinen die Gruppengrenzen kaum klar definiert; Erkennungszeichen, Aufnahmerituale oder andere die Gruppenmitgliedschaft bekundende Merkmale oder Prozesse finden sich nicht. Für diese relativ transparenten Grenzen mag der Mobilisierungsdruck der Gruppe eine Rolle spielen, anläßlich eines erwarteten Aufeinandertreffens mit einer gegnerischen Gruppe möglichst viele Mitglieder zu rekrutieren. Dies zeigt sich zum einen auch in der offensichtlichen Möglichkeit des ‚Quereinstiegs‘ etwa aus der Skinheadszene, ohne daß hier in jedem Fall ein Fußballbezug bzw. ein Fußballinteres-

---

[41]  Vgl. LÖSEL et al., Hooliganismus in Deutschland (Anm. 35).

se vorliegt. Zum anderen weisen auch einige Kommentare der Expertendiskussionen darauf hin, daß sich die Übergänge zwischen den so genannten B-Fans (Zuschauer, die nicht die körperliche Auseinandersetzung suchen, sich aber bei Gelegenheit – häufig unter Alkoholeinfluß – an ihr beteiligen) und den C-Fans (junge Männer, die im Kontext eines Fußballspiels die Gewalt suchen) durchaus vermischen.

Ähnlich diffus wie die Grenzen scheinen auch die Strukturen der Gruppierungen zu sein. Eine klare Hierarchie mit dreifach gestufter vertikaler Gliederung, wie sie etwa die Einteilung in Rädelsführer, sonstiger harter Kern und Mitläufer nahelegt, läßt sich nur in einigen Gruppen finden. Die Existenz von Wortführern, Organisatoren oder Anführern wird aber nahezu einhellig sowohl von den Experten als auch von den Hooligans bejaht. Diese Wortführer erwerben ihren Status in der Gruppe im Laufe der Zeit durch ein erfolgreiches Auftreten in den Auseinandersetzungen mit gegnerischen Gruppen oder auch besondere logistische oder organisatorische Leistungen. Dem entsprechend können polizeiliche Maßnahmen zur Einschränkung der Aktivitäten einzelner Anführer die Gruppen weitgehend lähmen[42] und das Risiko gewalttätiger Ausschreitungen senken. Unterhalb der Ebene der Wortführer scheint die Differenzierung von hartem Kern und Mitläufern dagegen weniger auf einer hierarchischen Ordnung zu basieren als vielmehr auf dem Grad der Integration in die Gruppe. Diese bestimmt sich durch die – auch altersbedingte – Präsenz bei den Begegnungen in der Vergangenheit und das Auftreten bei den Auseinandersetzungen. Bezüglich des Einflusses auf das Handeln der Gruppe wird aber von vielen Befragten die Gleichheit (fast) aller Mitglieder betont.

Vergleicht man die unterschiedlichen verwendeten Verfahren und Datenquellen, ergeben sich weitgehend konsistente Befunde. Einige der Differenzen zwischen den befragten Expertengruppen, wie etwa bei der Einschätzung des Fußballinteresses der Hooligans, lassen sich teilweise durch unterschiedliche Erfahrungshintergründe und Kontakte zur Zielgruppe der Hooligans erklären. Auch ein Vergleich der Einschätzung des örtlichen Hooliganpotenzials mit den Daten der Zentralen Informationsstelle für Sporteinsätze[43] zeigt recht gute Übereinstimmungen. Die unterschiedlichen Aussagen zum Einsatz verschiedener Kommunikationskanäle (z.B. zur Internet-Nutzung von Hooligans) deuten aber darauf hin, daß sich eine präzise Problembeschreibung und Lagebeurteilung des Hooliganismus nicht auf die Analyse einzelner Datenquellen beschränken sollte.

Wir wissen nicht, inwieweit unsere Hooliganstichprobe repräsentativ für die gesamte Szene ist. Selektionseffekte sind nicht auszuschließen, indem sich zum Beispiel solche Hooligans zur Untersuchung bereit erklärt haben

---

[42] S. DE VREESE, Hooliganism under the statistical magnifying glass: A Belgian case study, in: European Journal on criminal Policy and Research 8 (2000) 201–223.

[43] ZIS 1998 (Anm. 38); vgl. LÖSEL et al., Hooliganismus in Deutschland (Anm. 35).

könnten, die durch ihre Teilnahme keine gesellschaftlichen Nachteile befürchteten. Durch die Nutzung verschiedener Zugänge zum Feld, die Anony-
misierung und die breite geographische Streuung der Untersuchungen sind
unsere Selektionseffekte jedoch wahrscheinlich geringer als in anderen Studi-
en zum Hooliganismus. Unsere (hier nicht berichteten) Befunde zur sozialen
Herkunft und zur Integration der Hooligans in die Gesellschaft[44] stimmen
auch mit den Ergebnissen regionaler Studien überein.[45] Bis auf die spezifische
Sozialisation in der fußballbezogenen Szene zeigen sich dabei allgemeine
biographische Merkmale, wie sie in verschiedenen aggressiven und delinquenten Subkulturen junger Menschen beobachtet werden:

Der Anteil der Hooligans, der bereits in der Kindheit und frühen Jugend
gravierende Verlustereignisse erlebt hat (Tod eines Elternteils, Scheidung der
Eltern), ist recht hoch. Er entspricht in etwa den Befunden bei schwer delinquenten Jugendlichen.[46] Nach den Angaben zum Beruf der Eltern ist das so-
zioökonomische Milieu der Herkunftsfamilie überwiegend der unteren Mit-
telschicht zuzuordnen. Die Mehrheit der Hooligans hat zunächst einen
Schulabschluß erworben, der positive Perspektiven für eine berufliche Karriere eröffnen konnte. Vielfach finden sich jedoch bereits während der Schulzeit
gehäufte Leistungs- und Disziplinprobleme (Sitzenbleiben, Schuleschwän-
zen), die nach internationalen Studien Risikofaktoren für Jugendkriminalität
darstellen.[47] Eine nach dem Schulabschluß begonnene Lehre wurde in vielen
Fällen abgebrochen oder führte, falls sie abgeschlossen wurde, nicht in eine
weitere berufliche Qualifikation. Demgegenüber sind häufig wechselnde Be-
schäftigungen mit kurzer Verweildauer und geringen Qualifikationsanforde-
rungen zu verzeichnen. Mehr als die Hälfte der Hooligans übte zum Zeitpunkt
der Befragung eine angelernte Tätigkeit aus (z.B. Lagerarbeiter, Aushilfskell-
ner, Türsteher, Schwarzarbeit am Bau) oder befand sich in einer Umschu-

---

[44] Vgl. LÖSEL et al., Hooliganismus in Deutschland (Anm. 35).

[45] Vgl. z.B. BÖTTGER, Gewalt und Biographie (Anm. 21); BOHNSACK, Adoleszenz
(Anm. 19).

[46] Vgl. z.B. H. GÖPPINGER / M. BOCK, Kriminologie, fünfte, vollst. neubearb. und erw.
Aufl. München 1997; F. LÖSEL / O. POMPLUN, Heimunterbringung als Alternative zur
Untersuchungshaft bei Jugendlichen: Eine Evaluationsstudie, Pfaffenweiler 1998.

[47] Vgl. J. D. HAWKINS / T. HERRENKOHL / D. P. FARRINGTON / D. BREWER / R. F. CATA-
LANO / T. W. HARACHI, A review of predictors of youth violence, in: R. LOEBER / D. P.
FARRINGTON (Hrsg.), Serious and violent juvenile offenders: Risk factors and successful
interventions, Thousand Oaks 1998, 106–146; M. W. LIPSEY / J. H. DERZON, Predictors
of violent or serious delinquency in adolescence and early adulthood: A synthesis of lon-
gitudinal research, in: Loeber / Farrington, Serious and violent juvenile offenders, 86–
105; F. LÖSEL / D. BENDER, Aggressives und delinquentes Verhalten von Kindern und Jugendlichen. Kenntnisstand und Forschungsperspektiven, in: H. L. KRÖBER / K. P. DAHLE
(Hrsg.), Sexualstraftaten und Gewaltdelinquenz, Heidelberg 1998, 13–37; F. LÖSEL / TH.
BLIESENER, Risikofaktoren für die Aggressivität zwischen Jugendlichen, in: Bundeskri-
minalamt (Hrsg.), Forum 1998, Wiesbaden: BKA 1998, 137–159.

lungs-, Ausbildungs- oder Arbeitsbeschaffungsmaßnahme. Das zur Verfügung stehende Einkommen der Erwerbstätigen unter den Befragten lag im unteren Viertel der gleichaltrigen männlichen Bevölkerung.[48] Zwei Drittel der Befragten waren mindestens einmal länger als drei Monate arbeitslos. Für die hohe Rate zeitweiliger Arbeitslosigkeit können gerade in den neuen Bundesländern auch die strukturellen Probleme des Arbeitsmarktes beigetragen haben. Die Berufsbiographien zeigten jedoch in vielen Fällen eine wechselvolle und insgesamt eher abwärtsgerichte Karriere. Dies weist auf Probleme der Motivation, der beruflichen Kompetenz und der Lebensführung hin, die allgemein häufig bei Personen mit einer hohen Delinquenzbelastung vorzufinden sind.[49]

Auch die oft erhebliche strafrechtliche Auffälligkeit der von uns befragten Hooligans außerhalb des Fußballkontextes[50] spricht gegen die These einer doppelten Identität bei Hooligans. Daß Hooligans im Alltag zum Teil sozial durchaus erfolgreiche, unauffällige Rollen einnehmen, die ihren Bedürfnissen nach Anregung, Anerkennung und Zugehörigkeit jedoch nicht genügen können, und sie deshalb lediglich am Wochenende bzw. im Kontext von Fußballspielen in eine spezifische Hooliganidentität schlüpfen,[51] wird in unseren Befunden nicht bestätigt. Es handelt sich vielmehr um psychosozial belastete Entwicklungen, wie sie auch in delinquenten Jugendbanden, gewalttätigen rechtsradikalen Szenen und ähnlichen Gruppierungen überwiegen. Ohne die fußballbezogenen Interessen wären unsere Hooligans vielleicht in solchen Szenen sozialisiert; teilweise bestehen auch tatsächliche Überlappungen.[52]

Wie Bohnsack in Interviews zur Biographie von Hooligans fand,[53] waren bei vielen seiner Probanden problematische biographische Ereignisse und Krisen nicht bewältigt. Nach seinen Befunden ist die Hooligangruppe für die Jugendlichen eine ‚episodale Schicksalsgemeinschaft‘. Jugendliche und junge Männer mit ähnlichen psychosozialen Problemlagen finden über den Hooliganismus zueinander. Das gemeinsame Auftreten in der Gruppe und die Reaktionen der Ordnungsbehörden, der Öffentlichkeit und insbesondere der Medien vermitteln Allmachtsphantasien. Das Zusammenstehen im Kampf, Seite an Seite, verschafft das Gefühl gegenseitiger Verbundenheit. Die Grup-

---

[48] Statistisches Bundesamt (Hrsg.), Statistisches Jahrbuch für die Bundesrepublik Deutschland, Wiesbaden 1999.

[49] R. J. SAMPSON / J. H. LAUB, Crime in the making: Pathways and turning points through life, Cambridge 1993.

[50] Vgl. LÖSEL et al., Hooliganismus in Deutschland (Anm. 35).

[51] Vgl. dazu auch das im Beitrag VON BERG, S. 222f., dargestellte fiktive Beispiel einer solchen ‚doppelten Identität‘ in dem Fußballkinofilm *The Firm* (1988) von Alan Clarke; vgl. auch den Überblick zum Subgenre der Hooliganfilme ebd., S. 222–224.

[52] Vgl. LÖSEL et al., Hooliganismus in Deutschland (Anm. 35).

[53] R. BOHNSACK, Youth Violence and the „Episodical Community of Fate“: A Qualitative Analysis of Hooligan Groups in Berlin, in: Sociologus 46 (1996) 160–174; BOHNSACK, Adoleszenz (Anm. 19).

pe stiftet demnach Sinn, liefert Selbstbestätigung, das Gefühl der Zugehörigkeit, des Rückhalts und eine Identität, die über die Gruppe definiert wird.[54] Der Gruppenzugehörigkeit kann im Moment des Kampfes mit einer gegnerischen Gruppe durchaus nachgeholfen werden. Wie zuweilen berichtet wurde, postiert man ‚gute Kämpfer' beim Aufmarsch gegen eine rivalisierende Gruppe nicht nur in der ersten Reihe, sondern auch hinten, um ‚wankelmütige' Gruppenmitglieder ‚im Glied zu halten'. Die ‚guten Kämpfer' werden zudem häufig durch mythische Verklärung des Geschehens innerhalb der Gruppe heroisiert und liefern Modelle und Identifikationsfiguren für den Nachwuchs.[55] In den Bereich der idealisierenden Denk- und Wertungsmuster scheinen auch die Regeln des so genannten Ehrenkodexes der Hooligans zu gehören. Obwohl alle befragten Hooligans die wesentlichen Grundregeln kennen, wird die Realisierung dieser Regeln in den gewalttätigen Auseinandersetzungen fast durchgängig in Frage gestellt. Daß derartige Regeln in Anbetracht des erheblichen Aktivierungsniveaus der Beteiligten, der Dynamik und der weitgehenden Strukturlosigkeit des Geschehens von den Akteuren kaum eingehalten werden können, kann aus psychologischer Sicht nicht überraschen. Der Mythos des Ehrenkodexes kann den Hooligans jedoch bei der Neutralisierung und Rationalisierung der massiven Aggressionshandlungen dienen.[56] Als Element der erklärten Gruppennorm dürfte der Ehrenkodex – ohne zwingend handlungswirksam zu werden – zudem die Identifikation mit der eigenen Gruppe unterstützen.

Durch die Entwicklung einer kollektiven Identität in der Gruppe scheinen die psychosozialen Problemlagen auf der individuellen Ebene zeitweise subjektiv kompensiert zu werden. Gleichzeitig bekräftigen sich die Gruppenmitglieder durch ihre Aktionen gegenseitig in ihrem problematischen Verhalten. Darüber hinaus werden die privaten Bindungen, beruflichen Aussichten und allgemeinen Zukunftschancen der Hooligans durch die gesundheitlichen Gefahren, den erheblichen finanziellen und zeitlichen Aufwand und die strafrechtlichen Konsequenzen gefährdet. Dies ist der ‚Preis', den viele Angehörige der Szene zahlen, wobei die Einsicht in derartige Zusammenhänge ein wesentlicher Grund für den ‚Ausstieg' zu sein scheint.[57]

---

[54] Vgl. auch BOHNSACK, Adoleszenz (Anm. 19); PILZ, Social factors (Anm. 16).

[55] Zur mythischen Verklärung und Heroisierung der Fußballfangemeinschaften und ihrer Spieleridole, allerdings ohne Bezug auf die Hooliganszene, vgl. den Beitrag GEBAUER in diesem Band, S. 312f.

[56] Vgl. O. M. J. ADANG, Football Hooliganism in the Netherlands. Vortrag auf dem Workshop „Hooliganismus in Europa", 18.–19. Mai 2000 in Brühl; G. M. SYKES / D. MATZA, Techniques of neutralization. A theory of delinquency, in: American Sociological Review 22 (1957) 664–670.

[57] LÖSEL et al., Hooliganismus in Deutschland (Anm. 35).

Michael Prosser

# ‚Fußballverzückung' beim Stadionbesuch
## Zum rituell-festiven Charakter von Fußballveranstaltungen in Deutschland

### 1. Terminologische Vorgaben: ‚Verzückung' und ‚Festivität'

Wenn Fußballveranstaltungen mit einem wesentlichen und spezifischen kulturellen Charakteristikum gekennzeichnet werden, dann ist es zuvorderst die ihnen eigene affektive Wucht, die Wucht und Intensität der Beteiligung des Publikums. Fußballspiele und deren Besuch gelten als besondere und wiederkehrende Gelegenheiten zur vorbehaltlosen, entgrenzten Identifikationsäußerung sowie zur Verausgabung von Affekten überhaupt, befreit von den Zumutungen gesellschaftlicher Höflichkeitszwänge und Rücksichtnahmen.

Einschlägige kulturwissenschaftliche Beiträge verwenden zur Beschreibung dieser Verhaltensweisen Wörter wie ‚Exuberation', ‚Leidenschaft', ‚Begeisterung' und ‚Exaltation' bis hin zu ‚Massenhysterie'.[1] Der Begriff der

---

[1]    Vgl. PAUL HUGGER, Die Ritualisierung des Alltags, in: DERS. (Hrsg.), Handbuch der Schweizerischen Volkskultur, Bd. 3, Zürich 1992, 1433–1440, hier 1437. Schon jenseits der erlaubten Affekthandlungen und darum von Hugger nicht eigens erwähnt, liegen die seit den 1980er Jahren europaweit Aufsehen erregenden, teilweise absichtlich herbeigeführten Schlägereien jugendlicher Fußballfans im Umkreis der Fußballveranstaltungen. Vgl. dazu bes. THOMAS GEHRMANN, „Selbstregulierungsmechanismen" – Ein Begriff verschwindet. Zur rituellen Gewalt von Fußballfans, in: ROLF W. BREDNICH / WALTER HARTINGER (Hrsg.), Gewalt in der Kultur. Vorträge des 29. Deutschen Volkskundekongresses in Passau 1993, Bd. 2, Passau 1994, 437–450. CHRISTIAN BROMBERGER, Le match de football. Ethnologie d'une passion partisane à Marseille, Naples et Turin, Paris 1995. – Spektakuläre Begeisterung mit karnevalistischen Aspekten sieht ROLF LINDNER, Die Sportbegeisterung, in: UTZ JEGGLE (Hrsg.), Volkskultur in der Moderne. Probleme und Perspektiven empirischer Kulturforschung, Reinbek 1986, 249–259. – Für den englischen Kultur- und Sporthistoriker ist die Fußballveranstaltung ein möglicher Ausdruck eines „emotionalen Ballungsraumes" innerhalb von Gruppen, der mächtig sichtbare Vordergrund des Identitätsgefühls in Gemeinden und Regionen: vgl. RICHARD HOLT, Fußball und regionale Identität in Nordengland. Die Legende von Jackie Milburn, in: SIEGFRIED GEHRMANN (Hrsg.), Fußball und Region in Europa: Probleme regionaler Identität und die Bedeutung einer populären Sportart, dt. Münster 1999, 51–70, hier 51. – Mit „Berauschung" beschreibt der Literaturwissenschaftler Wertheimer das Engagement: vgl. JÜRGEN WERTHEIMER, „Sechzig" – Oder Fußball und Masochismus, in: WOLFGANG SCHLICHT / WERNER LANG / HERMANN BAUSINGER u.a. (Hrsg.), Über Fußball: ein Lesebuch zur wichtigsten Nebensache der Welt, Schorndorf 2000, 152–162, hier 162; HERMANN BAUSINGER, Die schönste Nebensache. Etappen der Sportbegeisterung, in: OMMO GRUPE (Hrsg.), Kulturgut oder Körperkult? Sport und Sportwissenschaft im Wandel, Tübingen 1990, 16, schreibt auch von „Exaltation".

Fußball-‚Verzückung‘,[2] einer älteren religionswissenschaftlichen Arbeit ent-
nommen und von dem Tübinger Volkskundler Gottfried Korff wiederaufge-
griffen, gehört ebenso unverzichtbar hierher: ‚Verzückung‘ trägt jene Bedeu-
tungskomponente in sich, die ein ästhetisches Empfinden zugleich mit
inbrünstiger Anteilnahme und Identifikation beschreibt.

Ein kulturanalytischer Kategorialbegriff, der in der gegenwärtigen Diskussion häufig bemüht wird, ist der des ‚Festes‘. Denn mitentscheidend für einen
rituell-festiven Charakter ist, daß sich Affektion, Verzückung, ungehemmte
Identifikation in ihrer emotionellen Wucht keineswegs nur spontan äußert –
als impulsive Reaktion unmittelbar auf das Sportspielgeschehen –, sondern
eigens ausgezeichnet und mit kulturellem Aufwand in ritualisierten[3] Formen
fixiert, verstärkt und überhöht wird. Bereits 1987 schrieb Günter Wiegelmann
in einer volkskundlichen Überblicksstudie von den „Zuschauer-Festen“ des
Fußballs als Periodisierungskennzeichen der gesamten Nachkriegsfreizeit-
kultur in Europa. Das „andauernde“ und „massenhafte“ Interesse bilden allgemeine Kriterien für die von ihm festgestellte epochale Bedeutung dieser
Feste.[4] Für Karlheinz Niem ist das Heimspiel in Dortmund das „schönste
Fest“ der Stadt,[5] ohne daß er allerdings die Merkmale des Festbegriffs ak-
zentuiert. Hermann Bausinger indes definiert einige übergeordnete Kriterien
des Festes und setzt sie in zutreffenden Zusammenhang mit der Fußballveranstaltung: Heraushebung und Ausgrenzung aus der „sonstigen Wirklichkeit“,
„räumliche Abgrenzung“, „zeitliche Ordnung“. Zusätzlich betont er die Eigenschaft der „Freiheit, fast chaotischen Freiheit“, und zwar die Freiheit des
Außerkraftsetzens zivilisierter Verhaltensnormen. Außerdem nennt er das
Merkmal der offenen Entwicklung, daß nämlich die Veranstaltung „wie jedes

---

[2]   GEORG SCHMID, Interessant und heilig. Auf dem Weg zur integralen Religionswissen-
      schaft, Zürich 1971, 106–109 (dankenswerter Hinweis von Markwart Herzog); vgl. auch
      GOTTFRIED KORFF, Personenkult und Kultpersonen. Bemerkungen zur profanen ‚Heili-
      genverehrung‘ im 20. Jahrhundert, in: WALTER KERBER (Hrsg.), Personenkult und Heili-
      genverehrung, München 1997, 157–183. Die Attraktivität des Wettkampfes ist es nicht
      allein, die so viele Menschen zur Fußballveranstaltung zieht, sondern es ist ebenso die
      dort versammelte Vielzahl von Menschen und die damit verbundene, alles andere aus-
      schließende Totalität des sinnlichen Eindrucks und des emotionalen Engagements; vgl.
      dazu HANS J. STOLLENWERK, Soziales Ereignis „Bundesligaspiel“, in: DIRK ALBRECHT
      (Hrsg.), Fußballsport. Ergebnisse sportwissenschaftlicher Forschung – Theorie und Pra-
      xis der Sportspiele, Bd. 2, Berlin / München / Frankfurt a.M. 1979, 205–210; DERS.,
      Sport – Zuschauer – Medien, Aachen 1996, 84f.
[3]   Eine ritualisierte Handlung sei nach Iwar Werlen sprachwissenschaftlich bestimmt als
      expressive institutionalisierte Handlung oder Handlungssequenz.
[4]   GÜNTER WIEGELMANN, Die Aufgabe, Volkskultur zu periodisieren, in: DERS., Theoreti-
      sche Konzepte der europäischen Ethnologie. Diskussionen um Regeln und Modelle
      (1987), zweite erweiterte Auflage, Münster 1995, 179–189, hier 187.
[5]   KARLHEINZ NIEM, Heimspiel. Das schönste Fest in Dortmund, publiziert in einem The-
      menband *Neue Feste* der Zeitschrift: Volkskunde in Rheinland-Pfalz, 1995, Ablaufproto-
      koll 16–18.

richtige Fest" weder durchgehend inszeniert noch als fertiges Ganzes aufgeführt werde.[6]

Damit sind einige wichtige terminologische Elemente genannt, wie wir sie
auch in grundsätzlichen Begriffsbestimmungen volkskundlicher, philosophi-
scher, religionsgeschichtlicher Theoriebildung wiederfinden; eigens hinzu-
weisen ist auf den jüngst erschienenen, konzisen Artikel Philippe Borgeauds.[7]
Die genannten Begriffsbestimmungen und Kriterien, die umgangssprachlich
teilweise klar und selbstverständlich zu sein scheinen, werden im folgenden
in der Beschreibung von Fußballveranstaltungen verwendet und fallweise
präzisiert. Festivität und Ritualität sind in der Fußballveranstaltung nicht von
Anfang an so intendiert oder gesetzt gewesen. Sie ist vielmehr mit unterschiedlichen Ausdrucksmitteln und Gestaltungselementen nach und nach an-
gereichert worden.

## 2. Das Stadion als ‚Festplatz der Weltausgrenzung‘

Zunächst ist zu sprechen über die Entwicklung des spezifischen, abgegrenzten Veranstaltungsortes und über die Größe der Versammlung, der „Masse"
(G. Wiegelmann), die die angesprochene Wucht erst auslöst. Fußballspiele,
ausgeführt nach denjenigen regelhaften Grundlagen, auf denen sie heute noch
beruhen, waren – in exklusiver Weise – zunächst eine Sache nur des (englischen) Schulunterrichts und fanden ohne Zuschauer statt. Die dahinterstehen-
de pädagogische Zwecksetzung bestand in körperlicher Bewegungsübung
und dabei zugleich in spielerischer Einübung sozialer Verhaltensweisen durch
die Praktizierenden: Erziehung zur Zusammenarbeit mit anderen, sinnvolles
Ertragen von Niederlagen. In Deutschland wurde der Sport um 1880 eingeführt. Die Initiativpersonen, unter ihnen einige Lehrer, hatten Unterricht in
England genossen oder waren auf dem Kontinent berufstätige Engländer. Seit
1890 sind hierzulande Publikumsveranstaltungen außerhalb der Schulen und
Universitäten belegt. Aus der Folgezeit datieren die Gründungen zahlreicher
Clubs, die auch heute noch um die deutsche Meisterschaft kämpfen. Nach
ihrem verbandsmäßigen Zusammenschluß im Jahr 1900 zum Deutschen Fußball-Bund (DFB), der als Organisator, Ausrichter-, Regel- und Spielplanin-
stanz fungiert, wurden bei manchen Spielen schon über tausend Besucher pro
Spiel gezählt. Beim ersten Endspiel um eine deutsche Meisterschaft 1900
erschienen circa 1.200 Zuschauer am Endspielort, dem Exerzierplatz in Altona bei Hamburg.

---

[6] HERMANN BAUSINGER, Kleine Feste im Alltag: Zur Bedeutung des Fußballs, in:
SCHLICHT / LANG / BAUSINGER, Über Fußball (Anm. 1), 42–58, hier 47f.

[7] PHILIPPE BORGEAUD, Art. ‚Feste / Feiern‘, in: Religion in Geschichte und Gegenwart,
vierte Auflage, Bd. 3, Tübingen 2000, 86f. Er nimmt u.a. die öffentlichen Sportveranstaltungen explizit in die Thematik auf.

Es gab damals noch keine für die Spiele und Spielzyklen reservierten Fußballplätze. Die Fußballer nutzten entweder Anlagen der Turnvereine oder Militärgelände oder pachteten brachliegendes Wiesengelände. Manche dieser Grasflächen sind heute legendär geworden: unter anderem die ‚Weiße Wiese‘, auf der die Begründer von Borussia Dortmund ihre Spiele austrugen, auch die ‚Wümmersche Wiese‘ von Mönchengladbach,[8] und die ‚Hundswiese‘, die der Frankfurter FC Victoria (ein Vorgänger der heutigen SG Eintracht) zum Fußballplatz umgestaltete.[9] Hierher und auf die Exerzierplätze schleppten die Fußballer ihre Gerätschaften und ihre Sportkleidung, bauten Torgestänge auf und nach dem Spiel wieder ab, zogen Linien im und Begrenzungsleinen um das Spielfeld.

Bereits um die Jahrhundertwende traten hier freilich zwei Probleme auf: die Versuche, die Entrichtung des Eintrittsgeldes zu umgehen, und vor allem die oftmals durch den Andrang der Zuschauer eingeschränkte freie Sicht auf das Spielfeld. Einige Clubs ließen wegen des steigenden Besucheraufkommens schon vor 1914, verstärkt aber nach dem Ersten Weltkrieg, Tribünen errichten – am berühmtesten wohl die Anlage des 1. FC Nürnberg am Zerzabelshof, im Volksmund *Zabo*, wo ‚der Club‘ von 1913 bis 1991 spielte.[10] In diesem Zusammenhang gehören gleichfalls die Tribünenanlage am Sportplatz Rosegger Straße in Frankfurt am Main und seit 1921 das Riederwald-Stadion der SG Eintracht, sowie das Stadion an der Rothenbaum-Chaussee des Hamburger SV, das Stadion Betzenberg (Kaiserslautern, heutiges Fritz-Walter-Stadion), auch das Grünwalder Stadion in München von 1926, in dem der TSV München 1860 bis 1995 spielte, der FC Bayern bis 1972. Eines der international bekanntesten, gegenwärtig immer noch genutzten Stadien ist das Mönchengladbacher Bökelbergstadion von 1919, damals *de Kull* (die Kuhle) genannt, da es aus einer ehemaligen Kiesgrube herausragt.

---

8    HOLGER JENRICH, Borussia Mönchengladbach. Tore, Tränen und Triumphe, Göttingen 1995, 14–17.

9    ULRICH MATHEJA, Eintracht Frankfurt – Schlappekicker und Himmelsstürmer, Göttingen 1998, 18f.

10   Seit 1908 spielte ‚der Club‘ vor einer Tribünenanlage, umgeben mit einem Bretterzaun, einem Clubhaus für Bewirtschaftung, Holztribüne inklusive Umkleide-, Wasch- und Duscheinrichtungen sowie rudimentären Zuschauerwällen. Als 1911 über 6.000 Zuschauer das Spiel gegen SpVgg Fürth besuchten, erwies sich die Anlage als zu klein. Danach entschied sich der Verein zum Kauf des geeigneten Grundstücks am Zerzabelshof, wo Übungsplätze, Tennisplätze, Clubheim und Stadion (Zuschauerwälle samt Tribüne) errichtet wurden – für diese Anlage, 1913 eröffnet, ursprünglich für 8.000 Zuschauer vorgesehen und 1922 als Großstadion für 25.000 Zuschauer ausgebaut, stand fortan der populäre Kurzname ‚Zabo‘. Es galt damals, so schreibt eine Vereinschronik, als der „schönste Sportpark Deutschlands“; vgl. CHRISTOPH BAUSENWEIN / HARALD KAISER / BERND SIEGLER, 1. FC Nürnberg. Die Legende vom Club, Göttingen 1996, 26f.; vgl. neuerdings auch DIES., Der Club. 100 Jahre Fußball, Nürnberg 1999, mit zahlreichen zeitgenössischen Abbildungen.

Ein sprunghafter Anstieg der Besucherströme setzte zu Beginn der 1920er Jahre ein. Ausschlaggebend für die nach dem Ersten Weltkrieg um ca. eine Zehnerpotenz vergrößerte Publikumsmenge war die neue Freizeitgesetzgebung der Weimarer Republik, die nun auch der Arbeiterschaft den Spielbesuch möglich machte.[11] Für die wirklich großen Veranstaltungen mit 60.000 bis zu gedrängten 100.000 Besuchern wurden jedoch aus den Mitteln des *Kampfbahnen*-Bauprogramms, das weitestgehend von der öffentlichen Hand finanziert war, zusätzliche Stadionbauten errichtet. Der martialisch klingende Name übersetzt wörtlich die weitaus geläufigere griechische Vokabel: ‚Stadion' heißt wörtlich ‚Kampfbahn'. Hierher gehören das Müngersdorfer Stadion, Köln (1923), das Frankfurter Waldstadion (1924/25), das Volksparkstadion, Hamburg (1925), die Kampfbahn ‚Rote Erde', Dortmund (1926), die ‚Glückauf'-Kampfbahn, Gelsenkirchen (1928, Hauptveranstalter dort bis 1972 der FC Schalke 04), das Nürnberger Städtische Stadion (zweite Hälfte der 1920er Jahre[12]), schließlich das Neckarstadion in Stuttgart (1931), als zuletzt realisiertes Projekt der damaligen Provinzmetropolen[13]. Diese Anlagen waren, mit wenigen Ausnahmen,[14] ganz bewußt nach klassisch-griechischem Vorbild als Erdstadien angelegt, d.h. mit aufgeschütteten Wällen und darin eingelassenen Steinstufen, auf denen der Großteil des Publikums gestaffelt stehen konnte, in ovaler Form und unter freiem Himmel. Diese Riesenovale konnten bei Endspielen und internationalen Begegnungen der Auswahlmannschaften genutzt werden; das zuletzt erbaute Stadion in Stuttgart, für 60.000 Besucher konzipiert, war beim ersten Länderspiel in der Bundesrepublik Deutschland nach dem Zweiten Weltkrieg mit ca. 100.000 Menschen gefüllt (1950).[15] So gab es

---

[11]  Insbesondere die Untersuchungen Christiane Eisenbergs haben sich dieser Entwicklung innerhalb der Geisteswissenschaften gewidmet; vgl. den zusammenfassenden Überblicksbeitrag von CHRISTIANE EISENBERG, Deutschland, in: DIES. (Hrsg.), Fußball, soccer, calcio. Ein englischer Sport auf seinem Weg um die Welt, München 1997, 94–129; DIES., Fußball in Deutschland 1890–1914. Ein Gesellschaftsspiel für bürgerliche Mittelschichten, in: Geschichte und Gesellschaft 20 (1994) 189–210; DIES., Massensport in der Weimarer Republik, in: Archiv für Sozialgeschichte 33 (1993) 137–177. Vgl. dazu auch den Beitrag EGGERS im vorliegenden Band sowie DERS., Fußball in der Weimarer Republik, Kassel 2001, 13f., 64, 153f.

[12]  BAUSENWEIN / KAISER / SIEGLER, Die Legende vom Club (Anm. 10), 267.

[13]  Das staatliche Kampfbahnenbauprogramm im Zusammenwirken von Staat und Kommunen wurde zwar bereits vor dem Ersten Weltkrieg geplant und umgesetzt (Deutsches Stadion, Berlin), jedoch erst systematisch ausgeführt nach 1920 (1922 Leipzig) und bis 1931. Näheres vgl. bei FRANZ-JOACHIM VERSPOHL, Stadionbauten von der Antike bis zur Gegenwart. Regie und Selbsterfahrung der Massen, Giessen 1976.

[14]  Ausgerechnet die Kampfbahn in Dortmund, die die Erde im Namen trug, war ein Hochbau aus Granitsteinen.

[15]  Aus dem Kampfbahnenbauprogramm muß auch an das nach dem Berliner Stadion zweitgrößte, das Südwest-Stadion in Ludwigshafen mit seiner musterhaften Form und einer Kapazität von 80.000 Plätzen, erinnert werden. Obwohl in einem urbanen, industriellen Verdichtungsraum gelegen, entbehrt es einer Tradition, da sich weder in der BASF-

also in einigen Städten gewissermaßen ein ‚Heimat'-Stadion der einzelnen Clubs und ein Stadion des Kampfbahnenbauprogramms, in dem die Endrundenspiele der Meisterschaft oder die unter vorhersehbar großem Andrang stehenden Lokalderbys stattfanden. Alle großen Stadien waren auf Zuschauerkapazitäten von mindestens 20.000 ausgerichtet, und so ist es bis heute geblieben. Veranstalter mit Stadionbauten unterhalb dieser Größe halten sich auch im Bundesligazyklus nie über längere Zeit. Was meist vergessen wird, ist die enorm schwankende Besuchermenge *vor* Einführung der Bundesliga. Von 1920 bis 1962 konnte man in der höchsten deutschen Spielklasse Begegnungen vor 90.000, oder vor nur 1.000 Publikumsteilnehmern erleben. Kontinuierliche Besuchermengen über 20.000 Personen empfangen die Stadien erst seit der Gründung der eingleisigen Bundesliga (1963); und erst seit der Saison 1993/94 sind die Stadien an jedem Spieltag nahezu ausgelastet. Die bisher höchste Durchschnittsbesucherzahl wurde 1997/98 mit 32.711 Besuchern erreicht. Die Zahl der direkt beteiligten Zuschauer hatte damals zum ersten und bisher einzigen Mal insgesamt zehn Millionen überschritten.[16] Auch in der Saison 2000/2001 lag der Besucherdurchschnitt bei etwa 30.000.[17]

---

Stadt noch in Mannheim jemals ein Fußballclub mit dauerhaften Ambitionen im Meisterschaftszyklus hervorgetan hat.

[16] Die exakten Zahlen: insgesamt 10.009.529 Zuschauer, durchschnittlicher Besuch pro Veranstaltung und Spielort 32.711 Zuschauer. Die Zahlenwerte entsprechen den Angaben in: Sport-Informations-Dienst (sid), abgedruckt u.a. in: Frankfurter Allgemeine Zeitung, 14.8.1998, 37; vgl. Kicker-Sportmagazin, Sonderheft Bundesliga 1998/99, 121–123.

[17] Im April 2001 nach 29 von 34 Spieltagen genau 30.028 zahlende Besucher im Durchschnitt. Angabe nach Statistik der Frankfurter Allgemeinen Zeitung, 17.4.2001. Die Stadien als Veranstaltungsgebäude empfangen an nahezu jedem Spieltag bei zwölf von 18 Veranstaltern durchschnittlich über 70 Prozent ihrer Kapazität an Publikumsplätzen. Das eigentlich Interessante an der Statistik liegt darin, daß die großen Sportstadien seit den 1990er Jahren regelmäßig gefüllt werden. Auch bei den – sit venia verbo – ‚kleinsten Massen' in Rostock, Wolfsburg und Duisburg war die Kapazität in einem Fall noch mit über 50 Prozent ausgelastet (in Duisburg), in den beiden anderen Fällen jedoch erheblich näher an der Kapazitätsauslastung (Rostock: 72 Prozent, Wolfsburg: 81,5 Prozent). – Die Institutionalisierung des Interesses an den Veranstaltungen läßt sich darüber hinaus auch am überwiegend vollständigen Absatz der Dauerkarten belegen. In der Saison 1995/96 wurden insgesamt 211.929 Dauerkarten verkauft, was ungefähr der Zahl der Gesamtzuschauer an einem hoch frequentierten Spieltag entspricht; die Zahl allein verschleiert wichtige Details, weil etwa Bayern München bei einer relativ großen Stadionkapazität von 63.000 nur 17.500 Dauerkarten ausgab und damit die Nachfrage nicht vollständig bediente. Im Verhältnis zum Gesamtvolumen war die Ausgabe beträchtlich in Dortmund: 28.000 Dauerkarten bei 42.000 Stadionplätzen, Kaiserslautern: 24.300 Dauerkarten bei 42.000 Stadionplätzen, SC Freiburg: 18.000 Dauerkarten bei 22.500 Stadionplätzen, Mönchengladbach: 15.000 bei 34.500 Stadionplätzen. Zwei Jahre später, in der Saison 1997/98, haben sich Dauerkartennachfrage und -verkauf noch einmal erhöht, und zwar FC Bayern München: 20.000, Borussia Dortmund: 38.000 bei nunmehr 55.000 Stadionplätzen, Kaiserslautern: 30.000, dagegen Mönchengladbach um 1.000 weniger bei

Die Ausgrenzung aus der „sonstigen Wirklichkeit" (H. Bausinger) bzw. die „Weltausgrenzung auf Zeit" (M. Leis) und zugleich damit die Repräsentationsanstrengungen der Publikumsteilnehmer in den Stadionbauten wurde immer stärker vorangetrieben. Im Gegensatz zu den Anfängen des Club- und Zuschauerfußballs sind die Veranstaltungen heute durch Rundumbebauung total reserviert und durch den mit Gesängen erzielten Lärmpegel als ‚emotionaler Ausnahmezustand' überdeutlich gekennzeichnet und wahrnehmbar. Idealtypisch für diese Entwicklung stehen nicht nur die neuen, 2000 und 2001 eröffneten Arenen in Hamburg (in den alten Volkspark hineinkonstruiert) und in Gelsenkirchen (SchalkeArena). Auch in den letzten Ausbaustufen der Stadien von Borussia Dortmund, des SC Freiburg (Dreisamstadion), des 1. FC Kaiserslautern oder des neuen Hansa-Stadions für den Rostocker Bundesligaclub vollendet sich die Tendenz zu immer stärkerer, nach innen gewendeter Wucht, bedingt durch die fast hermetisch geschlossene Bauweise mit rundum laufender Überdachung. In Gelsenkirchen kann bei schlechter Witterung sogar das Dach zugezogen werden, so daß während der Veranstaltung kein Blick mehr in die Außenwelt dringen kann, der Schall des Torjubels nie ins Leere geht, der Lärm auf diese Weise in sich selbst widerhallt. So ist dafür gesorgt, daß die Veranstaltung die gewünschte und erwartete emotionale Wucht entfaltet, daß sie gleichsam in sich selbst siedet. Damit vollendet sich eine imposante hundertjährige Entwicklung, die mit der schlichten Umgrenzung und Umzäunung einfacher Wiesen beginnt und in der vollständigen Reservierung und Komprimierung des Veranstaltungsortes ihren Höhepunkt findet.

Der Stadionbau definiert inzwischen geradezu den spezifischen Fest-Platz und monumentalisiert ihn sogar. Der pointiert gewählte Begriff der Monumentalität erscheint insofern nicht unberechtigt, als manches Stadion nicht nur für den Fußball selbst mit Traditionen behaftet erscheint, sondern auch für die jeweilige Stadt den Status eines kommunalen oder gar regionalen Wahrzeichens bekommen hat. Ein markantes Beispiel ist das Kaiserslauterer

---

14.000. Ein proportional hoher Dauerkartenverkauf besteht außerdem in Leverkusen, wo 14.500 Dauerkarten bei einer Stadionkapazität von 22.250 für den Club Bayer 04, und in Bremen, wo 19.200 Dauerkarten bei einer Stadionkapazität von 35.200 für den SV Werder erworben wurden. Zahlenangaben aus: kicker Nr. 67 (1996) 3; Sport-Informations-Dienst (sid), veröffentlicht in: Frankfurter Allgemeine Zeitung, 14.8.1998, 37. Daß sich so viele Personen entschließen, Dauerkarten zu erwerben, ist eines der besten Indizien für die Institutionalisierung und feststehende Popularität der Veranstaltungen. Wer in eine Saisonberechtigung zum Stadionbesuch investiert, für den bedeutet ein Bundesligaspiel kein zufällig aufgesuchtes Freizeiterlebnis, sondern eine stabile freizeitkulturelle Einrichtung; der Spieltag wird so in die individuelle und gruppengeleitete Zeitplanung eingebaut. Nach den einschlägigen makroperspektivischen Zuschaueruntersuchungen gilt ganz pauschal: Bei keiner anderen Sportveranstaltung ist die Regelmäßigkeit des Besuchs so konstant wie bei der Fußballveranstaltung; vgl. STOLLENWERK, Sport – Zuschauer – Medien (Anm. 2), 87–90.

Fritz-Walter-Stadion, das beim 50jährigen Jubiläum des Bundeslandes Rheinland-Pfalz in die Reihe der symbolträchtigen Wahrzeichen aufgenommen wurde.[18] Aber der Stadionbau ist zunächst und immer noch als Zweckbau gedacht, ohne auffälligen Dekor versehen. Mit bewußt ästhetisierenden Formen oder eigenen Museen, in denen die jeweilige Vereinstradition dokumentiert wird, warten erst die aktuellen Bauwerke in Hamburg und Gelsenkirchen auf.[19] Weniger das Bauwerk selbst ist das Ornament der Veranstaltung, sondern vielmehr die durch das Publikum am Spieltag hervorgebrachten Gestaltungsbeiträge in der Kulisse.

## 3. Fankultur: Symbole – ,Devotionalien' – Identitätsstiftung

Seit den 1970er Jahren gibt es ein organisiertes gestaltungsaktives Publikum im Kreis der Anhängerschaft großer Fußballclubs. Überblickt man den ganzen Verlauf der Entwicklung, so erkennt man zwar schon auf den frühen Fotodokumenten der 1920er Jahre vereinzelt Stadionbesucher, die ihrem Jubel mit Wimpeln und Fahnen sichtbaren Ausdruck verleihen. Dominierend wirkt jedoch die übliche Sonntagskleidung.[20] Beginnend mit der Einführung des Bundesligazyklus 1963, vor allem aber nach dem Weltmeisterschaftsturnier 1974 in Deutschland, haben sich aktive Publikumsgruppen in Vereinsstrukturen (Fan-Clubs) zusammengetan und zum Teil eigenständige gedruckte Kommunikationsorgane (Fanzines) etabliert. Um den Spieltag auszuzeichnen, ihn aus dem Zeitkontinuum, aus der „sonstigen Wirklichkeit", herauszuhe-

---

[18]  Vgl. die vom Land Rheinland-Pfalz verantwortete Sonderbeilage in: Frankfurter Allgemeine Zeitung, 9.9.1997: Auf der Frontseite wurden die Wahrzeichen des Landes abgebildet: an erster Stelle ein Segment der Rheinlandschaft mit Weinbergen und der Pfalzburg bei Kaub, an zweiter die Porta Nigra in Trier, an dritter das Fritz-Walter-Stadion auf dem Betzenberg / Kaiserslautern, an vierter arbeitende Weinbauern bei der herbstlichen Lese, an fünfter Stelle wiederum eine Rheininsel mit dem ‚Mäuseturm' bei Bingen, an sechster ein reliefierter Grenzstein (als ‚Flurdenkmal'), an siebter einige Exponate aus dem Römisch-Germanischen Museum der Landeshauptstadt Mainz (Fibeln und weiterer Schmuck aus Gräberfunden), sodann, als kontrapunktisches, zugleich Tradition und wissenschaftlich-technischen Fortschrittsschub im Land vereinigendes Zeugnis, eine Abbildung aus dem Mainzer Max-Planck-Institut für Polymerphysik und eine Abbildung eines Spitzenprodukts der Mainzer feinmechanischen Industrie, sowie, besonders hervorgehoben, da etwas abgesetzt, als einzige Schwarz-Weiß-Abbildung, die Reproduktion eines Steindrucks vom Hambacher Fest 1832, der Beweis also für die frühe demokratische Tradition und damit die politisch hervorhebenswerte Tradition des Landes.

[19]  Kunst- und architekturhistorisch bedeutungsvolle Ausnahmen bilden die Olympiastadien in Berlin (1936) und München (1972) mit ihrer zeit- und anlaßgebundenen exorbitanten Ästhetik. – Vgl. dazu auch den Beitrag RANDL im vorliegenden Band.

[20]  „Schwarz vor Menschen" seien die Tribünen gewesen, so die Einschätzung von Christiane Eisenberg – ein Eindruck, der nicht nur dem damaligen Stand der Fotografietechnik geschuldet ist. Die Aufnahmen zeigen dichte Reihen von Zuschauern mit eher dunklen Mänteln und den Bowlerhüten der Angestellten bzw. den Schiebermützen der Arbeiter.

ben, hat sich der aus dem Publikum heraus betriebene Aufwand an expressiven Handlungen seither immer mehr intensiviert. Der Spieltag mit der Kernphase seiner zeitlichen Ordnung, den festgelegten beiden Dreiviertelstunden Wettkampfzeit zwischen Anpfiff und Abpfiff, bietet an sich bereits den institutionalisierten, repetetiven Anlaß zum Ende der allgemeinen Arbeitszeit bzw. Arbeitswoche. Zur Heraushebung und zur Ornamentierung des Geschehens und, damit einhergehend, zugleich zur Erhöhung oder Übersteigerung der Identifikationsbezeugung wurden zahlreiche Accessoires und vielfältige expressive, markierende Gestaltungsbeiträge von der Publikumsseite in die Veranstaltung eingeführt.[21] Die Sprechchöre und Gesänge, das Anlegen besonderer Kleidungsstücke, das Herbeitragen von Fahnen verschiedener Art und Funktion und die kollektiven Inszenierungen tausender Besucher, die ganze Tribünenblocks bzw. Stadionkurven umgreifen, die ‚Choreographien', sind Elemente, die den Spieltag als solchen semantisch ausstatten.

## 3.1. Sprechchöre, Gesänge und Lieder

Zwischen den unmittelbaren Reaktionen auf das Spielgeschehen am Ball, dem spontanen Aufstöhnen aus vieltausend Kehlen bei einem verpaßten Torschuß, dem plötzlich aufbrausenden Torjubel, dem unartikulierten Gebrüll bei einem Foul ertönen einstudierte Sprechchöre, Gesänge und Lieder. Bekannte Tonfolgen der in den Massenmedien verbreiteten Melodien sind jederzeit abrufbar, werden mit neuem Text versehen, zunächst von einzelnen ausprobiert und dann bei Gefallen von vielen nachgesungen. Auf diese Weise entstehen Gesänge, die an den Spieltagen wiederkehren und weiter modifiziert werden können.[22] Der Kern der Melodien entstammt den unterschiedlichsten

---

[21] Erzeugung, Erwerb und Mitführen von emblematisierten Accessoires hat schon insofern Tradition, als bereits 1977 eine Untersuchung unter den Stadionbesuchern des 1. FC Köln im Müngersdorfer Stadion ergeben hat, daß knapp 80 Prozent der Zuschauer damals mindestens ein dingliches Identifikationssymbol ihres präferierten Fußballvereines besaßen. Interessant ist der Vergleich, den diese Untersuchung mit anderen Zuschauersportveranstaltungen vornimmt: Bei keiner Sportveranstaltung in Deutschland ist der Requisitengebrauch zur Demonstration der Identifikation und zur Ornamentierung der Publikumskulisse so verbreitet wie bei der Fußballveranstaltung. Die Eishockeybundesliga folgt an zweiter Stelle: Bei dem von Stollenwerk herangezogenen Eishockeyspielen desselben Jahres im Kölner bzw. Rosenheimer Eisstadion besaßen knapp 60 Prozent bzw. knapp 50 Prozent der Zuschauer mindestens ein Identifikationssymbol; vgl. STOLLENWERK, Sport – Zuschauer – Medien (Anm. 2), 87–90.

[22] Diesem Phänomen sind bereits einige Arbeiten gewidmet: vgl. ALESSANDRO DAL LAGO / ROBERTO MOSCATI, Regalateci un sogno: miti e realt'a del tifo calcistico in Italia, Milano 1992: für Italien; WILLIAM DE GROOTE, De voetbalzotten, Brugge 1992: für Belgien; BROMBERGER, Le match de football (Anm. 1): für Frankreich. Vgl. zuletzt die maßgebende Studie von REINHARD KOPIEZ / GUIDO BRINK, Fußball-Fangesänge. Eine FANomenologie, Würzburg 1998: für Deutschland, bes. für Köln, sowie mit Bezügen zu England; vgl. ferner den Beitrag KOPIEZ in diesem Band.

Quellen: klassischen Kompositionen, geistlichem Lied, Schlagern, Werbeslogans. Bei klassischen Kompositionen indes muß eine massenmediale Verbreitung über populäre Filme oder Reklamespots vorhergegangen sein. (Fans, die zwischen den Spieltagen das Opernhaus aufsuchen, um sich Anregungen zu verschaffen, sind bis dato nicht dokumentiert.) Es kommt jedoch nicht darauf an, daß die Melodien von anerkannten Tonkünstlern ausgehen; vielmehr ist neben ihrer Eingängigkeit das wichtigste Kriterium ein geringes Tonhöhenspektrum, damit möglichst viele, auch ungeübte Sänger sich beteiligen können.

## 3.2. Spieltagstracht im Fanbereich und ihre Botschaften

Insbesondere das Anlegen und Präsentieren einer ‚Spieltagstracht‘, in der viele Fans zum Spieltag erscheinen, indiziert eine besondere Hervorhebung der Spieltagszeit. Dabei werden auch jene, die beim Gang ins Stadion keinen Kleidungswechsel vornehmen, in die Atmosphäre miteinbezogen, ob sie wollen oder nicht. Den auffälligsten Bestandteil bildet eine Art Kamisol, eine ärmel- und knopflose Zierjacke, die im Anhängerjargon ‚Kutte‘ heißt. Sie wird von jenen Fans getragen, die sich als eingefleischte Anhänger demonstrativ positionieren wollen. Sie gibt nicht nur Gelegenheit, die Heraldik des identitätsstiftenden Fußballclubs darauf anzubringen, sondern auch den Namen des Fanclubs, zu dem man gehört oder die Stadionkurve, der man zugeordnet ist (Abb. 1). Die aufgenähten Embleme und Karikaturen teilen Parolen, Triumpherinnerungen, Bekenntnisse, Identifikationshaltungen oder idiosynkratische Formeln mit, die damit von Veranstaltung zu Veranstaltung tradiert und nach individuellem Gusto sukzessive vermehrt werden. Keine dieser ‚Kutten‘ gleicht einer anderen. Trotz der individuellen Verschiedenheit der Ausgestaltung und der variablen Menge der Aufnäher, trotz der Vielfalt und Variationsbreite der Applikationen sind jedoch einige durchgehende Merkmale erkennbar. Damit formieren sie, in weiterer Funktion für ihre Träger und vor der ganzen Stadionöffentlichkeit, einen Teil der Bedeutung, in der sie die Veranstaltung aufgefaßt sehen.[23] Betrachtet man die Kutten im einzelnen, wird ein Set bevorzugter und musterhafter Mitteilungspräferenzen deutlich:

*Erstens*: Aufnäher mit Schriftzügen wie „VfB Stuttgart ist eine Religion“ oder „F.C. Bayern München ist eine ‚Religion‘ “ um eine Faust mit Lorbeerkranz (Abb. 1) sind ebenso zu sehen wie „Einmal Löwe – Immer Löwe“

---

[23] Im Laufe der hier vorgelegten Untersuchung wurden 86 solcher Kutten fotografiert und in einem Diapositiv-Archiv niedergelegt. Die exemplarisch gezeigten Fotografien bilden einen repräsentativen Auszug. Das Archiv kann beim Verfasser eingesehen werden: c/o Institut für Germanistik der Universität Würzburg, Volkskundliche Abteilung.

*Abb. 1: ‚Kutte' eines Fans von FC Bayern München aus der Südkurve des Münchner
Olympiastadions (1995).*

(TSV München 1860);[24] sie setzen den identitätsstiftenden Fußballclub und
seine Veranstaltungen metaphorisch als etwas Absolutes.

In denselben Zusammenhang gehören Sprechchöre und Transparente mit
im ganzen Stadion sichtbaren Aufschriften, die bestimmte Akteure des
Spieltags herausheben (wie „Jürgen Kohler Fußballgott" im Dortmunder
Westfalenstadion 1997[25]). Im Titel des Fanzines *Schalke Unser*, das Fans aus
Gelsenkirchen vertreiben, klingen ebenfalls parodistische Assoziationen an
das wichtigste christliche Gebet an. Durchmustern wir unter diesem pararelige-
giösen Gesichtspunkt die Spieltagsberichte der Fanzeitungen, fällt weiterhin
die Begrifflichkeit aus diesem Assoziationsfeld auf. „Unsere Götter wurden
diesmal gut supportet [soll heißen: angespornt] von der gesamten Gäste-
Kurve", schreibt ein Fanzine-Autor.[26] Der Gebrauch solcher Metaphorik aus
religiöser Sprache begegnet in Spieltagserzählungen tatsächlich des öfteren.[27]

---

[24] Desgleichen auf Anhänger-Jacken mit Variante „SCF" für den SC Freiburg als Beispiel
eines wesentlich jüngeren Bundesligaclubs.

[25] Zu den Veranstaltungen im April 1997 im Dortmunder Westfalenstadion, Abbildung
siehe: Sport-Bild, 12. April 1997, 5; vgl. KOPIEZ / BRINK, Fußball-Fangesänge
(Anm. 22), 75.

[26] Fanzine *News aus Hallbergmoos*, 4. Ausgabe (1995) 15.

[27] Spieltagsbericht aus Fanzine *Voll daneben* [Fans des Karlsruher Sportclubs] Nr. 9 (1993)
4, zum 3. August 1993: „Endlich wieder Fußball! Die neue Runde sollte mit einem Po-

Ob in dieser Begriffsverwendung wirkliches religiöses Empfinden zum Ausdruck kommt, kann mit Fug und Recht bezweifelt werden. Die Metaphern mit
ihrer Absolutheitsbotschaft machen allerdings insofern Sinn, als es allein vom
Agieren der Spieler während des Wettkampfspieles abhängt, ob man gutge-
launt oder ärgerlich nach Hause fährt, ob der Spieltag ein guter Tag war oder
nicht – insofern sind die Spieler ‚Götter' – in Anführungszeichen. Die Grati-
fikation hängt eben nicht vom Alkoholgenuß oder vom schönen Wetter oder
von der eigenen prachtvoll-ornamentierten Fan-Gewandung oder von noch so
lauten Anfeuerungsgesängen ab. Tore erzielen und damit den Glückstaumel
auslösen, das können eben nur die Akteure. An ihrer Trefferquote entscheiden
sich Glück oder Mißvergnügen, weil von ihnen der positive oder negative
Ausgang der Veranstaltung abhängt und mithin auch Freude oder Enttäuschung der Fans. Deshalb ruft man den Akteuren Ermunterungen und Huldi-

---

kalgame in Sandhausen beginnen. Als Fahrer fungierte Kunzigan und außerdem waren
noch Marco, Hubi und T. Heinze dabei. [...] Das Spiel war anfangs nicht gut, in der
zweiten Halbzeit wurde es aber besser. Bender und Kirjakow scoorten innerhalb weniger
Minuten 2 x, der SVS kam jedoch noch zum Anschlußtor. Danach trafen unsere Götter
noch 2 mal (wieder Kiki und Bender) und dürfen jetzt nach Havelse. After the game
schaute man noch kurz am Mannschaftsbus vorbei, ehe man zurück nach Havelse fuhr." 
– Hamburger-SV-Fanzine *Köse Öglu* Nr. 5 (1993) 8, zum 21. August 1993, Hamburger
SV gegen FC Schalke 04: „die ‚Königsblauen' hatten den Göttlichen nichts, aber auch
gar nichts entgegenzusetzen". – Fanzine *Kloßbrühe* [Hamburger SV Fans aus dem Sau-
erland, sog. Jubiläumsausgabe] 1992/93, 29, zum Spieltag 20. Februar 1993, VfB Stuttgart gegen Hamburger SV: „Wegen Grippe und Bronchitis war es mir heute leider nicht
vergönnt, dem Auftritt unserer Götter in Daimler-City beizuwohnen". – Bayer-Lever-
kusen-Fanzine *Aspirin und Spätzle* Nr. 6 (1995) 28, Spieltag 9. September 1995, VfB
Stuttgart gegen Bayer Leverkusen: „Die erste Halbzeit konnte aber weder die 30.000
Schwaben, noch die lächerlichen 200 Levs erwärmen. Gott Schuster [Leverkusener
Spielmacher Bernd Schuster] hatte auf der Bank Platz genommen und beide Teams boten
eher gräusliches [...]". – Fanzine *Final attack* [FC Bayern München Anhänger] Nr. 5
(1997) [37], Spielbericht zur Veranstaltung Borussia Dortmund gegen FC Bayern München, 20. April 1997: „Fairerweise muß man allerdings eingestehen, daß trotz einiger
Konter seitens der Bayern der BVB in der zweiten Hälfte dem Sieg näher stand, als unsere rot-weißen Götter, die allerdings kämpferisch und taktisch triumphierten." Vgl. ferner
*Final attack* Nr. 3 (1996) 8, 25, 31, 35; *Final attack* Nr. 4 (1996/97), 10, 13; *News aus
Hallbergmoos* 1. Ausgabe (1994), 2, 12f.; *Red News* [FC Bayern München] 5 (1996) 19,
29; *Red News* 3 (1994/95) 3, 10, 21, 24; *Rotwein Echo* [Borussia Mönchengladbach] 5
(1994/95) 32, 37, im selben Zusammenhang ebd. 38: „grenzenloser Jubel am heiligen
Bökelberg"; *Schalke Unser* 14 (Mai 1997) 11 („Youri Mulder Fußballgott"), 10 („Fußballgott Youri [Mulder]"), 37 („Thomas Linke Fußballgott"). Die Formulierung wurde
keinesfalls von den heutigen Fußballanhängern erfunden, sondern ist bereits vorgeprägt
durch die berühmte und oft wiederholte Rundfunkübertragung des Weltmeisterschaftsendspiels 1954 mit dem Ausruf des Reporters Herbert Zimmermann über den damaligen
Torhüter der deutschen Nationalmannschaft: „Toni, Du bist ein Fußballgott!"; vgl.
GEORG TEICHTWEIER, Hat Aberglaube bei uns eine Zukunft? Vergebliche und wirksame
Glaubensformen – auch im Sport, in: PAUL JAKOBI / HEINZ EGON RÖSCH (Hrsg.), Sport
und Religion, Mainz 1986, 206–214, hier 208f.

gungen zu; denn sie alleine können letztendlich wirken, sie können zum Jubel und zum kollektiven Freudentaumel verhelfen. Das Publikum kann letztendlich nur brüllen und hoffen; Tore selbst erzielen kann kein Zuschauer. Damit ist nun auch eine Grenze der Ritualausübung bezeichnet: Ein Ritual auf der Tribüne kann noch so stark eingeübt und elaboriert sein – der Torschuß auf dem Spielfeld unterbricht jede symbolische Handlungsform in den Reihen des Publikums in jedem Fall sofort.

*Zweitens*: Als durchgehend erscheinende Detailbotschaft der Spieltagstracht läßt sich die verbale Verdoppelung des agonalen Prinzips des Sports ausmachen: Der Wettkampfidee der Fußballspielendrunde folgend, gibt es auch für die Fans jeder Couleur mindestens einen Kleidungsaufnäher, der dieses Prinzip auf die Parteien im Publikum überträgt. Die Aufnäher entsprechen dem Ziel, die Besten innerhalb eines Konkurrenzsystems zu sein und das Selbstwertgefühl zu erhöhen: „Deutschlands Nr. 1" respektive „Deutschlands Elitetruppe".

*Drittens*: Wenn die eigene Partei hochgelobt wird, entspricht dem komplementär, daß die konkurrierenden Parteien herabgewürdigt werden. Fixierte Schmähung konzentriert sich – im Unterschied zu den dem jeweils aktuellen Spieltagsgegner anpassungsfähigen Gesängen – in der Regel auf einen feststehenden Kontrahenten, gleichsam auf einen ‚Lieblingsgegner'. Vor allem im Zusammenhang mit einer ritualisierten Ablehnung gegnerischer Parteien steht innerhalb des Sets der Kleidungszeichen die verbale und piktorale Exaltation in vulgären, obszönen Formeln. Was die eingangs angesprochene Normbrechung bzw. das absichtlich unzivilisierte Verhalten als Charakteristika des Festbegriffs angeht, so erhält man Bestätigung durch Ikonographie und Wortlaut der Aufnäher: Fäkalsprache und obszöne Sprache werden hier zum Prinzip erhoben: eine grobschlächtige Ausdrucksweise, die man mit als ‚unanständig', ‚manierenlos' oder ‚normkonterkarierend' charakterisieren kann. Sie wird zur Schau gestellt, geradezu ostentativ gepflegt, nicht nur spontan als Fluch oder als situationsbezogenes derbes Schimpfen auf Gegner und Schiedsrichter, sondern indem man sie abbildet und graphisch fixiert, indem man sie als materiale und bleibende Parole der Veranstaltung zuordnet. Ein Teil der Fans feiert damit sowohl die identifikatorische Sache als auch die die Normen der Erziehung negierende Kommunikation, in der man eine pubertäre Fäkalsprache gleichsam ‚kultiviert'.

*Viertens*: Eine weitere Kategorie von Aufnähern enthält rudimentäre Geschichtserzählung in Form von Triumphvermerken oder Gedächtnismarken an hohe und überraschende, ruhmvolle Siege: „Ich war dabei / Super Sieg 4:0 / 18.4.94" (gegen Bayern München) oder „Deutscher Meister 1991" als Erinnerungsstimulation an große Freuden und als fixierter Anlaß für anekdotische Erzählungen.[28]

---

[28]  Beides bezogen auf die Anhänger des 1.FC Kaiserslautern (Beobachtung am 24.9.1994).

### 3.3. Fahnenensemble

Auch die zahlreich mitgetragenen Fahnen sind mehr als bunte Farbtupfer, mehr als bloßes Ornament, das die Symbolfarben des Clubs auf den Rängen außerhalb des Spielfeldes verdoppelt. Auf Handfahnen, von Einzelpersonen mitgebracht und vor allem bei Spielbeginn und Torjubel geschwenkt, werden oft die von der präferierten Mannschaft gewonnenen Pokale und anderen Titel präsentiert. Die von den Fanclubs hergestellten Vereinsfahnen stehen als Ensemble für den weiten Einzugsbereich der Anhängerschaft eines Fußballclubs und damit auch seines Stadions. Als Einzelstücke stehen sie repräsentativ für ihre Besitzer. Sie werden so positioniert, daß sie sowohl vom Spielfeld von den Akteuren erblickt und ebenso von den TV-Kameras erfaßt werden können (Abb. 2). Im Fanzine *Final attack* beschreibt der Berichterstatter, wie er lange vor Spielbeginn anreist, um zu einem „fernsehgerechten Fahnenplatz zu kommen", und am selben Abend die Fernsehbilder der Veranstaltung betrachtet.[29] So wird man als Fan in die Prominenz der Veranstaltung und ihrer Sportakteure einbezogen. Die Fans empfinden sich nicht als Zuschauer, sondern als Mitwirkende. Zuschauer, das sind die Fernsehzuschauer.

Unter den Begriff der Fahne fallen auch diejenigen großdimensionierten, mit dem Club-Wappen und dessen Farben sowie mit dem Emblem des Hauptsponsors bedruckten Segeltücher, die bei Spielbeginn, nach der Halbzeitpause oder nach einem Torerfolg kurzzeitig über die gesamte Fan-Kurve gerollt werden (Abb. 3). Einen solcher die ganze Anhängerschaft vereinigender, vereinheitlichender und gleichzeitig ‚machtvoller' Beitrag gelingt den Anhängern aber noch sehr viel ausdrucksstärker mit ihren choreographischen Inszenierungen. Auch ein neuer Aspekt der ‚Verzückung' kommt hier zum Ausdruck: das Staunen des Publikums über sich selbst. Die festlich inszenierte ‚Choreographie', die bisher den als besonders wichtig eingeschätzten Spielen vorbehalten ist,[30] verleiht dem Einzug der Akteure bei Spielbeginn einen prunkvollen Rahmen: Wenn die Spieler den Platz betreten, verwandeln die gestaltungsaktiven Zuschauer durch gleichzeitiges Erheben farbiger Tafeln oder Papierschleifen das buntscheckige Bild der Stadionkurven in symmetrische, streng geordnete Muster. Alles kommt darauf an, daß die Beteiligten punktgenau die zuvor ausgegebenen Girlanden oder Täfelchen ruhig in die Höhe halten, um einen gemeinsamen Bilderteppich zu erzeugen. So werden die Symbolfarben der jeweiligen identifikatorischen Teams ins Riesen-

---

[29] *Final attack* Nr. 4 (1996/97) 13f.
[30] Lokalderbys, Europapokalausscheidungen.

Abb. 2: ‚Abklatschen' der Spieler des 1. FC Kaiserslautern vor Fankurve im Fritz-Walter-Stadion nach Beendigung des Wettkampfteils der Veranstaltung, hier der 3:1-Sieg über den FC Schalke 04; Fahnen der Fanclubs am Spielfeldrand (1994).

Abb. 3: Blick von der Tartanbahn des Olympiastadions München in die Südkurve: Fanblock-Fahne am Rohrgestänge, links vorne die Koordinatorin in weißer Kutte, auf deren Kommando hin das Tuch aufgerollt und in dem von ihr vorgegebenen Rhythmus über die Köpfe der Anhänger nach oben gerollt wird (1993).

hafte gesteigert.[31] Die ‚Choreographie' ist die Großzeremonie der neueren
Fankultur. Sie ist insofern bemerkenswert, als sie gerade nicht Unzivilisiert-
heit und Ausgelassenheit zeichenhaft fixiert, sondern eine großartige Akku-
ratesse demonstrieren will, die in der Absicht der Organisatoren auf Erhaben-
heit zielt und auf diese Weise die Wucht der Veranstaltung ebenso
unterstreicht. Sie setzt Mitgestaltungswillen, Beteiligungsmotivation und Disziplin aller anvisierten Besucher über ganze Stadionblöcke voraus und führt,
wenn sie gelingt, zu der genannten neuen Art der Fußballverzückung, zum
Staunen des Publikums über sich selbst. Die Aktivisten kommentieren dementsprechend im Internet:

> „Das riesige Gesamtwerk schafft jeder einzelne Fan, der seinen Beitrag leistet,
> indem er seinen Zettel hochhält. Jeder einzelne kann mit seinem Zettel zeigen:
> ‚Ich unterstütze den FC Bayern'. Und er kann stolz auf das Gesamt-Kunstwerk
> sein, an dem er mitgewirkt hat [...]".[32]

Solche Kommentare zeigen, daß die Bilderteppiche nicht nur erhaben für sich
alleine wirken sollen, sondern daß sie auch aus einem Wettbewerbsgedanken
heraus entstehen. Man will die gegnerischen Fanparteien übertrumpfen und in
den Schatten stellen. Die Aktivisten wollen beweisen, daß der „Stadionspre-
cher nicht ganz daneben liegt, wenn er von den ‚besten Fans der Liga'
spricht".[33] Obwohl solche Inszenierungen bei neuzeitlichen Olympischen
Spielen und vor allem bei den Spartakiaden bis in die 1980er Jahre zu sehen
waren, wurden sie in Mitteleuropa aus südeuropäischen Stadien (insbesondere Frankreich und Italien) übernommen und nachgeahmt. Nicht nur der Spiel-
plan übergreift Staatsgrenzen.

Wie beim traditionellen Calcio Storico bewegen dabei kräftige Fans
Schwenkfahnen von bis zu vier Quadratmetern Ausmaß. Im deutschen Bun-
desligabetrieb sind solche Choreographien in verschiedenen Stadien üblich
geworden; es herrscht inzwischen ein reger Austausch der gestaltungsaktiven
Stadionbesucher über Verfahrenstechniken und Motive. Eine wesentlich neue
Qualität der Beteiligung besteht nun darin, daß logistisch arbeitende Kopfor-
ganisationen als die einzelnen Fanclubs übergreifende Planungsgruppen in
der Fankultur entstanden sind, die aus zentraler Position Gestaltungsideen

---

[31] Zum erstenmal in Deutschland wurde beim Spiel FC Bayern München gegen TSV 1860
München am 1. November 1996 eine Choreographie gezeigt. Bei diesem Spiel trugen
tausende von Eintrittskartenbesitzern weiße und rote Täfelchen mit ins Stadion; auf ein
bestimmtes Kommando hob ein Teil der Zuschauer die roten, ein anderer Teil die weißen
Täfelchen in die Höhe, um beim Hereinlaufen der Mannschaften über die Stadionkurve
ein rotweißes Muster – die Clubfarben des FC Bayern München – zu legen.
[32] www.geocities.com/Colosseum/ Park/2137/berichte.htm vom 18. Dezember 1998.
[33] www.geocities.com/Colosseum/Park/2137/Einführung.htm und
www.geocities.com/Colosseum/Park/2137berichte.htm.

entwerfen und zentral koordinieren.[34] Diese Entwicklung hat dazu geführt, daß der gestaltungsaktive Teil des Publikums ein effektives Mitgestaltungsrecht an der Veranstaltung geltend macht, das bis zur Formulierung des Anspruchs reicht, vom Veranstalter in die den Zuschauerbereich betreffenden Entscheidungen mit einbezogen zu werden – zum Beispiel, wenn es um den Aufbau eines vereinseigenen neuen Stadions in München geht.[35]

## 4. Text- und Bildbeiträge in Stadionzeitungen

Seit Mitte der 1990er Jahre haben die zum Spieltag erscheinenden Publikationsorgane der Bundesligaclubs, die ,Stadionzeitungen' respektive ,Stadionmagazine',[36] feste Rubriken für Mitteilungen ihrer Anhänger eingerichtet. Hier findet man Anzeigen, in denen Fans bestimmte Requisiten und Autogramme zum Tausch oder sogar reichverzierte ,Kutten' zum Erwerb anbieten, Fahrgemeinschaften für Heim- und Auswärtsspiele werden ausgeschrieben, man findet Berichte der Fanclubs und Grüße von Fans an andere bis hin zum Eheanbahnungswunsch sowie Grußadressen an die Sportstars. Einen, quantitativ gesehen, kleinen, aber dennoch wichtigen, bisher kaum reflektierten Beitrag leisten fotografische Einsendungen, die von Fanclubs selbständig

---

[34]  Die Initiatorengruppe bestand 1996 zunächst aus 50 Mitgliedern, im Frühjahr 1998 nach ihren eigenen Angaben aus ca. 125 Mitgliedern, darunter Fans, die aus 40 verschiedenen Fanclubs stammen – neben Münchner Fanclubs auch Vertreter aus dem weiteren Umkreis des Bundeslandes Bayern bis hin zu Vertretern aus Nordrhein-Westfalen und aus dem benachbarten Ausland. Aus ihnen wurde ein Organisationskomitee gebildet, der *Club 12* – ein Name, der die aktive Beteiligungsabsicht signalisiert; die Ziffer 12 spielt obendrein auf die verbreitete Bezeichnung des Publikums als ,12. Mann' an. Vgl. www.geocities.com/Colosseum/Park/2137/clubnr12.htm – Ausdruck der homepage im Besitz des Verf. – Der ausländische Fanclub heißt *Helvetia '91* aus Luzern.

[35]  Beleg: Selbstdarstellung der Vereinigung aktiver FC-Bayern-Fans *Club 12*, Flugblatt zur Mitgliederwerbung, Saison 1997/98, Seite 1: „Wir bemühen uns[,] die Unterstützung der Mannschaft durch die Fans im Stadion zu verbessern. Damit in Verbindung steht unser Engagement für den Erhalt von Stehplätzen. Außerdem setzen wir uns für mehr Mitspracherecht der Fans bei allen die Fans betreffenden Entscheidungen (z.B. Bau des vereinseigenen Stadions) ein."

[36]  Stadionmagazine erfüllen inzwischen wesentlich weiter gefaßte Funktionen als Programmhefte; sie stellen nicht nur die antretenden Mannschaften und ihre Akteure vor, sondern informieren auch über den Mitgliederstand, die Vereins- und Jugendarbeit der herausgebenden Clubs, geben über den jeweils aktuellen Tabellenstand Auskunft, erinnern an geschichtliche Ereignisse, Begegnungen und Erfolge der jeweiligen Clubs, künden von der gesellschaftlichen Einbindung ihrer Veranstaltungen, enthalten neuerdings mehrere Seiten, die für Beiträge aus dem Kreis der organisierten Publikumsgruppen reserviert sind. – Über Stadionmagazine als Publikationsorgane vgl. FRANK WEBER, Die Stadionzeitschriften der Fußball-Bundesliga. Strukturen – Funktionen – Perspektiven, Münster 1997 (Reihe Publizistik, Bd. 1). – Unsere Erhebungen und Überlegungen konzentrieren sich in der Hauptsache auf den Umkreis der Veranstaltungen der beiden großen Münchner Fußballclubs.

aufgenommen werden. In Themenwahl und Komposition nicht von den Bundesligaclubs gesteuert, liegt die Auswahl der Fotos jedoch im Ermessen und
Nutzenkalkül der Redaktion und damit des Veranstalters. Unter den eingesandten und dem Stadionpublikum präsentierten Bildbeiträgen etwa der beiden Münchner Bundesligaclubs, auf die wir uns hier konzentrieren, lassen
sich vier Gruppen grob unterscheiden:

*Erstens* fotografische Darstellungen, die gemeinsame Treffen von Anhängern und Fanclubs wiedergeben, und zwar im Zusammenhang sowohl der
Anreisen zu den Spielorten als auch unabhängig von Bundesligaveranstaltungen. Im letzteren Fall handelt es sich vornehmlich um Fotoaufnahmen
von mehr oder weniger regelmäßigen Jahresfesten der Fanclubs, zumeist
Sommerfesten am jeweiligen Wohnort und gelegentlichen Fußballturnieren
unter verschiedenen Fanclubs. Abgebildet finden sich auch Jubiläumsfeiern
innerhalb einzelner Fanclubs (anläßlich von Dekaden oder der Aufnahme des
fünfzigsten bzw. hundertsten Mitglieds), die in manchen Fällen ebenfalls von
einem Fußballturnier unter Fanclubs begleitet werden. Die Darstellungen zeigen also Fußballspiele auf lokaler und amateurhafter Ebene: eine Verdoppelung bzw. nachahmende Annäherung an die zentrale Veranstaltung, verbunden mit Grüßen, die von diesen Jubiläen und Hobbyturnieren an den
Bundesligaclub und die Stadionversammlung der Bundesligaspieltage ausgehen. Regelmäßig finden sich in der Anzeige von Fanclubfesten auch Hinweise auf Geldspenden veröffentlicht, die aus dem finanziellen Überschuß
der Feste in caritative Zwecke fließen.

*Zweitens* bilden jene Fotos eine eigene Kategorie, auf denen Fans und Anhänger als Reisegruppen mit den Insignien des Fußballclubs zu sehen sind
und Grüße von Fußball- oder Urlaubsreisen aus der Ferne übermitteln. Mit
diesen Grußadressen zeigt der Veranstalter, daß seine Anhänger die Farben
des Clubs in aller Welt positionieren und vertreten. Das Stadion aber fungiert
als zentraler Repräsentationsort, wo fotografische Urlaubsgrüße, auch von
Übersee, eingehen, etwa von Anhängern, die sich am Hafen von New York
mit Fanschal ablichten lassen[37].

*Drittens* umfaßt eine eigene Gruppe Fotos, auf denen die Mitglieder von
Fanclubs als Beteiligte an kommunalen Festen der Herkunftsgemeinde in der
Provinz erscheinen, etwa nach dem Aufstellen des Maibaums[38] oder wenn

---

[37] *Bayern-magazin* Nr. 4 (1995/96) 40.
[38] *Löwen express. Stadion- und Fanzeitschrift des TSV 1860 München* Nr.18 (1994/95) 39;
*Löwen express* Nr. 6 (1995/96) 29; *Bayern-magazin* Nr. 14 (1995/96) 28: „Der Fanclub
D'Herzogstädter Osterhofen '95 veranstaltet am 1. Mai 1996 ein großes Maifest mit
Maibaumaufstellen. Alle Fans und Freunde dieser alten bayerischen Tradition sind dazu
herzlich am 1. Mai nach Osterhofen in Niederbayern eingeladen."; *Bayern-magazin* Nr. 2
(1995/96) 32: „Ein starker Fanclub: Die Mitglieder des Bayern-Fanclubs Heideck halfen
der Gemeinde Roth während des Mai-Volksfestes beim Aufstellen des Maibaums und
bekamen viel Beifall von den Rother Einwohnern dafür."

Ein schönes Paar: Bayern-Mitglied
Stefan Meister vom Fanklub „Ger-
sprenztal"/Odw. führte mit Bayern-
Schal seine Yvonne zum Hochzeits-
foto.

Abb. 4:
Hochzeitsanzeige in der Stadion-Zeit-
schrift des FC Bayern München (1995).

Fanclubs in Stadion-,Tracht' bei der Ausgestaltung lokaler Kirchweihfeste[39] behilflich sind oder sich an sonstigen kommunalen Festen und Jubiläen der Heimatorte beteiligen.[40] Solche Bildveröffentlichungen dokumentieren, wie sich die Stadionveranstaltung selbst mit der populären Landestradition verbindet.

*Viertens* besteht eine weitere Kategorie aus Fotobeiträgen, auf denen die Übergangsriten im Lebenslauf von Anhängern dokumentiert werden: ihre Hochzeiten, die Geburt ihrer Kinder, sowie Todesanzeigen mit ,letztem Gruß' und Porträtfoto von Verstorbenen mit Fanmütze. Für die im Stadionmagazin gedruckte, mithin den Lesern im Stadion vor Augen gebrachte Fotografie legen sich die Brautleute den Fanschal um oder umringt der ganze Fanclub im Ornat der Spieltagsrequisiten das Hochzeitspaar (Abb. 4). Gelegentlich positionieren sich die Ehepartner für die Aufnahme auch unter das Wappen des Bundesligaclubs oder lassen sich im Stadion ablichten. Die Gruppe der Geburtsbilder zeigt Säuglinge, die von den Eltern in emblematisierte Textilien gesteckt werden, in Schals, Fahnen, Strampelanzüge, Bettwäsche mit den Insignien und Farben des Clubs; damit werden die Kleinen gleichsam dem Club und seiner Anhängerschaft gewidmet. Zwei Beispiele seien als pars pro toto angeführt:

In einem FC-Bayern-Stadionmagazin der Saison 1995/96 findet sich eine Fotografie mit einem Neugeborenen im Krankenhausbett, umringt von vier Personen in FC-Bayern-Trikots. Die Bildlegende lautet: „Für Fan-Nachwuchs ist gesorgt: Freude jedenfalls bei den Bayern-Fans Marianne, Ulli, Loisi und Markus über den kleinen Tobias."[41]

---

[39] *Löwen express* Nr. 2 (1995/96) 38.
[40] Zum Beispiel *Löwen express* Nr. 7 (1995/96) 30: Zwei Fotos zeigen „den Festwagen des Fanclubs ,Die Löwen '77 Legau e.V.' beim 125jährigen Feuerwehrjubiläum der Freiwilligen Feuerwehr Legau am 28. Mai 1995. Mit dabei: Der Löwe aus dem Stadion" (d.h. ein Stofftier-Maskottchen, das jeweils zum Spieltag nach München mitgebracht wird).
[41] *Bayern-magazin* Nr. 8 (1995/96) 39.

Ein weiterer Beitrag dieser Kategorie gibt die quasi wettkampfmäßige Einstellung des Vaters zu erkennen, mit dem schnellsten Mitgliedsantrag, noch am Tag der Geburt, einen Rekord in der Anhängergemeinde aufzustellen: „Das z.Zt. jüngste Löwen-Mitglied ist [die N.N.]. Sie kam am 1. August 1995, um 0.21 Uhr gesund auf die Welt. Der stolze Vater übergab den Mitgliedsantrag gut 12 Stunden nach der Geburt seiner Tochter persönlich an Löwen-Präsident Karl-Heinz Wildmoser."[42] Hier trifft, salopp gespochen, die Verzückung des Vaterstolzes mit der Begeisterung für den Fußballclub zusammen. Offenkundig ist die Stadion- und Anhängergemeinde jene Gruppe, mit der sich der Vater der Neugeborenen identifiziert und der er das freudige Ereignis mitteilen will; geht es doch nicht nur darum, einen Beitrag zum Fortbestand der eigenen Familie, sondern auch zu dem der Fangemeinde zu signalisieren.

Hinsichtlich der Bedeutungsausstattung der Fußballveranstaltung läßt sich aus dem Ganzen folgern, daß derartige Bild- und Textbeiträge über feierliche Anlässe im Anhängerkreis, wenn sie der Stadionöffentlichkeit vor Augen gebracht werden, eben nicht nur der privaten Erinnerung an den jeweiligen Ereignistag dienen. Vermutlich haben gerade die Veranstalter ein Interesse daran, der Stadionöffentlichkeit genau diese Seite der Fankultur zu zeigen, weil sie einen Kontrapunkt zu den rabaukenhaften Fan-Ausschreitungen setzt, die seit den 1970er Jahren das Ansehen der Bundesligaveranstaltungen beschädigen.[43] Mit solchen Zeugnissen von Hochzeitsweihen, Nachwuchstau-

---

[42] *Löwen express* Nr. 1 (1995/96) 30. Vgl. HERZOG in diesem Band, S. 24 Anm. 56.

[43] Vgl. die kleine Auswahl einflußreicher Schriften, die sich mit gewalttätigen Zuschauerausschreitungen bei Fußballspielen befassen: MICHAEL BENKE / RICHARD UTZ, Hools, Kutten, Novizen und Veteranen: Zur Soziologie gewalttätiger Ausschreitungen von Fußballfans, in: Kriminologisches Journal 21 (1989) 85–100; THOMAS GEHRMANN, Fußballrandale, Essen 1990, ²1998; DIETER BOTT / GEROLD HARTMANN, Die Fans aus der Kurve, Frankfurt a.M. 1986; WILHELM HEITMEYER / JÖRG-INGO PETER, Jugendliche Fußballfans. Soziale und politische Orientierungen, Gesellungsformen, Gewalt, Weinheim / München 1988; WILHELM HEITMEYER, Jugendliche Fußballfans: Zwischen sozialer Entwertung und autoritär-nationalistischer Substituierung, in: ROMAN HORAK / WOLFGANG REITER / KURT STOCKER (Hrsg.), Ein Spiel dauert länger als 90 Minuten. Fußball und Gewalt in Europa, Hamburg 1988, 159–174; HANS ULRICH HERRMANN, Die Fußballfans. Untersuchungen zum Zuschauersport. Schorndorf 1977; BEATE MATTHESIUS, Anti-Sozial-Front – Vom Fußballfan zum Hooligan, Opladen 1992; KURT WEIS / PETER BECKER u.a., Zuschauerausschreitungen und das Bild vom Fußballfan, in: GUNTER A. PILZ u.a., Sport und Gewalt, Schorndorf 1982, 61–96; KURT WEIS, Fußballrowdytum. Zur räumlichen und rituellen Beschränkung eines sozialen Problems, in: LASZLO VASKOVICS (Hrsg.), Die Raumbezogenheit sozialer Probleme. Opladen 1982, 291–309; DERS., Identitätssuche und Ausschreitungen von Fangruppen, in: HUBERT CH. EHALT / OTMAR WEISS (Hrsg.), Sport zwischen Disziplinierung und neuen sozialen Bewegungen, Wien / Köln / Weimar 1993, 196–228; HANS-JOACHIM SCHULZ, Aggressive Handlungen von Fußballfans, Schorndorf 1986; ERWIN HAHN u.a., Gutachten über Darstellung von Gewalt im Sport, in den Medien und ihre Auswirkungen, in: DERS. u.a.,

fen, kurzum: von bürgerlichem Wohlverhalten, erhält die Veranstaltung und die organisierte Anhängerschaft einen demonstrativ gemeinschaftsstiftenden und ordnungsbewahrenden Sinn. Gleichsam mit Ausrufezeichen wird hier die zivilisierende Kraft der Fußballclubs, ihrer Symbolik und emblematischen Requisiten, die landläufig unter ‚Fanartikel' firmieren, hervorgehoben – gerade auch mit dem Zweck, ihre Verbindung mit rüpelhaften, alkoholisierten und streitlustigen Trägern zu neutralisieren. Das Baby, umwickelt vom Fan-Schal, ist ein ‚gutes Zeichen', kein Zeichen horriblen Rabaukentums; es trägt dazu bei, daß die Anhänger sich als eine Gemeinde im Stadion konstituieren, die dort ihr Zentrum hat, aber auch jenseits des Stadions bedeutungsvolle Aktivitäten entfaltet, beispielsweise Eheschließungen angeregt, Symbole traditionswertig vererbt und solidarische Werke vollbringt.[44]

Die Präsentation der Fanclubfotos im Stadionmagazin belegt die semantische Erweiterung von Übergangsriten und Festen im Jahreslauf durch Fan-Artikel; diese sind somit Zeichen eines neuen, profanen Bekenntnisses der Zugehörigkeit. Mit der Publikation dieser Fotos sorgt der Veranstalter an jedem Heimspieltag für eine Zuordnung der Veranstaltungsemblematik zu den Riten des sozialen Lebens. Die Anzeigen im Stadionmagazin des TSV München 1860 kommen fast zur Gänze aus dem Bundesland Bayern, die Anzeigen im Stadionmagazin des FC Bayern München stammen mehrheitlich ebenfalls aus dem Bundesland Bayern, jedoch auch aus dem übrigen Bundesgebiet. So wird wiederum ein weit verzweigter Einzugsbereich dokumentiert. Der Anzeigenteil des Stadionmagazins und damit die Veranstaltungen im Stadion am Spieltag selbst werden so als kulturelles Zentrum einer Anhängergemeinschaft bestätigt, wo die Mitteilungen und Anliegen der verstreut wohnenden Anhänger konzentrisch eingehen. Gerade die Fotobeiträge mit Meldungen von Hochzeiten und sonstigen Festen bezeugen auch vor den Augen der gleichgültigeren Zuschauer, die das Stadionmagazin lesen, daß die Anhänger dem Veranstalterclub gewissermaßen Reverenz erweisen, indem sie dessen Symbole in ihr eigenes Leben rituell integrieren. Die Anhänglichkeit an den Club erhält damit eine über diesen hinausweisende kollektive Bedeutung, die Versammlung im Stadion konstituiert sich als Gemeinschaft von Besuchern, deren Identifikation mit dem Verein eine Sinndimension entfaltet, die weit über den bloßen Besuch eines Sportspektakulums um des trivialen Vergnügens willen hinausgeht.

Wichtig für unsere Fragestellung sind die visuellen Wirkungen, die von diesen Bildern im Sinne einer ‚Botschaft' ausgehen, daß die Fangemeinde

---

Fanverhalten, Massenmedien und Gewalt im Sport, Schorndorf 1988, 53–86. Vgl. auch den Beitrag BLIESENER / LÖSEL im vorliegenden Band.

[44] Ausführlicher hierzu vgl. MICHAEL PROSSER, Sport und gesellschaftliches Sinnsystem. Zum Einfluß der Bundesliga-Fußballveranstaltungen auf die populäre Kultur der Gegenwart, unveröffentlichtes Manuskript, Univ. Würzburg, 210–245.

nämlich eine Solidargemeinschaft bildet, die sich im Zeichen des Clubs nicht nur rezipierender Sportunterhaltung hingibt, sondern auch ‚gute Zwecke' im Sinne sozialer Werke verfolgt.

Der Volkskundler Karl-Sigismund Kramer hat aus einem Lehrbuch für Braucherhaltung und traditionelle Feste vom Anfang des 20. Jahrhunderts eine interessante Fundstelle notiert.[45] Damals bezeichneten kulturwissenschaftliche Autoren den Fußballsport als eine Kraft, die alteingesessene Spielbräuche wie das friesische Bosseln[46] verdrängt, und setzten genau diese traditionellen Spiele lobend vom Fußball ab. Für viele indes ist auch die Fußballveranstaltung inzwischen selbst ein traditionsreicher festiver Brauch geworden. Daran zeigt sich exemplarisch, wie stark die Sozialform bzw. der Sozialtyp des Vereins die Durchführung und Verwirklichung von entscheidenden Elementen des Brauchtums inzwischen trägt. Noch firmieren die Veranstalter zwar unter der Rechtsform des eingetragenen Vereins nach den Bestimmungen des BGB, unter dem sie einst gegründet worden waren; allerdings hat sich mittlerweile die Grenze zum Wirtschaftsunternehmen aufgelöst.[47] Dennoch gehen die entscheidenden Prägungen des expressiven Charakters und der Bindung an die Sache nach wie vor von Vereinen aus: von

---

45  Vgl. KARL-SIGISMUND KRAMER, Die letzten hundert Jahre – Endphase des Brauchtums?, in: NILS-ARVID BRINGÉUS u.a. (Hrsg.), Wandel der Volkskultur in Europa. Festschrift für Günter Wiegelmann zum 60. Geburtstag, Münster 1988, 127–142, hier 136f. Wiegelmann bezieht sich dabei auf HEINRICH SOHNREY / EDUARD KÜCK, Feste und Spiele des deutschen Landvolkes, Berlin 1908, [2]1911, [3]1925, wo in der Einleitung zur dritten Auflage der „neue" Fußball gegen das dem eigenen „Volkstum" eher entsprechende „Bosseln" abgesetzt wird. Der ersten und der zweiten Auflage, vor 1919 erschienen, war die Fußballveranstaltung jedoch noch nicht aufgefallen.

46  Diese vormodernen Spiele: Bosseln in Friesland, Schwingen in der Schweiz oder Higland-games – diese „Bräuche mit agonalen Elementen" (Hermann Bausinger) – werden nach wie vor als aktive Signifikanten lokaler oder regionaler Kultur gepflegt. Vgl. HERMANN BAUSINGER, Sport – ein universales Kulturmuster? (Zusammenfassende Niederschrift eines Referats im Rahmen des 1. Internationalen Festivals „Sportkulturen der Welt", 24.–28. Juni 1992 / Bonn), in: DSB Presse, Nr. 26/27 vom 30.6.1992, Dokumentation I (unpag.); vgl. HELGE KUJAS, Klootschießen, Boßeln, Schleuderball. Die traditionellen Friesenspiele im 19. Jahrhundert und heute. Ein Beispiel für die ‚Versportung' der Volksspiele. Oldenburg 1994.

47  WOLFGANG BRÜCKNER, Brauchforschung tut not, in: Jahrbuch für Volkskunde 21 (1998) 107–138, hier 135, in Bezug auf Brauchinitiativen und -träger: „Die heutigen Organisationsbereiche heißen voran Vereine aller Art mit ihren Festkomitees. Das 19. Jahrhundert hat sogar den Typus ‚Geselligkeitsverein' hervorgebracht, dessen Spielformen im 20. Jahrhundert oft zum überaus ernst genommenen Geschäft geworden sind. Man denke nur an Karneval und Fußball oder an den Studentenulk einstiger Bierkneipen, der zu einem verpflichtenden und streng exercierten Comment werden konnte [...]". Hier spielen zwei Aspekte hinein: zum einen der Wandel vom wilden ungeregelten Spiel zu den heutigen Clubs mit ihren Aufsichtsgremien aus Politikern und Rechtsanwälten, zum anderen aber der bestimmende finanzielle Teil des ‚Geschäfts'. – Zum Fußballsport als Geschäft vgl. den Beitrag LEHMANN / WEIGAND sowie den Beitrag GÖMMEL in diesem Band.

kleineren peer-group-Vereinen, von den Fanclubs nämlich, die ganz überwiegend ebenfalls unter dem Rechtstitel des eingetragenen Vereins stehen. Maßgeblich formieren sie den Spieltag mit, weil sie die entscheidenden Zeichen und Handlungen einführen und tätigen und weil einige ihrer Mitglieder in den Fanzine-Texten ein fortwährendes Erzählmedium etabliert haben, das diese Aktionen als brauchgebunden erweist. Hier kann man Spieltag für Spieltag nachlesen und auch für sich selbst bestätigt sehen, daß zur ‚richtigen' Durchführung des Spieltags unter anderem die Sprechchöre, Fahnenpositionierung, Planung einer Choreographie oder auch die – von den Veranstaltern und Ordnungskräften bekämpfte – Feierlichkeit bengalischer Feuerwerkskörper hinzu gehören.

## 5. Schlußbemerkungen: Fußball als Symbol der Moderne

Zahlreiche der historisch untersuchten Festformen, gerade solche mit Repräsentationsanlaß, zeigen spielerische Wettkämpfe als einen Programmpunkt unter anderen, als Teil ihres geplanten Ablaufes. Ein herausragendes Beispiel: Bei der Initiierung des Münchner Oktoberfestes fungierte der Repräsentant des Landes, der König, als Ausrichter und Veranstalter; den Anlaß gab die bevorstehende Vermählung des Kronprinzen. Das heißt, die Feier galt der Kontinuität des Regierungssystems und damit dem Zusammenhalt des Landes, als dessen Einheitsverkörperung die Dynastie aufgefaßt wurde. Anders als bei einer großen Fußballveranstaltung werden beim Oktoberfest die maßgebenden Handlungen um den zentralen Anlaß des Festes, die Repräsentation und den Fortbestand der politischen Spitze eines Staatsverbandes, gruppiert: Zu den Hauptprogrammpunkten zählten ursprünglich – 1810 – ein Pferderennen und ein Preisschießen. Damit wurde die Basis des Landes exponiert, dessen Wohlfahrt auf der Landwirtschaft (symbolisiert durch Reiter und Rösser) und der bewaffneten Verteidigung (dargestellt durch die Bürgerwehr) beruhte. Der Wettkampf ist hier kein Selbstzweck, sondern Mittel und Medium, um die Besten zu zeigen, indem man sie durch den Wettkampf bezeugt und gleichzeitig dem höchsten Repräsentanten des Landes Ehre erweist. Die folgende jährliche Abhaltung des Festes aktualisiert seitdem den Anlaß jeweils auf's Neue, und zwar in allmählich sich steigernder Imposanz und symbolischer Aufladung: Enthüllung der Bavaria-Statue als allegorischer Personifikation des Landes zum Oktoberfest 1850, Bierzelte mit Musikkapellen nehmen seit 1900 die steigende Besucherzahl auf.[48]

---

[48]   Zum Münchner Oktoberfest in historischer Betrachtung immer noch grundlegend: GERDA MÖHLER, Das Münchner Oktoberfest. Brauchformen des Volksfestes zwischen Aufklärung und Gegenwart, München 1980. Sie beschreibt (ebd., 6, 94f.) als Ausgangsprogrammpunkt das Pferderennen als von den Veranstaltern gedachte Anregung zur Melioration der Pferdezucht im ganzen Land. Zunahme der Besucherzahl von geschätzten

Die Fußballveranstaltung dagegen ist eine Versammlung mit rituellen Elementen außerhalb der Zweckbestimmung einer religiösen oder politischen Überlieferung. Im Unterschied zum Oktoberfest steht bei der Fußballveranstaltung, solange sie Sportveranstaltung bleibt, der Leistungswettbewerb im Mittelpunkt, um den sich alle anderen Handlungen gruppieren. Attraktivität, Symbolgehalt und die ‚verzückte' Befriedigung angesichts des Erfolgs des ‚eigenen' Teams, wenn er sich denn einstellt, mögen auch darin begründet sein, daß ein gesellschaftlich wünschenswertes Ideal zur Anschauung dargeboten wird. Der Ereigniskern der Fußballveranstaltung führt, wie jeder Zuschauersport, ein Prinzip vor, das in der modernen Gesellschaftsordnung einen Leitwert darstellt: den Wettbewerb unter gleichen Ausgangsbedingungen und den Erfolg ausschließlich gemessen an Leistungskriterien. Jeder soll die gleichen Chancen haben, jeder den gleichen Regeln unterworfen sein. Die schlimmste Niederlage ist deshalb nicht die niederschmetternde Null-zuzehn-Niederlage. Die schlimmste Niederlage, mit der die Veranstaltung zerstört werden kann, ist beispielsweise ein knappes Eins-zu-Zwei, und zwar dann, wenn das entscheidende Tor durch einen Regelverstoß zustande gekommen ist, den der Schiedsrichter nicht geahndet hat. Der schönste bzw. bemerkenswerteste und am meisten beachtete Sieg hingegen ist jener, den ein Team mit niedrigem Etat gegen die Mannschaft eines millionenschweren Vereins erreicht. Das Befriedigende daran ist die Tatsache, daß die Konstruktion funktioniert hat: Auch der Millionenclub darf nur elf Spieler aufstellen und muß jedes Spiel bei Null beginnen. Das Resümee einer grundlegenden sportsoziologischen Arbeit, die in diesem Kontext von den „Feierstunden des Leistungsprinzips"[49] bei formaler Gleichheit der Kontrahenten spricht, dürfen wir deshalb hierher übertragen.[50]

---

40.000 Personen 1810 zu 100.000 im Jahre 1860 bis hin zu 7 Millionen Besuchern aus aller Welt 1984. Weitere Literatur: Landeshauptstadt München (Hrsg.), 175 Jahre Oktoberfest 1810–1985, München 1985; Münchner Stadtmuseum (Hrsg.), Das Oktoberfest. Einhundertfünfundsiebzig Jahre Nationalrausch, München 1985.

[49]  KARL-HEINRICH BETTE / UWE SCHIMANEK, Sportevents: Eine Verschränkung von ‚erster' und ‚zweiter' Moderne, in: WINFRIED GEBHARDT (Hrsg.), Events. Soziologie des Außergewöhnlichen, Opladen 2000, 307–323, hier 319.

[50]  Über Darstellung und Kritik des Leistungsprinzips in den Fußballkinofilmen vgl. Beitrag VON BERG, bes. S. 215f., zu Bo Widerbergs *Fimpen* (1973), S. 218f., zu *There's only one Jimmy Grimble* (2000) von John Hay.

*Reinhard Kopiez*

# Alles nur Gegröle?
## Kultische Elemente in Fußball-Fangesängen

## 1. Einleitung

Nachdem ich mich in den letzten Jahren in Form von Feldstudien ausgiebig mit dem Phänomen ‚Fußball-Fangesänge' beschäftigt hatte,[1] setzte sich bei mir – angeregt durch skandierte Fanrufe wie „Jürgen Kohler, Fußballgott" – immer mehr die Überzeugung durch, daß es sich hierbei nicht nur um die akustische Erscheinungsweise einer reinen Spaßkultur oder – im Sinne von Gerhard Schulze – um eine bloße „Erlebniskultur" handelt.[2] Ich möchte stattdessen in diesem Beitrag die These untersuchen, daß dieses scheinbar oberflächliche Geschehen einen ernsten und vermutlich religiösen Kern hat.[3] Dieser vermittelt sowohl bei den Beteiligten als auch bei den Betrachtern (z.B. am Bildschirm daheim) den Eindruck von etwas Bedeutendem. Wenn ich den Begriff des Kultus in den Mittelpunkt stelle, dann beinhaltet dies natürlich ebenfalls religiöse Aspekte: Geht es nach Alfred Bertholet in der Religion um „eine Verhältnisbeziehung des Menschen zu einem von ihm als ‚ganz Anderem' Empfundenen"[4] und eine „Auseinandersetzung des Menschen mit einer geheimnisvollen Macht",[5] so steht beim ‚Kultus' das Prozedere im Mittelpunkt, nämlich wie „der Mensch eine Sphäre, die sich vom Alltagsleben abhebt und ihre Sonderexistenz hat", betritt.[6] Hierbei ist er „an bestimmte Orte gebunden und auf gewisse Zeiten beschränkt", und „die im Kult gesuchte Wirkung ist auf prädeistischer Stufe Kraftmehrung [...], um drohendes Übel von sich abzuwehren, Vergehen zu beseitigen, sich positiv Segnungen zuzuwenden und darüber hinaus eine innere Verbindung mit der Gottheit anzubahnen und zu pflegen".[7] Das Prozedere, die konkrete Ausführung der kultischen Intention, ist derjenige Aspekt, auf den ich in diesem Beitrag hinweisen möchte.

---

[1] Die Studie von REINHARD KOPIEZ / GUIDO BRINK, Fußball-Fangesänge, Eine FANomenologie, Würzburg 1998, ist nach meiner Übersicht die einzige auf Feldforschung beruhende Untersuchung zu diesem Thema.

[2] GERHARD SCHULZE, Die Erlebnisgesellschaft. Kultursoziologie der Gegenwart, München 1992.

[3] Über Fußball als religiöses Phänomen vgl. auch den Beitrag GEBAUER in diesem Band.

[4] ALFRED BERTHOLET, Art. ‚Religion', in: Wörterbuch der Religionen, Stuttgart [4]1985, 503f.

[5] BERTHOLET, Religion (Anm. 4).

[6] ALFRED BERTHOLET, Art. ‚Kultus', in: Wörterbuch der Religionen, Stuttgart [4]1985, 339f.

[7] BERTHOLET, Kultus (Anm. 6).

Schon auf den ersten Blick sind im Fußballstadion rituelle Verhaltensweisen wie etwa kollektives Sprechen und Rufen beobachtbar, die nach der vor-
hergehenden Definition eher an eine Kulthandlung als an eine Sportveranstaltung erinnern; denn sie unterscheiden sich deutlich von Verhaltensmustern
im Alltag. Zur Veranschaulichung sei folgendes Gedankenexperiment durchgeführt, welches das Ungewöhnliche der Situation ‚Fußballspiel' aus anderer
Perspektive verdeutlicht.

Nehmen wir an, eine UFO-Mannschaft fliegt aus dem All in Richtung Erde
und nimmt plötzlich einen im Dunkeln hell erleuchteten Punkt – ein Fußballstadion – wahr. Es ist der Abend eines Weltmeisterschaftsendspiels. Je näher
das UFO kommt, desto lauter kann es durch seine Richtmikrofone vernehmen, daß dort unten ein enormer Lärmpegel herrschen muß, und die Zoom-
objektive seiner Kameras zeigen Tausende von wild gestikulierenden Menschen mit unkontrollierten Bewegungen und in ekstatischen Zuständen. Die
wenigen Spieler fallen dabei kaum ins Gewicht. Welchen anderen Schluß läßt
eine solche Beobachtung für Außerirdische zu, als daß man hier Zeuge einer
einzigartigen Kulthandlung geworden ist?

## 2. Merkmale des Kultischen

Aber auch aus irdischer Perspektive gibt es mehrere Fakten, die für eine solche Interpretation sprechen, und im folgenden möchte ich in Bezug auf die
kultischen Aspekte von Fangesängen folgende Punkte diskutieren: 1. das Stadion als ‚locus theologicus', als heiliger Ort, 2. die Verwendung religiöser
Symbole, 3. religiöse Elemente der Melodien, 4. den ‚Jubilus' – textlose Gesänge, 5. das Singen vor dem Hintergrund eines religiösen Weltbildes.

### 2.1. Das Stadion als ‚locus theologicus'

Daß es sich bei einer Sportarena um mehr als eine bloße Spielstätte handelt,
hat bereits Johan Huizinga erkannt, der in seiner Anthropologie des Spiels
schreibt:

> „Unter den formalen Kennzeichen des Spiels war die Heraushebung der Hand-
> lung aus dem gewöhnlichen Leben die wichtigste. Ein geschlossener Raum wird
> materiell oder ideell abgesondert, von der täglichen Umgebung abgesteckt. [...]
> Absteckung eines geweihten Flecks ist auch das allererste Kennzeichen einer je-
> den geweihten Handlung".[8] Die Abgrenzung des Raums dient auch dazu,
> „schädliche Einflüsse von außen von dem Geweihten abzuwehren, der in seinem
> geheiligten Zustand besonders gefährdet und besonders gefährlich ist".[9]

---

[8]  JOHAN HUIZINGA, Homo ludens. Vom Ursprung der Kultur im Spiel, Hamburg 1956, 26.
[9]  HUIZINGA, Homo ludens (Anm. 8), 27.

Wie Oda Dombrowski auf der Grundlage von 44 Interviews zu Einstellungen von Fußballfans herausgearbeitet hat, geschieht bereits der samstägliche Gang zum Stadion mit dem Bewußtsein, an einer Prozession oder an einem Pilgerzug zu eben diesem ‚locus theologicus' (heiligen Ort) teilzunehmen.[10] Das Stadion selbst trägt dann Merkmale, die für einen heiligen Ort typisch sind: Es befindet sich auf einem abgegrenzten Grund, der nicht jedermann zugänglich ist, die Kultstätte erfordert von ihren Besuchern einen gewissen Verhaltenskodex (Kleidung, Namenskenntnisse der Spieler etc.), und sein Raum ist in Teilräume mit unterschiedlichen Tabuisierungsregeln aufgeteilt.[11] So beginnt das Spiel im Mittelkreis, und Fouls innerhalb des Strafraums werden strenger als außerhalb geahndet. Bedeutsam ist auch der Raum vor den Stadien; denn dort besteht die Gelegenheit zum Erwerb notwendiger ‚Reliquien' in den Fanshops.[12] Von der Kleidung bis zur Kaffeetasse sind hier alle rituellen Gegenstände erhältlich, die eine Fortsetzung des Kultes in das Alltagsleben hinein ermöglichen.[13] Hat man jemals die Inszenierung des Devotionalienkommerzes an Pilgerstätten wie Lourdes (Frankreich) erlebt, kann man nur zu dem Schluß kommen, daß zwischen diesen beiden Erscheinungsformen allenfalls graduelle Unterschiede existieren – zu groß sind die Gemeinsamkeiten. Auch die Rollen sind innerhalb des Stadions wie bei religiösen Zeremonien verteilt: Innerhalb des Tempels (Stadions) gibt es zelebrierende Priester (Fans), die den Fußballgöttern (Spielern) Ehre erweisen oder sie um Unterstützung und Kraft anrufen.

Wie Ian Taylor schildert, bleibt der Kultstättencharakter selbst nach Katastrophen wie der vom 15. April 1989 im Stadion von Hillsborough, bei der 95 Menschen zu Tode gedrückt wurden,[14] erhalten:

> „Über Nacht wurden der Eingang zur Lepping Lane Tribüne und andere zugängliche Teile des Stadions mit Blumen, Girlanden und allerlei Zierat [...] geschmückt. [...] Die Bilder dieser Opfertische [...] machten mir auch wieder bewußt, daß den Fußballstadien lange Zeit hindurch die Bedeutung von geheiligten Orten zugekommen war."[15]

---

[10] ODA DOMBROWSKI, Psychologische Untersuchungen über die Verfassung von Zuschauern bei Fußballspielen, Ahrensburg 1975, 70–90.

[11] Zum Stadion als heiligem Bezirk vgl. den Beitrag RANDL in diesem Band, S. 187–190.

[12] Über ‚Merchandising' und ‚Licensing' vgl. den Beitrag GÖMMEL im vorliegenden Band.

[13] Über die im Zeichen der Insignien des Vereins initiierten Aktivitäten von Fans und Fanclubs außerhalb des Stadions und der Fußballveranstaltung vgl. auch die Bemerkungen im Beitrag PROSSER im vorliegenden Band, S. 286–289.

[14] Zur Rezeption dieser Katastrophe im Kinofilm *Hillsborough / Inquest* (deutscher Titel: *Das Fußballdrama von Sheffield*) von Charles Mc Dougell (1996), vgl. den Beitrag VON BERG in diesem Band, S. 224.

[15] IAN TAYLOR, Hillsborough, 15. April 1989, in: ROMAN HORAK / WOLFGANG REITER (Hrsg.), Die Kanten des runden Leders. Beiträge zur europäischen Fußballkultur. Wien 1991, 37.

Für den Theologen Andreas Prokopf drückt sich in dieser „Sakralisierung von Räumen am deutlichsten die Affinität der Fußballfans zur religiösen Symbolwelt aus."[16] In England, dem Geburtsland des modernen Fußballs, findet sich dann auch die Voraussetzung für die Entstehung und Etablierung der ‚Urhymne' *You'll never walk alone* der Gruppe ‚Gerry and the Pacemakers' im Jahr 1963, nämlich im Hymnensingen vor FA-Cup-Finalspielen im Stadion von Wembley. Bis vor kurzem erklang dort aus mehreren zehntausend Kehlen vor dem Finalspiel die ‚Erbauungshymne' *Abide with me* auf die Worte des Dichters Henry F. Lyte (Abb. 1). Der Text dieser religiösen Hymne lehnt sich dabei an das Lukas-Evangelium (Lk 24,29) an, in dem es anläßlich der Begegnung des auferstandenen Jesus mit den Emmaus-Jüngern heißt: „Da nötigten sie ihn und sprachen: ‚Bleibe bei uns, denn es will Abend werden, und der Tag hat sich schon geneigt'. Und er ging hinein, um bei ihnen zu bleiben." Durch dieses Lied wird der religiöse Hintergrund und das Besondere der Fangesänge deutlich: Heidnische Weltsichten (Fußballgötter) gehen widerspruchsfrei eine Verbindung mit christlichen Vorstellungen ein; denn über allen Fußballgöttern steht immer noch der christliche Gott.

In der brillanten Studie von Thomas Wiedemann[17] zur Bedeutung der Gladiatorenspiele finden sich gute Argumente zur Unterstützung meiner These, daß der Arena (in diesem Fall dem Amphitheater)[18] immer schon eine besondere Bedeutung als ‚locus theologicus' zukam: Es war der Ort, an dem in schauspielerischer Form die Mythen von Tod, Wiedergeburt und Erlösung aufgeführt wurden. Nur die Faszination dieser Mythen kann die lange Erfolgsgeschichte dieses blutigen Spektakels erklären, dessen Popularität sich vom ersten dokumentierten Gladiatorenkampf im Jahre 264 v.Chr. über mehr als 700 Jahre bis zum letzten nachweisbaren Kampf um 450 n.Chr. erstreckt. Erst das sich ausbreitende Christentum machte den Spielen und der in der Arena bewiesenen ‚virtus' (Tapferkeit) erfolgreich den Anspruch streitig, der von der Gesellschaft ausgeschlossenen Figur des Gladiators ‚Erlösung' und damit eine Rückkehr in die Gesellschaft zu gewähren.

---

[16]  ANDREAS PROKOPF, Der Mensch ist unheilbar religiös. Die Relevanz von kultanalogem, rituellem Handeln in säkularisierter Gesellschaft am Beispiel des deutschen Fußballfans (unveröffentlichte Diplomarbeit im Fachbereich Katholische Theologie, Johannes Gutenberg Universität Mainz), Mainz 1996, 45.

[17]  THOMAS WIEDEMANN, Kaiser und Gladiatoren. Die Macht der Spiele im antiken Rom, Darmstadt 2001, 157f. und 183.

[18]  Vgl. dazu auch den Beitrag RANDL in diesem Band, S. 181.

Abb. 1: *Die religiöse Hymne Abide with me, bis heute vor den FA-Cup Finalspielen in Wembley (England) gesungen (Text: Henry F. Lyte, 1847; Musik: William H. Monk, 1861).*

## 2.2. Die Verwendung religiöser Symbole

Es ist leicht zu beobachten, daß im Fußball religiöse Symbole eine wichtige Rolle spielen: Zunächst gibt es die ‚invocatio' (Anrufung), ausgeführt etwa in Form des ‚Schalspannrituals', bei dem die Hände in besonders feierlichen Situationen über dem Kopf gen Himmel gerichtet werden (Abb. 2). Dabei werden mitunter Texte wie *Leuchte auf mein Stern, Borussia* gesungen, was eher an den Stern von Bethlehem als an ein Fußballspiel erinnert. Im Zentrum religiöser Symbolik steht natürlich die Monstranz, hier ‚Pokal' genannt. Damit diese Reliquie nicht nur von den Spielern nach einem Sieg in Händen gehalten werden kann, ist es bei den Fans üblich, hiervon (mitunter aufblasbare) Kopien anzufertigen. Unweigerlich stellen sich Assoziationen an Fronleichnamsprozessionen ein.

Abb. 2: Anrufungsgesten: kollektives Schalspannritual und Fahnenschwenken beim Absingen der Club-Hymne vor Spielbeginn, Fritz-Walter-Stadion (Westkurve), Kaiserslautern (1994).

Eine herausragende Bedeutung kommt dem Opferkult zu: Besonders beliebt
(und aus Sicherheitsgründen verboten) sind Rauch- und Brandopfer in Form
bengalischer Feuer.[19] Aber auch reale Opfer werden besungen, wenn es auf
den Refrain von *Wir lagen vor Madagaskar* nach einem erfolgreichen Foul
am Gegner heißt: „1, 2, 3, schon wieder einer tot".

## 2.3. Religiöse Elemente der Melodien

In den letzten Jahren hat die Rockmusik durch die Untersuchung von Hubert
Treml innerhalb der Theologie eine Neubewertung erfahren: Es wird ihr zugestanden, daß sie gerade durch die für sie charakteristische Rezeptionsform
des körperlichen Mitvollzugs, wie zum Beispiel durch den Tanz, „Transzen-
denzvollzug" darstellt, was ein wichtiges Merkmal einer spirituellen Verhal-
tensweise ist.[20] Außerdem erinnert der in der Musik häufig verwendete künstliche Hall an die Atmosphäre eines sakralen Raums, und die Frage-Antwort-
Strukturen der Songs haben responsorialen Charakter, das heißt, das Singen

---

[19] Zur Bedeutung dieser ‚Rauchopfer' in der Fankultur und als Bestandteil rituell-festiver
Zuschauerbeteiligung an der Fußballveranstaltung vgl. auch den Beitrag PROSSER,
S. 291.

[20] HUBERT TREML, Spiritualität und Rockmusik, Ostfildern, 1997, 233.

vollzieht sich in Form eines Wechselgesangs zwischen Vorsänger und Gemeinde.[21] Was hier der Rockmusik zugestanden wird, kann ohne Schwierigkeiten auf die Situation des Singens im Stadion übertragen werden: Das Stadion übertrifft die Dimensionen der meisten Kirchenräume bei weitem, und vollständig überdachte Stadien (wie etwa dasjenige in Dortmund oder in Gelsenkirchen) produzieren erstaunliche Halleffekte. In Reinkultur finden sich auch responsoriale Gesänge, etwa wenn der ‚Chant-leader‘, der sogenannte Obersänger der Fans fordert: „Gebt mir ein H", und die Fangemeinde antwortet: „H". Sind dann alle Buchstaben des Worts ‚Humba‘ aufgesagt, folgt die Vereinigung der Stimmen in dem Gesang *Wir singen Humba, Humba, Humba täterä.*

Darüber hinaus lassen sich an einem sehr bekannten Fangesang deutliche Elemente des Kirchenchorals nachweisen. Hier die Transkription mit einem Text, der genausogut *Jürgen Klinsmann* oder *Lothar Matthäus* heißen könnte (Abb. 3).

*Abb. 3: Anrufungsgesang an den Torwart des 1. FC Köln.*

Der den Abbildungen 1 und 3 zu Grunde liegende religiöse Topos ist der der ‚Invocatio‘, der Anrufung. Die charakteristische harmonische Wendung, der sogenannte Plagalschluß (hier mit den harmonischen Stufenbezeichnungen IV und I angezeigt), liegt genau auf dem Höhepunkt der kurzen melodischen Floskel und hebt den Spielernamen Daniel Eschbach (zur Spielzeit Torwart des 1. FC Köln) hervor. Diese Wendung ist in der Kirchenmusik gut bekannt. Es handelt sich hierbei um die typische ‚Amen‘-Floskel, die einer Vielzahl von Chorälen als Schlußwendung zu Grunde liegt. Interessant ist noch der melodische Aufbau: In Bezug auf die Grundtonart (B-Dur) endet die Melodie auf der fünften Stufe der Skala und damit nicht auf der Grundstufe. Der Fachbegriff für diesen Schluß auf der Dominante heißt Halbschluß, der dadurch charakterisiert ist, daß er harmonisch eine unaufgelöste Spannung beibehält. Die musikpsychologische Wirkung dieser Struktur ist nun erstens die, daß die ‚Invocatio‘ harmonisch ‚unerlöst‘ bleibt, und zweitens, daß hierdurch prinzipiell ein unendlich fortsetzbares Singen in Form einer einkomponierten ‚Endlosschleife‘ möglich ist (andere Fangesänge mit einkomponierter ‚Endlosschleife‘ sind zum Beispiel *Jingle Bells* oder *Guantanamera*).

---

[21]  Treml, Spiritualität (Anm. 20), 229.

## 2.4. Der ‚Jubilus' – textlose Gesänge

Für den Uneingeweihten vielleicht überraschend, enthalten gar nicht alle
Fangesänge einen Text. Etliche Gesänge sind entweder textlos, weil bereits
ihre Vorlagen keinen Text besitzen (wie z.B. der Triumphmarsch aus Verdis
Oper *Aida*), bei anderen gibt es ein Fremdsprachenproblem (so zum Beispiel
bei dem italienischen Text des Liedes *L'Amico é*). Diese Begründungen sind
jedoch nur vordergründig die Ursache für die Textlosigkeit – genauso wie die
gern geäußerte Behauptung, der großzügige Alkoholkonsum ließe nur noch
ein Lallen in Form von Texten wie *La, lalalala,* [...] zu – und einige im Ori-
ginal textlose Gesänge genießen bereits Kultcharakter, wie etwa der Refrain
*Shalala, lala, lala, la* des Popsongs *Is this the way to Amarillo?* (1971).[22] Was
hätte die Fans daran gehindert, einfach einen neuen Text zu erfinden? Ich
möchte stattdessen die – auf den ersten Blick vielleicht paradox erscheinende
– These äußern, daß die textlosen Gesänge den Zustand höchster Ekstase und
Verzückung ausdrücken, in den ein Fan geraten kann. In diesem Zustand reichen Worte nicht mehr aus, um den Gefühlen Ausdruck zu verleihen.

Schon in der griechisch-römischen Antike waren die Worte ‚iu' und ‚io' in
der Umgangssprache wie in der Literatur als Ausrufe der Freude, des Stau-
nens oder auch des Schmerzes gebräuchlich, und der ‚Jubilus' war die Ge-
sangsform der bäuerlichen Bevölkerung. Mitunter wird die Silbe auch heute
noch zur Verstärkung angehängt (z.B. ‚feurio'). Im Gregorianischen Choral
finden wir sie in Form des am Ende eines ‚Halleluja' angehängten melismati-
schen ‚a'. Der bäuerliche Ursprung wurde dem Begriff des Jubilus sicherlich
auch nachgesagt, um das ‚Schreien' der vermeintlich unkultivierten Bauern
vom ‚Singen' der Städter abzugrenzen.

Die Quelle, welche die religiöse Erklärung für die Bedeutung dieser textlosen Gesänge bietet, finden wir in den Schriften des frühchristlichen Theologen Aurelius Augustinus (354–430). Für Augustinus ist das Singen – wie er
es in seinen berühmten, um das Jahr 396 entstandenen *Confessiones* (Bekenntnisse) beschreibt – zunächst eine zweischneidige Angelegenheit; denn
jede Art „süßer Gesänge" wird zunächst verdächtigt, lediglich Genuß zu sein,
und ist damit für Augustinus zugleich Sünde. Gleichzeitig entdeckt er aber an
sich selbst, daß die Worte eines gesungenen Psalms „frommer und glühender
unseren Geist zur Gottesverehrung [entflammen], als wenn sie nicht gesungen
werden."[23] Auch mag sich „ein schwächerer Geist [...] über den Genuß der
Ohren zu einer wahren Frömmigkeit erheben."[24] Wichtig ist festzuhalten, daß
das gesungene Wort hier als eine Steigerung des gesprochenen verstanden
wird. Diese Steigerung des Ausdrucks ist bis heute ein Urmotiv für das Be-

---

[22]  Musik: Neil Sedaka, Text: Howie Greenfield, Interpret: Tony Christie (1971).
[23]  AURELIUS AUGUSTINUS, Confessiones (Bekenntnisse), Buch 10, Kap. 49, hrsg. von
       KURT FLASCH / BURKHARD MOJSISCH, Stuttgart 1989.
[24]  AUGUSTINUS, Confessiones (Anm. 23), Buch 10, Kap. 50.

dürfnis zu singen. Die Lösung des Problems, wie das ‚Zuviel' an Gefühl, welches im Verdacht steht, den Geist von der Textaussage abzulenken, denn nun zu regulieren sei, findet Augustinus im 32. Psalm seiner Sammlung *Enarrationes in Psalmos*, die zwischen 392 und 420 entstanden ist. Dort beschreibt er, wie bei Schiffern oder Weinbauern, zum Beispiel bei guter Ernte, eine Art Arbeitsgesang verwendet wird, der textlos ist. Dieses textlose Singen wird von Augustinus als Idealfall für das Singen in der Kirche aufgegriffen; denn es nimmt in dieser strengen Form die gesamte Person des Singenden in Besitz – ohne daß dieser zusätzlich zum Singen auch noch auf einen Textinhalt achten muß. Dieses textlose Singen wird als Jubilus bezeichnet, womit der Arbeitsgesang „von der christlichen Mystik als musikalische Unsagbarkeitsformel übernommen [...]" wird.[25] Im Zustand höchster religiöser Verzückung beginnt für Augustinus der Mensch spontan und textlos mit der Seele zu jubeln – und damit zu singen: „Suche nicht die Worte, mit denen Du das ausdrücken könntest, was Gott gefällt [...]. Was bedeutet es, im Jubilus zu singen? Die Erkenntnis, mit Worten nicht ausdrücken zu können, was das Herz bewegt."[26]

Diese kultische Verwendung textloser Gesänge steht auch in Übereinstimmung mit anderen Berichten, die die Verwendung bei magischen Handlungen dokumentieren, durch welche die Götter günstig gestimmt werden sollen.[27]

Aus fast derselben Epoche, aus der die Beschreibung des Jubilus von Augustinus stammt, besitzen wir eine andere Quelle, in der ähnliche ekstatische Zustände beschrieben werden: Um 380 n.Chr. befand sich die Nonne Egeria auf einer Pilgerreise zu den heiligen Stätten des Christentums. Sie gibt in ihrer Reisebeschreibung einen Bericht über das Verhalten einer frühchristlichen Gemeinde als Reaktion auf die Ostererzählung:

> „Dann nimmt der Bischof [...] das Evangelium, trägt es bis zur Tür und liest dort selbst die Auferstehung des Herrn. Wenn er begonnen hat zu lesen, brechen alle in ein solches Jammern und Klagen und in solche Tränen aus, daß selbst der Härteste zu Tränen darüber gerührt werden kann [*durissimus possit moveri in lacrimis*], daß der Herr so Großes für uns auf sich genommen hat."[28]

---

[25] Die Ausführungen orientieren sich an der Darstellung von Augustinus' Musikbegriff in ANDREAS EICHHORN, Augustinus und die Musik, in: Musica 50 (1996) 318–323.

[26] EICHHORN, Augustinus (Anm. 25), 320.

[27] Vgl. WALTER WIORA, Jubilare sine verbis. In Memoriam Jacques Handschin (Gedenkschrift zum 70. Geburtstag), Straßburg 1962, 47.

[28] Zit. nach GEORG RÖWEKAMP (Hrsg.), Egeria Itinerarium – Reisebericht, Freiburg i.Br. 1995, 233, Abschnitt 10. Aus jüngster Zeit existiert ein faszinierendes Tondokument, daß die spontane Reaktion einer Gemeinde bei einem christlichen äthiopischen Gottesdienst festhält, bei dem die Gemeinde anläßlich der Ankündigung der Geburt Christi mit spontanem Händeklatschen und trillerartigem Schreien antwortet. Es handelt sich um Track 2 der LP *An anthology of African music* (Unesco Collection, Nr. 4; BM 30 L 2304).

Es bleibt erstaunlich, wie sehr sich die Beschreibungen religiöser und sportlicher Ekstase ähneln.

### 2.5. Das Singen vor dem Hintergrund eines religiösen Weltbildes: Die Anrufung der (Fußball-)Götter mit Hilfe von Narkotika, Tanz und Maske

Die einzige ‚Theorie des Singens‘, die diesen Namen voll und ganz verdient, hat für unsere Fragestellung nach den kultischen Hintergründen der Fangesänge einen hervorragenden Erklärungswert und stammt vom Volksliedforscher Ernst Klusen.[29] Er ordnet das Singen in ein ‚magisches Weltbild‘ ein. In diesem Weltbild, das bei Naturvölkern noch heute vorhanden ist und von dem wir uns auch als Menschen der Industriegesellschaft offensichtlich etwas erhalten haben, fühlt sich der Mensch eingebunden in das Kräftespiel des Lebens, der Natur und ihrer Gewalten. Will nun der Mensch diesen Kräften näher kommen, um sie z.B. für seine Vorhaben günstig zu stimmen, so muß er seine Alltäglichkeit verlassen und versuchen, einen ekstatischen Zustand zu erreichen. Wie gelingt dies? Drei Dinge bilden nach Klusen eine notwendige Bedingung des Singens:

*Erstens* das nicht-alltägliche Getränk (Narkotikum): Diese Rolle übernimmt in den Stadien der Alkohol.

*Zweitens*: die nicht-alltägliche Bewegung (Tanz): Dem entsprechen die zahlreichen Tanzrituale der Fans (*Hey, hey, wer nicht hüpft, der ist ein Schalker*) wie auch andere choreographisch eindrucksvolle Rituale (Klatschen über dem Kopf, Werfen der Arme nach vorne, die ‚La-ola-Welle‘).[30]

*Drittens* die nicht-alltägliche Kleidung (Maske): Dem entspricht die für einen echten Fan unumgängliche Kostümierung (Kutte, Schal, Mütze) oder Gesichtsbemalung.[31]

Mit Hilfe dieser drei Komponenten (Narkotika, Tanz und Maske), von denen jede für sich den Fans, die im Alltag vermutlich nie oder nur selten ihre Stimme singend einsetzen, das subjektive Gefühl von Sicherheit bietet, können nun die (Fußball-)Götter um Hilfe angerufen werden. Vor diesem ‚magischen‘ Hintergrund erhält auch ein rhythmisches Sprechen wie *Jürgen Kohler, Fußballgott* seine tiefere Bedeutung.

So wage ich abschließend die Behauptung, daß das Fußballstadion zumindest quantitativ eine bedeutende – wenn nicht gar die bedeutendste – Kultstätte unserer Zeit ist. Es ist tatsächlich ein ‚locus theologicus‘. An diesem

---

[29]  Zu den folgenden Ausführungen vgl. ERNST KLUSEN, Singen. Materialien zu einer Theorie, Regensburg 1989, 85ff.

[30]  Vgl. zur rituell-festiven Inszenierung solcher Choreographien die ausführlichen Analysen im Beitrag PROSSER, S. 282–285.

[31]  Zur ‚Kleiderordnung‘ der Fußballfans vgl. die im Beitrag PROSSER, S. 278–282, mitgeteilten Beobachtungen aus volkskundlicher Sicht; vgl. ebd. Abb. 1, den Kuttenaufnäher mit dem Schriftzug „F.C. Bayern München ist eine ‚Religion‘ “.

Ort zeigt sich – auch in Form der Gesänge der Fans – das Bedürfnis der Menschen nach religiösen Erfahrungen in einer säkularisierten Gesellschaft. Nur mit dem Unterschied, daß neue Felder gesucht werden, das Bedürfnis zu befriedigen. Dies ist für die Theologie gleichzeitig Chance und Herausforderung; denn für die Bewertung dieser Entwicklung gibt es bisher aus kirchlicher Sicht häufig außer bloßer Abwertung (,Religionsersatz') keine differenzierten Wahrnehmungsmuster. Vor diesem Hintergrund wären die Fangesänge tatsächlich weit mehr als die Außenseite einer Spaßkultur: In ihnen artikuliert sich ein spirituelles Bedürfnis – und ich ahne an dieser Stelle die Richtigkeit der Diagnose: „Der Mensch ist unheilbar religiös".[32]

---

[32] PROKOPF, Der Mensch (Anm. 16), 91

*Gunter Gebauer*

# Fernseh- und Stadionfußball als religiöses Phänomen

## Idole, Heilige und Ikonen am ‚Himmel' von Fangemeinden

### 1. Fernsehgeschichten und Fernsehgemeinschaften

#### 1.1. Sportfernsehen und Kulturkritik

Im Fußballspiel kommen Zuschauer nur im Plural vor. Offenkundig haben sie den Stand des Individuums noch nicht erreicht; sie treten als die Vielen, als Menge, Horde oder Masse auf. Obwohl jeder, der darüber schreibt, sich selbst höchstwahrscheinlich schon einmal unter den Zuschauern befunden hat, wird der Zustand der Fußball-Liebhaber als eine Art Atavismus, ein Zurückfallen auf einen frühen Stand der Zivilisation charakterisiert. Er steht ganz im Gegensatz zum Verhalten der Besucher von Kunstausstellungen und Bibliotheken oder des feinen Publikums in Konzertsälen und Opern, wo in einer Atmosphäre gemessener Bewegungen und steifen Sitzens jedes Husten zum Skandal gerät. Sportzuschauer hingegen drängeln und brüllen *in den Stadien*[1] – wo sie ihre vulgärste Ausformung als Fan-Haufen finden – oder lümmeln zu Hause in der Pose eines Bereitschaftsdienstes *vor dem Fernseher*. Gerade auf die in ihren eigenen vier Wänden sitzenden und glotzenden Zuschauer hat es die Kulturkritik der deutschen Feuilletons abgesehen, die harmloses Fernsehgucken als das Herumhängen Bier trinkender Couch-Potatoes stilisiert: als Inbegriff von Passivität. Als willenlose Konsumenten werden sie angeblich von cleveren Medienmogulen gemolken; in ihrer Sucht nach Berieselung sind sie unfähig zu jeglicher Kritik und zum souveränen Akt des Ausschaltens.

Doch sollte dieses negative Bild der Fernsehzuschauer ihre Kritiker eigentlich wachsam werden lassen. Denn wenn es tatsächlich möglich sein soll, normale Bürger in eine solche apathische Masse zu verwandeln, dann müßte man dem Fernsehen eine übermächtige Wirkung zuschreiben. Wenn die genannte Charakterisierung auch nur einen Funken Wahrheit besäße, müßte das Medium Fernsehen gleichsam eine moderne Medusa sein, die mit einem einzigen ihrer Blicke ganze Armeen von Männern der arbeitenden Bevölkerung zu Stein oder in eine willenlose Masse zu verwandeln vermag.

Ist das Fernsehen – die ‚Glotze' – wirklich eine Kabel-Medusa, die mit ihrem bösen Blick aus der Ecke des Wohnzimmers die vor ihr Sitzenden au-

---

[1] Zum ‚Gegröle' in den ‚Fußballfangesängen' vgl. auch die Ausführungen im Beitrag KOPIEZ im vorliegenden Band.

genblicklich und auch noch mit deren Zustimmung in einen tiefen Läh-
mungszustand versetzt? Vielleicht aber zeigt die Kritik an den Sportzuschau-
ern, wie weit die Kritiker selbst ein Opfer ihrer eigenen Mystifizierung der
vermeintlichen Macht des Fernsehens geworden sind.

Das Fernsehen ist ein technisches Medium, ein Vermittler von Information
und als solcher noch zu keiner Verwandlung von Menschengruppen fähig.
Wenn ein Fernsehapparat im Innern einer Wohnung, in der es vorher noch
keinen gegeben hat, aufgestellt wird, bewirkt er allerdings eine grundlegende
Veränderung, und zwar in zwei Richtungen: Zum einen erzeugt er neue, zuvor nicht dagewesene Beziehungen zu den Personen, die häufig und an prominenter Stelle auf dem Fernsehschirm gezeigt werden. Zum anderen verändert er die Beziehungen der Wohnungsbewohner zu anderen Fernsehzuschauern. Die Veränderungen betreffen also die vom Fernsehen gegebenen
Informationen, zu denen ja auch die Personen, über die berichtet wird, gehören. Und sie wirken sich auf die Zusammengehörigkeit der Fernsehzuschauer
untereinander aus: einmal auf die vor dem jeweiligen Gerät präsenten Zuschauer, dann aber auch auf alle Zuschauer derselben Sendung, unabhängig
davon, wo sie sich befinden. Das Medium Fernsehen ist nicht neutral: Es
stellt neue Möglichkeiten zur Verfügung, wie andere Informationsmedien
auch, wie das Telefon oder das Internet. Aber seine tatsächlichen Wirkungen
entfaltet es durch die Aktivität seiner Benutzer.

Das Fernsehgerät ist mit einem Lagerfeuer vergleichbar (Marshall McLuhan), das im Mittelpunkt eines Camps brennt, um das sich die eintreffenden
Stammesmitglieder niedersetzen.[2] Welchen Einfluß das Feuer auf die Gruppe
und ihre Unterhaltungen hat, können wir uns leicht vorstellen, wenn wir die
Szene vergegenwärtigen: Die Blicke der Gruppe sind auf den Mittelpunkt,
das flackernde Feuer, gerichtet. Wenn sich die Mitglieder untereinander an-
sprechen, blicken sie sich durch die Flammen hindurch an. Ein Teil der Unterhaltung wird sich um das Feuer selbst drehen, angeregt von seiner Wärme
und seiner ständig sich wandelnden Gestalt. Wenn man in das flackernde
Feuer blickt, beginnt dieses selber den Schauenden Geschichten zu erzählen.
Beim träumerischen Blick in das Spiel der Flammen wird man für die Geschichten empfänglich; man nimmt sie auf und spinnt sie weiter. Alle, die um
das Feuer herumsitzen, werden von den ‚Geschichten' des Feuers unterhalten
und angeregt, aus den Assoziationen, Gedankenfetzen, Träumen, Wünschen
und Phantasien eigene Geschichten weiter zu erzählen. Wie immer, wenn aus
einer Standardsituation Erzählungen entstehen, die fortgesponnen sein wollen, werden auch die Erzählungen zu Standarderzählungen. Diese bilden ein
narratives Material, wie gemacht für Unterhaltungen und vielfältige Verbindungen der Mitglieder untereinander.

---

[2]   Vgl. MARSHALL MCLUHAN, Die magischen Kanäle, Düsseldorf u.a. 1968.

## 1.2. ‚Narratives Material' und ‚sozialer Kitt'

Das Fernsehgerät erzählt wirklich; es erzählt in allen Haushalten die gleichen Geschichten. Wie beim Lagerfeuer breiten sie sich in der Erzählaktivität der Zuschauer aus: Was das Medium vorerzählt, wird von diesen weitergeführt und ausgestaltet in den Kommentaren und Geschichten, in den Fortsetzungen durch die Zuschauer selbst. Mit allen Äußerungen, die eine vor dem Fernsehapparat sitzende Gruppe über das laufende Programm von sich gibt, erzeugt es eine Form der Gemeinsamkeit, die weit mehr ist als nur ein Beisammensitzen.[3] Man erkennt sie an den Körperhaltungen, der gespannten Aufmerksamkeit, den Ausrufen bei Überraschungen, dem Lachen und den Schmähungen, den spontanen Äußerungen, hingeworfenen Kommentaren, an der Lösung von Anspannung in den Pausen, dem Wegrennen und Zurückeilen von Personen, die von ihren natürlichen Bedürfnissen übermannt werden – alles dies erzeugt eine Art soziales Kraftfeld, in dem sich alle Anwesenden bewegen und dessen Wirkungen sie sich nicht entziehen können. Sie bilden für die Zeit des Zuschauens eine geschlossene Gruppe und definieren ihre Beziehungen untereinander im Hinblick auf das, was sie sehen. Aber auch das, was sie gemeinsam sehen, ist nicht neutral – es ist dies schon alleine deswegen nicht, weil es als ein herausragendes Geschehen mit erstklassigen Akteuren angeboten wird. Es ist vorbewertet vom Medium Fernsehen als etwas Außergewöhnliches, und es wird den Zuschauern zur eigenen Bewertung angeboten.

Eine Fernsehübertragung von großen Sportereignissen organisiert das Vermögen der Zuschauer, Geschehen und Personen mit Werten zu versehen. Allerdings macht sie die Zuschauer nicht zu Richtern, die zu Neutralität verpflichtet wären, sondern zu Parteigängern und Liebhabern, zu Enthusiasten und Fans. Sie gibt ihnen keine Möglichkeit zu einem abgewogenen Urteil, sondern setzt sie in eine Rolle ein, in der sie ihre Bewertungen steigern – immer höher über das Normalmaß hinaus, bis sie schließlich so etwas wie absolute Werte erzeugen: das beste Spiel des Tages, der Saison, aller Zeiten. Die Zuschauer selbst werden durch die Art der Fernsehpräsentation angetrieben, gleichsam angefeuert, ihr Bestes zu geben – ihre höchsten Bewertungen, ihre intensivsten Gefühle, und sie werden dazu präpariert, das gesendete Ereignis in ihre Erinnerung aufzunehmen.

Die Erzeugung von höchsten Werten und von bleibender Erinnerung – dies sind die markanten Tendenzen der Fußballberichterstattung im Fernsehen der letzten Jahrzehnte. Wenn man nun meint, das Medium Fernsehen selbst habe diese Entwicklung hervorgebracht, dann fällt man wiederum einer Mystifizierung anheim. Die Zuschauer sind weit entfernt davon, eine passive Rolle zu spielen, sondern wesentlich an diesem Prozeß beteiligt. Was genau hat die

---

[3]   Vgl. in diesem Zusammenhang auch die Ausführungen im Beitrag VON BERG, im vorliegenden Band, S. 220f., über den Episodenfilm *Verzeihung, Sehen Sie Fußball?*, DDR 1982, Regie: Gunther Scholz.

Entwicklung in den letzten Jahrzehnten hervorgebracht? In jedem Fall war es nicht die Technik der Fernsehübertragung und der TV-Geräte; beides hat sich nicht wesentlich verändert. Anders die Fernsehbilder; obwohl sie technisch nicht grundsätzlich erneuert wurden, haben sie einen anderen Charakter angenommen, weil sie einen neuen Bezug zum Gezeigten als früher hergestellt haben.[4]

### 1.3. Ikonographie der Sporthelden in den Massenmedien

Die Personen werden in den Massenmedien der Moderne, vor allem im Fernsehen, anders dargestellt als noch vor 20 Jahren: einerseits aus größerer Nähe, andererseits in einer Form der Entrückung. Diese zeigt Personen, die scheinbar auf natürliche Weise mit Autonomie ausgestattet sind und ihre Selbstbestimmung, Freiheit und Macht durch alle Kämpfe hindurch erhalten, weit entfernt von den unsäglichen Erniedrigungen des Berufs-, Ehe-, Schulalltags:[5] Sie werden dargestellt als Bewohner eines mythischen Überraums, in dem sie – als Bilder – ihre Eigenschaften entfalten. Keine Enthüllung, kein Skandal, kein Fehltritt kann sie in dieser Sphäre beschädigen; man kann diese Bilder nicht widerlegen.

‚Oberhalb‘ des alltäglichen Lebens hat sich ein Bildraum ausgebreitet. Er ist eine neue Erscheinung, eine Errungenschaft des Medienzeitalters, eine das Alltagsleben überlagernde Konstruktion, produziert von den Bildmedien und ausgeschmückt durch Nachrichten, Erzählungen und Klatsch. Die medialen Bilder dieses Überraums sind Repräsentationen einer höheren Welt, bevölkert von Personen einer neuen Qualitätsstufe.[6] Neben dem Showbusiness ist der Sport der größte und wichtigste Bilderlieferant.[7] Mehr als jeder andere Handlungsbereich ist er geeignet, den Glauben an die autonome Person, an deren Selbstmächtigkeit zu bestärken.

Verändert hat sich auch der Kontext, in dem die Bilder von Sporthelden erscheinen; er wird im wesentlichen von der Werbung bestimmt – selbst in solchen Sendungen, in denen die Ausstrahlung von direkter Werbung verboten ist. Auf signifikante Weise propagiert Werbung eine bessere Welt – ‚propagiert‘ im Sinne von ‚verbreiten‘. Sie verbreitet diese bessere Welt, insofern

---

[4]  Über die Veränderungen der Sport- und Fußballberichterstattung im Fernsehmedium seit den 1950er Jahren vgl. auch den Beitrag BURK in diesem Band.

[5]  Vgl. die in diesem Kontext signifikanten Ausführungen im Beitrag LEIS, S. 145–148, über den Roman von FRIEDRICH CHRISTIAN DELIUS, Der Sonntag, an dem ich Weltmeister wurde, Hamburg 1996.

[6]  Über die literarische Thematisierung einer „Weltausgrenzung aus Zeit", die gleichsam den Zugang in diesen „Überraum" ermöglicht vgl. im vorliegenden Band die Ausführungen im Beitrag LEIS, S. 142f.

[7]  Ästhetik und Ikonographie des Fußballsports und seiner Helden in den bildenden Künsten behandelt in diesem Band der Beitrag EGGERS / MÜLLER.

als sie den Glauben daran, daß es sie gibt, von Situation zu Situation, von Person zu Person ausbreitet.

Die Bilder des Sports haben die Rhetorik von Werbebildern. Sie bieten sich für den privaten Gebrauch der Zuschauer an, verführen diese dazu, sie in ihr Leben aufzunehmen und auf ihre eigene Person zu beziehen. Sie zeigen eine bessere Welt mit besseren Menschen. Mit ihrer Bereitschaft, sich den Bildern hinzugeben, sie in ihre eigenen Geschichten aufzunehmen und damit in ihrem Leben fortzuspinnen, mit ihrer Bejahung der Bilder arbeiten die Zuschauer an einer Erhöhung der Personen im Überraum mit, bis dieser in ihrem Bewußtsein und ihren unterstützenden Handlungen eine eigene Wirklichkeit gewinnt. Es sind also die Fernsehzuschauer, die den Überraum und die Helden, die ihn bevölkern, zu einer Realität machen.[8] Dabei handelt es sich um eine Wirklichkeit, die aus gemeinsamen Handlungen, Wünschen, aus dem Glauben einer Gemeinschaft entsteht.

## 2. Fangemeinschaften im Vereinsfußball

### 2.1. Fernseh- und Sportgemeinden

Der Begriff der Gemeinschaft scheint eine traditionelle, ja altertümliche Art und Weise zu bezeichnen, die Menschen zusammenschließt. Die Gemeinschaften, die sich vor den Fernsehapparaten bilden, sind freilich ganz neuen Typs.[9] Bisher habe ich vorausgesetzt, daß sich vor demselben Fernsehschirm, in demselben Raum eine solche Gruppe bildet. Für die Fernsehgemeinschaften ist diese Bedingung nicht notwendig. Ich kann mich als Einzelperson vor meinen Apparat begeben, und doch bin ich Teil einer großen Gemeinschaft, gebildet von allen jenen Personen, die an unzähligen anderen Orten und unzählige Male alleine vor ihren Bildschirmen sitzen.

Man ist in einer solchen Situation letztlich nie allein, sondern fühlt sich in einer großen Gemeinschaft aufgehoben. Manchmal hört man, wenn durch eine stille Straße, auf der kein Mensch mehr zu sehen ist, plötzlich einen Torschrei ertönen, der durch die Fenster vieler Privatwohnungen nach draußen dringt. Nach wichtigen Siegen sieht man Raketen in den Himmel steigen, hört Hupkonzerte von Autos in den Straßen – es sind Manifestationen jener Gewißheit, deren man sich die ganze Zeit in seiner Spannung und Freude mehr oder weniger deutlich bewußt gewesen ist: daß alle zugucken. Und so kommt es, daß man sich bei den letzten Bildern der Fernsehübertragung mit den

---

[8]    Zum entsprechenden Anteil der Zuschauer im Stadion am Zustandekommen von Fußballveranstaltungen vgl. den Beitrag PROSSER im vorliegenden Band, S. 276–285.

[9]    Vgl. zu diesem Kontext auch GÜNTER THOMAS, Medien – Ritual – Religion. Zur religiösen Funktion des Fernsehens, Frankfurt a.M. 1998; DERS. (Hrsg.), Religiöse Funktionen des Fernsehens? Medien-, kultur- und religionswissenschaftliche Perspektiven, Opladen u.a. 2000.

Leuten, die am anderen Ende der Straße in ihren Wohnungen lärmen, oder
mit den Autofahrern, die sich zu einem Korso formieren, in einer Gemeinschaft verbunden fühlt.

Aus den Einzelmenschen, die bei anderen Gelegenheiten ein Publikum
oder eine Kundschaft oder eine Gruppe Ausstellungsbesucher bilden, ist etwas Neues entstanden: Anhänger, Fans, Mitglieder einer Gemeinde. Sie sind
an der Erzeugung eines Spektakels beteiligt, wiewohl auf viele Orte verteilt,
aber doch geeint in dem Bewußtsein, eine große Gemeinde zu bilden. Gemeinsam haben sie etwas Neues geschaffen, ein Ereignis, das sich nicht mehr
in dieser Welt abspielt, sondern in einer Art ‚Himmel'. Es ist in den Köpfen
der Zuschauer ständig präsent. Jeder, der an einem solchen Schaffensakt beteiligt ist, weiß, daß er daran mitwirkt, eine ewige Erinnerung zu erzeugen.

Eine Gemeinschaft hat ihren Ursprung darin, daß die üblichen sozialen
Beziehungen zwischen Individuen mit Emotionen und Bedeutungen aufgela-
den werden, die sie weit über den Alltag erheben. Die daraus entstehenden
Veränderungen ereignen sich in Handlungen mit ritualisiertem Charakter, zu
festgelegten Zeitpunkten, an typischen Orten und in zyklischen Wiederholun-
gen, die von den Einzelnen freiwillig, zusammen mit den Anderen vollzogen
werden. Aus gemeinsamen Bewegungen entsteht ein Zustand des Glaubens –
nämlich dadurch, daß die Körper der sich Bewegenden bestimmte äußere
Formen und Rhythmen hervorbringen, die eine innere Haltung hervorrufen.
Es verhält sich also genau entgegengesezt, als man sich das Verhältnis von
äußeren Formen und innerer Glaubenshaltung normalerweise vorstellt. Es
gibt eine Erzeugung von Glauben aus physischen Handlungen – dies wird in
der Traditionslinie der französischen Kulturanthropologie seit Emile Durkheim[10] diskutiert.

In einem ersten Schritt formieren sich spontane informelle Zusammen-
schlüsse: Aus ursprünglich normalen Gesellschaftsmenschen entsteht eine
durch gemeinsame Handlungen und Gefühle geeinte Gemeinschaft. Ihre Mitglieder sind durch vertiefte Beziehungen, gemeinsame Handlungen und Ziele
sowie durch ein Zusammengehörigkeitsgefühl verbunden, durch Emotionen
der Verpflichtung und des Engagements.

## 2.2. Initiation in hierarchisch gestuften Fangemeinden

Die aktiven Vertreter der großen Fußballgemeinschaft in den Stadien sind die
Fans.[11] Im Unterschied zu den Liebhabern vor den Fernsehschirmen wird bei

---

[10] Vgl. ÉMILE DURKHEIM, Die elementaren Formen religiösen Lebens, Frankfurt a.M.
     1981.
[11] Zum grundlegenden, Gemeinschaft bildenden Charakter von Fußballveranstaltungen *im
     Stadion* vgl. die Analysen im Beitrag PROSSER in diesem Band. – Im Folgenden nehme
     ich einige Überlegungen wieder auf, die ich in meinem Aufsatz: Bewegte Gemeinden.
     Über religiöse Gemeinschaften im Sport, in: Sonderheft Merkur. Deutsche Zeitschrift für eu-

ihnen Zugehörigkeit durch eine Prozedur der Aufnahme erteilt, durch eine Phase, die als Überschreiten einer Schwelle gekennzeichnet und oft mit besonderen Prüfungen gekoppelt ist. Bei den informellen Fangruppen wird die ganze Prozedur oft blitzschnell entschieden; es genügt ein Austausch von Blicken, Beachtung von Symbolen und Körperhaltung, die richtige Kleidung – dies alles mit hoher Trennschärfe analysiert –, und der Neue wird zugelassen und in die unterste Ebene der bestehenden Hierarchie eingewiesen. Der ‚Novize‘, wie er von den Insidern genannt wird, begibt sich von nun an in Einsteigerkluft in die Stehplatzkurve seiner ‚Mannschaft‘ und benimmt sich so, wie sich ein junger Fan auf der untersten Hierarchiestufe zu benehmen hat: Er stellt sich mit den anderen auf die Sitzbänke, schmäht die gegnerische Mannschaft, beteiligt sich an den Anfeuerungen der eigenen, stimmt in die Gesänge ein, wenn das Zeichen dafür gegeben wird, zeigt Aggressionssymbolik gegenüber feindlichen und Sympathiegesten zugunsten der befreundeten Fans; er hat seine Lieder gelernt und schwenkt seinen Schal, wenn die ranghöheren Fans damit begonnen haben.

In seinem eigenen Erleben fühlt sich der ‚Novize‘ angesprochen, er folgt einer ‚Vokation‘. Seinem Aufnahmegesuch geht ein wichtiger Schritt vorher, nämlich seine mehr oder weniger explizite Entscheidung, bei den Fans mitzumachen. Seine Teilnahme ist vollkommen freiwillig und unterliegt keinerlei gesellschaftlichem Zwang; sie entsteht aus dem Wunsch, den Anforderungen der Gemeinschaft zu genügen. Erfüllt er diese, dann wird er stillschweigend als neues Mitglied anerkannt; dann ist er aufgenommen. Bei Bewährung kann die Höhe der Anforderungen gesteigert werden und der Fan in die Hierarchiestufe der ‚Kutten‘[12] aufrücken. In die Gemeinschaft wird aufgenommen, wer bestimmte Anforderungen erfüllt. Die Zugehörigkeit wird auf der Grundlage eines an die Mitglieder gerichteten Sollens entschieden, also mit Hilfe einer moralischen Ordnung. Seine Verhaltensweisen (*mores*) werden durch eine Gemeinschaftsmoral reguliert, festgelegt und freiwillig in das eigene Handeln übernommen. Gewiß handelt es sich um eine Sondermoral, die auf sehr spezifischen Ansichten, Idealen und Gebräuchen eines sehr eigentümlichen sozialen Verbunds gegründet ist: verschroben, skurril, pedantisch und abseits der herrschenden gesellschaftlichen Gruppen, aber durch und durch mit Anforderungen getränkt.

Aus dem selbst gewollten Sollen schöpfen die Fans ihr Pathos und ihre Berufung auf eine oft veraltete, von ihnen mit neuen Inhalten ausgestattete Wertordnung (‚Ehre‘ und ‚Treue‘). Aufgrund ihrer moralischen Anforderungen unterscheiden sie sich von der sie umgebenden Gesellschaft: Sie sind

---

ropäisches Denken 605/606 (1999): Nach Gott fragen. Über das Religiöse, 935–952, entwickelt habe.

[12] Zur Symbolik und zum gemeinschaftsbildenden Charakter der ‚Kutten‘ vgl. in diesem Band den Beitrag PROSSER, S. 278–282.

etwas Besonderes, etwas Besseres, jedenfalls in den Momenten, in denen die Gemeinschaft aktiv ist. Die geheime Triebfeder der Fangemeinschaft, die Moralisierung des Verhaltens, bringt die Fans dazu, sich gemeinsam zu bewegen, anzufeuern, zu singen und die eigene Mannschaft für gut, die Gegner für schlecht zu erklären. Sie gibt jedem einzelnen Mitglied das Gefühl, ausgezeichnet zu sein, dem Verein zu dienen, sich in die Gemeinschaft einzuordnen, den vorgesehenen Rang einzunehmen und die damit verbundenen Verpflichtungen zu erfüllen.

## 3. Transzendenz und Ethos der Fußballfangemeinden

### 3.1. Soziale ‚Transzendenz‘ und die ‚Heiligen‘ des Fußballs

Aus der Mitte religiöser Gemeinschaften entwickeln sich Idealvorstellungen darüber, wie die Gesellschaft *sein soll*. Sie zeigen mit Hilfe von gemeinsamen Handlungen alle jene Merkmale, welche der ganzen Gesellschaft idealerweise zukommen: die Idee, die sich die Gesellschaft von sich selbst macht. Sie ist der Kern der Religion der Fußballgemeinschaft. Gewiß kann man über deren Dignität streiten – ein philosophisch oder politisch fundierter Entwurf hat ungleich mehr Tiefe und Würde; aber es gibt keine zentrale Instanz in der Gesellschaft, die zur Bewertung und Selektion ihrer idealen Entwürfe ermächtigt ist. Ob eine Idealvorstellung Einfluß auf die Gesellschaft hat oder nicht, ist abhängig von der Macht der jeweiligen Gemeinschaft, die sie ausdrückt.

Daß die Fußballgemeinschaft ihre Idealvorstellung in den Rang eines religiösen Phänomens zu erheben vermag,[13] ist ein untrügliches Indiz für ihre soziale Wirksamkeit. Ihre eigenen Mitglieder sind von der Wirkung, die sie selbst mit hervorgebracht haben, beeindruckt und glauben inbrünstig an sie. Mitgliedschaft in einer solchen Gemeinschaft wird als Auszeichnung erfahren. Den Mechanismus der Erzeugung des Heiligen werden sie kaum durchschauen; aber sie erkennen die Macht ihrer Gemeinschaft an und unterstellen sich ihr für die Dauer ihrer Mitgliedschaft. Auf diese Weise wird die Gemeinschaft groß und so wächst ihre Macht. Von außen gesehen mag ein Fanhaufen das Spektakel wüster Unordnung und abstoßenden Gehabes abgeben; von innen gesehen ist das gesamte Verhalten von einer wohl verstandenen Moral geordnet, durch ein Sollen geregelt, das die Einzelnen freiwillig und gerne auf sich nehmen. In einem Zustand der Erhebung befindet sich selbst ein versprengter Haufen von Jugendlichen und Männern, der berauscht, abgekämpft,

---

[13]  Vgl. die Aufnäher mit dem Schriftzug „F.C. Bayern München ist eine ‚Religion‘" oder „VfB Stuttgart ist eine Religion" mit geballter Faust und Eichenlaub auf den Kutten der Fans – hierzu im vorliegenden Band der Beitrag PROSSER, S. 278f. mit Abb. 1.

heiser geschrien, müde den Weg zum Bahnhof sucht, um den Heimweg anzutreten. Die Pflicht, die sie getan haben, erscheint ihnen, wie Durkheim über die Teilnehmer religiöser Rituale schreibt, als *begehrenswert*.

Sie sind nicht allein, sie sind nur scheinbar eine kleine Gruppe, in Wirklichkeit bilden sie einen Teil einer großen Gemeinschaft, eines mächtigen Chores, der sich in seiner Gesamtheit seine Heiligen erzeugt. In der Gemeinschaft schließen sich die vielen Mitglieder zu einem großen Wesen zusammen, das mehr, höher und mächtiger ist als die einzelnen Subjekte. Dieses überpersönliche Gebilde ist die *eine* entscheidende Instanz des religiösen Lebens im Fußball, eine Art Selbstschöpfung als höheres Wesen. Aus der Mitte der mächtigen Gemeinschaft wird auch die *andere* Instanz hervorgebracht: Die Gemeinde formt aus ihren Lieblingen überlebensgroße Einzelpersonen mit dem Status von Heiligen: die Fußballheiligen, die Objekte der Verehrung. Ihnen gegenüber formuliert sie ihre Anforderungen, die jene zu erfüllen haben. Sie sprechen in ihren Slogans die Idealvorstellungen aus, denen die Stars entsprechen sollen. Am Anfang ist die Gemeinschaft; aber wenn *beide Überpersonen* erst einmal ausgeformt sind, halten sie sich gegenseitig ein Bild von der jeweils anderen Überperson vor: das Bild der *Heiligen*, wie sie nach den Vorstellungen der Gemeinde sein sollen; und das ideale Bild der *Gemeinschaft*, verkörpert von den Heiligen.

## 3.2. Die Sondermoral der Fangemeinden

Mit den Heiligen erschafft sich die Fußballgemeinschaft ein mit Macht und Wundertätigkeit ausgestattetes Wesen, das von den Beschränkungen des normalen Lebens entlastet, allerdings den Geboten und Anforderungen der Fangemeinde unterworfen ist. Diese selbst, als Schöpferin der Heiligen, will sich in ihnen wiedererkennen. Für ihre Mitglieder bedeutet die Verwirklichung der ersehnten Eigenschaften durch die Heiligen Erfüllung und Belohnung für die übernommenen moralischen Verpflichtungen. Fans leben in ihrer Sicht in einer Welt des Guten. Die Sollensanforderungen, die sie in ihrer Gemeinschaft erfüllen, sind gut. Die Heiligen besitzen *in deren Augen* die Macht, das Gute hervorzubringen. Sie sind es, die Handlungen, Eigenschaften und Personen gut machen. Im Unterschied zur Ethik der Gesellschaft wird die Sondermoral von der Fangemeinschaft als selbst gegeben erlebt. Kein Wunder, daß sie auf Jugendliche wirkt, die empfänglich für hohe Ansprüche sind – unter der Bedingung, daß sie sie selbst gesucht und akzeptiert haben. Im Vergleich zu traditionellen Institutionen ist die Fußballgemeinschaft auf eine schöpferische Beteiligung ihrer Mitglieder hin angelegt. Was die Gemeinschaft ist, was sie sein soll und was sie tut, steht nicht fest, sondern entscheidet sich im gemeinsamen Handeln; es ist ständig im Fluß. Es kann variiert, erneuert, sogar grundlegend verändert werden – darin liegt eine hohe Attraktivität für die jüngeren Generationen. Jedes Mitglied der Gemeinschaft weiß im Prinzip, daß das Heilige eine Fiktion ist und daß die gemeinsame Welt nur so lange zusammengehalten wird, wie die Beteiligten ihre Anforderungen erfüllen.

Gewiß ist die Fußballgemeinschaft ein Zerrspiegel einer moralisch konstituierten Gemeinschaft; aber dieser zeigt mit groben Übertreibungen die Umrisse von sozialen Gebilden, die Erfahrungen des Selbst und der Gemeinschaft möglich machen. Verstreut über das Land gibt es lokale Energiepunkte, überall dort, wo es zur Bildung von Gemeinden und Heiligen kommt und sich das Körperliche mit innerer Beteiligung paart, wo das Profane vom Heiligen überlagert wird und neue Formen der Verständigung entstehen.

# Autoren und Herausgeber

ULRICH VON BERG, Filmhistoriker und -kritiker; Drehbuchautor, Berlin.

THOMAS BLIESENER, Professor für Psychologie, Christian-Albrechts-Universität zu Kiel.

VERENA BURK, Wissenschaftliche Assistentin am Institut für Sportwissenschaft, Universität Tübingen.

ERIK EGGERS, Wissenschaftlicher Assistent am Institut für Sozial- und Wirtschaftsgeschichte, Universität Bonn; Sport- und Kulturjournalist.

GUNTER GEBAUER, Professor für Philosophie und Sportsoziologie, Freie Universität Berlin.

RAINER GÖMMEL, Professor für Wirtschaftsgeschichte, Universität Regensburg.

MARKWART HERZOG, Wissenschaftlicher Bildungsreferent, Schwabenakademie Irsee.

REINHARD KOPIEZ, Professor für Musikpsychologie, Hochschule für Musik und Theater, Hannover.

ERIK LEHMANN, Wissenschaftlicher Assistent, Wirtschaftswissenschaftliche Fakultät, Universität Konstanz.

MARIO LEIS, Literaturwissenschaftler, Bonn.

FRIEDRICH LÖSEL, Professor für Psychologie, Friedrich-Alexander-Universität Erlangen-Nürnberg.

JÜRGEN MÜLLER, Kunsthistoriker und Kunstkritiker; Kurator zahlreicher Ausstellungen; Gastprofessuren an verschiedenen Universitäten, lebt in Hamburg und Paris.

RAINER A. MÜLLER, Professor für Geschichte der Frühen Neuzeit, Katholische Universität Eichstätt.

MICHAEL PROSSER, Lehrbeauftragter am Institut für deutsche Philologie: Volkskundliche Abteilung, Universität Würzburg.

CHRISTOPH RANDL, Architekt; Technischer Geschäftsführer der Bayerischen Architektenkammer, München.

KARL RIHA, Professor emerit. für Germanistik / Allgemeine Literaturwissenschaft, Universität Siegen; Kritiker, Autor, Mitglied des PEN.

JÜRGEN WEIGAND, Professor für Volkswirtschaftslehre, Inhaber des Lehrstuhls für Mikroökonomik und Industrieökonomik, Otto Beisheim Graduate School of Management WHU Koblenz.

# Abbildungsnachweise

## Umschlag
Heinz Friedrich, Schwetzingen.

## Markwart Herzog
Abb. 1: © Foto: Markwart Herzog, Aufnahme am 11.8.2001 vor dem Spiel 1. FC
Kaiserslautern – 1. FC Köln.
Abb. 2: © dpa.

## Rainer A. Müller
Abb. 4: Musée Carnavalet, Paris.
Abb. 6: Guggenheim Museum New York.

## Karl Riha
Abb. 1: Ernst, Max, Ill. aus einer Schülerzeitschrift, © VG Bild-Kunst, Bonn 2001.

## Erik Eggers / Jürgen Müller
Abb. 1–7: FIFA Museum Collection, National Football Museum, Preston / GB.
Abb. 9–13: Deutscher Fußball-Bund, Frankfurt a.M.
Abb. 14: Nachlaß Lothar Rübelt.

## Christoph Randl
Abb. 3, 4, 6: © Thijs Tummers, Plasmolen / NL.
Abb. 5: © Simmons Aerofilms, Borehamwood / GB.
Abb. 7: © Bildarchiv Huber, Garmisch-Partenkirchen.

## Ulrich von Berg
Abb. 2–5: © Filmbild Fundus Robert Fischer GmbH, Feldkirchen.

## Michael Prosser
Abb. 1: © Dia-Archiv Michael Prosser, c/o Institut für Germanistik der Universität
Würzburg, Volkskundliche Abteilung, Aufnahme vom 18.2.1995 durch Verf.
Abb. 2: © Dia-Archiv Michael Prosser, c/o Institut für Germanistik der Universität
Würzburg, Volkskundliche Abteilung, Aufnahme vom 24.9.1994 durch Verf.
Abb. 3: © Dia-Archiv Michael Prosser, c/o Institut für Germanistik der Universität
Würzburg, Volkskundliche Abteilung, Aufnahme vom 7.8.1993 durch Verf.
Abb. 4: © FC Bayern München e.V.

## Reinhard Kopiez
Abb. 1: Notenbeispiel, neu gesetzt, © Reinhard Kopiez.
Abb. 2: © Dia-Archiv Michael Prosser, c/o Institut für Germanistik der Universität
Würzburg, Volkskundliche Abteilung, Aufnahme vom 24.9.1994 durch Verf.
Abb. 3: Notenbeispiel, neu gesetzt, © Reinhard Kopiez.

# Personenregister